ポリフォニー
声の映画史

東京藝術大学大学院映像研究科 講義録

東京藝術大学出版会

目次

II 演出・撮影・編集という仕事

序　世界の映画人を迎えて

東京藝術大学大学院映像研究科映画専攻が発足したのは、二〇〇五年四月のことである。日本で初の映画人を養成する国立の施設となった。それは、一九五〇年代という日本映画の黄金期には、撮影所が主導して映画を製作し、結果として映画人を育成していた。その体制が崩れるのは、映画の観客数が下降線を辿った一九六〇年代以降となる。それ以降、映画会社が直接映画製作をする本数は激減し、社員スタッフも解雇され、一本契約のフリーランスとなっていった。そこで、映画の撮影所に代わり、映画人を育成する場が必要になった。映画専攻が直接のモデルにしたのが、フランスのフェミス（旧・イデック、正式名称＝国立高等映像音響芸術学校）である。ラ・フェミスに倣い、映画専攻の七領域――監督、脚本、製作（プロデュース）、撮影照明、美術、録音（サウンドデザイン）、編集に分かれて学生を募集したのである。この七領域が合わさることによって、劇映画の制作が可能になる。発足当初から、フェミスとの交流は行われた。それが本格化したのは、藝大でスーパー・グローバル展開が活性化した二〇一〇年以降になるだろう。

そこから、フランスを中心に多くの映画人が藝大大学院映像研究科映画専攻を訪れ、講義やワークショップを行った。特色としては、映画の技術スタッフが多く、一本の映画の成り立ちについて、具体的に語っていただいた。藝大の学生にはまたとない有意義な体験になったと思うし、また映画が好きな一般の方々にとっても、とても興味深いエピソードが数多く語られている。自国から遠く離れた日本という土地だから披露してくれた話もある。本書のテキストを大きく分けると、学生や一般の方に向け、映画を上映し、その作品について語る講義と、観客を入れずに私と通訳のみでの対談という、二つの形式がある。それによって、話の内容に違いはあるが、それぞれを補い合って読んでもらえれば面白いと思う。

それでは、ここに登場いただいた映画人を紹介していこう。前半に登場するのは、映画の現場人である。第一部「ヌーヴェル・ヴァーグの現場から」は、一九五九年から始まったフランス・ヌーヴェル・ヴァーグの映画作家に関する証言録となる。最初にジャン＝リュック・ゴダールの作品歴を通観して分析されるアラン・ベルガラは、フランスの映画批評家であり、映画監督であり、フェミスの教授でもある。日本でも、リュミエール叢書三八として、『六〇年代ゴダール：神話と現場』（奥村昭夫訳、筑摩書房、原著二〇〇六年、日本語版二〇一二年）という大著が出版されている。本書では、ゴダール作品を部分上映しながら、ゴダール作品の革命的側面を次々に抽出していく。

ヤン・デデは、編集技師として、特にフランソワ・トリュフォー作品の仕事が有名である。ここでは、トリュフォーの代表作『恋のエチュード』に関して、その仕事の進め方や編集上困難だった点を語ってくれる。また講義の前半では、古典的な編集とモダンな編集の違いについて、フィリップ・ガレル作品の体験を交え、考察している。編集を志す人には、必読の文献になるだろう。

ピエール＝ウィリアム・グレンは、フランソワ・トリュフォーの『アメリカの夜』やジャック・リヴェットの一二時間の作品『アウト・ワン』の撮影監督として知られる。映画専攻には、二回にわたって撮影照明領域へのワークショップを行っていただいた。その指導は厳しさと親密さが交じり合ったものだった。ここでは、その二作品について、他では語られていないエピソードを披露してくれた。惜しくも、二〇二四年九月に逝去されたという知らせが届いた。ご冥福をお祈りしたい。

ヴェロニク・リヴェットは、ジャック・リヴェット夫人である。もともと、ジャック・リヴェット作品を研究していて、晩年のリヴェット作品のスタッフとなったという経歴を持つ。彼女は、幻の作品だったリヴェットが一九四〇年代末から五〇年代に自主制作した三つの短編を持参して紹介していただいた。プライベートを交えたリヴェットに関する貴重な話が聴ける場となった。

第二部「演出・撮影・編集という仕事」では、個性的・芸術的な作品をつくられた方々の話をまとめた。それも、女性ばかりである。フランソワーズ・ルブランは、ジャン・ユスターシュの神話的傑作『ママと娼婦』の主演女優として有名だが、ここでは自らの監督作品『クレイジー・キルト』について語られる。フランスと英国との関わり、そのエッセイともドキュメンタリーともフィクションともとれる境界線上の作品がどうやって生み出されたのか、興味は尽きない。

ドミニク・オーブレイは映画編集者だが、監督としてマルグリット・デュラスを撮っている。デュラスは文学者として説明の必要もない存在だが、映画との関わりも深く、アラン・レネ監督の『ヒロシマ・モナムール(二十四時間の情事)』の脚本をはじめ、自ら監督した前衛的な映画作品によっても重要な存在である。オーブレイはデュラスに何を見出したのか。

サビーヌ・ランスランは撮影監督。二〇一九年、山形国際ドキュメンタリー映画祭の審査員を務められた後に、映像研究科映画専攻のオープン・シアターに登壇していただいた。アフリカで撮られたジョアン・ヴィアナ監督の『私たちの狂気』というユニークな作品について、体験を披露された。ランスランはポルトガルの巨匠マノエル・ド・オリヴェイラ監督ともコンビを組まれているので、その方にも話題は展開した。

ヴァレリー・ロワズルーは映画編集者。マノエル・ド・オリヴェイラの作品を数多く手がけている。編集ワークショップでは、オリヴェイラの『アンジェリカの微笑み』のラッシュを用意され、学生に編集の実地指導をされた。オリヴェイラのラッシュを繋ぐという貴重な体験を、編集領域の学生は体験したわけである（ちなみに同作品の撮影はランスラン）。ロワズルーは小津安二郎のファンであり、小津と野田高梧が脚本を執筆した茅ヶ崎館に同行したのも、私にとっていい思い出になっている。

後半は、映画研究者、映画史家による映画史の講義となる。より広い視野で、作品を理解する薦めにもなっている。第三部「東ドイツ映画史」を講義くださるのは、デーファ（DEFA）映画財団の代表ラルフ・シェンク（彼も惜しくも二〇二二年に亡くなってしまった）。「壁の向こうのハリウッド」とも形容されるデーファの多様な映画群に関し、シェンクは知られざるもう一つの映画史を語ってくれる。F.B.ハーベル著『東ドイツ劇映画大事典（上巻・下巻）東ドイツ製作劇映画の全記録一九四六〜一九九三年』日本語版（山根恵子監訳、鳥影社）が二〇二四年に刊行されたが、それと合わせて読んでいただければ、冷戦の時代における新たな認識が開かれると思う。

最後を飾るのは、蓮實重彥が世界一の映画史家と呼んだベルナール・エイゼンシッツ。第四部「ベルナール・エイゼンシッツの映画史」である。日本では、『ニコラス・レイ—ある反逆者の肖像』（吉村和明訳、キネマ旬報社、一九九八年）という大著が刊行されている。エイゼンシッツは世界映画史を語るのに欠かせない四本のエポック・

メーキングとしての作品を選び、その作品の持つ意義、それによって起こる映画の変容を語る。そして、お互い敬愛の念を抱いている蓮實重彥との歴史的対談で締め括られる。

こうしてみると、なんと多彩な映画人が、映像研究科映画専攻を訪れていただいたことだろう。どの方も、持っている技術と知識を存分に披露していただいた。このなかで、最初に来日されたのは、編集のドミニク・オーブレイだが、初期の実習作品の編集を見て、修正点を的確に指摘されるのに舌を巻いた覚えがある。映画字幕も何も入っていない日本語の映画を見ての話である。これは映画表現の普遍性を証拠立ててはしないか。

もちろん、それぞれ映画に関して呼応しもするのだが、読者の方は興味を持ったパートから読んでいただいて、何の支障もない。映像研究科映画専攻二〇年の幸福な記憶＝記録でもある。

筒井武文

I　ヌーヴェル・ヴァーグの現場から

I

1／アラン・ベルガラ 講義／対談

「映画とは何か」という問いに対して、それは「美しい感情の表現である」と答えた二十代のゴダール。だが五月革命以後、過去と決別して作家「ゴダール」から「ＪＬＧ」という姓名＝記号となった彼は、感情から思想へと表現の形を変え、ひとり不断の革新を続けて孤独な道を歩むことになる。

批評家としてゴダールと並走してきたアラン・ベルガラは、この人間ゴダールがベルナルド・ベルトルッチのいう「人間の世界から遊離したダイヤモンド」へと変貌していく過程、その進化の要因を彼の思考と表現形式の中から鮮やかに解き明かしていく。作家ゴダールという単数＝アナログの個人は、いかにしてＪＬＧという複数＝デジタルの抽象化された存在へと変化していったのか。デジタル技術がもたらした革新の萌芽がそこにあるのだとすれば、ゴダールの真価が発揮されるのはまだこれからなのかもしれない。

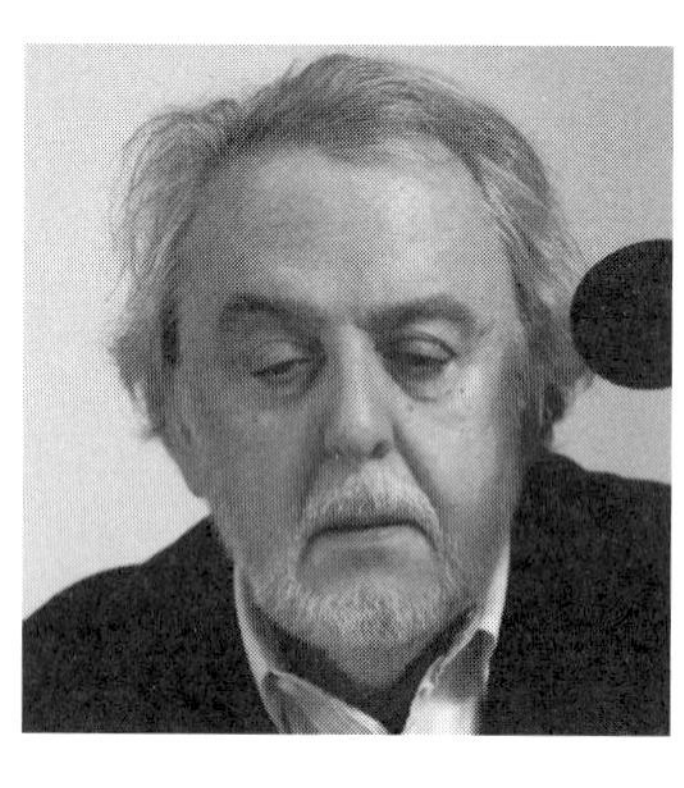

アラン・ベルガラ｜Alain Bergala

一九四三年生まれ。映画批評家、映画作家、フェミス映画文化・分析学部長。一九七八～八八年まで「カイエ・デュ・シネマ」誌の編集を務め、映画批評家として活動しつつ、映画監督として作品を発表。一九九〇年代以降はフランス国内での映画教育にも力を注ぎ、特に若い世代に対して映画の美的理解を促す教育プログラムの開発に携わる。主な著作に『ゴダール全評論・全発言』（リュミエール叢書）、『六〇年代ゴダール：神話と現場』（リュミエール叢書）、『マグナム・シネマ：マグナム写真家たちによる映画史』（キネマ旬報社）、主要監督作品にジャン＝ピエール・リモザンと共同監督した『逃げ口上』（83）などがある。また映画についてのドキュメンタリーも監督しており、『パゾリーニの小さな花』（97）、『現代のチャップリン』（03）などを発表している。

I―1｜アラン・ベルガラ講義　司会＝筒井武文〔二〇一五年三月四日　通訳＝宇都宮彰子〕

革命の先取り――ゴダールのデジタル的思考

1　ゴダールの六〇年、映画の六〇年

筒井　映像研究科の映画専攻が設立されて一〇年、フェミス[1]と提携し、お互い行き来しながら映画制作に関する共同作業を行ってきました。その一環で、今回アラン・ベルガラ教授を招聘することができ、大変うれしく思います。

ベルガラさんはジャン＝ピエール・リモザン[2]と共同監督された一九八三年の劇映画『逃げ口上』が非常に素晴らしくて印象に残っています。おそらく日本人にとって一番有名な功績は、ゴダールの著作集の編纂でしょうか。日本では筑摩書房から『ゴダール全評論・全発言』として全三巻が出ています。また、『六〇年代ゴダール：神話と現場』という素晴らしい著作もお書きになっています。

それでは、今回招聘のコーディネートにご尽力いただいた、映像研究科の客員教授でもあり、東京

フィルメックスのプログラム・ディレクターでもある市山尚三[3]さんにベルガラさんの経歴の補足をお願いしたいと思います。

市山　ベルガラさんは「カイエ・デュ・シネマ」[4]誌の編集長を務められた後、パリ第三大学で教鞭を執られ、現在はフェミスの教授を務めていらっしゃいます。非常に幅広く活躍され、ゴダールに関する著作の他にもロベルト・ロッセリーニ[5]、ルイス・ブニュエル[6]、アッバス・キアロスタミ[7]、イングマール・ベルイマン[8]といった映画作家に関する著作をお持ちです。

また、第一回東京国際映画祭（一九八五年開催）で上映された『逃げ口上』で監督デビューされた後、三本の長編映画を撮り、他にも映画についてのドキュメンタリーを数多く手がけていらっしゃいます。ピエル・パオロ・パゾリーニ[9]、ヴィクトル・エリセ[10]、チャーリー・チャップリン[11]についてのドキュメンタリーもあり、いまお聞きした話によると、リモザン監督と共同で黒沢清[12]監督のドキュメンタリーを準備中だそうです。これは「われらの時代の映画（cinéma de notre temps）」[13]というフランスで歴史的に続いている映画作家を扱ったドキュメンタリーシリーズの一環で、非常に期待が高まります。それではベルガラさんをお呼びしたいと思います。

ベルガラ　皆さん、本日はお越しいただきありがとうございます。日本には何度も来ていますが、横浜は初めてです。今回、横浜の街を新たに発見することができて、非常にうれしく思います。そして市山さん、今回お招きいただき、また温かく歓迎していただき、ありがとうございます。東京藝術大学はフェミスと協力関係にあるということで、間接的な形で存じ上げていました。これから一時間半あまり、ゴダールについてお話しします。その後、質疑応答を行いますので、お聞きになりたいことがあれば、皆さん質問してください。

ゴダールと私の関係は、決して批評面の繋がりだけではありません。私は二五年にわたってゴダールと仕事をしてきました。主に、ゴダールの脚本などを出版するという形で関わっています。また、かなりの数のインタビューも行っています。撮影現場に招かれて仕事ぶりを間近で見た経験もありますし、ラッシュを見せてもらったこともあります。非常に近い距離からゴダールの映画づくりを見てきました。

ジャン゠リュック・ゴダール｜Jean-Luc Godard

一九三〇年、フランス・パリ生まれ。父親はスイスの開業医、母親は銀行家の娘。アンリ・ラングロワが創設したシネマテーク・フランセーズで、フランソワ・トリュフォー、エリック・ロメール、ジャック・リヴェットらと出会う。「カイエ・デュ・シネマ」誌で批評を書き始め、一九五四年に初短編『コンクリート作戦』を制作後、六〇年に『勝手にしやがれ』で長編監督デビュー。旧来の映画文法を破壊した革新的な作品として、一躍世界の注目を集め、ヌーヴェル・ヴァーグの旗手となる。女優アンナ・カリーナとの結婚と離婚を経て、一九六八年の五月革命後、「ジガ・ヴェルトフ集団」を結成。商業映画と決別し、政治的内容の濃い作品を発表する。一九七三年にパリを離れ、パートナーであるアンヌ゠マリー・ミエヴィルと共に映画製作会社「ソニマージュ（音響映像）」を設立。ビデオ映像なども積極的に活用しながら、『勝手に逃げろ／人生』（80）で商業映画に復帰。その後もスイスを拠点に、3Dなど最先端の映像技術を取り込みながら映画表現の可能性を探究し続けた。二〇二二年、九一歳で逝去。

ゴダールが映画をつくり始めて、五五年という長い年月が経ちました。その間、映画の世界では大きな技術革新・革命が起きました。かつて、映画はフィルムを使って撮影と編集を行っていましたが、現在は撮影、編集、さらにミキシングまで完全にデジタル化されています。映画制作の全工程がデジタルに移行しました。しかし、ゴダールはデジタル技術が存在する前から、映画をデジタル的に捉えていたのではないかというのが私の仮説です。今日はゴダールが撮った七本の映画の抜粋を時系列に見ながら、ゴダールの映画がいかにデジタル的であったかという説明と、ゴダールの映画に対する私の考えをお話しします。

2　シンタックス（統語論）からパラタックス（並列型）への移行

ベルガラ　まず、『勝手にしやがれ』（60）という非常に有名な作品をご覧いただきます。この作品は従来型の映画です。ゴダールがゴダールになる前の作品といえるでしょう。映画づくりの手法を知らないまま、アメリカのB級映画を真似てつくった、ごく普通のリニアな作品です。シンタックス（統語論）的な作品と言い換えることもできます。一つの場面を撮影したら、次はこの場面を撮り、その後はこの場面を撮る、というふうに、場面の繋ぎをあらかじめ把握した上で撮影された映画です。そのことがよく分かる一つのシーンをお見せします。

■『勝手にしやがれ』上映

カットとカットが、非常にロジカルに繋がっていることが分かります。警官を殺す↓逃げる↓パリにやって来る↓彼女を探しに家に行く↓彼女はいない↓カフェに行く↓朝食を食べる、というふうにごく普通の映画と同じような順番で物語が進みます。ただ、ゴダールの撮り方と、仮に同じストーリーを他の監督が撮った場合との違いがあるとすれば、それはスピードです。話の展開が非常に速く、省略された部分が大きい。走って行ったかと思えば、次の瞬間にはもうすでに車の中にいる、その次の瞬間には女の子の部屋にいる、というふうに、乱暴なまでに唐突に画面が変わっていくところが特徴です。

『勝手にしやがれ』

『小さな兵隊』(63)もまったく同じ手法で撮られています。この時点で、ゴダールは自分自身の思考を表現する映画的な方法をまだ見つけていません。その後、ゴダールは『女と男のいる舗道』(62)をきっかけに、自分がどのような映画を撮りたいのか、どのように映画をつくりたいのかを理解していきました。

この映画を撮った後、ゴダールはよく「自分は小説家になるのが自然な流れだった」と言っていました。文学的な家庭環境に育ち、作家になって大手出版社ガリマールから本を出すのが自然な流れだったと。ゴダールはなぜ小説家になれなかったのか。文章においては、まず主語があり、その次に動詞がくる、という統語論的な規則を守らなければ、読者に理解されません。ゴダールは「自分にはそれができなかったのだ」と言っています。ストーリーが思い浮かばないから小説家になれないのではなく、文法上のルールが非常に重荷だったのです。

そのことは「カイエ・デュ・シネマ」誌にゴダールが寄せた批評記事を読むとよく分かります。例えば、エリック・ロメール[14]は非常に複雑かつ直線的な素晴らしい文章を書いていました。しかしゴダールは、詩のようにフラッシュ的に文章を重ねていくような書き方しかできませんでした。当時の「カイエ・デュ・シネマ」誌の華麗なフランス語の文章の伝統にはそぐわなかったのです。

そのような状況からゴダールを解放した作品が『女と男のいる舗道』でした。この時点では、まだデジタル的な作品とはいえません。パラタックスな、つまり並列型の作品といえます。シンタックス的な作品がさまざまな要素をある規則に沿って並べているのに対し、パラタックスな作品ではさまざまな要素が関連性なく並んでいます。コラージュと言い換えることもできます。

『女と男のいる舗道』について、ゴダールは次のように発言しています。「丸い小石のような未加工の素材を、ただ一列に並べただけである」、「並べてみたら、素材が自ずと一つにまとまっていった」と。素材と素材の繋がりを編み出す必要はまったくなく、文章をつくるときのような努力は必要なかった。できあがった映画は何らかのことは物語っているけれど、特に物語ろうと努力したわけではない、といったことを述べています。

『女と男のいる舗道』によって、ゴダールは大変な解放感を味わいました。自分は他の人とはまったく違うロジックで物語を語ることができると悟ったのです。ただ石を並べるだけでいい。並べればそれが一つの作品になるということにゴダールは気づきました。「この映画は、何かに導かれるように、一気に記事を書き上げるかのようにつくった。そしてこの作品は突如として、私の人生に調和と幸福感をもたらした。一時間、一日、一週間の間、非常に晴れやかな気持ちで過ごせるほどの解放を自分にもたらした」とも述べています。

ゴダールがこのような手法を取り入れるきっかけになったものが二つあります。一つはロッセリーニの『神の道化師、フランチェスコ』[15]（50）です。ゴダールは、ロッセリーニに対して圧倒的な憧れを持っていました。短い寓話が並べられた『神の道化師、フランチェスコ』を見て、ゴダールはロッセリーニがこのように並べてもいいのなら、自分もしていいはずだと考えたのです。もう一つは、ベルトルト・ブレヒト[16]の演劇です。ブレヒトも一つの物語を語る上で、短い挿話にただ番号をつけて並べるという方法を取り入れています。それらを並べるだけで一つの演劇ができるという思想に基づいて作劇を行っていました。

3　『恋人のいる時間』とカラックスへの影響

ベルガラ　『女と男のいる舗道』の翌年、ゴダールは『軽蔑』（63）を撮りますが、この作品については最後にお話しします。『軽蔑』の次に撮ったのが『恋人のいる時間』(64)です。『恋人のいる時間』は、ゴダールが撮った初めてのタブロー(絵画)的な映画といえます。最初の『勝手にしやがれ』『小さな兵隊』がシンタックス的な作品で、その後『女と男のいる舗道』でパラタックス型に移行し、『恋人のいる時間』でタブロー的な作品づくりを行いました。デジタル技術が登場するよりも二〇年も前に、ゴダールはすでに映画に対するデジタル的な思想を持っていたことが分かります。

『恋人のいる時間』は、夫と愛人という二人の男性がいる女性を描いています。配役にあたり、ゴダールはロッセリーニと同じ方法をとりました。つまり、ハンサムな役者を夫役に、ハンサムではない役者を愛人役に起用しています。この映画で行われた新しい試みとは、撮影時、それぞれのカットが後にどのように使われるかをまったく考えずに撮っているということです。カットをどのような順番で繋ぐかは、編集のときに初めて考えるというつくり方です。そのことが非常によく分かるシーンを二つお見せします。一つは愛人とのシーン、そしてもう一つは夫とのシーンです。これらはまったく同じように撮られており、女性にとって、夫も愛人も同等の存在であることを表しています。

■『恋人のいる時間』上映

最初にご覧いただいたのが愛人といる場面です。夫といる場面と二〇分ほど離れて挿入されていますが、順番には意味がないことが分かると思います。もちろん、音楽のように流れに意味はあるのですが、

『恋人のいる時間』

順番自体は重要ではありません。四つ目のカットは一つ目にきても、二つ目にきてもおかしくありません。カット間の等価性、平等性が見られます。このときの撮影は、まずベッドの真上にキャメラをセットし、愛人役と夫役が入れ替わりながら、流れ作業のように次々に撮っていたということです。

この映画で初めて明確に行われたことが二つあります。一つは音と画像の完全な分離です。例えば、男性が話しているシーンでは、台詞の代わりに音楽が入っており、男性の声は聞こえません。これは完全にデジタル的な思考で行われたと考えられます。また別のシーンでは、男性が女性の膝に手を置いたときの音を、まったく違うカットに使っています。線的な物語の構成から完全に解放されているわけです。『恋人のいる時間』は、このような手法を最も多用した作品です。

また、例えば男性の台詞で次のようなものがあります。「君はなぜ腋毛を剃るのか?」「僕はイタリアの女優みたいに腋毛を剃らないでもらった方がいいんだ」。イタリア映画では、女優が腋毛を剃らずそのままにしているのがエロティックだと思われていたという背景があります。それに対して、女性は「私は、女優がちゃんと腋毛を剃っているアメリカ映画の方が好きだ」と答えます。ゴダールの最新作『さらば、愛の言葉よ』(14)では、女優が役を降りてしまいかねない状況にもなりました。裸のシーンがあるため、ゴダールがあらかじめ女優の裸の写真を欲しいと言ったところ、写真では毛は剃ってありました。

女優を決めるプロセスはなかなか複雑で、女優は二年間も役が決まるのを待っていたわけです。それなのに、毛を剃っているからという理由で「君は使えない」と言われてしまった。下の毛を剃っているのは猥褻で映画では撮れないと見なされたのです。最終的には、ゴダールはその女優を使いたかったので、付け毛を使って撮影できるようにしました。

もう一つ、この映画の画期的な点は、カット自体が非常に平面的に構成されていることです。まるで絵画のように二次元的で、奥行きがありません。その平面的な画面の上に、画家が人物や物を配置するかのように、ゴダールは「ここに人を配置しよう」「ここに本を三冊置こう」と恣意的に配置しています。タブロー的な画面づくりをしているわけです。

非常に面白いのが、レオス・カラックス[17]の映画づくりの原点がここに見出せることです。女性の目と、男性の顔の半分が映っているカットがありますが、これはカラックスの『ボーイ・ミーツ・ガール』(84)を思わせます。カラックスは『恋人のいる時間』に強い衝撃を受け、自分の映画の中で再現しました。新しいシネアストの誕生の契機も含まれているという点でも、非常に興味深い作品です。

4　ストーリーを見るように撮る

ベルガラ　次に一九六七年の作品『彼女について私が知っている二、三の事柄』(67)に移ります。この作品でゴダールは、タブロー的な作品の中でどのように物語を語るかという試みを行いました。ここでいうタブロー的とは、平面に好きなようにものを並べられる状況を指しています。料理に喩えると分かりやすいのですが、フランス料理では、前菜、メイン、チーズというふうにコースの順番が決まっています。前菜の前にチーズを食べる人はいません。しかし例えば、レバノン料理では、あるいは日本料理もそうかもしれませんが、いくつもの料理をテーブルの上に並べて、好きな順番で食べて構いません。順番を守る義務はありません。フランス料理は一定の理論に従って次に何を選ぶかが決まるシンタックスな料理、レバノン料理や和食はパラタックスな、あるいはタブロー的な料理といえます。

ゴダールがこれらの映画をつくっていた六〇年代の編集技術は、必然的にリニアなものでした。あるカットの次に別のカットを繋げ、その次にまた別のカットを繋げる。後からカットの位置を変える場合は、三時間くらいかけて一からやり直さなければいけない時代でした。しかし、デジタルの時代に入ると、カットの位置を簡単に変えられるようになり、そのことが映画づくりにおける革命を起こしました。映画に対する思考もリニアからデジタルへと変化しました。しかし、ゴダールはデジタル技術の到来を待たずしてデジタル的な、タブロー的な映画づくりをしていたわけです。

この後見ていただく抜粋では、ゴダールは普通の順番で物語を語ろうとしています。具体的には、女性が夫の働く自動車修理工場にやって来て、夫と会います。その後、洗車をして友人と一緒に去っていきます。ゴダールは撮影にあたり、ストーリーに従って撮影するのではなく、感覚に沿って撮影しようとしました。そして編集時には、絵画的な、つまり色やリズムといったものに則った順番で編集していきます。シンタックス的な物語の論法からは完全に離れた形でストーリーを語っています。そして、ゴダールの発言の中でも重要な一言だと思いますが、「ストーリーを見るように撮る」と言っています。観客に対してストーリーを語るのではなく、ストーリーを見せる。観客がそれを見れば、自ずとそれが物語になると発言しています。

これからお見せする場面は、ゴダールが撮った全作品の中で最も美しく、素晴らしい場面だと思います。ゴダールのデジタル的な考え方がポリシーを帯びたものになっていることが分かる場面です。

■『彼女について私が知っている二、三の事柄』上映

ここでは台詞の内容が重要です。ゴダールが、言葉や映像や物語に関する考えを囁いています。また、どのような理論で撮影したのかを語っています。『彼女について私が知っている二、三の事柄』はかなり実験的な映画で、色や音などの感覚に基づいて世界を再構築しています。画家や音楽家のように世界をつくっているのです。一方で、ゴダール自身は実験的な映画作家になることを常に断固として拒否してきました。ゴダール自身は「私は何かを語りたい、物語りたい」と言っています。語るべき物語がなければ、何でもありの世界になってしまう。感覚に基づいて作品づくりを行ったとしても、物語こそが自分を導くものなのだと述べています。このシーンでは、音の処理も非常にデジタル的です。車の大きな音が突然遮られます。一つひとつの音は素材に過ぎず、それらをゴダールは好きな順序で好きなところに配置しています。映像のみならず、音もタブロー的に扱っているのです。

5　黒板のような映画

ベルガラ　『中国女』(67) は、よく五月革命を描いた作品だといわれますが、まったくそうではありません。予見的に五月革命を描いているのは『ウイークエンド』(67) です。『中国女』はとても優しい、小さなコミュニティを描いた作品です。いかに世界に対抗して小さなコミュニティをつくることができるかがテーマになっています。

『中国女』は完全にタブロー的な思考で撮られています。撮影の順番に何のロジックもありません。ゴダールは「撮影をした順番が撮影順だ」と言っており、私はこの発言がとても好きです。ゴダールはまた、一つひとつのカットをそれぞれ独立したものとして撮影し、それらを編集で繋いだときに初めてカット間の連帯が生まれたと言っています。これは学校の黒板のような映画といえます。どこに何を書いても構わない。上に絵を貼っても構わない。ゴダールにとって、学校の黒板はとても愛着のあるものでした。自分のアイデアをチョークで好きなところに好きなように書ける、黒板のような映画をつくることを実行したのが『中国女』だといえます。

この試みは、後に『ゴダールの映画史』(88-98) に繋がる流れの出発点といえます。『映画史』ではさまざまな人が雑誌の切り抜きや映画の抜粋といったものをゴダールに持ち寄り、ゴダールはそれらをすべて撮影していきました。どのように使うかは後で考えると言って。カセットテープをたくさん買ってきて、超高速で再生し、気に入ったカットがあると、それを切り出します。全体のストーリーは意識せずに、まるで釣りをするかのように、カットだけを集めていきました。

私自身、ゴダールの家に行ったことがありますが、彼の部屋にはさまざまな紙の資料が山積みになっていました。ゴダールは本などを買ったら、気に入ったページを破り取ってその辺に置いておきます。好きなものをひたすら山積みにしておきます。後に『映画史』になるものが物理的な形でその部屋の中に存在していたように感じました。

■『中国女』上映

これは完全にタブロー的につくられた画面といえます。平面の上に、青や赤、あるいは言葉といったさまざまな要素をのせています。音や台詞もまったく別のシーン用に撮ったものをのせています。アンヌ・ヴィアゼムスキー[18]がいる場面に注目してください。ゴダールはここで黄色という色が必要だと感じ、女優に黄色いシフォンを持って登場させ、その手を撮影しました。その後、反対側からもその黄色を見せています。女優は黄色という色を画面にもたらすためだけに登場しています。

六九年の作品『たのしい知識』に移りたいと思います。これはまったく何もない作品です。まさに黒板の上にものを配置していった作品で、見ていただければ私の言っていることがよく分かると思います。

■『たのしい知識』上映

カラックスがこの作品を何度も見たであろうということが分かります。『汚れた血』(86)の中で同じような照明の使い方をしています。

次に『パート2』(75)の抜粋をお見せします。『パート2』はビデオを使った七五年の作品で、ゴダールがグルノーブルに籠り、世間から忘れられたような状態になっていた時代の作品です。ゴダールは完全にタブロー的な映画をスクリーン上に再現したいと考えたのですが、当時お金がなく、実現できませんでした。そこで、暗くした部屋にテレビを並べ、一時間半分のテープを再生し、リモコンを使って一台ずつ点けたり消したりするところを、キャメラで撮りました。つまり、タブローな画面をそのまま撮影した作品です。

このような手法の先駆者といえるのがヒッチコックです。[19] ヒッチコックは『裏窓』(54)で、テレビ画面をいくつも並べるかのようにさまざまな場面を同時に撮り、それぞれの画面で俳優に演技させています。もちろん、ヒッチコックの場合は壮大な舞台装置や美術を使っているのですが、まるでテレビの調整室のようなスタイルで作品を撮ったという点ではゴダールとまったく同じです。『パート2』は、ゴダール自身が最も落ち込んでいた時期に撮った、一切の喜びも希望もない作品といえます。この映画を見るなら、元気なときに見てください。落ち込んでいるときに見ると、大変なことになります。

6　唯一の二一世紀的な映画、『ゴダール・ソシアリスム』

ベルガラ　最後に、今までお話ししてきたことの到達点といえる作品を取り上げます。二〇一〇年の『ゴダール・ソシアリスム』(10) です。ゴダールの五五年にわたるキャリアの中でも三本の指に入る作品だと思います。そして、真の意味での二一世紀的な映画です。この作品以外に、新しいミレニアムの作品と呼べるものはないと思います。他の作品はいずれも従来型のストーリーテリングや編集でつくられています。

なぜゴダールが二一世紀的な作品を撮った最初の、そして唯一の監督になったのか。その理由は、ゴダールが五〇年先を行っていたからです。デジタル技術がなかった時代から、あらゆるデジタル的な手法を実験していたからです。だからこそ、デジタル編集という技術を手に入れてすぐに『ゴダール・ソシアリスム』のような作品をつくることができたのです。撮影においては、デジタルも35ミリフィルムも大差はありませんが、編集におけるデジタル技術の登場は大きな革命でした。

『ゴダール・ソシアリスム』の出発点となったアイデアは非常に素晴らしいものでした。映画作品は物語を語るものである。物語を語るということは、どこかに向かって進むことである。ならば船を舞台にしようとゴダールは思いついたのです。船の前進に伴い、自然に物語も進んでいきます。この船には二〇〇ほどの船室があり、それぞれの部屋で物語が進行します。あたかも二〇〇本のシナリオが同時進行しているかのようです。ゴダールは、それらすべてを一つの物語にしようとしました。ヒッチコックの『裏窓』と同じことを試みたわけです。一つの船室で起きていることを語り、それに語り飽きたら、次の船室に移る。世界が船の形で存在しているかのようです。

さまざまな船室の物語をタブロー的に並べるにあたり、ゴダールはデジタルを使えば好きなように素材を配置することができると考えました。シネアストにしろ、画家にしろ、通常の作家は一つの作品においては均一の素材を使います。しかしゴダールはまったく異なる質感の素材を組み合わせて作品をつくろうとしました。そして不均一な素材を集めるために、一〇台の画質の異なるキャメラを使って撮影したのです。録画機能がついた最初の携帯電話から4Kの高画質な映像が撮れるキャメラまで、デジタル技術が登場して以来、この世に出たありとあらゆるキャメラで撮影しました。まるで画家が何本もの筆を使い分け、多様なタッチで描くように。音も同様です。初期の携帯電話から最高レベルの録音機材まで、さまざまな機材を使っています。さまざまなタッチの画面を使って物語を語ることができるか、という問題に取り組んだのです。

■『ゴダール・ソシアリスム』上映

最後に、ある言葉を引用したいと思います。これはインタビューでゴダール本人が語ったことではな

『ゴダール・ソシアリスム』

く、『オールド・プレイス』（00）の中で登場人物に言わせている言葉です。『オールド・プレイス』はニューヨーク近代美術館の依頼で撮った、現代アートについて描いた作品です。

「芸術的思考は、ありえるかもしれない世界やその断片をつくり出すところから始まる。経験や仕事、つまり絵を描く、文章を書く、映画をつくる、といった作業を通じて、それを外部世界と対比させる」。『ゴダール・ソシアリスム』には、ありえるかもしれない実現可能な世界がさまざまに登場します。例えば渦を巻いて泳いでいるシーンや、若い女性がプールで泳いでいるシーンは、いずれも円環的な世界を描いています。それとはまったく対極にある世界が、甲板を走るシーンです。また、喋る猫の画像も出てきます。これは一言で表せば、YouTube的な世界です。さらに大富豪の世界も出てきます。大富豪は非常に粗い映像で映し出されますが、この画面の汚さはお金の世界の汚さを表しています。ゴダールは自分が嫌いなものは質の悪いキャメラで撮影しました。反対に自分の好きなもの、例えば、ブリッジの上の雨や非常に広大な空間などは、4Kの機材を使い素晴らしい画面として撮影しています。

『ゴダール・ソシアリスム』にはいろいろな世界が登場します。個々の世界を描いた作品は他にも無数にあります。例えば、プチブルのバカンスを描いた作品なら、フランスで非常に人気のある「レ・ブロンゼ」シリーズ[20]が存在します。しかしゴダールは、いくつもの異なる世界を一つの作品の中で描きました。結局のところ、それが現実なのだと言っています。不均衡で異質な世界が共存する場所こそが現実なのだと。実現可能な世界と外部世界を付き合わせることで、私たちが現実と呼んでいるものをより鋭敏に描き出すことが可能になるとゴダールは述べています。

最後に、最大のミステリーは、八五歳になるゴダールがこのような作品をつくっている唯一の監督であるということです。すべてを内包する世界を作品として描いている——それはデジタル技術によって可能になったわけですが——いまの現実と完全にシンクロする作品を撮っている唯一の監督がゴダールだといえるでしょう。皆さまが私の話を消化できたことを願います。

7　小さなコミュニティを思い描きながら

筒井　ありがとうございました。実作者でなければ、これほどの分析はできないのではないかと感じました。いわゆる傑作至上主義の観点で作品を取り上げるのではなく、映画の構造の観点から重要なポイントを見事にすくい上げていただいたと思います。個人的には大好きな『パート2』が出てきて感激いたしました。ゴダールの映画が直線的なものから並列的なもの、そして不確定性なものへ進展していく過程、単数のゴダールが複数のゴダールに移っていく過程を、ゴダールのタブロー的な側面と編集の側面から語っていただいたと思います。この刺激的な講義を受けて、皆さんから質問を受けたいと思いますが、まずは映像研究科映画専攻を代表して、諏訪敦彦さんから一言感想をいただけますと幸いです。

諏訪 本当にありがとうございました。ゴダールを観察する立場ではなく、隣に寄り添った立場から話された言葉によって、ゴダールの現場に繋がるムードのようなものがここに持ち込まれた印象を持ちました。一つお聞きしたいことがあります。ゴダールはリニアな映画から並列的な映画に移行していき、黒板にいろいろなものを書き込んでいくような映画、あるいはテーブルの上にさまざまなものを並べるような映画を可能にしていったというお話でした。そこにはもう一つ可能性があって、そのテーブルや黒板には誰が書き込んでもいい、つまりゴダール以外の人々がそこに参画することを映画が開いていく可能性があったと思います。しかしゴダールは、集団での制作によりそのようなことを実践しようとした時期もありましたが、挫折し、結局ゴダール一人でそのテーブルを運ぶ状況になっていたように見受けられます。そのあたりについて、ベルガラさんはどのように感じていらっしゃいますか。

ベルガラ 「ジガ・ヴェルトフ集団」の時代は、ゴダールにとって非常に苦い思い出になっています。その頃のことを非常にシンプルな言葉で表していて、「私たちは一つのコミュニティとして一緒に映画づくりをしていたが、クリスマスになると皆パパとママのところに帰ってしまい、私一人が残された」と言っています。「午前二時くらいまで皆で政治談議をした後、皆が帰り、自分一人が残って灰皿を洗っていた」と。このように語っているのはゴダール一人ではなく、妻であったアンヌ・ヴィアゼムスキーも最近出した本の中で、やはり恐ろしい時代だったと語っています。

ゴダールは映画を仲間とつくることを夢見ていました。映画は一人ではつくれない、大人数になり過ぎてはいけないけれども、話が多少通じる仲間が二、三人必要であると言い続けていました。そして、その二、三人をゴダールは生涯探し続けたのだと思います。九〇年代に入り、ミエヴィル[21]をはじめとする何人かとの出会いがありました。また、音に関しては仲間を見つけました。フランソワ・ミュジー[22]です。ミュジーとは初めて仕事をしたとき以来、二〇年間、離れることはありませんでした。仲間が近所に住んでいて、必要になったときに呼べば夜でも来てもらえる、そういう小さなコミュニティをゴダールは思い描いていたように思います。音に関してはミュジーがいましたが、映像に関しては、そのような仲間は見つけていないのではないでしょうか。

8　ゴダールと女性の関係

質問者1　『さらば、愛の言葉よ』での女性の陰毛の話にとてもショックを受けました。というのは、すごく綺麗だと思って見ていたからです。それ以前のゴダールの映画にも女性の裸体は出てきましたが、最新作は3Dのせいもあるかもしれませんが、いままでよりも生々しく見えました。女性の裸体の撮り方が変わったのではないかと考えていたのですが。

ベルガラ　ゴダールが女性の裸体を撮った作品に『カルメンという名の女』(83)があります。もともとイザベル・アジャーニ[23]が主演だったのですが、撮影四日目に「こんな小さなキャメラの作品は嫌だ」と言って降りてしまいました。ミリアム・ルーセル[24]が代わりを務めたわけですが、ルーセルはゴダールが普段使う女優とはまったく違う、官能的なタイプの女優でした。六〇年代のゴダール作品における女性の裸体は非常に守られていて、アンナ・カリーナ[25]も一度も胸を露出させたことがありません。ゴダールはもともと肉を感じさせるような撮り方はしていません。ギュスターヴ・クールベ[26]の『世界の起源』という絵画がありますが、あの絵で描かれている世界が我々にとっての女性の性器であり、ゴダールはあれを原始人的であるとも言っています。ゴダールは陰毛は女性の性器を守るものと考えており、付け毛を使ったのは性器を強調するためではなく、守るためでした。

撮り方が変わったのではということについては、生々しくなったというより、愛が感じられない点で変わったと私も思います。アンナ・カリーナはゴダールの恋人でした。ミリアム・ルーセルは、非常にセクシャルな女性でした。しかし『さらば、愛の言葉よ』の女性の裸体は、ただそこにあるものという感じで、愛情は感じられません。特に階段を下りてくるシーンは非常に不格好に見えて、私は好きではありません。その後に同じ女性を美しく撮ったシーンもあるのですが。女優がある本の中で撮影時のことを語っているのですが、ゴダールは女優を非常に尊重してくれる監督であると言っています。他の映画に出た女優も皆、同じような発言をしています。裸を撮ることを前もって言ってくれるし、撮影時も長時間裸でいなくて済むように、タイミングに気を使ってくれる監督だったと。また、ゴダールが八十代であることも忘れてはいけないと思います。やはり八十代の男性は、三十代の男性とは違う女性の見方をすると思います。

一つ確かなことは、『さらば、愛の言葉よ』を撮るにあたり、ゴダールは若い女性を必要としたということです。画家のアンリ・マティス[27]の場合と似ています。マティスはニースで絵を描いていた時代、近所のダンススタジオに「お金は払うから若い女の子をよこしてくれ」と言っていたそうです。若い女性にアトリエの中を自由に動き回ってもらい、マティス本人は女性ではなく花を描いていました。つまり、女性がそこにいることが彼にとって必要だったのです。クリエイティブな状態に自分を持っていくために。

9　作品におけるドイツの表象

質問者2　お聞きしたいことが二つあります。一つはノンリニアの技術が登場する以前からゴダールの発想がノンリニアだったということですが、撮影監督の発言などを聞くと、実際の編集はビデオデッキを二台、DVDか何かを使ってリニアで行われていたようです。そのパラドックスはどのように考えればいいのでしょうか。二つ目の質問は、最近のゴダールの作品では暴力や権力がドイツ的なものに結びついているように見えます。これはどう捉えればいいのでしょうか。単純に考えれば、アウシュヴィッツを起こしたのがドイツ人だからといえますが、それだけではないようにも思います。例えば、ゴダールが影響を受けたマルティン・ハイデガー[28]やルートヴィヒ・ウィトゲンシュタイン[29]などはドイツ人です。

ベルガラ　まず編集に関しては、ゴダールは何らかの機材を使うときは常に他の監督とは違う方法、あるいは本来の使い方とは違う方法で使おうとしていました。年代から音や映像をずらしたり、音と映像の組み合わせを変えたりといったことを試みています。ゴダールにとって、ビデオは音と映像が同じ媒体に記録され、分けることができない点で最悪な機材でした。七〇年代のビデオの時代は、ゴダールがやりたいことができず、この頃の作品をゴダール自身も嫌っています。この頃について語りたがらないのも、ビデオに苦しめられたからです。

その後、映画に復帰したときには、もっと自由に編集できる機材が登場していました。例えば、『パッション』(82)の労働組合の会合の場面では、人の声と姿をバラして、ある人の映像に別の人の声を合わせたりしています。八〇年代に入ると自宅に編集機材を備え、好きなときに一人で編集をするようになりました。何種類ものカットを整理するための棚を新たに設けたりもしています。非常に緻密で職人的な作業を、一人で時間をかけて行っていたのです。最初のデジタル編集システムであるAVID(プロフェッショナル向け用のデジタル編集システム)の登場は、ゴダールにとって解放を意味しました。ようやくゴダールがしたかったことを実現できる機材が登場したのです。まるでゴダールのためにつくられたようなシステムで、彼はこれを五〇年間ずっと待っていたといえます。AVIDの登場により、ゴダールは一五年かけて『映画史』をつくることになったのです。『映画史』は純粋にデジタル的な作品といえます。

もう一つの質問に関しては、ゴダール作品におけるドイツの影響というのは、あくまでも文化面や技術面におけるもので、ゴダールがゲルマン的な精神を持っていたとは思えません。ゴダールはプロテスタントです。ゴダールの作品にはむしろロシア的な要素が見られます。編集は特にロシア的です。女優に関しても、ロシア的な名前だとすぐに起用するくらい、ロシアはゴダールにとって神話的な存在でした。マリナ・ヴラディ[30]に恋をしたのも彼女がロシア系だったからです。これは私が勝手に言っているのではなく、ゴダール自身が言っています。

筒井　ドイツを悪として描いているのはなぜか、という質問に対してはいかがですか。

ベルガラ　ゴダールは反ユダヤ主義であると批判されることがよくあります。『ゴダール・ソシアリスム』の中でも、大株主の男が「金の山」を意味するゴルトベルクというユダヤ的な名前になっています。しかし、ゴダールが批判しているのは株やお金の側面であり、ドイツやユダヤを批判しているのではないと思います。フランスでは『ヒア&ゼア　こことよそ』(76) でヒトラーとゴルダ・メイア[31]の映像を重ねたことで、ゴダールは激しく非難されました。ゴダールは明らかにパレスチナ寄りであり、アンチシオニストであるといえます。しかしアンチシオニストの中に、反ユダヤ的ではない人は大勢います。ゴダールはパレスチナのために、相当のリスクを負っています。ファタハ[32]を小さなキャメラで撮影したときは、撮影の三日後に出演者が殺害されました。ゴダール自身も殺される可能性があったということです。私は個人的にはゴダールと直接話をした経験から、彼は反ユダヤ主義者ではないと確信しています。しかし、今日のフランスではほんの些細な一言でそのように決めつけられてしまうことがあります。

質問者3　先ほどゴダールはコミュニティをつくりたいのだとお話しされましたが、なぜアンナ・カリーナやアンヌ・ヴィアゼムスキーを主演にしたように、アンヌ＝マリー・ミエヴィルを主演にした映画を撮っていないのでしょうか。またゴダールはミエヴィルの『そして愛に至る』（00）に出演していますが、ミエヴィルがゴダールを配役した理由はもともとキャスティングしていた役者が降りてしまったからだと聞いています。詳しい理由なども知っていたら教えていただければと思います。

ベルガラ　主演俳優が降板したからゴダールを起用したという話は、私は一秒たりとも信じません。『そして愛に至る』がゴダールのためにつくられた映画であることは明らかです。通常、ゴダールはこういったことを嫌うのですが、この作品では非常に協力的で、役者としてもいい演技をしていると思います。

ミエヴィルを主演にしない理由については、過去に主演女優と別れた経験から、おそらく主演にすると別れてしまうのではないか、という不安があるのではないでしょうか。ゴダールにとって、ミエヴィルが必要な存在であったことは確かです。二人の関係は私には謎めいており、二人は実際に一緒に暮らしていないにもかかわらず、そばにいてほしい存在であることは確かです。もう一つ謎があって、ミエヴィルは優れたシネアストであったのに、突如映画づくりをやめてしまいました。ゴダールと一緒にいれば映画はつくれたと思います。彼女がやりたいと言えば、ゴダールは支援していたでしょうし、プロデューサーもいました。

1 **フェミス**
フランスの映像・音響専門グランゼコール。正式名称は国立高等映像音響芸術学校。一九四三年、マルセル・レルビエとイヴ・ボードリエによって設立されたフランス高等映画学院（IDHEC）を改組して八六年に設立。監督、脚本、撮影、特殊効果、録音、編集、美術、制作の八部門の領域がある。主な卒業生はフランソワ・オゾン、アルノー・デプレシャンなど。

2 **ジャン＝ピエール・リモザン**
一九四九年生まれ。映画監督。「カイエ・デュ・シネマ」誌などで批評を執筆。アラン・ベルガラと共同監督した『逃げ口上』（83）をはじめ、『天使の接吻』（88）、『TOKYO EYES』（98）を監督。他に『われらの時代の映画 北野武 神出鬼没』（99）などのドキュメンタリーも手がける。

3 **市山尚三**
一九六三年生まれ。プロデューサー。東京大学経済学部を卒業後、松竹に入社。オフィス北野在籍中に国内外のさまざまな作品をプロデュースする。主なプロデュース作品に竹中直人監督『無能の人』(91)、ホウ・シャオシェン監督『フラワーズ・オブ・シャンハイ』(98)など。二〇〇〇年から二〇二〇年まで映画祭「東京フィルメックス」のプログラム・ディレクターを務め、二〇二一年より東京国際映画祭のプログラミング・ディレクターに就任。二〇二四年より東京藝術大学大学院映像研究科映画専攻プロデュース領域教授。

4 「カイエ・デュ・シネマ」
フランスの映画批評誌。一九五一年、アンドレ・バザン、ジャック・ドニオル゠ヴァルクローズ、ジョゼフ゠マリー・ロ・デュカを中心に創刊。エリック・ロメール、ジャック・リヴェット、ジャン゠リュック・ゴダール、フランソワ・トリュフォーらが映画評を執筆。一九五〇年代中盤以降は「作家主義」の戦略によって批評の活性化に貢献した。

5 ロベルト・ロッセリーニ
[Ⅳ]ベルナール・エイゼンシッツの映画史―[3]『神の道化師、フランチェスコ』講義を参照。

6 ルイス・ブニュエル
一九〇〇年生まれ(一九八三年没)。映画監督。シュルレアリスム映画の先駆者。サルバドール・ダリと共同脚本の『アンダルシアの犬』(28)をはじめ、『小間使の日記』(64)、『昼顔』(67)、『ブルジョワジーの秘かな愉しみ』(72)などの作品を残す。

7 アッバス・キアロスタミ
一九四〇年生まれ(二〇一六年没)。映画監督。短編『パンと裏通り』(70)で監督デビュー。以降、コケールを舞台にした『友だちのうちはどこ?』(87)、『そして人生はつづく』(92)、『オリーブの林をぬけて』(94)の三部作や、フィクションとノンフィクションを混ぜ合わせた『クローズ・アップ』(90)などを監督。『桜桃の味』(97)で第五〇回カンヌ国際映画祭パルム・ドール受賞。

8 イングマール・ベルイマン
一九一八年生まれ(二〇〇七年没)。映画監督。『危機』(46)で監督デビュー。『不良少女モニカ』(53)でヌーヴェル・ヴァーグを担うフランスの作家たちに強い印象を残した。その後、中世を舞台とした『第七の封印』(57)で国際的評価を高め、神の沈黙をテーマにした三部作『鏡の中にある如く』(61)、『冬の光』(63)、『沈黙』(63)や、人生の老いを描いた『野いちご』(58)では、ベルリン国際映画祭金熊賞を受賞。

9 ピエル・パオロ・パゾリーニ
一九二二年生まれ(一九七五年没)。映画監督・詩人。一九六〇年代のポスト・ネオレアリズモを代表する監督の一人。マルクス主義的立場から「マタイ伝」を映画化した『奇跡の丘』(64)

で物議を醸し、その後も寓意的手法でブルジョア的世界観を批判した『テオレマ』(68)や『豚小屋』(69)、『デカメロン』(71)、『カンタベリー物語』(72)、『アラビアンナイト』(74)の「生の三部作」を完成。『ソドムの市』(75)で醜聞を巻き起こした直後、ローマ郊外のオスティアで撲殺された。

10 **ヴィクトル・エリセ**

一九四〇年生まれ。映画監督。映画雑誌「ヌエストロ・シネ(われらの映画)」誌で映画評論を執筆。その後、『ミツバチのささやき』(72)でサン・セバスティアン国際映画祭グランプリを受賞。以後、寡作ながらも『エル・スール』(82)、『マルメロの陽光』(92)、『瞳をとじて』(23)を発表。

11 **チャーリー・チャップリン**

一八八九年生まれ(一九七七年没)。俳優・映画監督。小さな帽子に大きなドタ靴、ダブダブのズボンに窮屈な上着、ちょび髭にステッキの浮浪者という映画史の中で最も重要なキャラクターをつくり上げたコメディアン。『キッド』(21)、『黄金狂時代』(25)、『街の灯』(31)、『モダン・タイムス』(36)などのサイレント作品を発表。その後、本格的にトーキー作品に移行し、『チャップリンの独裁者』(40)、『チャップリンの殺人狂時代』(47)、『ライムライト』(52)を発表。一九七二年にアカデミー特別賞を受賞。

12 **黒沢清**

一九五五年生まれ。映画監督。立教大学在学中につくった『しがらみ学園』(80)で、ぴあフィルムフェスティバル入選を果たした後、長谷川和彦、相米慎二らの助監督を経て、『神田川淫乱戦争』(83)で商業映画デビュー。その後、『ドレミファ娘の血は騒ぐ』(85)、『スウィートホーム』(89)、『CURE』(97)、『回路』(01)、『トウキョウソナタ』(08)、『ダゲレオタイプの女』(16)、『スパイの妻』(20)、『Cloud』(24)などを監督。

13 **「われらの時代の映画(cinéma de notre temps)」**

「映画監督が現役の映画監督を撮る」というコンセプトで製作されたフランスのTVドキュメンタリー・シリーズ。一九六四年、映画批評家アンドレ・バザンの妻ジャニーヌ・バザンと「カイエ・デュ・シネマ」誌の批評家アンドレ・S・ラバルトによって、「われらの時代のシネアスト」のタイトルで製作開始。ジョン・フォードやジャン・ルノワールといった巨匠から、北野武、ホウ・シャオシェン、ストローブ＝ユイレなど現代の映画作家に至るまで、錚々たる面々が取り上げられている。

14 **エリック・ロメール**

一九二〇年生まれ(二〇一〇年没)。映画監督。高校で教鞭を執る傍ら、各種映画雑誌に批評を執筆。一九五七年から六三年まで「カイエ・デュ・シネマ」誌の編集長を務めた。『獅子座』(59)で長編監督デビュー。以後、『モード家の一夜』(69)、『クレールの膝』(70)、「六つの教訓話」シリーズなどを監督。二〇〇一年、ヴェネチア国際映画祭金獅子賞・特別功労賞を受賞。

15 **『神の道化師、フランチェスコ』**

［Ⅳ］ベルナール・エイゼンシッツの映画史―［3］『神の道化師、フランチェスコ』講義を参照。

16 **ベルトルト・ブレヒト**

一八九八年生まれ（一九五六年没）。劇作家・詩人・演出家。「異化効果」をはじめとしたさまざまな演劇理論で戦後の演劇界に衝撃を与えた。戯曲『夜うつ太鼓』で一九二二年にクライスト賞を受賞。『三文オペラ』(28)の成功で国際的な名声を得る。一九三三年にデンマーク、北欧を経てアメリカに亡命。『肝っ玉おっ母とその子供たち』(39)、『ガリレイの生涯』(39)などを執筆。

17 **レオス・カラックス**

一九六〇年生まれ。映画監督。一九七九年より「カイエ・デュ・シネマ」誌に評論を書く。一九八〇年代から活躍し始め、初の長編『ボーイ・ミーツ・ガール』(84)を監督し、カンヌ国際映画祭でヤング大賞を獲得。「ゴダールの再来」と騒がれる。『汚れた血』(86)、『ポンヌフの恋人』(91)、『ポーラX』(99)、『ホーリー・モーターズ』(12)、『アネット』(21)などを監督。

18 **アンヌ・ヴィアゼムスキー**

一九四七年生まれ（二〇一七年没）。女優。ロベール・ブレッソン監督『バルタザールどこへ行く』(64)でデビュー。ジャン＝リュック・ゴダール監督『中国女』(67)に主演後、ゴダールと結婚したが、一九七九年に離婚。俳優業の他に小説家や脚本家としても活躍。

19 **アルフレッド・ヒッチコック**

一八九九年生まれ（一九八〇年没）。映画監督。『快楽の園』(25)で監督デビュー。イギリス映画としてのトーキー第一作『恐喝』(29)や『暗殺者の家』(34)をヒットさせた。その後、ハリウッドへ移り『レベッカ』(40)を監督。この作品がアカデミー作品賞に輝いたことで一躍名を上げ、およそ年に一本のペースで監督作を発表する。一九五〇年代に全盛期を迎え、『見知らぬ乗客』(51)、『裏窓』(54)、『めまい』(58)、『北北西に進路を取れ』(59)、『サイコ』(60)、『鳥』(63)などを発表し、高い評価と興行的成功を収めた。その演出はフランソワ・トリュフォーやクロード・シャブロルらヌーヴェル・ヴァーグの映画人に敬愛された。

20 **「レ・ブロンゼ」シリーズ**

喜劇演劇集団「スプランディッド」の舞台『愛・貝・甲羅』をパトリス・ルコント監督によって映画化した『レ・ブロンゼ／日焼けした連中』(78)の大ヒットを受け、その後、『レ・ブロンゼ／スキーに行く』(79)、『レ・ブロンゼ／再会と友情に乾杯！』(06)が制作された。

21 **アンヌ＝マリー・ミエヴィル**

一九四五年生まれ。映画監督。一九七〇年代以降に頭角を現した。ゴダールの『万事快調』(72)にスチール・カメラマンとして携わり、以後、『ゴダールの探偵』(85)などの共同脚本や『ヒア&ゼア こことよそ』(76)、『ソフト&ハード』(85)を共同監督。『ヌーヴェルヴァーグ』(90)では美術監督として活躍。一九七七年に短編『ママのようなパパ』を単独で初監督してから、『私の愛するテーマ』(88)、ゴダール主演の『そして愛に至る』(00)などを発表している。

22 **フランソワ・ミュジー**

一九五五年生まれ(二〇二三年没)。録音技師。ゴダール作品の録音を数多く担当。『パッション』(82)、『カルメンという名の女』(83)、『右側に気をつけろ』(87)、『ヌーヴェルヴァーグ』(90)、『ゴダールの決別』(93)などを手がけた。

23 **イザベル・アジャーニ**

一九五五年生まれ。女優。一九歳のときに主演したフランソワ・トリュフォー監督『アデルの恋の物語』(75)で主人公を演じ、高い評価を得る。『カルテット』(81)、『ポゼッション』(81)でカンヌ国際映画祭最優秀女優賞を受賞。

24 **ミリアム・ルーセル**

一九六二年生まれ。女優。『パッション』(82)で映画デビュー。一九八〇年代に制作されたゴダール作品『カルメンという名の女』(83)、『ゴダールのマリア』(85)で世界的に注目を集めた。

25 **アンナ・カリーナ**

一九四〇年生まれ(二〇一九年没)。女優。デンマークに生まれ、一七歳のときにフランスへ移住。モデルとしてスカウトされ、当時出会ったココ・シャネルから「アンナ・カリーナ」という芸名が授けられた。一九六〇年にゴダール監督作品『小さな兵隊』(63)の主演に抜擢され、その後、ゴダールと結婚。『女は女である』(61)、『女と男のいる舗道』(62)、『はなればなれに』(64)、『アルファヴィル』(65)、『気狂いピエロ』(65)などに出演。一九六五年にゴダールと離婚。二〇一九年、パリで死去。

26 **ギュスターヴ・クールベ**

一八一九年生まれ(一八七七年没)。フランスの写実主義の画家。一八四四年、『黒い犬を連れたクールベ』でサロンに初入選。一八五〇年に横幅およそ六メートルの大作『オルナンの埋葬』を発表し、物議を醸す。それまでの西洋絵画において、大型の作品は歴史や宗教を主題に扱うことが通例だったが、クールベは名も知れない庶民の葬式を、威厳をもって描き、当時の美術界に衝撃を与えた。一八五三年に『浴女たち』を発表。自分が生きた時代の出来事を理想化することなく、目に見えるままに描く「レアリスム宣言」を掲げる。

27

アンリ・マティス

一八六九年生まれ（一九五四年没）。画家。フォーヴィスム（野獣派）のリーダー的存在であり、野獣派の活動が短期間で終わった後も二〇世紀を代表する芸術家の一人として活動を続けた。自然をこよなく愛し、「色彩の魔術師」と謳われ、緑あふれる世界を描き続けた。彫刻や版画も手がけている。代表作に『帽子の女』（05）、『ブルー・ヌードⅣ』（52）がある。

28

マルティン・ハイデガー

一八九八年生まれ（一九七六年没）。哲学者。マールブルク大学助教授（1923–28）、フライブルク大学教授（1929–45）。一九三三年にナチスが政権獲得後、ナチス支持者としてフライブルク大学学長を務める。著書に『存在と時間』、『根拠の本質』、『ツォリコーン・ゼミナール』他、多数。

29

ルートヴィヒ・ウィトゲンシュタイン

一八八九年生まれ（一九五一年没）。哲学者。英米哲学の形成に指導的役割を果たした一人で、論理実証主義およびオックスフォード学派に影響を与えた。著書に『論理哲学論考』、『哲学探究』などがある。

30

マリナ・ヴラディ

一九三八年生まれ。女優。姉と一緒にフランスとイタリアの合作映画『夏の嵐』（49）で映画デビュー。以後、フランスとイタリア双方の映画に多数出演。他の出演作品に『オーソン・ウェルズのフォルスタッフ』（65）、『彼女について私が知っている二、三の事柄』（67）などがある。

31

ゴルダ・メイア

一八九八年生まれ（一九七八年没）。イスラエルの政治家、第五代首相であり、同国初の女性首相。一九〇六年に米国に移住し、教員として働き、一九二一年パレスチナに移り、ユダヤ労働総同盟ヒスタドルートの要職を歴任。一九四六年、ユダヤ人機関政治部長となる。一九四八年のイスラエル建国後は、初代ソ連駐在公使、労働相、外相を歴任し、一九六九年に首相就任。一九七四年に第四次中東戦争の責任を取って首相辞任後は、イスラエル政界の長老としてユダヤ基金募金運動に尽力した。

32

ファタハ

パレスチナ最大政派。一九五九年に政治運動団体として出発し、一九六五年に公式に創設。厳格な世俗主義を追求して政教一致を標榜する右派政党であるハマスとは対立関係にあり、イスラエルはファタハを牽制しようとハマスを支援した歴史がある。

I-1 アラン・ベルガラとの対談　対談者＝筒井武文［二〇一五年三月五日　通訳＝宇都宮彰子］

音楽と彫刻——ゴダールの演出について

1　ゴダール映画における予告編とは

筒井　今日はゴダールにおける構成・編集の変化についてお伺いしたいと思います。ゴダールは予告編を自分で編集しています。予告編というのは本編が終わってから編集するものなので、ゴダールの予告編は本編の予告編ではあるのですが、ゴダールの次回作、もしくは次の次の作品の予告になっているのではないでしょうか。つまり、予告編で実験した要素が次の作品、あるいはそれ以降のゴダールの作品構成に反映しているのではないか。まず、そのことについてお伺いしたいと思います。

ベルガラ　ゴダールは唯一シナリオを映像で書いた作家です。つまり、映画を撮る予算を「興行収入の前金」という形で獲得するために審査を受けなければならないのですが、その審査員に提出する脚本を文字で書くのではなくて、フィルムという形でつくって提出をしていたのです。これは非常に特殊なことです。ですから、映画を実際に撮り始める前からある程度頭の中には映画の構想ができあがっていたといえます。そして、その中で実際に本編で出演する俳優を使用したり、あるいは別の俳優を使ったりしています。いずれにしても、そういった形でのシナリオづくりをしていました。また少し話は逸れるのですが、ゴダールがシナリオを書かなかったというのは嘘で、他の監督とは違う形で書いていたというだけなのです。ではその違いは何かというと、彼のシナリオは二〇ページほどだったという点です。『勝手に逃げろ／人生』（80）や『ゴダールのマリア』（85）という作品に関しても、シナリオをフィルムの形で書いています。それから、実際に映画を撮った後にシナリオを書いたというケースもあります。それが『パッション』（82）です。「『パッション』のためのシナリオ」（82）という作品になっていますが、この中では一番最初に映画のアイデアが生まれたときから、どのように映画を構成し、どのようにして俳優に話を進めていったかということがすべて語られています。ゴダールは三カ月をかけてこの作品を制作していますが、これも非常に特殊なことです。ゴダールの脚本に関しては、真実ではないことがいろいろといわれています。プロデューサーを決めるのは常にその後です。作業ができるための十分な計画は書いていました。そうでないと映画は撮れません。また、台詞は書かないけれどもストーリーはちゃんと書いていました。そして、例えばプロデューサーが「画面は二〇個」だとか「それはどこで撮影したらいいのか」などを考えられるように十分な情報は提供していたわけです。現場に行って、すべて即興でやって明日何をするのか分からない、というようなことは決してありませんでした。彼は映画を制作するということがどういうことかを熟知した人です。私自身が一九六〇年代にゴダールが書いた映画の脚本に関する本を書いておりますので、それを読めばゴダールがどのような脚本を書いていたのか理解できるでしょう。ゴダールと他の監督との唯一の違いは、台詞を前もって書かなかったということです。台詞は実際にその場面のセットに行ってから書かれました。大体撮影が始まる一五分ほど前にそれを俳優に渡して覚えてもらいます。ただ時間がありませんので、俳優が台詞を覚えられなくても撮影に入る。そういうやり方をしていて、それが唯一他の監督との違いです。私自身、実際に何度も撮影現場に行って、そういう場面を見ています。

ただ、現在は撮影がいつ終わるか分からないという、まったく違ったやり方になっています。あらかじめおおよそのストーリーは決まっていて、書かれたシナリオもあるという点は以前と同じなのですが、撮影に一年ぐらいかかる場合もあります。そして撮影をいったん止めてしばらくしてからまた俳優を呼び戻して撮ったり、あるいは撮影を二日ぐらい休んだりといったことがよくあります。実際に自分が撮ったものを見てから、しばらくしてまた撮影を再開するという方法です。ですから、いまはゴダールしか撮影や制作の順序を分かっていない、そういう映画づくりのシステムになっています。そういった方法が可能になるためには、そこに関わる人たちが一年間ずっとゴダールのために時間を取れる状況でなければいけないわけです。そのために無名の俳優を使うようになっています。それから技術畑の人たちは、あらかじめ一年分の給料を払ってもらえるという保証を取り付けています。ただ、いつ呼ばれるか分からない。ゴダールがやりたいと思ったときに呼ばれるという形になっています。『ゴダールのマリア』のときに二日間撮影現場へ行ったのですが、彼はその間ワンシーンも撮りませんでした。何か照明が気に入らないとか、そういうことが理由だったと思うのですが、それでもゴダールは気にしないわけです。ただ、こういうやり方をしているからといって、他の映画よりもお金がかかるかというとそうではありません。長期的に人を押さえなければいけないけれども、有名な俳優を使うことをあきらめた分、彼らを使ったときと同じくらいの予算でそうしたことが可能になっています。

ご質問に戻りますが、まず映画の予告編ですね。これは予告編もシナリオも、プレスキットもゴダールにとってはすべて同じものなのです。すべてが映画の一部であるという考えです。ですから、プレスキットも絶対にプレスに任せたりはしません。初期の頃は自分でセロハンテープを使ってつくったりもしていました。

筒井 ありがとうございます。時間の使い方の贅沢さや効率性という、ゴダールの制作の核心に触れる言葉を聞けてとても良かったと思います。質問に戻りますけれども、僕の質問は特に六〇年代のゴダールにおいて、予告編を編集した結果がその後の作品に反映しているのではないか、ということです。例えば、『気狂いピエロ』[1](65)の予告編はアンナ・カリーナとの声の掛け合いですが、そのときに使われる音楽がシューマンの交響曲第三番「ライン」の一つの旋律を繰り返し使っています。この音楽は『メイド・イン・USA』(66)の本編に使われており、この予告編で使った効果がその後の作品に反映しているのではないでしょうか。あるいは『女は女である』(61)の予告編はアンナ・カリーナの声とゴダールの声で構成されていますが、そのゴダールの声は自らの映画論を語っています。この映画論というのはその次の『女と男のいる舗道』(62)以降の作品にすべて反映しているのではないか。そのようなことをお伺いできればと思います。

ベルガラ　仰る通りだと思います。ただゴダールにとってそれはごく当たり前のこと、普通のことでした。予告編というのは単にできあがった作品をまとめたものというだけではなくて、一つの鎖の輪のようなものでした。ですから、できあがった映画を出発点にして、その後に何をするかを模索し、アイデアを見つけるための作業でもあったわけです。予告編というのは死んだものではなくて、ある意味では一つの映画作品であったと思います。全体としてのクリエイションの連鎖があって、その中の一つの輪が予告編だったということです。

ただ、ゴダール自身がそのように意識していたかどうかは、私は分かりません。次の作品のアイデアを見つけようと思って、意識的に予告編をつくっていたかは分かりませんが、ゴダール自身はそういう人だと思われる部分があります。例えば、よくレストランなどで食事をするときに次の作品の話をしてくれたのですが、「頭の中にあるだけのアイデアというのは存在しない。それは語ることによってアイデアが存在する、可能になる」と語っていました。ですから、私に次の映画の構想を教えるために話していたのではなくて、ゴダール自身にとってそのアイデアが存在するために語っていたという側面があります。この考えは正しいと思います。ただ、実際にできあがった映画はそのときに話してくれた内容とはまったく違っていたのですけれども。

2 演技すること、あるいは女優との関係

筒井 ありがとうございます。二つ目の質問はゴダールと女優との関係です。ゴダールの作品の中で、その女優がどういう人物なのかを探ろう、もしくはその女優から何かを引き出そうという、他のシーンとは明らかに調子が違うシーンがあると思います。例えば、『小さな兵隊』(63) で、アンナ・カリーナに対して写真を撮るシーンです。これはほとんどゴダールがアンナ・カリーナに対してオーディションを行っているような印象を受けます。それがさらに発展したものが、この時期はすでにアンナ・カリーナと破局していたと思いますが、『アルファヴィル』(65) の室内シーンです。ここでも『アルファヴィル』全体の中で明らかにアンナ・カリーナから何かを引き出そう、何か特別な瞬間を刻みつけようという意識があって、撮影や編集も他とは相当異なっている。その中でも、最大のクローズアップが使われたりしています。このように、女優から何かを引き出そうというシーンがゴダールの作品中で時々見られるということに関して、どう思われますでしょうか。

ベルガラ ゴダールは「演技」というものを信じていなかったと思います。自分自身を表現せず、ただ「演技をする」ということは彼にとってほとんど猥褻なことでした。つまり、キャラクターを演じると

いうだけでは意味がないとゴダールは考えていました。彼にとっては、その演じている人間の本質こそが重要なのです。ですから、例えば女優に対して「いまこのキャラクターはこういうことを考えているから」とか「こういう気持ちであるから」といったような説明をすることはありませんでした。それは女優だけではなく、アラン・ドロン[2]やジョニー・アリディ[3]に対してもまったく同じ態度でした。彼は本物の人間に関心があったということであって、単なる演技というものにはまったく関心がないと考える人です。ゴダールは撮影をするときに、常に俳優が本物の自分をさらけ出すような方向に持っていこうとしていました。俳優はキャラクターの背後に隠れて自分を守ろうとしている。しかしそうではなくて、その守りを捨てて自分自身をさらけ出すように、役の背後に隠れて自分を守るということができなくなるようにしていったのです。

　そうした考えはどこから学んだかというと、ロッセリーニの映画です。イングリッド・バーグマン[4]がそうですが、『ストロンボリ』(50)の中での彼女は火山に登ったり、ころげたりという姿を晒して役の背後に隠れることが不可能になっています。俳優本人の持っている本質が出ざるをえないような状況に置いているのです。これは彼女がハリウッドで役の背後に自分を隠して、自分自身としては存在していなかった状況とは完全に異なります。

　ゴダールはそのためにクローズアップを使ったのではないでしょうか。アンナ・カリーナのクローズアップを長回しで撮影しているところがありますが、あまりにも長く回していると脚本とは離れて、人間としてそこに存在しなければならなくなります。そうすると、自ずと人間自身の何かが出てきます。ですから、この「長く回す」という時間の経過が重要になります。そこで、シナリオとは無関係に何かが俳優から出てくるということになります。それは愛である場合もあるし、あるいは冷酷さである場合もあります。その俳優から何かを引き出すために冷酷になるということがゴダールにはありました。そしてそれを可能にするような、いわば拷問の道具のようなものも自ら考え出していました。これはアンナ・カリーナ自身から聞いた話なのですが、『女は女である』の撮影中のことです。彼女が絵葉書を読むシーンがあります。このシーンを撮る前に、ゴダールはその絵葉書に何が書いてあるかをアンナ・カリーナには言っていませんでした。そして実際にキャメラが回ってから彼女はその絵葉書を手に取って、そこに書かれていることを読んだのです。どんな絵葉書だったかというと、それはゴダールの愛人が彼に宛てて出したものだったのです。つまりゴダールは「僕は君を裏切っているんだよ」ということをアンナ・カリーナ本人に言い、それを聞いたアンナ・カリーナをそこで撮っているわけですね。これは非常に冷酷だと思います。これは彼とトリュフォーとの大きな違いですね。トリュフォーは俳優に対して冷酷になることはありませんでした。

　またゴダールの後、彼よりさらにひどい監督が現れまして、それがモーリス・ピアラです[5]。ピアラは俳優を拷問にかけるような監督でした。俳優が覆っていたベールを脱ぐことによって何かが起こることを望み、それをフィルムに刻もうとした監督です。冷酷であるというのは、映画にとっては非常に興味深いものです。別に意地悪でも冷酷でも構わない、スクリーンに映るものが重要なのであり、そのためには何をしてもいい。本当に真実の瞬間がフィルムに刻まれるためには、どんな手段を使ってもいいんだという考えですね。

筒井　山田宏一[6]さんからお聞きした話なのですが、アンナ・カリーナが主演している映画とアンナ・カリーナ以外が主演している映画をゴダールは六〇年代に交互に撮りますけれども、アンナ・カリーナが主演しない映画を撮ると、嫉妬心から彼女が戻ってきてゴダールの映画に出ようとする。だからカリーナ以外の映画を間に挟んだというようなことを山田さんが仰っていたのですが、真実はいかがなものなのでしょうか。

『女は女である』

ベルガラ　ゴダールとアンナ・カリーナの関係は結局短命に終わってしまいました。実際に二人が愛し合い幸せだった期間というのは二年ほどしかありませんでした。そして、ゴダールは多くの作品をアンナ・カリーナ主演で撮っていますが、それらはカップル解消後のものが多いですね。二人の関係というのは力関係が非常に不平等、不均衡なカップルでした。というのは、アンナ・カリーナにとっては「ゴダールがすべて」であり、彼に身も心も捧げていたのですが、ゴダールの方はアンナ・カリーナとの関係以外にもいろいろな関係があった。ですから、何かが起こったときにゴダールにとっては大したことではないけれども、アンナ・カリーナにとっては非常に劇的なことだということがよくありました。

ゴダールと一緒にいるためにはアンナ・カリーナは何でもする、すべてを捧げるという状態でしたので、ゴダールとうまくいかないことは彼女にとって非常に辛いことであり、自殺未遂を起こしてしまうということにもなってしまいました。そして、実際にはそこからアンナ・カリーナは再び回復することはなかったといえます。現在でも彼女はゴダールを愛している一方で、ゴダールはアンナ・カリーナと別れた後もさまざまな出来事があった人ですので、まったく二人の愛に対する関わり方が違っているといえます。ですから、ゴダールは実人生の中でもアンナ・カリーナに対しては非常に冷酷だったといえるでしょう。

筒井　リヴェットの[7]『狂気の愛』（69）のモデルには、アンナ・カリーナとゴダールの関係が使われていると聞いたことがありますけれども。

ベルガラ　そのようにいわれていますね。この二人のカップルというのは本当に地獄のような、常に緊張関係にあるカップルです。ゴダールは女性との関係においては、ろくでもない奴だったといえます。ただし、アンナ・カリーナとの関係がなかったとしたら、いまのゴダールにはなっていなかった。彼の映画全体が本当の質には達していなかったと思います。

筒井　やはりゴダールがとりわけお気に入りの女優を撮るときに、作品にとても魅力的な瞬間が生まれると思います。例えば『ゴダールの映画史』（88－98）の「2A」ではジュリー・デルピー[8]、「2B」

ではサビーヌ・アゼマ[9]を起用していますが、特にジュリー・デルピーですね。『映画史』というのはどちらかというと無時間的な作品だと思うのですが、「2A」のデルピーは彼女の時間を生きている。つまりデルピーの一日という物語が『映画史』の中に入ってしまっているという非常に不思議な二重構造をつくっていて、とても魅力的な瞬間がある作品だと思いますが、いかがでしょうか。

ベルガラ　ゴダールと女性との関係は非常に奇妙なものでして、例えば、付き合うとかそういったことではなくて、その若い女性にゴダールが興味を持った、好奇心があるといった場合に、その女性をゴダールが撮影することによって、その人がどんな人かを知ろうとするという、そういう不思議な関係がありました。

一つ明らかなことは、ゴダールは非常にプラトニックな側面があるということです。ゴダールの頭の中には理想の女性の顔というものがあって、その顔に近い若い女性を見つけると、その女性をフィルムに撮るということをしています。例えば、『ゴダールのマリア』のミリアム・ルーセルに対して、アンナ・カリーナと同じような照明で撮影をしています。つまり、そういった女性はゴダールの頭の中にあるプラトニックな女性のイメージを体現する具体的な肉体であるという側面があります。顔の表情や話し方のリズムなども含めてですが、その点で私が驚いたのは、最新作『さらば、愛の言葉よ』(14)での女性はゴダールの持っている優しい女性の理想の顔とはまったくかけ離れているんですね。それが少し意外でした。これは実際のカットに見られるのですが、アンナ・カリーナの頭と顎の部分を少し画面からはみ出るように撮っている。ゴダールがこういう顔の撮り方をするときには「これは自分の好きな顔なんだ」と言っているようなものだと思います。こういった撮り方には、ある種のオブセッションのようなものがあります。

3 『軽蔑』における二つの要素

筒井 最後の質問は『軽蔑』(63)についてです。『軽蔑』は映画づくりを描いたゴダールの最初の映画ですが、その中ではゴダール自身がフリッツ・ラング[10]の助監督として出演しています。ゴダールの映画において映画づくりを描くというのはどういうことなのでしょうか。もちろん、その後『パッション』をはじめとした他の作品でも描かれていますが、ゴダールが映画づくりを主題としていることについてもお話を伺えるとありがたいです。

ベルガラ ヌーヴェル・ヴァーグの話になるのですが、トリュフォー[11]が『アメリカの夜』(73)を撮ったときにゴダールは「こんなものは嘘である！ 映画づくりを誠実に描いていない偽物だ」と怒り心頭で言いました。映画づくりというのはこんなに生易しいものではなく、もっと痛みを伴う苦しくて複雑なものなのだと。それなのに、ちょっとしたお楽しみのような形で撮っているということで、トリュフォーのやり方を憎むわけです。それに対する応答としてゴダールが撮ったのが『パッション』で、本当の創作というのがどういうものかを見せるために撮られた作品です。これは非常に美しいものだと思います。

『パッション』の中で、監督が思うようなカットが撮れずに苦しむところがたくさんありますけれども、これはトリュフォーとは対極をなしていると思います。トリュフォーの場合はさまざまなトラブルがあっても、監督は割と楽に好きなカットを撮っている。しかし『パッション』はクリエイターにとってクリエイトするということがどういうことかを、本当の意味で描いている作品としてつくったものです。私が『軽蔑』で言いたかったのは、この映画はまるで彫刻のように単独で成り立っている、オブジェのように存在している映画であるということです。そこに時間性は必要とされていない、そういう作品です。周りをぐるっと回って眺めることができるような、そういう作品になっています。しかし、それと同時にストーリーもあります。ですから、ストーリーが展開をするという意味で、そこには物語の時間というものが存在しています。ただ、そうした時間制の枠外で審美的に単独で成り立っている作品でもあるのです。この二つを両立させるというのは、映画においては非常に難しいことなのですが、この作品でゴダールはそれに成功しているといえます。ですから、まるで彫刻やインスタレーションのように時間という要素がなくても成立する、空間の中だけで成り立ちうるものとしての側面を持った作品にもなっている。見る側としては、時

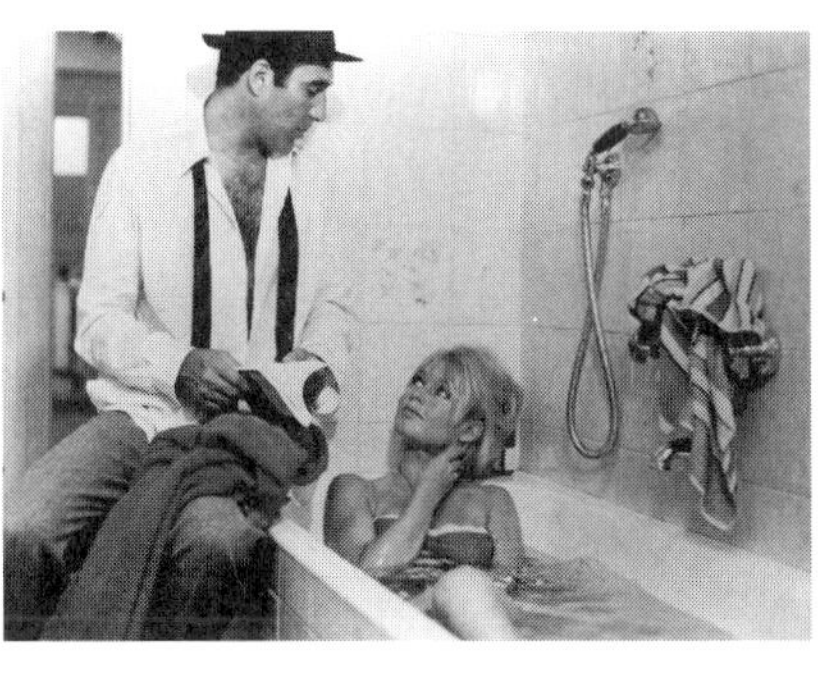
『軽蔑』

間に沿ってストーリーを追うという見方もできますし、同時に時間というものを超越した一つの彫刻のようなものとしても捉えることができる。これは極めて難しいことで、これを成功させることができた監督というのは、ごくわずかだと思います。

そして『ゴダール・ソシアリスム』(10)も『軽蔑』と似た、単独で空間の中に存在しうる彫刻のような作品だといえます。ゴダールは「映画というのは音楽と彫刻を足し合わせたようなものだ」と言っています。流れがあるという意味では音楽であり、不動の動かない素材という意味では彫刻であると。そして、それが映画の力強さになっているのです。まったく動かない完全に不動なものと時間の流れを持ったもの、この二つの要素を捉えた作品が『軽蔑』であるということです。

その意味で、『軽蔑』でブリジット・バルドー[12]を起用できたことをゴダールはとても喜んでいました。ブリジット・バルドーは完全に彫刻のように撮られています。心の動きもなく何を考えているのか分からない、まったく時間性を必要としない、変化をしない、そういう存在として撮られています。まるでオブジェのようです。そして映画の中ではアパルトマンに彫刻が置かれていて、ミシェル・ピコリ[13]がバルドーに対して怒りを覚えたときにその彫刻を叩くというシーンがあります。バルドーが彫刻と変わりない存在であるというように見せています。フリッツ・ラングも同様に映画の神様であり、神の彫刻でもあるという、人間的な真理というものは問題にされていない存在として描かれています。この作品の中で唯一人間的な心の動きを持ち、いろいろな問題を抱えて何かを理解しようとしたり、変わっていったり、苦しんだりしている存在はピコリだけなのです。ですから、この映画の物語の時間を動かしているのはピコリただ一人です。そして一方では、バルドーとフリッツ・ラングは彫刻という意味でまったく同じステータスを与えられている。そういう作品です。

最後にゴダールについてもう少しお話しします。彼はアントニオーニ[14]に対して嫉妬心を覚えていました。というのは、彼とまったく同じことをアントニオーニも追求していたからです。アントニオーニもまた「不動の動かない映画をつくる」という同じ夢を持っているとゴダールは感じました。『赤い砂漠』(64)という作品で、まさにアントニオーニはそれをやっています。ただアントニオーニの方が形式的、外見的で、ゴダールほどの成功はしていないと思うのですが、ゴダールがこの『赤い砂漠』を見たときに即座に自分と同じことをやろうとしていると理解して、感銘も受けつつ嫉妬しました。ただし自分のやっていることの方が面白いし、自分の方が強いということは認識していましたけれども。ゴダールはいつも「時間性しかない映画は面白くない。偉大な映画というのは時間プラス時間以外の何かを含んでいる。時間だけの映画というのは誰でもできるんだ」と言っていました。つまり、物語的な時間性とその埒外にあるもの、この両方を含まなければならないということです。

もう一言だけ申し上げますと、実はドゥルーズ[15]がゴダールのアイデアを剽窃したということがありました。ゴダールは「偉大な映画というものには現在形がない。現在形しかない映画は面白みのない映画である」と言っています。ドゥルーズはこの反ロッセリーニ的ともいえるアイデアを基に論文を書いて理論を打ち立てたのですが、そのアイデアはゴダールから拝借したものでした。

筒井　ありがとうございました。すごく合点がいきました。というのは『軽蔑』の中で、フリッツ・ラングが撮ったことになっている映画『オデュッセイア』のラッシュ、あれは実際にはゴダールが撮ったと思いますが、あの撮り方がまるで時間があるようには見えない、物語があるようには見えない、時間が止まったようなラッシュのように思えたからです。

1　**ロベルト・アレクサンダー・シューマン**
一八一〇年生まれ（一八五六年没）。ドイツ・ロマン派を代表する作曲家。代表作に「子供の情景」や交響曲第一番「春」など多数。

2　**アラン・ドロン**
一九三五年生まれ（二〇二四年没）。俳優。『女が事件にからむ時』（57）でデビュー。その後、『太陽がいっぱい』（60）、『若者のすべて』（60）、『サムライ』（67）、『パリの灯は遠く』（76）などに出演。ゴダール作品には『ヌーヴェルヴァーグ』（90）で主演。

3 **ジョニー・アリディ**

一九四三年生まれ（二〇一七年没）。シンガーソングライター・俳優。一九六〇年にデビュー。一九七三年にパートナーであるシルヴィ・ヴァルタンとデュエットした「J'ai un Problème（危険な関係）」がフランスでヒットする。一九八五年に『ゴダールの探偵』に出演。

4 **イングリッド・バーグマン**

一九一五年生まれ（一九八二年没）。女優。出演作に『カサブランカ』（42）、『ガス燈』（44）、『オリエント急行殺人事件』（74）、『秋のソナタ』（78）など多数。一九五〇年、イタリア人映画監督ロベルト・ロッセリーニと結婚し、『ストロンボリ』（50）、『ヨーロッパ一九五一年』（52）、『イタリア旅行』（54）、『火刑台上のジャンヌ・ダルク』（54）、『不安』（54）に出演した。

5 **モーリス・ピアラ**

一九二五年生まれ（二〇〇三年没）。映画監督。『裸の幼年時代』（68）でヴェネチア国際映画祭に正式出品。ジョルジュ・ベルナノス原作の『悪魔の陽の下に』（87）でカンヌ国際映画祭パルムドールを受賞。

6 **山田宏一**

一九三八年生まれ。映画評論家。一九六四年から六七年にパリ在住。その間、「カイエ・デュ・シネマ」誌の同人となり、ヌーヴェル・ヴァーグの作家たちと交流を深める。主な著作に『友よ映画よ、わがヌーヴェル・ヴァーグ誌』、『ゴダール、わがアンナ・カリーナ時代』など多数。訳書に『定本 映画術 ヒッチコック／トリュフォー』（蓮実重彦共訳）など。

7 **リヴェット**

［I］ヌーヴェル・ヴァーグの現場から——［3］ピエール＝ウィリアム・グレンとの対談を参照。

8 **ジュリー・デルピー**

一九六九年生まれ。女優・映画監督・脚本家。『ゴダールの探偵』（85）以降、レオス・カラックス監督『汚れた血』（86）でセザール賞新人女優賞にノミネートされ、『天使の接吻』（88）で主演を務める。『ビフォア・サンセット』（04）では監督のリチャード・リンクレイターと共同主演のイーサン・ホークと共に脚本を執筆し、第77回アカデミー脚色賞にノミネートされた。

9 **サビーヌ・アゼマ**

一九四九年生まれ。女優。アラン・レネ監督『人生は小説なり』（83）以降、レネと公私にわたるパートナーとなる。『田舎の日曜日』（84）と『メロ』（86）でセザール賞主演女優賞を受賞。

10 **フリッツ・ラング**

一八九〇年生まれ（一九七六年没）。映画監督。『ドクトル・マブセ』(22)、『ニーベルンゲン』(24)、『メトロポリス』(27)などの大作を手がけ、その卓抜な構成と造形表現でドイツ映画の黄金時代を支える。一九三四年に渡米し、『暗黒街の弾痕』(37)、『死刑執行人もまた死す』(43)など社会の暗部を描いた作品を監督。一九六三年、ゴダール監督作品『軽蔑』に自身の役で特別出演している。

11 **トリュフォー**

［1］ヌーヴェル・ヴァーグの現場から―［2］ヤン・デデとの対談を参照。

12 **ブリジット・バルドー**

一九三四年生まれ。女優。BB(べべ)の愛称で知られる。一六歳からモデルとして活躍し、「エル」誌の表紙に起用される。その後、映画監督で夫であるロジェ・ヴァディムの『素直な悪女』(56)で男を翻弄する小悪魔を演じ、「セックス・シンボル」と呼ばれた。ジャック・ロジエ監督『バルドー/ゴダール』(63)では、カプリ島で撮影された『軽蔑』(63)の現場の様子が記録されている。

13 **ミシェル・ピコリ**

一九二五年生まれ(二〇二〇年没)。俳優・映画監督。舞台俳優としてキャリアをスタートさせ、『いぬ』(63)、『昼顔』(67)、レオス・カラックス監督『ホーリー・モーターズ』(12)など二〇〇本以上の作品に出演。マルコ・ベロッキオ監督『虚空への跳躍』(80)でカンヌ国際映画祭最優秀男優賞を受賞。

14 **ミケランジェロ・アントニオーニ**

一九一二年生まれ(二〇〇七年没)。映画監督。ドキュメンタリー作品『Gente del Po』(47)で監督デビュー。その後、『情事』(60)、『太陽はひとりぼっち』(62)、『赤い砂漠』(64)、『欲望』(66)を監督し、世界三大映画祭のすべてで最高賞を受賞。

15 **ジル・ドゥルーズ**

一九二五年生まれ(一九九五年没)。哲学者。ジャック・デリダらと共にポスト構造主義の時代を代表する哲学者とされる。主な著作に『フランシス・ベーコン 感覚の論理学』(81)、『シネマ1*運動イメージ』(83)、『シネマ2*時間イメージ』(85)など。

2 ヤン・デデ 対談／講義

「トリュフォーの映画には幸福な結婚の風景がない」と映画評論家の山田宏一は言う。その言葉通り、ヌーヴェル・ヴァーグの寵児フランソワ・トリュフォーには永遠の青年や映画狂というイメージが重なる。そんな永遠の青年は、自らの求める豊かな映画を手紙のようにして観客へ送り続けた。

ヌーヴェル・ヴァーグのもたらした変化とは観客を信頼し、彼らと同じ目線から映画をつくることだったのだとすれば、トリュフォーの右腕として活躍した映画編集者ヤン・デデの語る「モダンな編集」もまた、余分な説明描写を排して観客の内面に迫ろうとするための必然的な方法だったといえないだろうか。モーリス・ピアラ、フィリップ・ガレル、クレール・ドゥニ、アラン・ギロディら、現代に至る多彩な監督と組んできた名手の仕事と観点は、フランス映画の未来を照らし続ける。

ヤン・デデ｜Yann Dedet

一九四六年生まれ。映画編集者。フランソワ・トリュフォー監督の五本の映画で編集助手を務めた後、同監督の『恋のエチュード』（71）で編集技師としてデビュー。『アメリカの夜』（73）などトリュフォーの五作品の編集を手がけた後、ジャン＝フランソワ・ステヴナン監督『防寒帽』（78）、モーリス・ピアラ監督『ヴァン・ゴッホ』（91）、フィリップ・ガレル監督『愛の残像』（08）、クレール・ドゥニ監督『ネネットとボニ』（93）、ジュリエット・ベルト、ジャン＝アンリ・ロジェ共同監督『雪』（81）、アラン・ギロディ監督『キング・オブ・エスケープ』（08）など、ヌーヴェル・ヴァーグ以降のフランス映画の歴史を辿るように、さまざまな監督と仕事を行う。自身の監督作もいくつかあり、日本を舞台にしたドキュメンタリー『Le pays du chien qui chante（歌う犬の国）』（02）などを監督している。

Ⅰ-2 ヤン・デデとの対談　対談者＝筒井武文［二〇一七年九月一二日 通訳＝秋元美野理］

編集者は最初の観客である――トリュフォー作品における編集作法

1 映画編集者になるまで

筒井 お聞きしたいことがたくさんあるのですが、まずデデさんの少年時代や映画との出合いについて教えてください。

デデ 小さい頃はどちらかというと演劇に興味があって、芝居の演出家になりたかったのですが、あるときベルイマンの『牢獄』（49）を見て、映画の方が表現としてより可能性があると感じました。少年時代の私は親から8ミリカメラをプレゼントされ、田舎に行ったときや週末に、友達と撮影して遊んだものです。

筒井　つまり最初は監督志望だったわけですね。

デデ　はい。私に限らず、映画業界で働く人はスクリプターにしろキャメラマンにしろ、最初は誰もが監督志望ではないでしょうか（笑）。

筒井　そこから編集の方に向かっていった過程を教えてください。

デデ　高校二年生のとき、パスカルという同級生と一緒に、トリュフォーの『ピアニストを撃て』（60）を見て、いたく感動しました。それでますます映画にのめり込んでしまったわけですが、おかげで勉強が疎かになり、私は落第生になってしまいました。映画のキャメラマンになろうと考えたこともあったのですが、そのためには専門学校に行かなければなりませんでしたし、数学も得意でないといけないと聞いて、諦めました。

どうしようかと考えていたとき、運良く両親の知り合いにトリュフォーの編集をしていたクローディーヌ・ブーシェ[1]がいて、彼女のラボで研修をさせてもらえることになりました。この研修は私にとってとても重要な経験でした。私は映画においてキャメラマンが空間を切り取るように、編集者が時間を切り取ることを教えられました。つまり、撮影と同じく、編集もまた時間や空間の一部を切り取って人生をまとめるという、映画の本質に関わることだと気づき、本格的に編集者の道に進む決意をしたのです。

その後、他の場所でも研修を受け、クローディーヌの助手として『黒衣の花嫁』(68)に参加させてもらったのが、私の仕事始めとなります。

筒井 『ピアニストを撃て』は、悲痛なものとドタバタが交ぜ合わされた、奇妙な映画という印象がありますが、デデさんはどういった点に惹かれたのでしょう。

フランソワ・トリュフォー｜François Truffaut

一九三二年、フランス・パリ生まれ。幼少期に両親が離婚し、一時期を祖母の元で育てられる。少年時代は両親との関係から問題児として何度も放校され、一九四六年に家を出てからは映画と読書に明け暮れる生活を送る。一九四八年に親友と共にシネクラブを設立し、後の父親的存在であるアンドレ・バザンと出会う。バザンの勧めで「カイエ・デュ・シネマ」誌に参加し、映画評論を執筆。その仮借ない筆で旧来のフランス映画を批評し、「フランス映画の墓掘り人」とあだ名された。一九五九年、初の長編監督作品『大人は判ってくれない』を発表。自伝的要素を数多く含んだこの作品は第12回カンヌ国際映画祭で監督賞を受賞し、ヌーヴェル・ヴァーグの寵児として世界中から注目を集める。この成功により、トリュフォーは製作者ジョルジュ・ド・ボールガールを説得し、友人であるジャン゠リュック・ゴダールが初長編作品となる『勝手にしやがれ』(60)を監督することになる。その後も恋愛映画をはじめ、サスペンスやSF、歴史伝記などさまざまなジャンルの作品を発表し続け、一九七三年に『アメリカの夜』でアカデミー外国語映画賞を受賞。一九七七年にはスティーブン・スピルバーグの懇願を受けて『未知との遭遇』に出演した。一九八四年、脳腫瘍により五二歳で逝去。

デデ　常に暗鬱としたベルイマンに比べ、トリュフォーは苦しみがある場合も軽妙さを忘れない。その点がまず気に入っていました。それと、ブリコラージュ[2]——つまり、あり合せの材料に手を加えて、お金をかけないように工夫しているのが面白いですね。それは決してネガティブな意味ではなく、丁寧に細かい作業をしているんです。映画づくりは、自由な発想を持たないといけないということを教えられる点で、重要だったと思います。

筒井　学生時代にヌーヴェル・ヴァーグと出合った世代だと思いますが、デデさんは当時のフランス映画についてどういう考えを持っていましたか。

デデ　ヌーヴェル・ヴァーグの出現は、それまでのフランス映画によく見られた、観客を馬鹿にしたような娯楽映画とは全然違いました。彼らは映画の知識も豊富で、つくり込んでいました。私自身は、特にシネフィルというわけではなく、当時輸入されていた西部劇やＳＦ映画、バスター・キートン[3]やチャップリンまで、ジャンルにこだわらず何でも見るタイプでしたが。

2　トリュフォーとの仕事

筒井　『黒衣の花嫁』に編集助手として関わったということですが、トリュフォーとの仕事はどんなものだったのですか？

デデ　まず基本的に、人物の動きでカットを繋ぐ——アクション繋ぎはしないということ。トリュフォーはよく自分が撮影したフィルム（編集途中のもの）を見て、「なんてひどいんだ！」と言っていました。そのたびに、シークエンスを入れ替えたり、新しいシークエンスを足したり、映画の構造を一から見直していました。その際、「映画の良いところを話す必要はない、問題点だけを言ってくれ」と、よく言われました。ファイナルカットまで、常に問題点だけを話し合っていました。編集は撮影と同時にやるので、足りない部分は別の日に撮り足したりしました。例えば、ジャンヌ・モロー[4]が教会にいるシーンは編集作業の過程で新たに撮って加えられたものです。そういった意味で、トリュフォーは編集をしながら脚本を書き換え続けていたのです。

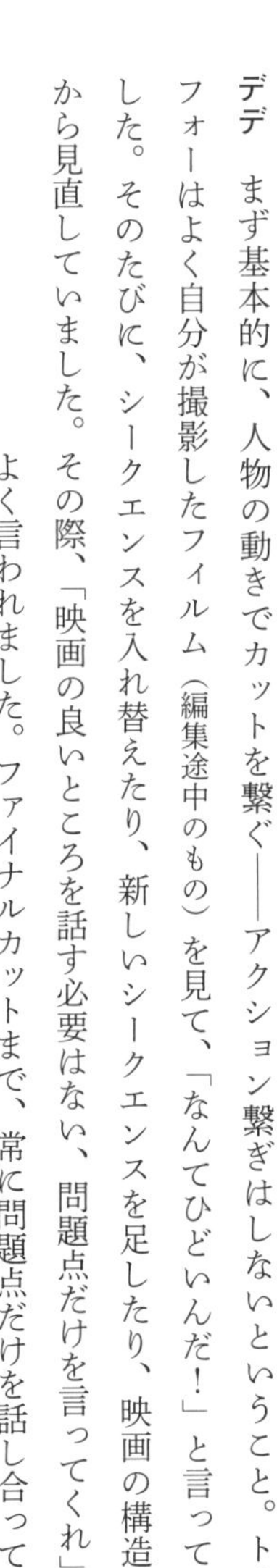
『黒衣の花嫁』

筒井　トリュフォーが常に自作に不安を抱いていたのがよく分かりました。これは『アメリカの夜』(73)のフェラン監督の苦悩と繋がっていますよね。デデさんが編集技師としてデビューした『恋のエチュード』(71)について教えてほしいのですが、シーンの締め方でフェイドアウト（映像や音が徐々に消えていき暗くなっていくこと）とアイリス（円形のマスクの拡大縮小によって映像の切り替えを行うもの）を両方使っておられますよね。その違いには原則はあるのでしょうか。

デデ　フェイドアウトはどちらかというと物語の区切りとして使っていて、アイリスは主に登場人物の感情に焦点を当てるとき――例えば、ジャン＝ピエール・レオー[5]が隣の家から女の子を見ている、その女の子にアイリスを使うことで、そこにレオーの気持ちが入っていくことを表現しているのです。アイリスを使うと、二つのショットがあるような効果が狙えます。

筒井　フェイドアウトは登場人物のある程度客観的な視点、アイリスは主観的な視点というわけですね。トリュフォーの編集に関しては、十巻もの（一〇〇分前後）のフィルム・リールの終盤が始まるあたりの巻（多くは七巻目）が大変で、〈七巻目の法則〉があるとお聞きしましたが。

デデ　『恋のエチュード』は長尺なので九巻目ですが、確かに（ステーシー・テンデター[6]演じるミュリエルがキャメラに正対して演じる）最後の告白シーンは非常に苦心しました。とはいえ、この映画では、中盤で島に行くところでトーンが変わるなど、デリケートな編集が要求されるところが多く、七巻目の法則によらず全体的に大変でした。

筒井　確かにあの島で男女が二人だけで過ごすシーンは、映画の中に別の短編が入っているような印象を受けます。

デデ　まさしくそれが大問題でした。映画の中で比較的幸せなシークエンスで、そういう意味で浮いてしまっているのです。

筒井　ろうそく三部作『恋のエチュード』、『アデルの恋の物語』(75)、『緑色の部屋』(78)ですが、描く対象が、三、二、一と減っていく構成に見えるのが面白いですよね。

デデ　どんどん暗くなっていきます。必ず死があります。

筒井　だから、トリュフォーの本質的な作品だと思っていて、『緑色の部屋』は最初公開されたときは私もよく分からなかった。なぜ撮ったんだろうと。でも数年前に見直すと、とても感動しました。私は『恋のエチュード』はトリュフォーの後期の始まりだと思っていて、デデさんはそこから関わってこられたと。前期とは違うスタイルを確立していく重要な時期だったと思います。

デデ　その通りだと思います。『私のように美しい娘』(72)はコメディー、『アメリカの夜』は映画についての映画、『トリュフォーの思春期』(76)は子どもについての映画、あと二つは恋愛映画(『恋のエチュード』『アデルの恋の物語』）ですけど、確かにこの五本は模索していた時期だと思います。ろうそく三部作ですが、それは結局トリュフォーの心に火がついているのかもしれません（笑）。

筒井　担当した作品にはネストール・アルメンドロスとピエール＝ウィリアム・グレン[7]というキャメラマンが二人います。編集者として、どうでしたか。

デデ　アルメンドロスは、どうやって美しく見せるかというところにこだわっていました。グレンはもっと感情から来ていて、俳優や現場をダイレクトに伝える感じです。映画の作品性によって使い分けているわけです。

例えば、『隣の女』（81）はウィリアム・リュプチャンスキー[8]を使っている。モノクロの巨匠です。彼が撮る作品は、色が邪魔にならないように撮る。明かりを使っても暗さを表現できる。私がこれほどリュプチャンスキーを絶賛しているのは、それまでのトリュフォーの映画では登場人物が泣くシーンはすべてクローズアップだったのに、リュプチャンスキーはそれを引きで捉えていたからです。『恋のエチュード』では、クローズアップで観客を泣かせようとするんですが、リュプチャンスキーは画面の中で小さなドラマを描くことに長けていました。

筒井　確かに『隣の女』は対象への距離があって、トリュフォーの画面がモダンなものに変わっていったような印象を受けました。トリュフォーとの仕事は『トリュフォーの思春期』でいったん終わりですが、なぜ辞められたのですか。

デデ　トリュフォーの場合は大体五作ごとに編集者を代えていくのです。クローディーヌが六本、アニエス・ギュモ[9]が四本、私が五本、マルチーヌ・バラケ[10]が六本といった具合です。なぜかというと、同じ人間でやり続けると、やり方に慣れてしまって妥協が生まれる。ここどうしよう、というときに前回の解決法を持ってきてしまう。そうすると作品自体がダレてしまうのです。それが一番の理由です。

　クローディーヌが『黒衣の花嫁』のときに、「次はヤンを雇ったら？」と言ってくれたらしいです。トリュフォーはＯＫを出したのですが、その前に『ピアニストを撃て』のワンシーンを自由に繋いでみて、テストをしてみようということになりました。でも、そのときにはフィルムが現像所に行っており、できなかった。それでトリュフォーが不安がって、『夜霧の恋人たち』(68)は、ゴダールの知り合いのアニエスに頼んだのです。そういう経緯があって、アニエスが編集技師になったときには、一応助手ですが、技師になれるかなくらいの立場でした。

　トリュフォーは私の中の女性らしい部分が気に入ってチーフにしたと、他の人から聞きました。その時代は編集の仕事はどちらかというと女性が多かったのです。これは余談ですが、あるときエリック・ロメールが助っ人の編集者を探していて、私が行ったら、女性ではないので驚いた、ということもありました。「出ていけ」とは言われなかったけれど、ロメールは居心地が悪そうでしたね（笑）。

筒井　『アメリカの夜』の話を聞かせてください。ドキュメンタリーではないですけど、映画づくりの話で現場が描かれます。スタッフの間でも恋愛ゲームが行われていたり、あるいはグレンがバイク事故をやったりだとか。大変だったと思いますが。

デデ　あの現場は幸せでした。というのも、みんなが自分自身を演じることを楽しんでいたからです。スタッフの一体感も生まれて、それが映画に反映されています。

筒井　編集シーンも出てきますが、現場でも編集されたのですか。

デデ　この映画に限らず、すべて撮影と同時に編集をしていました。『恋のエチュード』だけが例外でした。全部で一〇週間くらいの撮影中、普通は二、三週目で編集を始めるのです。同時に編集するメリットは、撮り直しや追加撮影の検討ができること。結果的に撮影期間が減らせます。トリュフォー自身は忙しくて編集室には来ないのですが。

3　編集者は最初の観客である

筒井　デデさんのいう「モダンな編集」についてお伺いします。簡単にいうと、ストーリーのために撮られたショットを減らし、観客の感情に訴えかける繋ぎを模索する。ストーリーの説明上必要なところが抜けるのだけども、そこは観客に労力を委ねる。上映時間が同じだとしても、観客により働いてもらう編集なのですね。

デデ　あくまで私の考える「モダンなモンタージュ」であって、監督もそう考えているとは限りません。自分の職業を考えたときに、編集というものをそう考えているということです。学生にもよく言いますが、映画には強弱をつける必要があります。乱暴なカットであるとか、後ろをあえて長くするとか、見ている側にもそれを感じさせるのがモダンな編集です。

筒井　私も「映画で一番適切なリズムをつくりなさい」と言うんです。クライマックスの前あたりでそのリズムを壊しなさいと。

デデ　編集の目標は観客を惹きつけるということです。だから、繋ぎも説明は避ける。常に観客の視線の動きを意識して、意外性があるように誘導しながら、時間をカットしていくのです。同時に、編集は人物の感情を強調することで、観客の心も誘導できるのです。

筒井　トリュフォーは割と感情も視覚的に演出している場合が多いと思います。例えば、『恋のエチュード』で二人のボートが左右に分かれていくとか。だから、それに従って繋いでいけばいいのだけれど、もっと繊細なところをデデさんは読み込んで、必ずしも映像的じゃない部分も含めて感情を伝える方法を模索されているのかと。

デデ　はい。まさにそれが編集の目標です。シーンを底の底まで読み込んでいくのです。

筒井　編集者は最初の観客であり批評家なのですね。

デデ　最初の観客であるがゆえに、その印象を忘れないことが大切です。編集中にだんだん薄れていきがちですが、最初の印象は忘れてはいけません。最初のカットを目にしたときの、その絵から立ち現れてくる第一印象は何より大切なものです。カッティングをしていくたびに印象は変わっていきますから。どんなに気に入ったカットでも、どのくらい使うか長さも重要です。短いと意味がなくなり、長いとくだらなくなります。

筒井　いいショットは記憶に残ります。単独では印象に残らないけど、組み合わせるとそのショットがすごく良くなることがあり、それも編集の難しいところかなと思います。常に最適な視点を模索していく作業も、編集の仕事なのかなと。先入観を持たず、常に開かれた状態にして。

デデ　前後の関係ですべて変わってしまうので、それは常に意識していないといけません。例えば、上映会でプロデューサーが見て、「このカットは素晴らしいから絶対に使おう」と言ったりします。でも編集者はそれを気にしてはいけません。なぜなら、前後が変わる可能性があり、常に印象が同じとは限らないからです。固執してはいけない。その変化は、一度脳を休ませて、例えば、普通にバスに乗っているときなどに、ふと「あれ？　おかしいぞ」と気づくもの。早く判断するのも良くないのです。

私にとって編集とは肉体労働です。というのも、もともとフィルムでやっていたので、編集というのは実際に物を切り貼りする肉体労働でした。デジタルになってからはパソコンの前で座ってやるのですが、操作用とは別に確認用のモニターをあえて離れた場所に置いて、立って見に行くのです。肉体を使うことを重視しています。ポジションを変えることは自分の目線を変えるという意味でも重要です。

1 **クローディーヌ・ブーシェ**

一九二五年生まれ（二〇一四年没）。映画編集者。『ピアニストを撃て』（60）以降、『突然炎のごとく』（62）や『黒衣の花嫁』（68）など、フランソワ・トリュフォー監督作品の編集者として活躍。他に『エマニエル夫人』（74）、『リトル・ロマンス』（79、編集協力）、『焼け石に水』（00、共同編集）など多数。

2 **ブリコラージュ**

フランスの人類学者クロード・レヴィ＝ストロースが著作『野生の思考』（62）で提示した概念。計画的に準備されていない、その場その場の限られた「ありあわせの」道具と材料を用いてものをつくる手続きを指す。器用仕事。

3 **バスター・キートン**

一八九五年生まれ（一九六六年没）。俳優。チャップリン、ロイドと並ぶ三大喜劇王。笑わぬ喜劇俳優として知られ、三歳でボードヴィル芸人の両親と共に舞台に立つ。一九一七年に映画界へ入り、ロスコー・アーバックルの相棒として「デブ君の女装」などに出演。一九二〇年、自らのプロダクションを設立し自作自演の作品をつくり始め、黄金時代を迎える。トーキー以後は振るわず、『サンセット大通り』（50）や『ライムライト』（52）などにわずかに出演。

4 **ジャンヌ・モロー**

一九二八年生まれ（二〇一七年没）。女優・映画監督。『死刑台のエレベーター』（58）や『突然炎のごとく』（62）など、ヌーヴェル・ヴァーグの作品で国際的な名を上げる。マルグリット・デュラス原作・脚本の『雨のしのび逢い』（60）でカンヌ国際映画祭最優秀女優賞を受賞するなど、フランス内外から名誉賞などを授与されている。

5 **ジャン＝ピエール・レオー**

一九四四年生まれ。俳優。父親は脚本家でアンドレ・カイヤット監督の助監督を務めたピエール・レオー、母親は舞台と映画の女優ジャクリーヌ・ピエールという映画一家。一三歳のときに『大人は判ってくれない』（59）の主役アントワーヌ・ドワネルを演じる。以後、ヌーヴェル・ヴァーグを象徴する俳優としてさまざまな作品に出演。二〇一六年には第69回カンヌ国際映画祭において名誉パルム・ドールを受賞している。

6 **ステーシー・テンデター**

一九四九年生まれ（二〇〇八年没）。女優。一九七〇年代にイギリスのＴＶや舞台を中心に活躍。一九七一年にフランソワ・トリュフォー監督『恋のエチュード』に出演。

7 **ネストール・アルメンドロス**

一九三〇年生まれ（一九九二年没）。撮影監督。一九六〇年代

以降の代表的な撮影監督の一人。フランコ独裁体制を逃れてキューバに亡命後、革命キューバ政府のもとで短編記録映画の製作に携わる。一九六〇年代初頭、思想統制に抗してフランスに亡命し、折から勃興したヌーヴェル・ヴァーグの代表的な撮影監督となる。主な作品にエリック・ロメール監督『モード家の一夜』(69)、『クレールの膝』(70)、『O侯爵夫人』(76)、トリュフォー監督『野性の少年』(70)、『終電車』(80)など。一九七〇年代後半からはアメリカ映画での活躍も目立つようになり、テレンス・マリック監督『天国の日々』(78)でアカデミー撮影賞受賞。

8

ウィリアム・リュプチャンスキー

一九三七年生まれ(二〇一〇年没)。撮影監督。アニエス・ヴァルダ監督『創造物たち』(66)、『薔薇のエルザ』(66)の撮影を経て、ゴダール監督『パート2』(75)、『勝手に逃げろ/人生』(80)、『ヌーヴェルヴァーグ』(90)、トリュフォー監督『隣の女』(81)、リヴェット監督『デュエル』(76)、『美しき諍い女』(91)、オタール・イオセリアーニ監督『素敵な歌と舟はゆく』(99)などに参加。また『アメリカ(階級関係)』(84)をはじめ、ストローブ=ユイレ監督と組んだ作品も多い。フィリップ・ガレル監督『恋人たちの失われた革命』(05)で第62回ヴェネチア国際映画祭金のオゼッラ賞受賞。同監督の『愛の残像』(08)が遺作となった。

9

アニエス・ギュモ

一九三一年生まれ(二〇〇五年没)。映画編集者。リュック・ムレ監督『焼き過ぎのステーキ』(60)、エリック・ロメール監督『紹介、またはシャルロットとステーキ』(61)を編集。『女は女である』(61)、『軽蔑』(63)、『ウィークエンド』(67)などゴダールの作品や、トリュフォーの『夜霧の恋人たち』(68)、『野性の少年』(70)、『家庭』(70)の編集も手がけた。

10

マルチーヌ・バラケ

独学で映画編集を学んだ後、一九七一年からフランソワ・トリュフォー監督作品の編集に携わる。ヤン・デデとは『アメリカの夜』(73)や『アデルの恋の物語』(75)などで共に仕事をした。『終電車』(80)でセザール賞編集賞を受賞。また、『隣の女』(81)や遺作『日曜日が待ち遠しい!』(83)の編集も担当した。

Ⅰ-2｜ヤン・デデ講義　司会＝筒井武文［二〇一七年九月九日　通訳＝人見有羽子］

省略とナレーションがもたらすもの――『恋のエチュード』編集術

1　古典的な編集とモダンな編集

筒井　お待たせしました。まずはいま見ていただきました『恋のエチュード』(71)を編集されたヤン・デデさんをご紹介させていただきます。最初に講義の構成を説明しますと、二部構成になります。まず、ヤン・デデさんが編集に関しての講演をなさいます。これは必ずしも『恋のエチュード』の話だけではなくて、編集全般にわたって理論的なことや実践的なことも含めたヤン・デデさんの体験による編集論です。ヤン・デデさんには今回の講義のために、フランスで二週間をかけて原稿を用意してくださいました。これまで藝大には海外のさまざまな映画人の方にお越しいただきましたが、これほど念入りに準備をしていただいた方は初めてなので、こちらとしても非常に感激しております。

編集に関してはやや専門的な話にもなると思いますが、貴重なお話であり、映画づくりに関して大変為になるお話ですのでご了解ください。それが終わってから、いまご覧いただいた『恋のエチュード』に関する質疑応答を行いたいと思います。長時間にわたって聴講される皆さんも大変だと思いますが、よろしくお願いいたします。では早速、ヤン・デデさんに編集に関した研究を発表していただきます。

デデ　皆さんにご覧いただいた『恋のエチュード』は、どちらかというとクラシックな、「古典的な編集」になっています。それに対して「モダンな編集」とは何か。そういうテーマでお話ししたいと思います。このモダンな編集とは一体何かということを私が考え始めたのは九〇年代のこと、フィリップ・ガレル[1]の三作品に編集者として起用されてからです。といっても、私が彼の作品全編を編集したわけではありません。ガレルとのコラボレーションの場合、編集は二段階なのです。編集の第一段階は私ではなくて、ソフィー・クサンという女性

『恋のエチュード』

編集者が担当し、私は第二段階の編集を依頼されました。フィリップ・ガレルはそのソフィーの編集を「古典的な編集」と呼び、私とは「モダンな編集」をやりたいと願っていたわけです。

しかしガレルと作業をしながら、何をもって彼が「モダンな編集」と言っているのか謎は深まるばかりでした。というのも、私が彼に提案するシンプルなカッティングのいくつかは彼にすぐに却下され、私にとってはあまり自然ではない、物語進行には役に立たないカッティングが即座に受け入れられたからです。

私の記憶が正しければ、おそらく映画史における最初の「貼り付け（フィルムとフィルムを貼り付けること、繋ぎの意味）」を「目に見えない編集」と表現したのはグリフィス[2]です。彼が「目に見えない」と呼んだ編集とはどのようなものだったのでしょうか。実は、彼は人間の動作を利用して、繋ぎ目をうまく誤魔化して隠していたのです。例えば、ロングショットで捉えられた逃亡者に向かって「あいつだ！」というふうに一人の男が腕を振り上げます。次のショットは男にグッと寄っていき、振り上げられた腕の動きが終わるところでカットが終わっています。こうした繋ぎは人の目を誤魔化すための機能性重視の繋ぎですが、私にすれば、この繋ぎの本当の良さというのは、その繋ぎ目の後にあるのです。この「あいつだ！」と叫んだ男が意地悪そうな表情を浮かべた瞬間を捉えるところに、この繋ぎの素晴らしさがあるように思います。

グリフィスから六〇年後、一九六〇年代のことですけれども、当時私はトリュフォーと一緒に編集の仕事を始めていました。当時の編集技師は女性で、私は彼女の助手として意欲満々で、彼女の言うことのすべてを聞き漏らすまいと必死でした。すると、トリュフォーが彼女に基本方針のようなものを話していたのです。それを聞いている中で、はっとさせられた言葉がありました。「絶対に動きの中での繋ぎはするな」というトリュフォーの言葉です。右も左も分からない見習い編集者としては、何かそういう指針になるような基本方針を得ることはとても心地良いものです。しかし、本当はこういった言葉は鵜呑みにするのではなくて、自分でじっくり吟味しなくてはいけません。編集者として積極的に取り組んでいくのなら、「これはそういうふうになっているのだ」と盲目的に受け取るのではなく、「なぜだろう」と考える必要があります。

この半世紀のうちに、映画史にはさまざまな変化がありました。何が変化したのかというと、それはシネアストたちの眼差し、つまり見る目というのが鋭さを増し、熟成してきたのではないかと思います。それと同時に、監督は自分の協力者である俳優や技術スタッフを育てていくわけですね。そして結果的に、それが観客を育てていくことにもなります。グリフィス的ないわゆる「目に見えない繋ぎ」というのは、確かに良いアイデアではあるのですが、いま振り返ってみると少し教科書的なものであるように思われます。というのも、映画史の激動の半世紀において何千回、何万回とこの見えない繋ぎというのは使われてきましたが、そこに何らプラスアルファされたものがないのです。言ってみれば、その基本文法に何万回と従ってきたという感じがします。

当時トリュフォーは、そうした「動きの中での繋ぎ」というのは自分の作品では禁じ手として使いませんでした。そうすることで、この手法の短絡性を告発していたわけですが、五〇年代当時はちょうどテレビが台頭し始めた頃です。そうするとフランスのテレビでは、まだいわゆる「テレビドラマ」というものが出てくる前の時期ですから、舞台演劇を複数のキャメラで撮影して映画的にしたお芝居のようなものがドラマとして放映されていました。そこでは複数のキャメラで撮って編集するこの「目に見えない繋ぎ」というのは一切考察もなく、ただ漫然と使われていて、結果的にこの繋ぎの重大な欠点を露呈することになってしまったのです。それは何かというと、「目に見えない繋ぎ」というのは乱用しすぎると、まるでキャメラがぴょんぴょんとジャンプするカンガルーになってしまったように見えてしまう。私が言いたいのは、こうした複数のキャメラで撮って編集する場合に、この「目に見えない繋ぎ」というのは本来持っているショットの力を無効にしてしまう効果があるということです。

2　ショットを撮ること

デデ　ショットについてお話をさせていただくと、これは本当に素晴らしい発明だと思います。私自身はショットの素晴らしさをベルイマン作品の絵画のようなショットで発見しました。それで思春期の頃に自分でボレックス[3]の8ミリキャメラを買って「ショット」を撮ってみようとしましたが、このキャメラで撮影できる持続時間は二〇秒だけなのです。そうすると、ショットも自然と二〇秒間に制限されてしまいます。どこで終えるのかを自分でコントロールできないままフィルムが切れてしまう。するとショットの終わりが偶然に左右されるために、「いまこういうふうに終わったから、次の繋ぎはどうしようか」と考える必要が出てきます。つまり、撮影をしながら頭の中で編集を同時進行しなければならないということになります。高価なフィルムは無駄にできませんから、撮ったショットはすべて活用したい。そうすると、次のショットはキャメラが減速してフィルムが切れた瞬間、そのときの画と繋がる画で次のショットを始めなければいけない。しかも、分かりやすくてインパクトもある画で始めなければならない。そういうことを撮影中に考えて「編集」しなければいけないのです。

そうはいっても、次のショットで必要な画というのは、映画の文法的に計算された画でもなければ、ロジック優先の画でもありません。それは間違いです。何かリアルに見せるといったことに固執していては駄目で、どちらかというと何らかの意味や衝撃、ショックを与えることを目指すべきです。そのために、何といっても重要視すべきものがショットなのです。こうしたことが、先ほど申し上げた「動きの中での繋ぎはしない」というトリュフォーの禁止事項を自分なりに考えたときに読み取ったものです。

二一世紀初頭を迎えた現在、撮影時のショット数というのは異常なほどに増えました。そしてその膨大な量のショットによって、細かいモザイクを制作するような編集というものを生み出してしまったわけです。先ほど私は「モダンな編集」というふうに言いましたが、この編集になるとほとんど「ポストモダンな編集」と言えるのかもしれません。

ポストモダンな編集は脇に置いて、シンプルな「モダンな編集」に戻ります。「モダン」といっても、いまではすでに歴史のある古いもので、決して現代的で新しいというわけではありません。余談になりますけれども、例えばヌーヴェル・テクノロジー、最新テクノロジーというふうにいいますが、そうした出たばかりの頃の新しさというのはすぐに廃れてしまいます。皆さんもお気づきかもしれませんが、この「モダン」という概念ほど定義の難しい言葉も稀です。ひょっとすると「モダン」とは単に古典的ではない「非古典的」という意味かもしれません。また、時には古典を壊すふりをして、少しポーズをとっている態度のことかもしれません。それは「古典を壊す」とイキがっているうちに、その古典主義をかえって悪化させてしまい、新たな権威主義を生み出しかねないのです。

3 「見せる」か「見せない」か

デデ もう少し簡単に言うなら、このような問題提起も可能ではないかと思います。古典的編集とモダンな編集の違いとは、分かりやすく書くかどうかであり、作品の本質的な問題を隠しておくかどうかであると。つまり「見せる」か「見せない」かという違いです。その問題を検証するために、製作予算の大きい大作映画の中から一本の西部劇を例に挙げたいと思います。

次のように仮定します。ワンシーン＝ワンショットの長回しのラブシーンがあります。その最後は主人公の青年にようやく好きな女性へのキスが許されるところで、この長回しの場面が終わります。ここでは青年から若い娘への愛の告白はすべて割愛します。次のフルショットで若い娘に近づく青年のぎこちない態度や彼女をボーっと見つめる彼の死んだ魚のような目を見れば、たとえ告白がすべてカットされていても、彼が言おうとしていたことはその態度から簡単に想像できるのです。私が見たところ、おそらく観客はすべてを理解しているはずです。ひょっとすると愛の告白を飛ばしてボーっと見つめる彼の死んだ魚の目に対して、笑いを誘うようなコミカルな効果さえあるかもしれません。

次は古典的な編集の場合です。そこでは意味が明白だということが求められます。そのためには同じことをしつこく繰り返すということが多々あります。いまのシーンをもう一度例にすると、おそらく青年を演じている俳優は若い娘の部屋のドアを弱々しく、少しだけ開けてシャイな感じで遠慮がちにスーッと入ってきて、生まれつき何をやっても駄目なヘタレ男が啜り泣くように、あるいはメソメソと訴えるようにして台詞を呟くに違いありません。そして甘ったるい音楽がここぞとばかりにこのシーンを覆い尽くすはずです。

私がいま提案するのは、あえて粗雑な編集ですっきりとするために、先ほどカットした青年の愛の告白に加えて、この彼の遠慮がちでシャイなアプローチもカットしましょう。その代わりに、このショットの冒頭部分だけをキープします。その冒頭部分はこうです。この部屋に若い娘がいます。青年がドアをノックして、いまにも死にそうな声で愛する彼女の名前を囁くように呼びます。それを若い娘はドア越しに耳にして、はっと閉じられたままのドアを見ます。これだけでも状況は明確ですね。観客は何が起こっているのか簡単に想像できます。きっとまた青年の嘆き節のような愛らしいシーンがくるのだろうと思うのです。この語りかけるドアのショットの次に、さっと飛ばしてワンシーン＝ワンショットのラストであるキスシーンを持ってきます。省略が大胆すぎるじゃないかと思われる人もいるかもしれません。あるいは青年がいくら情けないにしても、彼の情けない愛の告白シーンも少し聞きたかったような、楽しめないのは残念だなと思う人もいるかもしれません。しかし実はこの映画の前半部に、このシャイな青年がなかなか「はい」と言ってくれない娘の返事を辛抱強く待ち続けるという、何とも不器用な愛の告白をすでに一〇回も続けているのです。一〇回も続けているルーティンがあって、その全編すべてを使っても見るに忍びない物語を提示している。そういう展開ならば、こうした大胆な省略をするということはむしろ意外性があって、観客もほっとして「これでようやく次に進める」と喜ぶのではないかと思うのです。でなければ、この若い娘も青年と同じくらい粘り強いので、十何回目かでまた告白を断って、観客をうんざりさせることになってしまいます。

いま挙げた実例は粗っぽいところもあるかもしれません。しかし、最初の方は古典的な編集をしてもいいけれど、最後の方になってくれば観客の脳みそも少しずつ飼い慣らされているわけですし、物語の展開もかなり勉強できているので、後半に近づけば近づくほど、こうした大胆な省略を使ったラディカルで非古典的な、モダンな編集を使うこともできるのではないでしょうか。あるいは前半部と同じように、コツコツと積み上げていくのではない、大胆な編集を使うべきではないか。そういうふうに言えると思います。

4　人物の内なる心に近づいていく

デデ　いま私が言ったことを毎回型通りに「前半を古典、後半は非古典で」というふうにはできませんが、この場合に限って言うなら、この大胆な省略のスタイルは一つの意味を生み出しています。カットによる青年の切羽詰まった感じ。「もう一回目の愛の告白は嫌だ」という、いまかいまかと青年の「イエス」を待っている女の子の感じが、省略によってポンと飛び越えることで伝わってくるのです。この手の編集の良いところは、観客により積極的に、より親身に物語への参加を求める点にあります。ヒーローに寄り添い、親身になって彼の欲望を実感することを促すのです。受け身ではありません。そうすると最初は作り手の視点があるのですが、だんだんと登場人物に感情移入していく。観客の視点に作り手の視点が取って代わられる。というわけで、描写的な編集は減らしていって、その人物の内なる心に近づいていくことこそが、非古典的でモダンな編集が目指しているものといえるでしょう。

では、いま「人物」と言いましたけれども、どの人物に近づくのでしょうか。この作品中に出てくる人物は、この女性と青年の二人だけではありません。他にも脇役がいます。もっと正確に言えば、最初は少なくとも脇役だった人たちです。その人たちはこの作品の中でどうなっているでしょうか。もし、この恋する青年にライバルがいて、この青年を蹴落として娘のハートを射止めようとしていたらどうなるでしょうか。どちらの男子がこのストーリー展開の指揮を執るでしょうか。ライバルとしては、この青年を地元にいられないくらいコテンパンにやっつけて、自分がやりたいようにしたい。そうライバルは思っていると仮定しましょう。こうした場合、普通は青年とライバルのパンチのリズムで編集はだんだんとスピードアップしていきます。編集がスピードアップしていくと、映画の方がアクションシーンに隷属し、擦り寄っていくのです。

私たち観客は、そういったパンチをガンガンと繰り返すライバル側の視点にもついてしまいます。そうすると、この映画を自分のものとして承諾したのはライバルの方ということになります。ただ、彼もたくさんのパンチを青年に与えてはいましたが、自分も青年からのパンチをたくさん受けています。闘いは終わっていません。『大いなる西部』(58)という傑作の監督であるウィリアム・ワイラー[4]は、このような状況で決闘する二人の片方、つまり悪党の側にこう言わせました。「お前にあばよと言うには、時間がかかるんじゃないか」と。なかなか気の利いた悪党の台詞ですけれども、だからといって観客はこの台詞を聞いて「彼の方が良いじゃないか」と悪党側に分があると思うでしょうか。ウィリアム・ワイラー監督といえば、古典中の古典と謳われる名監督です。彼は自分の編集者と共に、延々と続く長い決闘シーンを編集しました。まったく切れ目のないリアルタイムの決闘シーンです。彼はなぜそのようにリアルタイムで切れ目のない決闘シーンを編集したのかというと、彼にとってとても大切な分かりやすい活劇、つまり《good guy》と《bad guy》の物語を自分でコントロールすることに固執したからです。

こうした決闘シーンの場合、例えばサム・ペキンパー[5]のようなモダン派に属する監督だったら、スローモーションを使ったかもしれません。もちろん、スローモーション自体は賛否両論ある手法ですけれども、実はこのスローモーションという手法は観客の苦痛を長引かせるという意味で、この場合においてはかなりサディスティックな手法です。また、スローモーションが入ることで観客と物語の間に距離が生まれます。ブレヒト的な異化効果といいますが、観客を現実に引き戻して、作品を分析する視点を与える。あるいはスローモーションにすることで、監督が自分のショットを「どうだ、美しいだろう」「オペラ的な演出をしているだろう」と賛美するための美学的な手法ともいえます。

5 命短き蝶と共に

デデ 勧善懲悪の分類に少し疲れてきましたので、今度は蝶に関心を向けてみましょう。蝶の人生はとても短く、善悪や道徳的なことに煩わされている暇はありません。蝶というのは、俳優としてもわがままは言いませんし、感じが良くてどのテイクでもきちんと演技をしてくれる存在です。例に挙げた作品においては、蝶は草原の上を飛んでいます。実はこの草原には、恋する青年と彼の凶暴なライバルが血まみれになって倒れているのです。青年の方は血を流しながら飛んでいる蝶を見ます。すると、その蝶の羽色が彼に愛するあの娘のベネチアンブロンドの髪色を思い出させます。その瞬間、蝶を見た青年の眼差しを通して、この蝶に彼の思いが投入されます。

古典派の編集者であれば、この青年が蝶を見て若い娘のベネチアンブロンドの髪を思い出す、というところですべてを提示しようとするあまりに、次のショットは牧場がある屋敷の窓辺で、居ても立ってもいられない様子の彼女のショットを持ってきます。そしてそのときに、観客は娘の髪色と蝶の羽色が一緒だと確認するわけです。とても分かりやすい編集です。この命短い蝶のショットと若い娘のショット、どちらか一つを選ぶべきなのでしょうか。あるいは両方選ぶべきなのか。それとも両方とも却下するべきなのでしょうか。何が古典的な選択で、何がモダンな選択なのでしょうか。私としては、窓辺の若い娘の合理的なショットを放置しておいて、この命短き蝶と共に徹底してモダンでいたいと思います。なぜなら、夜を越せずにひょっとしたら死んでいくであろう、あと少ししか生きられないこの蝶を見て、観客はこう思うかもしれないからです。一時アクションシーンでバイオレンスに走ったとしても、やはり好きな女性の髪色に思いを馳せる青年の視点を完全には捨てていないのだと。

やがて蝶は青年のライバルが手にした拳銃の音に、青年がバタっと倒れるのを見ます。ライバルはならず者ですから、殺人というラディカルな選択をしたわけです。青年は草の上に倒れ、その草は赤く染まります。もしこのまま青年の視点で映画を進めていくなら、この青年の最期のビジョンを提示してみせることも可能です。例えば、青年の主観ショットとしていまだ硝煙が上がっているライバルの拳銃をぼやけた映像で映し出すショットや、そうした「未来の死人」が見たショットを提示すると青年の視点をキープできるわけです。青年があの世に行ってしまった時点で、映画は何をすべきでしょうか。何を目指しているのでしょうか。ここまで使ってきた映画文法のルールをそのまま続けるのか、どうすればいいのか。ここまでは主として「恋する青年の文法」を使ってきました。しかし、ここでガラッとスタイルを変更して、ライバル側のバイオレンス主体でいくべきでしょうか。このライバルであるアウトローの手法を用いて、殺人者がやってのけそうな荒っぽい編集をすべきでしょうか。そうした過激な方向転換、恋する青年のロマンチック路線からパッとアウトロー路線に方向転換することは、モーリス・ピアラ監督ならやったのではないかと想像します。モーリス・ピアラという人は、調和がとれていて自画自賛するような作品をいつも馬鹿にしていました。ピアラから見れば、そのような予定調和的な映画というのは形式主義的すぎて退屈なものでしかない。だから、ピアラだったらそれまでのロマンチック路線を翻して殺人者の方に鞍替えをするはずです。そして、この悪党の人物像を掘り下げていく。この悪党だって青年と同じく恋をしていたわけですから、同じ人間として、この人物をさらに深めていくのは意義のあることではないかと。

この時点で徹底してモダンでやろうとするならば、蝶は殺すべきでしょう。しかし、それではやり過ぎです。ですので蝶は殺しませんけれども、このままモダンな編集を続けてみようと思います。この後、二つのショットが何ら根拠が示されないまま続きます。まず最初、青年の地面に横たわっているショットがあります。そしてタイムカットがあって、同じ構図の中に突然、蝶の羽と同じ髪色をした女の子が彼の横に被さるように肩を震わせながら泣きじゃくっているショットが続くのです。彼女が草原に到着するという描写シーンは一切ありません。観客としては同じタイプの構図のショットの中に、突然彼女が出現するわけですからショックを受けます。それは泣いている彼女が心に受けたショックと同じ衝撃を観客に与えつつ、その意味を説明しています。つまり、一つのショットに一つのアイデアです。彼女が前触れもなく突然現れたことで、観客はその彼女の方へ視点変更を促されます。この場面はいわゆる客観的ショットにもかかわらず、その彼女を客観的に描くこともないまま、なぜか映画はこの時点で彼女の視点に移るわけです。青年はすでに死んでいますし、おそらくこの彼女が突然現れるというシーンは作者の視線ですが、論理的に言えば、ここはやはり若い娘の主観ショットとして死者を見るショットが一つ欲しいところです。

ここは少しややこしいのでよく聞いてほしいのですが、本当は主観ショットが欲しいところを、彼女が突然登場したことによって、観客は客観的に見られるわけです。そして、すぐに次のショットに飛ぶことなく、長い間このショットをずっと見せていく。そうすることで、観客は少しずつ彼女に一体化していきます。ショットが持続していますから、彼女に感情移入していきます。ですから、ここで言えることは、ショット変更をしなくても視点を変更することが可能だということです。一つのショットを長すぎるぐらい持続させることによって、そのショット自体の意味を変えてしまう編集方法。その方法こそが視点の変更を促すわけです。

6 モダンな編集とは単なる引き算ではない

デデ この場合、モダンに編集されたシーンとすべて描写的に古典的に編集されたシーンの長さは、全体の時間的にはあまり変わりはないと思います。ただ、ここで私が言いたいのは時間の問題ではありません。モダンな編集をすることでプラスして得られるものがあるから、私はそちらの方が良いのではないかと思うのです。例えば、若い娘が草原にやって来る描写的なシーンを割愛しました。割愛したことによって余剰の時間を獲得できるのです。それによって、彼女の苦悩に立ち向かう時間というものを余計に取ることができる。そうすることでよりインパクトの強いものになります。彼女の苦悩の表情、その瞬間こそが最も強調するに値する瞬間なのです。なぜなら、ここでは二つのパターンのサディズムが求められているからです。

その二通りのサディズムについて説明します。一つ目は全体のサディズムで、監督としては死んだ青年に観客の気持ちを完全に感情移入させることができる。つまり、感情移入した観客の辛さや苦しみを長く持続させるというところが一つ目のサディズムです。二つ目のサディズムとは、観客からすれば快適なサディズムです。もっと言えばブルジョア的なサディズムといえます。こういったタイプの観客は「自分よりも不幸な人がいるのだ。可哀想だな」ということを実感するために映画館へ足を運ぶものです。この場合、主人公の青年は負け組、敗者です。ですから、そちら側へ感情移入をしてしまうと自分自身も辛くなってしまいます。このタイプの観客は「私はそちら側につきたくない」という自己中心的な気持ちが働いて、主人公から気持ちが離れます。だからとても快適なサディズム、ある意味では観客の主人公に対するサディズムかもしれません。私自身もこの作品においては、どちらかというと荒々しい意外性のあるカッティングの方を選びます。繋ぎ目をうまく誤魔化したようなカッティングではありません。ただ、この作品の物語自体も話が進むにつれて荒々しさを増していきます。

また話題を変えて、今度は音についてお話しします。編集がスムーズに流れるのは、大抵音が切れていないからです。切れ目のない音によって虚偽の印象を与えます。もし切れ目のない音が編集の繋ぎ目をこっそりと隠すためだけにあるとすれば、その音自体も偽の繋ぎでしかありません。切れ目のない音で映画を満たしてしまえば確かに安心です。それは映画に流動性を求める欲求からくるものです。ただ、包み込むような音で誤魔化してしまうと次の新しいショットや展開、あるいは物語をもう一段格上げしたいというときのインパクトを弱めかねません。人間には過去に苦しい時期が何回かあるもので、そういう人生の辛いときに限って、昔の辛かった頃のことなども走馬灯のように次々と浮かんでくるものです。それは悪夢でもあります。そのようなとき、人間は自分のさまざまな辛い思い出を予告編のようなものとして無意識に編集しているのです。その編集の仕方はロジカルではなく、荒々しいものです。ですから、モダンな編集の荒々しさというのは、個人的な内面を表した予告編の荒々しさに近いものがあると私自身は考えています。

そして、これは監督や編集者に対するアドバイスですけれども、撮影で得た素材があまりにも説明的、描写的で観客を馬鹿にしていると感じられるような場合には、そのすべてを一度疑ってみるべきです。撮影の結果がどうであれ、編集をするときには従来のお手本的な方法を用いるのではなく、やはり新しい表現方法というものを見出すべきだと思います。では、モダンな編集というのは単なる引き算をするだけの話なのでしょうか。確かにそれは引き算かもしれません。しかし削除するのと同時に深めたり、強化したり、すでに見えているものや予想されるものに対して、より開かれた広がりのあるビジョンを付加するためにカットするのです。決して無意味にカットするわけではありません。形式に関しても、栄養たっぷりの料理のようなコテコテの形式よりも、むしろ素っ気ないくらいのドライな形式を目指すべきでしょう。それは文学作品において過剰な装飾や形容詞、副詞を削除するのと同じです。

そして編集のときには、やはりショットを一つひとつ検討しなければいけません。例えば、三つのショットがあって、その真ん中の二番目のショットがあまり良くなかったとします。一番目のショットから三番目のショットにそのままいくと勢いがある。しかし、二番目の真ん中のショットがあるせいで、その勢いが失われてしまっている。そうしたときには、たとえその二番目のショットが美しく、苦労して撮った絶対に欲しかったショットであったとしても、前後の二つを生かすためには潔く手放すべきです。

7　映画にはそれぞれに真実がある

デデ　皆さんご存じだと思いますが、私自身はジャン゠フランソワ・ステヴナン[6]の編集者として仕事をしてきました。ステヴナン監督の『防寒帽』(78)を例に挙げると、この編集は脚本に書かれているようにも撮影されたようにもなされていません。仮にその最終編集を紙に書き出してみたとしても、それが本当に理解できるようなものなのか、あるいは楽しめるものなのか、私自身はまったく確信がありません。ですから、撮影の仕方と編集はまったく別の問題だということを、この『防寒帽』という作品は証明していると思います。つまり、この作品こそ、まさに純然たる映画的産物であるのです。

私がこれまで編集してきた作品の中で、自分自身が最高だと思う作品があります。そういう作品は大抵、最終版をチェックします。映画館でかかる編集版ですが、これをチェックした後にもう一度書かれたシナリオを読み返してみるのです。そのとき、脚本に書かれていたものが最終版の編集にすべて入っているわけではないと確認しつつも、その脚本のエッセンスはすべて入っていると実感できる作品こそが、私が考える最高の作品といえます。

それでは再び西部劇に戻ります。例えば、うら寂しい荒野のロングショットがパッと入ると、観客としてはほっと一息つけますよね。それをあえて長すぎるショットとしてずっと置いておくとします。そうすると、そのロングショットはただ単に「どういう状況かな」「この風景で何が起こっているのかな」という理解を促す時間としてだけでなく、観客が息をついて物思いに耽るための時間になるのです。そうした長いショットの間に、観客はその映画のもっと深いところ、個人的な内面へと降りていきます。誰もが自分固有の経験や体験を映画に投影します。その意味で、必ずしも隣に座っている人と同じ作品を見ているわけではありません。そういう現象を起こすことができるのが、長すぎるショットの特徴といえるかもしれません。

ここで少しアイロニーを入れてみたいと思います。うら寂しい荒野のロングショットの舞台を変えて、あの青年を殺したライバルがその後どうなったのか考えてみましょう。彼はいま殺人者として独房にいます。そして日々こう自問自答しているかもしれません。「いまでも俺はあの娘を愛しているのだろうか。しかし、いまはもう彼女も二人の男に愛されてはいない。そうすると彼女の価値は下がってしまったのだろうか。それなら彼女はもう以前の彼女ではない。では俺がやってきたことはすべて無駄だったのではないか」

台本上の省略というのは、結構長い時間をカットします。でも、編集の省略の場合はもっと短い単位で省略をしていくわけです。そうすると「穴」がたくさんできるのですが、観客というのはこの穴ができても省略した前後の人物や状況変化を見ながら想像していますから、想像していることを積み込めば穴があっても平気で、理解できるのです。逆にこの穴があるおかげで、観客はその部分に何があったのかと考えるようになる。いろいろと積極的に考えることによって、観客はそのストーリーや人物に対する関心がより深まっていきます。好奇心というのは、穴があるおかげで働くようになります。それは一般的な生活の中で嘘つきの人がいたり、まったく喋らない寡黙な人がいて、「この人は何を隠しているのだろう」と知りたくなるのと同じ現象です。観客は何が隠されているのか考えないときもありますが、そのときは「ああ、騙された」「一杯食わされたな」という印象を受けます。そうしたゲームが観客は好きなのだと思います。

私はいままで西部劇の話をしてきましたが、そのラストショットの奥の方から私の講義のエンドクレジットが見え始めてきました。最後に申し上げておきたいのですけれども、今日皆さんにお話しした数々の考察というのは、決して普遍的なものではありません。やはり、それぞれの作品には隠された独自の法則があって、作品ごとにそれを見つけていくということが必要です。また、他の人たちが発見したことをそのまま信頼してもいけませんし、これは編集者に対するアドバイスですが、以前担当した作品で自分が発見したことが毎回適用されると思ってはいけません。映画にはそれぞれに真実がある。これを探求しなければならないのです。

長々とお話ししてきましたが、私の代わりに敬愛するアンドレア・アーノルド[7]の編集者であるニコラ・ショードゥルジュ[8]の言葉を借りたいと思います。彼はこう言っています。「編集において重要なのは、俳優の演技だとか、ワルツのような複雑なキャメラワークにふさわしい、良心的で独自の答えというものを見出すこと。そして、それは何が何でも新しいものを見出して喜ぶというのではなくて、他のものとはまったく違うオリジナルでユニークな映画をつくるためにある。喜びは発見の中にある。監督による発見の中にも、編集者の発見の中にも、そしてその後、観客の発見の中にも喜びというものがあるのです」。ご清聴ありがとうございます。皆さん辛抱強く聞いていただき、感謝いたします。

8　『恋のエチュード』の三つのバージョン違い

筒井　ヤン・デデさんは今日ご覧いただいたトリュフォーの『恋のエチュード』が最初の編集技師としての作品です。トリュフォーとは『黒衣の花嫁』(68)で編集助手をされて以来、七七年の『恋愛日記』まで五作品の編集を担当されました。今日ご覧いただいたのは一三二分のいわゆる「完全版」といわれている作品です。この映画には三つのバージョンがありまして、一三二分版、一一八分版、一〇六分版があります。一九七一年に日本で公開されたのは一〇六分の短いバージョンで、これがアメリカ公開版と同じ海外用のバージョンでした。

当時、一〇六分版を見てとても感激したのですが、今日ご覧になっていただいたバージョンはトリュフォーが遺作となった『日曜日が待ち遠しい!』(83)の後に、その完全版を復元しようとして、新たに復元、編集したバージョンです。ですから、この復元版がトリュフォー最後の仕事かもしれません。まず、なぜこの三つのバージョンがあるのかという話から、ヤン・デデさんにお伺いしたいと思います。

デデ　私が知っているのは三つのバージョンの最初の版（一〇六分版）と最後の版（一三二分版）ですけれども、まず最初のバージョンについてお話しします。なぜ短いバージョンがあるかというと、フランソワ・トリュフォーがこの作品にとても思い入れがあったのです。彼はどの自分の作品に対しても思い入れがあるのですが、『緑色の部屋』（78）や『アデルの恋の物語』（75）などの暗めの作品に対して、特に思い入れが強かったように思います。『恋のエチュード』も暗い作品ですから、彼自身も「ひょっとしたら興行的にコケるのではないか」という危惧がありました。ですから、「水曜日に公開されてうまくいかなかったら、八箇所ぐらいカットしてほしい」と私に依頼してきたのです。公開後、やはり興行的にうまくいかなかったので、同じ週の金曜日の夜に私と編集助手の女性と二人でパリ中の映画館へ行き、完成版のコピーに指定された八箇所をカッティングしに回りました。それが短いバージョンの誕生です。ただ、このように映像とフィルムをカットした場合、光学処理をしていますから、音が少しズレてしまいます。ですから、カットした八箇所で音が完璧な同期ではなく、詰まった感じになってしまう。いま短いバージョンを見たら、それが見て取れるはずです。

しかし、結局のところ長い版も短くした版も興行的には失敗でした。次は真ん中のバージョン（一一八分版）ですが、この版に関しては実は私自身あまり知りません。おそらく、海外用バージョンとして配給側が独自にカッティングしたのではないかと思います。長尺版に関しては、やはり私自身の最初の編集作品ですから、私自身とても思い入れが深くて、なかなか客観的に見ることができません。ですから今日も上映の半分ぐらいは目に涙を浮かべながら見ていました。鼻をくすんくすんさせていたので、隣にいた通訳の方に風邪を引いたのかと心配されましたが、実は泣いていました。そういうわけで、自分としてはなかなか距離をもって見ることができません。当時カットした八箇所もあまり覚えていませんが、いまもう一度カットしてくれとトリュフォーに言われても絶対にカットしたくありませんね。

二つのカットされた箇所は覚えています。イギリスの港にミュリエルとクロードがいる部分はカットされていました。最初にアンとクロードがいるのにまた同じ形が反復されてしまうので、二回目のミュリエルとクロードのシーンは実はカットされています。もう一つはパリの娼館の話をする部分です。いま思い出して言えることは、八箇所もカットしろと言われて、私と編集助手の二人で涙を流しながらカットしに行ったことだけです。そのカットされたシーンというのは、とても美しいシーンでした。また、ミュリエルを演じているステーシー・テンデターは『アデルの恋の物語』で主演がイザベル・アジャーニに決まる前に、トリュフォーが彼女と撮ろうと考えていた女優です。確かにステーシー・テンデターもイザベル・アジャーニも同じタイプの女優です。自分の感情を最高潮まで持っていって、とても濃密な演技をするタイプです。

9　ジャン＝ピエール・レオーの癖

筒井　確かに、『恋のエチュード』と『アデルの恋の物語』というのは何か姉妹作のような、トリュフォーの中でも女性の愛の姿を描いたという意味では並ぶ作品ですよね。カットされたという話は復元されたことですし、あまり話すと悲しくなってしまうのでやめておきましょう。

デデ　筒井先生は短いバージョンがお好きだったと伺いました。今日ご覧になって、どこがカットされていなかったのか分かりましたか。

筒井　もう何十年前の記憶ですが、おそらく主軸に関係のないところがカットされていたと思います。

デデ　私も分かりません。この作品の中で私が他と比べて少し落ちていると感じるのは、後半のパリにいるアンのシークエンスです。私自身はアンよりも強いものを持っているミュリエルに惹かれるところがあるので、そういう見方をするのかもしれませんが、やはり後半のパリの部分は少しレベルが落ちていると思います。美術はジャン＝ピエール・コユットというチーフですが、実はその助手としてジャン＝フランソワ・ステヴナンが参加していて、彼はスイスのジュラ地方をよく知っていたのです。ジュラ地方というのは彼の故郷ですから。だから、あのときの美術助手としての経験が『防寒帽』を撮らせたというところがあると思います。やはり人間というのは、必然的にしなければいけない地点に立ち返ってくるものなのです。

筒井　だから、横移動から始まるアンの湖畔のシーンがあまりにも素晴らしい。

デデ　トーンは少し変わりますよね。例えば、クロードを演じているジャン゠ピエール・レオーがパリのシーンになると俳優としての自由を取り戻してしまっていて、それは彼の悪いところでもあるのですが、その役になりきらずに「自分らしさ」を出しすぎていた。しかし、本作での彼はトリュフォーとの作品の中でも最も素晴らしかったと私自身は感じています。

筒井　「アントワーヌ・ドワネルもの」のレオーと、この作品の演技は違いますよね。動作がすごくゆっくりとしている。だから、この映画のリズムをつくるためにはあの演技がふさわしいと思います。

デデ　そうですね。どんな俳優にも癖というものがあります。特にレオーのような俳優の場合は、いつも出てくるその癖を今回の作品ではできるだけ排除しなければならなかった。「アントワーヌ・ドワネルもの」では人差し指を指すという彼の悪い癖がありますが、今回の役どころではそれを封印させることができました。クロードが自殺について語るシークエンスでその指差しをしそうになるのですが、それを封印できたことで今回はうまくいったのです。この自殺のシーンはとてもシリアスなシーンなので、人差し指は駄目だったのですが、例えば、パリの娼館について話しているシーンはレオーっぽいところが出てもシーンの雰囲気と違和感はありませんから、それは良いと思います。

筒井　イギリスに行って、連想ゲームのようなことをするシーンがあります。罰ゲームでキスをさせるところで、レオーが遠くを見て前屈みになるところは『海底王キートン』(24)のキートンを真似ていますよね。ここでのジャン＝ピエール・レオーは姉の策略によって妹に恋してしまう、非常に優柔不断な役です。だから、自分の意思のように見えて、実は操られている存在です。この映画の冒頭で、レオーがブランコの紐が切れて落下して足を折ってしまう。それで松葉杖を使って階段を下りてきて、そこで姉と出会うことになります。つまり、体が不自由な弱者のイメージがそこに重ねられています。

デデ　確かに、それはトリュフォー監督が最初から意図していたことでしょう。そのようにクロードという人物の弱さを表現して、女性たちに操られる人物だと見せるための演出です。レオーが演じるクロードは右往左往しながら、アンに導かれるように妹の方を好きになる。ただ、実際にはクロードという人物は両方の女性を愛していたのではないかと思います。

10　トリュフォーのナレーション

筒井　編集についてのご苦労を伺いたいと思います。日本のタイトルが『恋のエチュード』という、やや観客を騙すようなタイトルですが、原題は《Les Deux Anglaises et Le Continent（二人の英国女性と大陸)》、つまり二人の姉妹とジャン゠ピエール・レオーのことだと思いますが、非常に即物的なタイトルです。ですから、空間的に見ればイギリスとフランスという距離を二〇世紀初頭の当時に手紙が媒介していく。また、同じく二〇世紀初頭のピカソの[9]「青の時代」から「キュビスム」という絵画の歴史を見せることによって、時の流れを視覚的に表現しています。その空間的な距離と時の流れという、映画で表現することが非常に難しいことをどのようにやられたのでしょうか。

デデ　確かに、この作品にはさまざまな要素がたくさん詰まっています。文学的な部分と即物的な部分、二つの国、二人の愛人。ですから時間も長くて遅くなりがちなのですが、意外に短時間にこなしています。また、手紙の朗読シーンをはじめ台詞も多いですから、それを通常の映画の時間尺でやってのけるには、かなりのスピードが要求されます。それをすべてこなすための解決方法の一つは、フランソワ・トリュフォーによるあのニュートラルなナレーションでしょう。トリュフォーの中立的なナレーションがあり、俳優たちの台詞がある。音楽的にいえばコードとキーを二つ使っている感じです。それらをうまく使いこなしているので、観客たちは迷子にならず、映画について行けるのだと思います。

この作品の編集で大変だったのは、まさにそのフランソワ・トリュフォーのナレーションの部分で、あれは何度もやり直したところです。彼はいろいろなバリエーションを求めたのですが、いまからそのシーンを説明いたします。アンのアトリエでミュリエルに再会するシーンに、トリュフォーのコメントが入ります。トリュフォーのナレーションというのは、どちらかといえば散文的で分かりやすい。それを演じているクロードとミュリエルの抱きついたりキスをする身振りの前に持ってくるのか、後に持ってくるのか。そういうことを決めないといけませんでした。実際には身振りの前に持ってきて、実際の画面でもう一度、その「サプライズ」を見るというふうにしました。

先ほどタイトルの話が出ましたが、タイトル以上にこの作品の鍵を握っているのは、心情を吐露するクロードの語りです。「今晩、僕がいま生きてきたことをすべて思い返してみた。ミュリエルが言うように、僕たちのこの苦しい体験というのは、きっと他の人にも役に立つだろうからと言ってくれたので、僕自身はきっとこの経験を本にするだろう」。観客にはこういう形で鍵が渡されるのです。

また、クロードが「真実の愛というのは肉体の愛だ」と言うように、この作品にはナイーブな部分と人間のいやらしさが表れた生々しい部分の両方が交じっているところが面白いと思います。例えば、ジャン＝ピエール・レオー演じるクロードが最後にホテルの部屋でミュリエルと一夜を明かすのですが、そこで原作者であるアンリ＝ピエール・ロシェの「七年経って、ようやくクロードがミュリエルを内包した」というセクシャルなニュアンスのある文学的な言葉が出てきます。トリュフォーのナレーションに使われている言葉には、あまり直接的にセクシャルなものは出てきませんが、このシーンに限っては原作の言葉通りのかなり直接的な表現として使われています。

筒井　『突然炎のごとく』(62)に続いて、二作しか書いていないアンリ＝ピエール・ロシェの小説をトリュフォーが映画化したわけですね。脚色するにあたって、小説だけではなくてアンリ＝ピエール・ロシェの日記からかなり引用をしているということですけれども。

デデ　確かにそうです。トリュフォーも日記からかなりインスピレーションを受けています。監督というのは映画化するにあたって、原作以外にも他の文献というものを当たります。例えば、セドリック・カーン監督[11]の『倦怠』（98）はアルベルト・モラヴィア[12]の作品ですけれども、モラヴィアの原作だけではなく、他のモラヴィアの作品からもインスピレーションを受けています。

筒井　『突然炎のごとく』の場合は男性二人対女性一人。『恋のエチュード』はそれが逆になっているので、劇中でレオが小説を出版するときは男女をひっくり返しています。

デデ　それはトリュフォーが楽しんでやっていたことだと思います。彼自身、アンリ゠ピエール・ロシェは大好きな作家でしたから、その作家の作品の別の部分に首を突っ込んで、一つの映画の中にもう一つの映画を取り込んでいく。それは喜びだったと思います。最初のタイトルは《Les Deux Anglaises（二人の英国女性）》だけで《et Le Continent（と大陸）》はなかったのですが、八三年のバージョンで戻されました。

筒井　少し衝撃的なシーンについてお伺いします。この映画は手紙を朗読するシーンがあるわけですけれど、そういう場合は大体オフの声になります。しかし、姉妹の告白が行われるシーンだけは正面からクローズアップで撮られている。しかも、ミュリエルの場合は目にまでズームアップされるという強烈なカットです。つまり、彼女が告白しているときには観客を見つめている。とても強烈なだけに編集も難しかったと思いますが、いかがですか。

デデ　実はミュリエルの正面ショットというのは、メインの撮影とはまた違う時期に撮られています。確かに編集は大変でした。台詞も多く、ナレーションや手紙もあって、言葉の洪水のようなところがありますから、その上にさらに言葉を重ねて告白するわけにはいきません。ですから、あそこはもっとインパクトのあるシーンにしたかったというトリュフォーの意向もあり、あえてやや描写的、冷笑的ではありますが、幼い頃の女の子の映像を入れました。あの映像も後で撮影されたものです。そのようにして、言葉の洪水の中から観客を睨みつけるような彼女の眼差しを加えました。

11　映画の父親のような存在として

筒井　時間がなくなってきたので、締めの質問をさせていただきたいと思います。編集助手の時代は、やはり編集者が繋いでいても「私ならこう繋ぐ」というようなことは考えますよね。

デデ　トリュフォーは編集助手に対してもしっかり聴く耳を持つタイプの監督でした。『夜霧の恋人たち』（68）のときの編集技師だったアニエス・ギュモさんは「あなたのアイデアは歓迎だけど必ず私を通してね」と言ってくださいました。トリュフォーの編集の場合は、編集技師と編集助手以外にも研修している見習いの編集者もいますし、監督であるトリュフォーもいますので、常に四人いるわけです。トリュフォーは聡明ですから、押し付けるのではなくて「君たちの意見を聴こうじゃないか」という感じで進んでいきます。

トリュフォーという人は、人と距離を置くようなよそよそしいところがあると思われがちな監督です。というのは、フランス語では親しくなると呼称を《Vouvoyer（あなた）》から《Tutoyer（君）》に変えるのですが、トリュフォーはスタッフや俳優に対して、ずっと《Vouvoyer（あなた）》という礼儀正しい言葉遣いをしていたからです。しかし、実際にはそうではなくて、親身に人の意見に耳を傾けてくれる人でした。例えば、ラッシュ上映の後に不服そうな顔をした見習い編集者を見たら、「気に入らなかったのかい」と声をかけてくれる。そういう人でした。

筒井　では、『恋のエチュード』でトリュフォーと意見が合わなかったりということはなかったのでしょうか。

デデ　意見の違いというよりも、見習いの彼と似たようなエピソードがありました。撮影ロケが終わった後に最初の編集をするのですが、大体監督というのはその間、一、二週間お休みを取ります。しかし、私は初めてでしたから張り切ってしまって、本来なら休暇後にテイクを選択するところから始めるべきところを、その休暇の間にすべて自分で編集してしまったのです。休暇から戻ってきたトリュフォーが、「じゃあテイクを選ぼうか」と言ったときに、私は「もうすべて編集しました」と答えてしまいました。

結局、採用されたのはそのうちの一五〜一七%ぐらいでした。トリュフォー監督はそのように芸術に献身している私の性格を酌み取ってくれたからこそ、その後の協働が続いたのだと思います。もちろん、彼の前で「ここはそう思いません」と意見を言うことはありました。ただ、私の最初の編集作品ですし、私にとって彼は映画の父親のような存在ですから、基本的なところでは彼の作品と仕事を大変尊敬しています。ラッシュ上映のときに、トリュフォーに「ここは滅茶苦茶だね」と何度も言われるのですが、だからといって編集室に入り込んできて「ここはこうしろ、ああしろ」と言われることはありませんでした。仕事を共にする中で、私のことをとても信頼してくれていたのだと思います。

質問者1　まず、ショットがとても美しくて力強いというのが印象的でした。ただ、イギリスから戻ってくるまでは皆が本気で恋をしてないような、運命の糸で操られている人形のような感じがしました。最初は他人事のように恋が進行していって、パリに帰ってからのめり込んでいく。そういうことが予定調和的ではなく繋がれていて、前半がぎくしゃくした感じでしたが、最後の方で盛り上がっていくような感じだったと思います。最後の方ではとてもロマンチックな音楽を重ねていて、商業的なことも意識していたのかなと思うのですが、全体的に音楽はかなり予定調和的に映像に被せている感じがしました。トリュフォーがロマンチストで男性目線的な感じで描いた映画のようにも見れますが、そうではなくて何か別の意図があったのでしょうか。

デデ　トリュフォーは監督として男性目線を強調するというところはなくて、三人の人物を平等に扱うことを目指していたのだと思います。確かに、最初のパートはモダンな編集というより古典的な編集ですけれども、それは状況を提示する必要があったからです。人物関係の提示をしなければいけないので、そこで遅滞しないようにリズム的にはどんどん進んでいったので、最初の方がノロノロとしていない印象を与えているのかもしれません。

中途半端にしか愛していないような、あまり自分のことのように愛していないような印象を受けられたというのは確かにあります。あの当時の恋愛というのは、そのような部分があると思います。男性にしても女性にしても、最初はそれぞれが自問し始めます。「これは愛しているのか、愛していないのか」。自分の中でも心が右往左往するというのが、当時の恋愛の仕方だったのかもしれません。だから、それを表しているともいえますが、二人が離れることになってから、少しずつ愛情が明確になってくる。ただ、仰ったように、皆それぞれが優柔不断な部分を持っているというのも、ああいう恋愛ゲームの一つであると思います。最初から大胆に行くのではなくて、少し試行錯誤をしながら自分の気持ちに近づいていく。アンだって、ひょっとしたら最初からクロードのことが好きだったかもしれないけれど、妹の方を彼に近づけさせる。それも一つのゲームのようなものだと思います。

映画の前半と後半でスタイルが違うように思われるのは、ストーリーのせいでもあります。私自身はスタイルが二つあるというふうには感じていません。しかし、それは先ほども言いましたように、私自身がこの映画に対して距離を持てないからかもしれません。ただ言えることは、この作品には二つのスタイルが相反して存在しているというよりは、スピードが減速するところがあるにせよ、調和の取れたトーンで全編行っているように思います。

また「商業的なものを意識して」と仰いましたが、トリュフォーの中には商業的、興行的にうまくいくようにしようという意図はまったくなかったと思います。それよりも、彼自身は自分の作品が観客に気に入ってもらえることを目指していました。公的機関からお金の助成を受けずに、「今回うまくいかなかったから、次の作品は少し予算を低くしよう」というような計算をして、できるだけ多くの人に見てもらおうという意図のもとに作品をつくっていました。いわゆる、「こうしたら商業的にうまくいくのではないか」というような意図はまったくなかったと思います。

トリュフォー監督は、映画に対して下品な手段を用いることは決してありませんでした。『恋のエチュード』の予告編で、キャッチコピーとして「例外的なトリオのお話だ」というようなナレーションを流したものがあったのですが、それを見たトリュフォーは椅子から飛び上がって、「そんなものは絶対にありえない」と言いました。人に媚びるようなことは、まったく好きではなかったのです。トリュフォーが望んでいたのは、観客がこの三人に興味を持ってくれればいいということだけです。

質問者2　ナレーションと手紙を朗読するというお話がありましたが、いわゆるナレーションというのは映画的なリアリズムであって、それがどこに向けられているのかが課題としてあると思います。実際、ナレーションはこの三人の関係性とは無関係なところで映画として存在しています。そのようなことに関して、トリュフォーとヤン・デデさんはどうお考えだったのでしょうか。またモダンな編集というときにそれをどう考えているのか、お聞きしたいです。

デデ　『恋のエチュード』におけるナレーションには二つの長所があります。一つはあくまでも客観的なナレーションに徹している点です。アンリ＝ピエール・ロシェという原作者に敬意を払わなければなりませんから、そこに原作者が意図していないような主観的なナレーションを入れるようなことはしません。トリュフォーのナレーションはかなりスピーディーで中立的に話しています。そこには一切の感情を入れていません。

二つ目の長所は、トリュフォーにはシネアストとしてのステータスがあるという点です。トリュフォー監督は文才がありますから、ナレーション自体を美しい言葉で書くことはできます。しかしそれだけではなく、その言葉のフレーズを俳優のアクションの前に置くのか、後に置くのかということも考えてナレーションを演出できるのです。それがこの作品におけるナレーションの資質ではないでしょうか。ただ、トリュフォー監督はいろいろなものを同時に欲しがる人なのです。もちろん、ショットが美しいというところにも彼は重きを置いていましたし、音楽や美術、ナレーションなど、あらゆる部分に良いものを提供して作品を豊かにしたい、そして観客がそうした映画の豊かさを堪能してほしいと願っていました。

1 **フィリップ・ガレル**

一九四八年生まれ。映画監督。モーリス・ピアラ、ジャック・ドワイヨンらと共にポスト・ヌーヴェル・ヴァーグ世代を代表する監督。19歳で監督した『記憶すべきマリー』（67）が俳優ミシェル・シモンに称賛され、「ゴダールの再来」と謳われる。以降、『内なる傷痕』（71）、『秘密の子供』（79）、『自由、夜』（83）、『白と黒の恋人たち』（01）、『パリ、恋人たちの影』などを発表。父モーリス・ガレル、息子ルイ・ガレル共に俳優。

2 **デヴィッド・ウォーク・グリフィス**

一八七五年生まれ（一九四八年没）。映画監督。映画文法の基礎を築いた人物であり、さまざまな映画技術（モンタージュ、カットバック、クローズアップなど）を確立し、「映画の父」と呼ばれる。一巻ものの映画をわずか一三年の間に四五〇本以上演出し、やがて長尺ものとして一二巻から成る『國民の創生』（15）を発表。翌年には『イントレランス』（16）を完成させた。一九三〇年代になるとハリウッドから相手にされなくなり、孤独な余生を送ったといわれている。

3 **ボレックス**

映画カメラのブランド。ジャック・ボゴポルスキーが一九二三年から開発し、改良していた16ミリ映画キャメラの権利を、三一年にスイスの精密機器メーカーであるパイヤールが買い取り製造した。映画作家ジョナス・メカスが愛用していたことでも有名。

4 **ウィリアム・ワイラー**

一九〇二年生まれ（一九八一年没）。映画監督。ユニバーサル社で広報の仕事を始め、その後は小道具、配役係、助監督などを経て、一九二五年に監督に昇格。『ミニヴァー夫人』（42）、『我等の生涯の最良の年』（46）で二度のアカデミー監督賞を受賞。その後、『ローマの休日』（53）、『コレクター』（59）、『ベン・ハー』（65）などの名作を残す。

5 **サム・ペキンパー**

一九二五年生まれ（一九八四年没）。映画監督。『ボディ・スナッチャー／恐怖の町』（56）の脚本などを手がけ、『荒野のガンマン』（61）で監督デビュー。『ワイルドバンチ』（69）の強烈なバイオレンス描写とスローモーション撮影が話題となる。以後、『ゲッタウェイ』（71）、『ビリー・ザ・キッド／21才の生涯』（73）、『戦争のはらわた』（77）などを発表。

6 **ジャン＝フランソワ・ステヴナン**

一九四四年生まれ（二〇二一年没）。俳優・映画監督。ジャック・リヴェットらの助監督を務めつつ、俳優としても活躍。リヴェット監督『アウト・ワン』（71）、トリュフォー監督『野性の少年』（70）、『アメリカの夜』（73）、『トリュフォーの思春期』（76）などに出演。一九七八年、初の長編『防寒帽』を監督。他にゴダール監督『パッション』（82）、監督第二作『男子ダブルス』（86）、『シモンの空』（12）などがある。

7

アンドレア・アーノルド

一九六一年生まれ。映画監督。短編映画『Milk』（98）で監督デビュー。初長編映画『Red Road』（06）が第59回カンヌ国際映画祭審査員賞を受賞。続く『フィッシュ・タンク』（09）も第62回カンヌ国際映画祭審査員賞を受賞した。

8

ニコラ・ショードゥルジュ

一九七三年生まれ。映画編集者。アンドレア・アーノルド監督の『Red Road』（06）、『フィッシュ・タンク』（09）、『嵐が丘』（11）で編集を務める。他の編集作品に『ギリシャに消えた嘘』（14）、『アリスのままで』（14）、Netflixのドラマ『ブラック・ミラー』（シーズン3第4話「サン・ジュニペロ」、16）など。

9

パブロ・ピカソ

一八八一年生まれ（一九七三年没）。画家。「青の時代」は一九〇一年から一九〇四年の間に制作された作品。基本的に青や青緑の色合いのモノクロームの絵画を描き、時折他の色が使われるだけだった。その後、一九〇七年に描き上げた『アビニヨンの娘たち』を出発点に多様な角度から見た物の形を一つの画面に収めるなど、さまざまな視覚的実験「キュビスム」を推し進めた。

10

アンリ＝ピエール・ロシェ

一八七九年生まれ（一九五九年没）。作家・画商。ピカソなどのモンパルナスの若い芸術家たちと親交を結ぶ。一九一六年、マルセル・デュシャンらとダダイズムの雑誌「Blind Man」を創刊。一九五三年に自伝的小説『突然炎のごとく』を発表。続く『恋のエチュード』と共にトリュフォーによって映画化された。トリュフォー監督の『恋愛日記』（77）は「エロスの探求者」としての彼をモデルにしたといわれる。

11

セドリック・カーン

一九六六年生まれ。映画監督。『幸せ過ぎて』（94）でジャン・ヴィゴ賞を受賞。監督作品は『倦怠』（98）の他に『チャーリーとパパの飛行機』（05）、『よりよき人生』（12）など。

12

アルベルト・モラヴィア

一九〇七年生まれ（一九九〇年没）。作家。一九二九年に自費出版した『無関心な人びと』で注目を浴びる。ファシストの転落を描いた『孤独な青年』（51）はベルナルド・ベルトルッチ監督『暗殺の森』（70）の原作として知られる。他にもゴダール監督『軽蔑』（63）や『倦怠』（98）をはじめ映画化された作品は数多い。

3｜ピエール＝ウィリアム・グレン 講義／対談

ヌーヴェル・ヴァーグ随一の知性であり、「カイエ・デュ・シネマ」誌の編集長も務めたジャック・リヴェットは、「もはや我々は無垢ではない」という言葉から批評家としてのキャリアを始めた。すべてが即興によって構築された『アウト・ワン』は、リヴェットが原初の映画が持っていた無垢へと再び回帰するために企てた究極の「遊び」だといえる。

ピエール＝ウィリアム・グレンのキャメラマンとしての手腕は、そんな俳優やスタッフが一丸となって演じ、遊ぶリヴェットの映画づくりによって鍛えられた。「子どもたちを見事に撮るキャメラマン」というトリュフォーの称賛は、彼が子どもという無垢なる存在と一緒に遊ぶことができることの証左だろう。『アメリカの夜』におけるバイク事故のエピソードが示しているように、グレン自身も子どものような野性と好奇心を持ち合わせていた。ヌーヴェル・ヴァーグの「眼」として活躍してきた彼の絶えざる探求心と学びの姿勢には、映画づくりの醍醐味が詰まっている。

ピエール＝ウィリアム・グレン｜Pierre-William Glenn

一九四三年生まれ。撮影監督。ウィリアム・リュプチャンスキーのアシスタントを務めた後、アンドレ・テシネ監督作品やジャック・リヴェットの伝説的作品『アウト・ワン』(71)の撮影監督を務め、注目を浴びる。その後はモーリス・ピアラ、サミュエル・フラー、ジョセフ・ロージー、そしてフランソワ・トリュフォーなど、国内外の傑出した監督たちとの仕事を重ねてゆく。フランス撮影監督協会（AFC）の創設メンバーであり、一九九七年から一九九九年まで会長を務め、その後は名誉会長となる。また、二〇〇二年から二〇一八年まで映像音声高等技術委員会（CST）の会長、二〇〇五年からはフェミスの撮影コース主任を務め、数世代にわたる若手撮影監督の育成に多大な貢献を果たした。ロードレース世界選手権を追ったドキュメンタリー映画『Le Cheval de fer』(75)を自ら撮影・監督するほどのバイク好きでもある。二〇二四年、逝去。

Ⅰ－3｜ピエール＝ウィリアム・グレン講義　司会＝筒井武文〔二〇一六年一一月二六日　通訳＝人見有羽子〕

映画づくりの虚と実――『アメリカの夜』をめぐって

1　ラウル・クタールから学んだこと

筒井　『アメリカの夜』（73）の撮影を担当なさったピエール＝ウィリアム・グレンさんです。フランソワ・トリュフォー監督の撮影は一九六〇年代にはラウル・クタール[1]が多く担当していました。70年代には、ネストール・アルメンドロスが歴史劇を、グレンさんが現代劇を担当されました。まず、クタールから撮影を受け継いだ経緯などから伺えますか。

グレン　ラウル・クタールはヌーヴェル・ヴァーグの象徴のような存在です。六〇年代までは撮影監督が絶対的な権力を持っていましたので、現場で「これはできる、これはできない」と自らの意見を押し通すことができました。しかし、クタールはそうした古典的なやり方を変えたマジシャンのようなキャメラマンでした。彼は映画ごとに新しいスタイルを創造し、自分が知っていることを他人に教えることを厭いません。私が最初に短編を撮ったとき、クタールは照明機材を貸してくれたり、電気系統のチーフを紹介してくれました。また、クタールは創意工夫に長けた人でもありました。それまでの古典的ライティングというのはピンポイントで厳格に当てるやり方でしたが、それに対して彼は少しほんわりとした、デフュージョン（拡散）した光を編み出しました。クタールの作品で批判されていたのは、旧来のメリハリの効いた光ではなく、そうしたポワーンとした光しかつくれないということです。

撮影監督としてのクタールから学んだことは、伝達すべきものがあれば進んでやるべきだという姿勢です。自分の技術上の秘密ということ自体がおかしい、伝えることで、減るどころか自分にもプラスになる。彼からはそういう考え方を学びました。トリュフォーからは「君の撮り方はクタールと似ているね」と言われたことがあるのですが、彼は私とクタールのそうした関係を知らなかったのです。しかし、その言葉は私にとって、とてもうれしい褒め言葉でした。トリュフォーから私に「撮影監督に起用したい」という依頼があったとき、クタールの後を継ぐわけですから、彼からちゃんとした許可をもらわなければいけないと思い、彼に会いに行ったのです。彼の電気系統のチームを受け継ぐわけですから、本当に私でいいのだろうかと不安を抱いていました。すると彼は「僕は君が後を継ぐことを認めるし、とてもうれしく思うよ」と言ってくれました。

一つ知っておくべきことは、六〇、七〇年代にかけてクタールは周りからよく思われていませんでした。愛されていなかった理由の一つは、彼が作家主義に結びついた撮影監督だったからです。当時、彼は技術者の仲間たちからは愛されていませんでした。ところが最近、彼が亡くなってアメリカをはじめ世界中から彼とその功績を讃える称賛の声が巻き起こって、私のもとにも届いています。ですから、やはりクタールは世界で最も知られた撮影監督だったのだと実感しています。彼のキャリアは素晴らしい。しかし、生前には否定的な声もあった撮影監督なのです。

筒井　クタールはゴダールの現場で天井に光を当てて、俳優もキャメラも自由に動けるようにしました。また照明の価格破壊をした人でもあります。そのあたりが旧来の撮影関係者から恨まれた原因かと思いますが。

グレン　そうはいっても、クタールはコスタ＝ガヴラス監督[2]の『Z』(69)など、撮影予算の大きな作品も撮っています。私もまたバジェットの大きな作品も、小さな作品も撮っています。つまり、映画の規模に合わせて柔軟に撮影をすればいいだけなのだと思います。例えば、クタールは極めて少ない予算だった『勝手にしやがれ』(60)で、室内でも外光だけで撮影しています。しかも、とてもうまく使っているのです。

2　二つの役を兼任した技術スタッフ

筒井　映画づくりを描いた映画はたくさんありますが、『アメリカの夜』は非常に特異な映画だと思います。監督の悩みや俳優の悩みなど、「メイキングもの」というように、舞台裏のある一部を描いたものは多いですが、映画づくりの全体を描こうとしたものはなかなかありません。しかし、『アメリカの夜』は映画づくりの中で監督の果たす役割、スタッフの間の人間関係、予算やスケジュールなど、映画を完成させるためのあらゆる重要な問題が「映画内映画」として描かれています。これだけの問題を一本に放り込んで二時間に収めるのは、トリュフォーでなければできなかったのではないでしょうか。

グレン　もちろんそうです。しかし、作品の中にあるドキュメンタリー的な要素を強調しておかなければいけません。この映画自体はフィクションですが、この中で描かれるエピソードはすべて実際にあったことが盛り込まれています。女優の気まぐれであったり、スクリプト・ガールが小道具の男と寝たりなど、他の制作現場で起こったエピソードですが、すべて実話であり、違っているのは人物が少し異なるというだけです。例えば、「バターが欲しい」と言った女優の話はグレタ・ガルボ[3]から、スクリプトと小道具係の恋愛はロッセリーニの現場で起こったエピソードです。ジャン＝ピエール・オーモン[4]が亡くなるということに関しても、最近中国の映画で主役級の俳優が亡くなり、ＣＧで補ったという話も

『アメリカの夜』

あります。そのようにして、この映画には実話が盛り込まれたドキュメンタリー的側面があるのです。

また、もう一つのドキュメンタリー的要素として、全編の三分の一が手持ちキャメラで回しています。でも、皆さん手持ちだとは気づかないですよね。それこそ技術が目指すべきところであり、今日私がここに来ている理由です。実際に撮影ワークショップでは、学生たちに手持ち撮影をやってもらいました。そのように、俳優を追っているシーンやジュリーの寝室のドアを叩くところなど、すべて手持ちのキャメラで撮影しています。それがこの作品の技術的なドキュメンタリー的要素であり、撮影に関して強調すべきところだと思います。もちろん、手持ちだと分からないように撮影するのが優れた技術といえます。

筒井　この映画の撮影について、さらに伺います。撮影監督はグレンさんですから、映画中で撮影しているキャメラマンは、この映画のオペレーターであるウォルター・バルという方だと思います。ですから、劇中で撮っている画は彼が撮ったものですが、それ以外に複数のキャメラが使われています。では、残りのキャメラは誰が回していたのか。通常、撮影監督は自分でオペレートしませんが、グレンさん自身は回していたのでしょうか。キャメラの機材とキャメラマンの割り振りについて教えてください。

グレン　一つ前の話に戻ると、ラウル・クタールは撮影監督とキャメラマンを兼任していました。それまでは個別に分かれていた両者を統合した、とてもシンボリックな最初の撮影監督なのです。ですから、同業者からは「光をつくりながら、構図もつくるのか」と批判されていたのです。私自身もこの作品で光をつくりつつ、キャメラを覗いて構図をつくるオペレーターでもありました。私は唯一、この映画で姿を見せないスタッフです。他の技術スタッフは皆キャメラの前に出ています。例えば、いま仰ったウォルターは劇中で撮影監督を演じていますが、実際にも私の撮影助手としてフォーカスを担当していました。撮影しているこちらにパッと走ってきて、フォーカスを合わせてくれる感じだったのです。ですから、本作品の技術スタッフは二つの役を兼任しています。ジャン＝フランソワ・ステヴナンは映画の中では助監督として登場しますが、実際にトリュフォーの助監督だったわけです。

兼任ということでは、六〇年代は技術スタッフの組合のルールが厳しく決められていました。ラウル・クタールが批判された理由は、自分が撮影監督とキャメラマンを兼任することによって、撮影部のポストをカットしてしまったことにもあります。撮影監督とその助手、オペレーターとその助手というように、うまくポストがカットされないようにやっていく必要があったのです。しかし、最近では撮影監督とオペレーターを兼任する現場は増えてきていると思います。

3　撮影時のバイク事故

筒井　三台のキャメラで同時に回しているときに、グレンさんは俳優と技術スタッフが両方写るような広い画を撮られているのでしょうか。

グレン　三台のキャメラがありましたが、実際に使っているのは二台です。一つはパナフレックスの大きめのキャメラで、もう一台が手持ちで使うキャメラ。それから、映画に写っていたのがマークⅡ。これは通常は回していないのですが、ろうそくの光を撮るときには使っています。この映画を思い出すと、いろいろなシーンが記憶に浮かび上がってきます。そこで、筒井先生に一つ質問します。ウォルターという撮影監督を見ていて、あれっと思われたことはありませんか。

筒井　ヒントをください（笑）。

グレン　映画の半分くらいのシーンで、ウォルターはメキシコのポンチョを着ていますよね。実は彼は去年ニカラグアで亡くなったのですが、当時バイクに夢中になっていました。私とウォルターとレミー・ジュリアン[5]という当時人気のスタントマンの三人で、ニースのスタジオからホテルまでバイクで競走をしていたのです。ちょうど撮影が半分終わったくらいのとき、すごい事故を起こしてしまいました。時速一五〇キロで走っていて、車は反転し、私は飛び上がって死んでいたはずなのです。しかし、奇跡的に怪我だけで済みました。しかも、全身のかすり傷だけで終わったのです。そのときウォルターもバイクに乗っていて、友人の私が目の前で三メートルも飛んだところを見て、彼は「あいつは死んだ」と思ったそうです。彼は肩を骨折しました。

私自身は病院で「一カ月安静」と言われたのですが、その晩に脱走して、火傷をして高熱が出ていましたが撮影スタジオのオフィスに行きました。そうしたら、そこに撮影監督のピエール・ロム[6]が呼ばれていたのです。私はひと月使いものにならないと判断されて、代わりの撮影監督を呼んでいたということですね。私は「自分がやります」と言って、残りの半分も引き続き撮影しました。しかし、かなりの高熱がありましたから、右目が曇っていたのです。しっかりと洗わないと、すぐにぼやけてくる。だから、この映画の中で右目が使えずに、左目で覗いているカットがあります。例えば、バターの山を運んでいるシーンですが、若干動きに遅れて、キャメラワークが不自然なところが三カットあります。それでウォルターは右肩にギプスをしましたから、それを隠すためにポンチョを羽織ってキャメラを回していたというエピソードがあります。ですから、この作品を見ると良い思い出と同時に苦痛が甦ってきます。熱っぽい感じやヒリヒリした痛みですね。私が失敗した三つのカットは、「ここは失敗」という字幕も出ないので気づかれませんが、ここで告白します。

筒井　それは気がつきませんでした。ただ、フォーカス送りが少し遅れているとは感じました。

グレン　フォーカスはまったく見えませんでした。私はフォーカスを動かすポインターにすべてを任せるというよりは、ロング・フォーカスで撮るときに「少し前に」とか「近くに」と助言をしていました。しかし、このときはそれもできず、ポインターが間違ってもそのままOKになりました。「アメリカの夜」というのは、昼に夜のシーンを撮る《Day for Night》という手法のことですが、この『アメリカの夜』で使った場面は一つもなく、虚構にリアリティを持たせる象徴的なシンボルとして使っています。ジャン＝ピエール・レオーとジャクリーン・ビセット[7]が車に乗るシーンを後ろから追いかけたシーンは、少しトリック撮影に似ていますけれども。

4　トリュフォーの人間味

筒井　トリュフォー自身が監督役で出演しています。当時はビデオ・モニターがない時代ですが、トリュフォーが出演しているカットでは誰がOKを出しているのでしょうか。

グレン　トリュフォーには強い絆で結ばれた親密なスタッフがいました。シュザンヌ・シフマン[8]です。この作品の脚本にも参加していますし、私をジャック・リヴェットに紹介したのも彼女です。トリュフォーはそれぞれのシーンがどう撮られているのか感じとれる人でしたので、自分が出演したシーンが良かったかどうかは、モニターを見なくても分かったと思います。当時はもちろんモニターはなくて、ラッシュを見るまではそのテイクの仕上がりが分からない時代でした。いまはみな始終小さなモニターを覗き込んでいますが、私自身はラッシュまで待つあの時代の方が良かったと思います。

トリュフォーは撮影現場では優しくシャイで、非常に礼儀正しい人でした。彼は人間関係で緊張があったり、暴力的な葛藤が起こることを嫌いました。監督の中には、俳優に辛くあたったり、大声で怒鳴り散らす人もいる一方で、トリュフォーはその対極にいた人物です。日本語でこういう使い分けがあるかどうか分かりませんが、フランス語では二人称での呼称を「君」を指す《Tutoyer》を使うときと、「あなた」を指す《Vouvoyer》を使うときがあります。トリュフォーはプロデューサーのマルセル・ベルベールを含めたすべてのスタッフに《Vouvoyer》を使いました。唯一この映画で《Tutoyer》を使ったのが、シュザンヌ・シフマンだったのです。その後、ファニー・アルダン[9]を起用したときに《Tutoyer》を使ったと聞いています。彼女は彼の奥さんになりますけれども。そのようにして、トリュフォーはいつもある種の距離感を持って人と接していました。彼は非常に辛辣な批評家でもありましたが、権力関係を利用して仕事をするのを好まない人だったのです。

筒井　トリュフォーはこの映画で補聴器を付けていますよね。身体的な弱点を見せているわけですが、実際にはどうだったのでしょう。

『アメリカの夜』

グレン　この映画には、他の映画へのレファレンスが詰め込まれています。これはルイス・ブニュエルですね。ブニュエルという監督はほとんど耳が聴こえなくて、補聴器を使っていたわけです。ですから、これはブニュエルへの目配せです。トリュフォーはこの一一年後に脳腫瘍で亡くなりますが、大きな音が大嫌いな人でした。大きな音を聴くと頭痛がするといった身体的な問題はあったかと思いますが、補聴器というのはブニュエルへの言及です。この映画では、ピエール・ズッカ[10]がスチール・カメラマン（＝セット・フォトグラファー）で参加しています。これはロジェ・コルボー[11]への言及です。ヌーヴェル・ヴァーグが台頭する前には、スチール・カメラマンは絶大な権力を持っていて、彼は俳優に演技と同じ姿勢を取らせてスチールを撮っていました。その人物への言及です。

筒井　劇中劇の『パメラを紹介します』では、過去のトリュフォー映画への言及があると思います。英国人男性を連れて帰ってくるのは、男女が逆ですが『恋のエチュード』（71）、最後に射殺があるのは『柔らかい肌』（64）です。

グレン　そうです。男女の三角関係を描いた影響です。

筒井　もう一つ言うと、ちゃんと劇中の映画のストーリーが分かるように処理してあります。劇中の壁に貼ってあった『パメラを紹介します』の香盤表です。これは正確なものですか。それとも、でっち上げてあるスケジュールなのでしょうか。

グレン　この香盤表自体はデタラメです。でも、筒井さんが仰った『恋のエチュード』への言及は正しくて、確かに演じている物語は実人生に影響を及ぼすことをこの作品で語っているわけですね。『恋のエチュード』に劇中劇はありませんが、そういう実際に演じられている物語の影響というものが、この作品の中では語られています。

筒井　この作品はトリュフォーの映画づくりを正確に描いているのでしょうか。それとも、嘘も交じっているのでしょうか。例えば、劇中劇のジャクリーン・ビセットの台詞をトリュフォーは撮影の前夜に書いて渡します。実際にトリュフォーは撮影の前夜に台詞を書いたりしているのでしょうか。

グレン　確かにトリュフォーというのは日和見主義というか、ちゃっかりしたところがありました。この映画の典型的なシーン、ビセットの浮気がバレて大変になるときに吐いた台詞をトリュフォーはちゃっかり拝借しています。そういうことはよくありました。しかし、『アメリカの夜』に関しては俳優の台詞を拝借したことはありません。

筒井　撮影で伺いたいのは猫のシーンです。一匹目の猫はミルクを飲まない。失敗したテイクをたくさん重ねます。しかし、二匹目の猫は一発でOK。あれは本当ですか。

グレン　動物と子どもに演技をさせるのは一番難しいといわれています。『トリュフォーの思春期』(76)でのグレゴリー君も大変でしたが、この猫も同じように大変でした。猫という動物は飼い慣らすのが難しい。俳優専門の猫のインストラクターは「うちの猫は大丈夫です」と言っていましたが、まったくうまくいきません。結局、スタッフの飼っていた猫が一発でうまく撮れてしまった。そういう現実で起こったことをこの映画には反映させています。言えることは、猫は本当に厄介な俳優だということです。撮影には半日かかりました。

筒井　私も猫を撮ったときは大変でした。もう二度と猫をシナリオに書かないことに決めました。では核心の質問です。この映画では恋愛が多重進行します。トリュフォーの現場では同じことが行われていたのでしょうか。

グレン　トリュフォーはとてもリアリストです。熱い、熱いラブコールを彼はジャクリーン・ビセットに送っていました。もともとトリュフォーはダニに言い寄っていて、かつナタリー・バイ[12]にもです。しかし本命はジャクリーン・ビセットでした。ビセットは英国系でアメリカの女優です。彼女はそういうトリュフォーの対応にショックを受けて、彼の熱いラブ・コールから逃げるためにホテルの私の部屋へ避難しにきたことがありました。彼女としては、映画が終わってからは「様子を見てみましょう」という考えはあったようですが、撮影中は自分を巻き込みたくないという動揺があり、私のところに隠れ場を求めてきたのです。その後どうなったのか、彼女からは聞いていませんが、ゴダールがこの映画を見て「何というリアリストなんだ。監督が主演女優に言い寄るなんて」と言いました。

筒井　ジャクリーン・ビセットがグレンさんの部屋に避難したということは、グレンさんは紳士だと信頼されていたということですね。

グレン　彼女のとった行動は正しいですね。私は当時からいままで彼女とは友人関係を保ち続けています。彼女はいまでも興味深い作品を撮り続けていて、私が彼女の良いところだと思うのは、整形手術に頼らないところです。キャリアもスティーブ・マックイーン[13]と共演したりして、立派な英国人女優になりました。二年前にフランスで会いましたが、七〇歳とは思えない美しさを保っています。「私が整形をしないのは、私の皺の一本一本が物語を語っているからよ」と確信していました。シモーヌ・シニョレ[14]というフランスの大女優も同じことを語っています。若さというものを求めるあまりに、人工的な作為を犯さない人たちです。いまはアメリカでもフランスでも「顔を修正する」ことが流行っていますが、そのようなマスクを被った顔で本当の演技はできません。

筒井　この映画のジャン＝ピエール・レオーですが、とてもトリュフォーに似ています。トリュフォーの感情に感応して演技をしていますね。

グレン　感応していたかというと、影響されているというよりは、彼が自ら盗みとっていたところがあると思います。ご存じの通り、レオーはトリュフォーの養子のような存在で、トリュフォーの歩き方や背筋を伸ばしすぎる堅苦しさのようなところも盗んでいました。当時、彼はトリュフォーの映画に出たりゴダールの映画に出たりと、両者の間を行ったり来たりしていて、どちらの系統に自分を置くかで悩んでいた時期でもあり、かなり精神的に混乱していました。彼の混乱というのは、いまだ続いているような気がします。『アメリカの夜』は世界中でヒットしましたが、フランスではまあまあという感じでした。

5　古典的な資質

質問者1　俳優の位置とレンズの選択の関係は、どのようなやり取りがあって成立するのでしょうか。

グレン　トリュフォーは技術的なことに関しては、それほど厳格な人ではありませんでした。技術は嫌いではなかったけれども、自分が深く知る必要はないと思っていました。自分の分野以外のものにしておきたかった。ただ、キャメラは好きでしたね。トリック撮影は好きですし、現場でフェイドアウトしてくれということもありましたが、フェイドできないキャメラだったりしたこともあります。『アメリカの夜』では最初にクレーンを使っていますが、どこからどこまでとは指示をせず、「ただ降りていく」といったくらいの指示でした。サイズはあまり変えないことを望んでいました。だから、任せてもらうという自由はあったのですが、これはリヴェットのときと同じように、手は与えてもらっていますが、彼らが望むような画はつくり出さないといけない。キャメラマンとしては自分がつくっていると思いがちですが、この了解が前提にあるのだから、それは監督の頭の中を再現しているのです。

トリュフォーが嫌いだったのは、これみよがしの効果が強く出た画でした。アレルギーがあったとすれば白です。白が嫌いで、壁の色を塗り直させました。もう一つのアレルギーは空。大嫌いでした。私がトリュフォーと撮った三本を振り返ってみると、自由を享受したのですが、それは監督と共に与えられている自由ということです。そして、もう一つ好まなかったのは、実際の外ロケです。彼は本当の外の世界をキャメラで写し込むことに興味がなかった。『私のように美しい娘』(72)のときも、セットでつくり込んでいます。『アメリカの夜』もスタジオで撮っています。そういう閉ざされた空間の中で、昔の話を再現するのを好んだ人です。晩年に『終電車』(80)という作品がありますが、やはりすべてをスタジオで撮影していて、彼自身が若い頃に批評家として批判していた古典的、保守的な作品に似ています。ですから、トリュフォーという人はもともと古典的な資質があった監督なのだと思います。

質問者2　カット割りは監督ですかキャメラマンですか。

グレン　『アメリカの夜』でいえば、移動撮影の間にズームがとても多くて、少しずつ俳優をクローズアップにしていきます。トリュフォーが私に望んだことは、キャメラのズームという動きを観客に意識させないことでした。光の効果もさりげなくと。シーンはリハーサルで全体を通して見るのですが、どちらかというと撮影監督からの提案を待っている監督でした。レンズでいえば、距離は中くらいで、35、42、50ミリを好む監督でした。もう一つ言うと、彼は「ここからここまで」というように技術的に正確な要求をしてくる監督ではありません。この映画では手持ちのシーンが多くあります。空港に到着するジャクリーン・ビセットのシーンはずっと手持ちですが、彼はダイレクト・シネマ[15]のようにリアリティを重視したようには見せてくれるなと言っていました。それに加えて言えることは、彼とジャック・リヴェットとの共通点です。トリュフォーもリヴェット同様、俳優を見ているタイプの監督でした。モニターがない中で、キャメラマンを信頼してくれるわけです。『私のように美しい娘』で、ズームとフォーカスが難しかったショットを見て、私への信頼が築かれました。

また、トリュフォーは暴力的な映画が嫌いだと公言していました。過激なカット割りも好みませんでした。オーソン・ウェルズのような800ミリや1000ミリのレンズを使った、これみよがしのことはやらずに、焦点距離は中くらいで、どの作品も似かよった画面サイズになります。彼自身のカット割りを形容すると、愛情に溢れたフレンドリーで優しいものになっています。ストーリーテリング上では、激しい恋愛が描かれるわけですが、映画を撮る際は奇を衒ったものではなくて、身の丈に合った手法を好んでいましたね。

6　デジタル・カメラの功罪

質問者3　ポスト・プロダクションで編集は変えられますよね。現場で監督が考えていたものとは違ってきます。こういうことはフランスの教育ではどのように指導されていますか。

グレン　確かに、デジタル・カメラという革命的なものができたといわれています。しかし、その変化は私にとっては良い変化ではありませんでした。自分自身で撮影ができる、構図を決められる、編集ができる、そう皆に勘違いさせてしまったのがデジタル・カメラでした。では、デジタル・カメラは監督と撮影監督の関係に何かプラスになるものをもたらしたでしょうか。それとは逆に、なくなってしまったわけですね。もちろん、デジタル・カメラもペリキュールと呼ばれるフィルムで撮る長所を生かしながら、ようやくこの二、三年で性能もフィルム並みになってきました。ですから、これからはデジタル・カメラの長所を活用しながら、フィルムで撮っていた現場の長所を残し続けなければいけないと思うのです。

『サイド・バイ・サイド』(12)というドキュメンタリー映画の中で、伝統的な良さとデジタルの良さを描いた作品が紹介されていましたが、私自身もそう思っています。良いとこ取りをすればいいのです。現在、フィルムが滅亡したかというと、そうではありません。世界で才能のあるクリストファー・ノーラン[16]監督やポール・トーマス・アンダーソン[17]監督のような、まだフィルムに愛着を持って撮り続けている監督たちもいるわけです。タランティーノ[18]監督もそうです。私は学校ではフィルムで撮る授業も行っています。フィルムで撮るときには、自分に課す厳しさを教えています。デジタルなら、二分のカットに一〇時間かけて撮るようなことはさせません。デジタル・カメラを使わせても、限界を定めて撮らせるようにしています。新しいツールが生まれてきたわけですけれど、やはり昔からの撮影法はキープしないといけない。古い小説は存在しないと同様に、古い映画というものも存在しないのです。昔撮られた映画も「古い」という形容詞のつかない、現在にれっきとして存在する映画なのですから。映画の創成期にやっていたような厳しさ、正確さをキープしながら、新しい時代に撮り続けていけばいいのです。

すでに創成期にグリフィスの撮影監督だったビリー・ビッツァー[19]の撮った厳しさ、そのディテールやニュアンス、そして俳優が中心のフィクションになりますから、俳優に対する心遣いを持ち続けながら、それらを現代の劇に活用すればいいと思っています。もちろん、映画はマジカルなところもあり、デジタル・カメラによってそれが手の届かないものではないのだと自分で追求するのもいいですが、やりすぎてはいけないのです。一時間半の映画を撮るのに、六〇〇時間ものラッシュをデジタルでつくるのは、まったく馬鹿げたことです。

もう一つ、私たちの映画の教訓というのはフィルムに根ざしていると思います。それはフィルムで見た映画に結びついています。最近フランスでは、デジタル映像で残しておくのではなくて、もう一度フィルムに修復して残す作業を行っています。フィルムは一二〇年くらい残りますが、一方でデジタルで撮られた映像は七年ほどでダメになってしまう。一九七〇年代に撮られたビデオはいまや消滅してしまっています。デジタル業界では、まだまだ技術は進歩するといわれますが、フィルムで見た映画の記憶はとても快いものです。フィルムで見る記憶を失ってはいけないのと同時に、失われていないという現実があります。現在、アメリカでは四五%くらいの映画がフィルムで撮られています。ＡＲＲＩ社の「ＡＬＥＸＡ（アレクサ）」であるとか、ようやく撮影監督やオペレーターの意見を取り入れたキャメラがつくられるようになってきました。

質問者4　キャリア選択の源になるような哲学はありますか。

グレン　私にとって、撮影技術にとても長けていた人にアラン・ドローブ[20]という人がいます。彼は三六〇度カメラを発明した人で、一九六〇年の話ですが、その人の話は為になりました。彼は四年前に亡くなりましたが、ヴィム・ヴェンダース[21]の3D映画を撮っています。リュプチャンスキーからは何も学んでいません。もう一人、ジャン・ゴネ[22]のアシスタントをしていたこともあります。テシネ[23]のデビュー作を撮った人です。その人のオペレーターをしました。ただ、私自身は数学の勉強をした学生だったので、技術的なことが普通の撮影監督よりもよく分かっていたのです。助手時代はあまり長くなくて、すぐチーフになりました。皆よりよく分かっていると認められたからです。一つリファレンスということでいえば、ラウル・クタールがいます。そして、すぐ友人になったのはアンリ・アルカン[24]です。アルカンはクタールと真逆の撮影監督です。

私がいつも心がけていることは、最高の機材を使うことです。光を使うにしても、ポスト・プロダクションの問題はありますが、今回のワークショップで学生に口酸っぱく言ってきたことは、「映画は本来、撮影現場で決定されなければいけない」ということです。どういう光にしたいとか、こういう俳優の演技で、こういうキャメラの動きであってほしいということを後づけで考えるのではなく、現場のアイデアが必要なのです。そうしたアイデアは、ポスト・プロダクションになってからでは二度と生まれてはこないのです。ですから、私は「撮影現場ですべてを決定するように望め」としつこく言ってきました。電気系でも、映写のプロジェクターでも、性能の良いものができていますから、そうした最新の機材を使いながらクラシックなものを撮る。

そして、撮影監督として自分を知ることができるのは、受ける企画によってだと考えています。自分について何も学ばせてくれない映画は引き受けません。八〇年代に一五本くらいのオファーがありましたが、どれ一つとして私を納得させるものはありませんでした。なぜかというと、撮影監督として機材を選んだり、スタッフを選んだり、自分自身で決めて、自分が望むようなやり方で撮ることができなかったからです。私は伝統と新しい技術を結びつけて撮ることをずっとやってきました。いまオファーされている企画では、自分が撮りたい映画が撮れない状況です。私自身この一〇年くらい撮っていないのですが、そうした企画は私なしでフランスで公開されています。ですから、技術スタッフに「自分とは何か」を学ばせてくれるのが本当の映画なのです。ただ一つ、一本だけやってみたいというオファーが七、八年前にありました。これはクリント・イーストウッド[25]の作品なんですね。そのときオペレーターが空かないから、私にお鉢が回ってきたのです。アメリカでやるので、スーツケースまで持って行こうとしたときに、もともとオファーされた人が「やっぱりやれる」と戻ってきたために、できなくなりました。私がクリント・イーストウッドの撮影監督になる機会が失われたわけです。私が撮影監督の皆さんに申し上げたいのは、エゴイストの視点で、「これは自分の役に立つのか」という視点でオファーを選んでください、ということです。私自身はこれまで通り、クラシックな手法で若い人たちと映画を撮っていきたいと思っています。

筒井　グレンさんは、クロード・ミレール[26]と義兄弟なんですね。

グレン　そうです。クロード・ミレールの最初の三本を撮っています。

筒井　それから『トリュフォーの思春期』の現場で、ステヴナンとグレンさんと山田宏一さんがつるんで遊んでいたという話を聞きました。

グレン　そうなんです。サッカーの試合もしましたよ。一つのチームが『思春期』チーム、もう一つがミレールの『一番うまい歩き方』(76) チームです。トリュフォーがゴールキーパーをしました。何とエナメルの靴を履いて。それでも私たちが勝ちました。

筒井　そのとき、グレンさんが山田さんに「本当のところ、自分のことをどう思っているのかトリュフォーに聞いてくれ」と頼んだそうですね。トリュフォーは「子どもたちが動き回っているのを撮るのが実に見事なキャメラマンです」というふうに答えたと山田さんから伺っています。

グレン　ウィ、ウィ！

1 **ラウル・クタール**

一九二四年生まれ（二〇一六年没）。撮影監督。従軍写真家、写真特派員を経て、一九五〇年代から映画の撮影を始める。ゴダール監督長編第一作『勝手にしやがれ』（60）の手持ちキャメラによる映像で、ヌーヴェル・ヴァーグを象徴する名キャメラマンとしての地位を確立。一九六〇年代のゴダールとは『ウイークエンド』（67）までの一四本の撮影を手がけた。他にトリュフォー監督『ピアニストを撃て』（60）、『突然炎のごとく』（62）、『柔らかい肌』（64）など。

2 **コスタ＝ガヴラス**

一九三三年生まれ。映画監督。ルネ・クレマンらの助監督を経て、『7人目に賭ける男』（65）で監督デビュー。実録政治映画『Z』（69）、『告白』（70）、『戒厳令』（73）などを発表。その後、アメリカで『ミッシング』（82）、『背信の日々』（88）といった政治や社会的テーマを扱った作品を監督している。

3 **グレタ・ガルボ**

一九〇五年生まれ（一九九〇年没）。女優。一四才から働き、王立劇場附属学校で演技を学ぶ。スウェーデン映画『イエスタ・ベルリングの伝説』（24）で映画デビュー。その後、アメリカに渡り、ＭＧＭと契約。『グランド・ホテル』（32）、『アンナ・カレニナ』（35）、『椿姫』（37）で人気を高め、エルンスト・ルビッチ監督『ニノチカ』（39）では玲瓏な美貌で「ガルボが笑う」と宣伝された。一九四一年、『奥様は顔が二つ』を最後に三六歳で引退。

4 **ジャン＝ピエール・オーモン**

一九一一年生まれ（二〇〇一年没）。俳優。一九三一年に映画デビュー後、『白き處女地』（34）、『海のつはもの』（36）に出演し、二枚目として人気を博す。一九四〇年にドイツ軍のパリ占領を逃れて渡米。その後、『ブリタニーの任務』（43）などに出演。トリュフォーによると、『アメリカの夜』（73）で演じた中年俳優アレクサンドルには、ハリウッドで成功した三人のフランス人俳優、シャルル・ボワイエ、ルイ・ジュールダン、そしてオーモン本人のイメージが重ねられている。

5 **レミー・ジュリアン**

一九三〇年生まれ（二〇二一年没）。カースタントパフォーマー。一九六四年、コメディ映画『ファントマ 危機脱出』に主演のジャン・マレーのスタントとして映画出演。『大進撃』（66）、『ミニミニ大作戦』（69）など、生涯で一四〇〇本以上の映画に関わった。

6 **ピエール・ロム**

一九三〇年生まれ。撮影監督。エリック・ロメール監督の長編第一作『獅子座』（62）でオペレーターを務め、クリス・マルケル監督『美しき五月』（63）では撮影と共同監督も務める。手がけた六〇本以上に及ぶ作品の中で、ジャン＝ピエール・メルヴィル監督『影の軍隊』（69）、ロベール・ブレッソン監督『白夜』（71）、そしてジャン・ユスターシュ監督の大作『ママと娼婦』（73）の16ミリフィルムで撮られたモノクロ映像で鮮烈な印象を残す。本人曰く「優れたキャメラマンの主なスキルの一つは、さまざまな監督の異なる世界に適応できることだ」。

7

ジャクリーン・ビセット

一九四四年生まれ。女優。リチャード・レスター監督『ナック』（65）で映画デビュー。『ブリット』（68）や『大空港』（70）で注目されアメリカを中心に活躍。『アメリカの夜』（73）で演じた女優は、トリュフォーによれば『華氏451』（66）のジュリー・クリスティ、『恋のエチュード』（71）のキカ・マーカムとステーシー・テンデター、そしてビセット本人の四人のイギリス人女優のイメージを交ぜ合わせたものだという。他の出演作品に『オリエント急行殺人事件』（74）、『ザ・ディープ』（77）など多数。

8

シュザンヌ・シフマン

一九二九年生まれ（二〇〇一年没）。映画監督・脚本家。ゴダール、トリュフォー、リヴェットらヌーヴェル・ヴァーグの映画作家たちを陰で支えた立役者。ジャック・リヴェットの『パリはわれらのもの』（61）で映画界へ。トリュフォーとは『ピアニストを撃て』（60）にスクリプターとして参加し、『野性の少年』（70）で助監督を務めた。『アメリカの夜』（73）では原案から仕上げまですべての段階に関わる。一九八一年、トリュフォー監督『終電車』（80）でセザール賞最優秀シナリオ賞を受賞。

9

ファニー・アルダン

一九四九年生まれ。女優・監督。フランソワ・トリュフォー監督『隣の女』（81）のヒロインとして一躍脚光を浴び、遺作となった次作『日曜日が待ち遠しい！』（83）にも主演。トリュフォーとはプライベートでもパートナーとなった。『ペダル・ドゥース』（96）でセザール賞主演女優賞を受賞。他の出演作品に『8人の女たち』（02）、『永遠のマリア・カラス』（02）、『ベル・エポックでもう一度』（19）など多数。パウロ・ブランコ製作による『灰と血』（08）などの監督作品もある。

10

ピエール・ズッカ

一九四三年生まれ（一九九五年没）。写真家・映画監督。一九六三年から七四年まで、セット・フォトグラファーとして活躍。ジョルジュ・フランジュ、ジャック・リヴェット、フランソワ・トリュフォー、ドゥシャン・マカヴェイエフらと約五〇本の映画に携わる。作家のピエール・クロソウスキーと『生きた貨幣』（70）を出版。また『Images du cinéma』（80）は、映画のセット写真を一つのジャンルとして取り上げた初の単行本である。エリック・ロメール監督の遺作『我が至上の愛　アストレとセラドン』（07）は、企画者であるズッカに捧げられている。

11
ロジェ・コルボー
一九〇八年生まれ（一九九五年没）。写真家。マルセル・パニョル監督『Jofroi』（34）のセット・フォトグラファーとして起用され活動を始める。以後、パニョル監督『パン屋の女房』（38）、クロード・シャブロル監督『ヴィオレット・ノジエール』（78）、ロベール・ブレッソン監督『田舎司祭の日記』（51）、オーソン・ウェルズ監督『審判』（63）など、一九三〇年代から七〇年代までフランス映画界を代表する写真家として活躍した。

12
ナタリー・バイ
一九四八年生まれ。女優。七二年に映画デビューし、トリュフォー監督『アメリカの夜』（73）、『恋愛日記』（77）、『緑色の部屋』（78）、セザール賞助演女優賞を受賞したゴダール監督『勝手に逃げろ／人生』（80）などで人気を獲得。以後も変わらぬ美貌で、スピルバーグやグザヴィエ・ドランら巨匠から気鋭監督の作品まで幅広く活躍している。

13
スティーブ・マックイーン
一九三〇年生まれ（一九八〇年没）。俳優。一九六〇年代から七〇年代のハリウッドでアクション映画を中心に活躍。CBSテレビの西部劇シリーズ「拳銃無宿」（58-60）に主演し、人気を博す。映画では『荒野の七人』（70）、『大脱走』（63）、『ブリット』（68）、『パピヨン』（73）、『ゲッタウェイ』（72）などに出演。

14
シモーヌ・シニョレ
一九二一年生まれ（一九八五年没）。女優。『理想的なカップル』（45）で本格デビュー。『肉体の冠』（52）の哀切な情婦、『嘆きのテレーズ』（53）の破滅していく人妻などで強烈な印象を残し、戦後フランスを代表する女優となる。『年上の女』（59）でアカデミー主演女優賞とカンヌ国際映画祭女優賞をダブル受賞。他の出演作品に『悪魔のような女』（55）、『影の軍隊』（69）、『ジャンヌ・モローの思春期』（79）など多数。

15
ダイレクト・シネマ
ドキュメンタリーの手法・スタイル。一九六〇年代にアメリカで発達した方法論で、五〇年代末に開発された16ミリキャメラや同時録音の技術を用い、撮影者の存在を透明化することで、キャメラの前の出来事を事実そのままに伝えようとした。

16
クリストファー・ノーラン
一九七〇年生まれ。映画監督。一九九九年『フォロウィング』で長編映画デビュー。『メメント』（00）は低予算ながらも興行的成功を収める。以後、『バットマン ビギンズ』（05）、『ダークナイト』（08）、『ダークナイト ライジング』（12）の「バットマン」シリーズや、『インターステラー』（14）、『ダンケルク』（17）、『TENET』（20）を発表。『オッペンハイマー』（23）で第96回アカデミー作品賞、監督賞、主演男優賞を含む七部門で受賞。

17

ポール・トーマス・アンダーソン

一九七〇年生まれ。映画監督。『ハードエイト』(96)で長編デビュー。一九七〇年代の米ポルノ業界の内幕を描いた『ブギーナイツ』(97)でアカデミー脚本賞にノミネート。『マグノリア』(99)でベルリン国際映画祭金熊賞、『パンチドランク・ラブ』(02)でカンヌ国際映画祭監督賞を受賞。『ゼア・ウィル・ビー・ブラッド』(07)は、ベルリン国際映画祭監督賞を受賞。『ザ・マスター』(12)はヴェネチア国際映画祭監督賞を受賞し、世界三大映画祭すべてで監督賞に輝いた。その他、『インヒアレント・ヴァイス』(14)、『ファントム・スレッド』(17)、『リコリス・ピザ』(21)を監督。

18

クエンティン・タランティーノ

一九六三年生まれ。映画監督。レンタルビデオ店勤務時に書いた脚本をもとに監督、出演を務めた『レザボア・ドッグス』(92)で監督デビュー。『パルプ・フィクション』(94)ではアカデミー賞とゴールデン・グローブ賞の脚本賞、カンヌ国際映画祭パルムドールに輝く。『ジャッキー・ブラウン』(97)、『デス・プルーフ in グラインドハウス』(07)、『イングロリアス・バスターズ』(09)、『ワンス・アポン・ア・タイム・イン・ハリウッド』(19)などを監督。

19

ビリー・ビッツァー

一八七二年生まれ(一九四四年没)。撮影技師。銀細工師として働いた後、魔法に興味を持ち、一八九四年にエライアス・クープマン魔術団に加わる。一八九七年にW・K・L・ディクスンの助手としてバイオグラフ・キャメラを操作する仕事に就く。ディクスンの渡英後、バイオグラフ社の中心的なカメラマンになり、数多くの喜劇スケッチや米西戦争の実写映画を撮影。一九〇八年にグリフィスがバイオグラフ社で映画の監督を始めたときに撮影に参加。以降、グリフィスの映画を一九二〇年代の半ばまで撮影する。

20

アラン・ドローブ

一九三六年生まれ(二〇一二年没)。撮影監督。撮影監督アンリ・ドカに師事し、一九六六年から一九九〇年まで長編映画やCM撮影監督として活躍した後、一九九二年から3D映像を専門とする。三六〇度キャメラを含むさまざまなマルチキャメラシステムの製造に参加。ヴィム・ヴェンダース監督による3D映画『Pina/ピナ・バウシュ——踊り続けるいのち』(11)では、3D映像を撮影・監修するステレオグラファーも務めた。

21

ヴィム・ヴェンダース

一九四五年生まれ。映画監督。ミュンヘン大学の卒業制作で『都会の夏』(70)を発表。その後、『都会のアリス』(73)、『まわり道』(75)、『さすらい』(76)のロード・ムーヴィー三部作を発表。『パリ・テキサス』(84)でカンヌ国際映画祭パルムドール、『ベルリン・天使の詩』(87)でカンヌ国際映画祭監督賞を受賞。他の監督作品に『アメリカの友人』（77）、『東京画』（85）、『PERFECT DAYS』（23）など多数。

22

ジャン・ゴネ

一九二一年生まれ（二〇〇五年没）。撮影監督。ビュル・オジエ主演のアンドレ・テシネ監督の初長編作品『去り行くポリーナ』（69）、リュック・ムレ監督、ジャン＝ピエール・レオー主演『ビリー・ザ・キッドの冒険』（71）、イザベル・ユペール主演『Little Marcel』（76）などで撮影を務める。

23

アンドレ・テシネ

一九四三年生まれ。映画監督。一九六四年から六八年まで「カイエ・デュ・シネマ」誌で映画批評家として従事。リヴェット監督『狂気の愛』（67）で助監督などを務めた後、一九六九年にビュル・オジエ主演の『去り行くポリーナ』（69）でデビュー。『バロッコ』（78）、『ブロンテ姉妹』（79）などで注目される。一九八五年に『ランデヴー』で第38回カンヌ国際映画祭監督賞を受賞。一九九四年には『野性の葦』でセザール賞作品賞・監督賞・脚本賞とルイ・デリュック賞を受賞した。

24

アンリ・アルカン

一九〇九年生まれ（二〇〇一年没）。撮影監督、イデック（現・フェミス）創設メンバー。撮影監督オイゲン・シュフタンらの助手を務めた後、一九四一年に撮影監督となり、『鉄路の闘い』（46）、『美女と野獣』（46）で名声を得る。以後、フランス映画以外にも『ローマの休日』（53）、『レッド・サン』（71）などの英米映画や国際合作映画に参加。一〇〇本以上の劇映画を撮影し、五〇本ほどのドキュメンタリーやTV映画も手がける。他の作品に『鱒』（82）、『囚われの美女』（83）、『ベルリン・天使の詩』（87）、ストローブ＝ユイレ監督『セザンヌ』（90）など多数。

25

クリント・イーストウッド

一九三〇年生まれ。俳優・映画監督。『半魚人の逆襲』（55）で映画デビューし、TVシリーズ「ローハイド」（55）で人気を博す。イタリアで『荒野の用心棒』（64）、『夕陽のガンマン』（65）に主演後、一九六八年に自らの映画製作会社「マルパソ」を設立。製作・主演の『ダーティハリー』（71）でスターの座を確立する一方、『恐怖のメロディ』（71）で映画監督デビュー。『許されざる者』（92）と『ミリオンダラー・ベイビー』（05）でアカデミー作品賞・監督賞を受賞後も、『アメリカン・スナイパー』（14）、『ハドソン川の奇跡』（16）、『15時17分、パリ行き』（17）、『運び屋』（18）、『陪審員2番』（24）など、コンスタントに監督作品を発表し続けている。

26

クロード・ミレール

一九四二年生まれ（二〇一二年没）。映画監督・脚本家。マルセル・カルネ、ロベール・ブレッソンなどの助監督を務める。一九六六年からトリュフォーが設立した映画製作会社「レ・フィルム・デュ・キャロッス」に入社し、『暗くなるまでこの恋を』(69)、『家庭』(70)などで製作主任を務める。一九七六年に『一番うまい歩き方』で初監督。以後、『なまいきシャルロット』(85)、『ニコラ』(98)、『ある秘密』(07)等の作品を残す。

I-3 ピエール＝ウィリアム・グレンとの対談　対談者＝筒井武文［二〇一五年一二月三日　通訳＝人見有羽子］

リヴェット流「操縦法」の秘密——『アウト・ワン』という壮大な遊び

1　原始的な即興の力

筒井　リヴェットの『アウト・ワン』(71)のお話を直接お伺いできるので、ピエール＝ウィリアム・グレンさんにお会いできるのが本当にうれしいです。リヴェット本人にはお会いできませんでしたが、ビュル・オジエ[1]さんには三回ほどお目にかかって、お話を伺いました。

グレン　今回、日本に来る前にビュル・オジエに会いましたよ。デジタル・リマスターされた『アウト・ワン』のプレス用上映会にバーベット・シュローダー[2]と来てくれました。マイケル・ロンズデール[3]も作品紹介のために来ていましたね。二人とも素晴らしい俳優です。よく覚えています。

筒井　ビュル・オジエさんに初めてお会いしたのは一九八七年のパリで、ご自宅に伺ったときにバーベット・シュローダーさんもご紹介いただきました。そのときに『アウト・ワン』について伺ったのですが、「あれは本当にシナリオがなくて、原始的な即興なのよ」と仰っていました。

グレン　確かに、原始的な即興の力があります。『アウト・ワン』は、まったく何も知らされないまま即興を続けなければならない俳優と共に物語が語られていく。その物語の中にはいくつかの要素があるの

ジャック・リヴェット｜Jacques Rivette
一九二八年、フランス・ルーアン生まれ。一九四九年にパリのシネマテークでフランソワ・トリュフォー、ジャン＝リュック・ゴダール、エリック・ロメールらと出会う。一九五二年より「カイエ・デュ・シネマ」誌の編集・執筆に携わりつつ、取材で知り合ったジャック・ベッケル監督『アラブの盗賊』（54）とジャン・ルノワール監督『フレンチ・カンカン』（55）の見習いとして参加。一九五六年にクロード・シャブロルの製作で短編『王手飛車取り』（助監督はジャン＝マリー・ストローブ）、61年に初長編作となる『パリはわれらのもの』を発表する。以降、反宗教的とされ一時上映禁止となったアンナ・カリーナ主演『修道女』（66）や12時間を超える長尺作『アウト・ワン』（71）、『セリーヌとジュリーは舟でゆく』（74）など、独創性に溢れた多様な作品を手がける。『美しき諍い女』（91）で第44回カンヌ国際映画祭審査員グランプリを受賞。その後も『恋ごころ』（01）、バルザック原作の『ランジェ公爵夫人』（07）などで、瑞々しさと成熟した重厚さを自在に表現した作品を完成させる。二〇一六年、八七歳で逝去。

ですが、彼らが動くことによって、その要素が徐々に結びついていきます。そしてそれによって、俳優たちも知らないうちにジャック・リヴェットの本質的なテーマに近づいていくのです。それはバルザック[4]のテーマでもありますが、そこには常に陰謀が存在しています。

シナリオはないけれども陰謀が隠されている。そこにこそ、何にも知らされていない俳優たちを誘導していくリヴェットの「操縦法」の秘密があるのです。それは本当に素晴らしいものです。俳優たちやスタッフも含めて、何にも知らされないうちにリヴェットの操縦法に巻き込まれていく。皆は自分たちが「即興で自由にやっている」「完璧な自由を与えられている」と思っていますが、その結果できあがった作品は見事にリヴェットの作品になっているのです。なぜそのようなことが可能になったかというと、やはり監督と俳優たちの間にある種のテレパシーのようなものが働いていたと思いますし、実際に私とリヴェットの間にもそういう力が働いていました。

筒井　なるほど。では、グレンさんが『アウト・ワン』に参加された経緯を教えていただけますか。

グレン　私をリヴェットに紹介してくださったのはシュザンヌ・シフマンです。彼女も私のキャリアにおいて非常に重要な人物で、まずトリュフォーに紹介してくださいました。リヴェットに会う前に、私自身はすでに16ミリの映画を四、五本撮っていました。その16ミリ作品を35ミリにブローアップされたものが劇場公開されていましたので、少し軽率な言い方ですが、映画人の間では私は才能のある人物として知られていました。そこで『アウト・ワン』に関しては、やはり非常に肉体的な資質を必要とするので、若くて十分な時間を取れる人間がいいだろうということで、私に白羽の矢が立って、シュザンヌからリヴェットを紹介されたのです。

この紹介を受けたのが一九七〇年頃でしたが、リヴェットのことは一九六〇年代からよくシネマテークでも見かけていましたし、「カイエ・デュ・シネマ」でも彼の映画批評は読んでいました。共通の友人もいましたし、そういうさまざまな条件を満たしている人物であることから、リヴェットに紹介されたという感じです。

撮影に関しては、技術的に少し問題がありました。当時フランスにはまだ35ミリで同録ができるキャメラがなかったのです。カメフレックスやアリフレックスは同録が可能でしたが、「ブリンプ」という（防音用に）鉛の覆いが付いていて非常に重たく、今回の撮影には不向きでした。それなら手持ちで軽い16ミリのキャメラで同録撮影をして、後からそれを35ミリにブローアップしようということになりました。そこで「アトーン（Aaton）」というルポルタージュ用の軽くて同録もできるキャメラを採用することにしました。当時はそれが唯一の可能性だったのです。リヴェットは自分と組んだ技術者たちについての記事をたくさん残していますが、それだけ自分が求めているものに関しては極めて厳密に決定していたということです。

2 リヴェットの演出、あるいはゲームの規則

筒井 『アウト・ワン』はリヴェットの中で画期的な作品だと思います。それ以前の『パリはわれらのもの』（61）、『修道女』（66）、『狂気の愛』（69）はリヴェットの個性、つまりどういう構図で撮りたいかがフィルムに焼きついた作品です。例えば、人物関係の不安定さを表現するために非常に不安定な構図で撮影をしていたり、長いショットの間に短いショットを入れることで不安定にさせる編集のリズムを使っている。しっかりとしたコンテをつくっていたと思います。ところが『アウト・ワン』にはそのような要素がなくなっています。

グレン 『パリはわれらのもの』や『修道女』はそうですね。『狂気の愛』はジャン＝ピエール・カルフォン[5]がカミソリの刃で衣服を切り裂くシーンなど一部で即興が入っています。しかし、仰る通り『アウト・ワン』はすべてが即興でつくられていて、これは驚異的なことです。即興という手法を完全に徹底し、絶対的な形で行いながら、最終的に一つの演出というものを生み出している。即興でありながらちゃんと物語が構築されているのです。これこそが、リヴェットの天才的な部分だと思います。映画批評家の友人の中には、リヴェットの作品を「少し長過ぎる」と批判する声もありますが、私はその長さにこそ「演出の知性」が凝縮されているのだと熱心に訴えています。物語や人物の構築と演出が現在進

行形で行われている。俳優自身も自分の役割を与えられるのではなくて、どこに行くのかも分からないまま、撮影の中で自らそれを構築していかなければならない。私も撮影監督として、どこに行くのか分からない中で進んでいく。

しかし、最終的にはリヴェットの個性的でパーソナルな世界に知らずと入ってしまっています。そこに先ほど申し上げたリヴェットの「操縦法」、言い換えれば「演出」があるのです。そして、それは非常に知性的な方法論だと思います。私自身『アウト・ワン』の撮影に参加したことで、無意識的に影響を受けました。「自発性」とは何かということについて考えるきっかけになったのです。これは何度吟味してもいい、大変に興味深い問題だと思います。

筒井　これまでリヴェットがやってきた「演劇」のリハーサルを積み重ねる手法が提示され、しかもその劇団が二つに分裂している。また、バルザックの『十三人組物語』から想を得た秘密結社のようなものがある。そして、それらを探る探偵役として、ジャン・ピエール・レオーとジュリエット・ベルト[6]がいるという時点で面白い。登場人物は自分が十三人組の一員だということは知っていたのでしょうか。

グレン　ジャン・ピエール・レオーとジュリエット・ベルトはもちろん知りません。彼らが出会うことで物語が生まれるわけですから。ただ、ビュル・オジエやマイケル・ロンズデールたちと何らかの関係性があるということだけは知らされていました。とはいえ、彼らを結びつけている要素が何であるのかは知らされていません。それは彼ら自身が見つけなければいけない。『アウト・ワン』における物語は、権力を打倒し、その座を奪うためにある秘密結社が陰謀をめぐらせているというものですが、それは一九六八年の五月革命[7]の隠喩でもありました。つまり、そういう背景は何となく分かっていますが、実際に彼らを結びつけているものについては彼ら自身が探し出さなければいけなかったのです。『アウト・ワン』とはそのような一種の「賭け」を行い、その最果てまで行き着いてしまった作品です。リヴェットは俳優を「登場人物」として見ていません。俳優を「俳優」として見ているのです。それこそが、彼にとっての「ゲームの規則」というか、演出＝操縦法の原則のようなところがあります。誰もが皆《jouer（演技、遊び）》をしている。リヴェット本人も演技をしている。つまり、ゲームをしているともいえます。劇中のアイスキュロス[8]の芝居に関しては、演出をしながら彼自身が俳優になって稽古をしていました。そのときに撮られた美しい写真も残っています。

　リヴェット自身が監督というよりは俳優として参加しているということは、『アウト・ワン』という作品が不条理に関する壮大な《jouer》であることを示しています。だからこそ、ルイス・キャロル[9]のような話も出てくる。リアルではなく不条理の世界を追求しているのです。リヴェットからすれば、私自身も撮影監督ではなく一人の俳優として捉えられていたと思います。例えば、私が右目でキャメラのファインダーを見ながら、左目でマイクブームが写り込んでいないか周囲のことをキャッチしていると、リヴェットは俳優を見ないで私の方を観察しているのが分かる。ですから、私自身も俳優として現場にいたという印象があります。

『アウト・ワン』

筒井　『アウト・ワン』という映画は俳優がお互いに演じ合い、アクションとリアクションをしながら、その都度現在進行形でやっている。しかし、それを取り入れるグレンさんのキャメラも、どう撮るかを瞬間瞬間で出していかなければいけない。キャメラもまたパフォーマンスしているのですね。

グレン　そうです。この映画の大前提であり、私がやらなければいけない原則は、私もまた俳優の演技の中に入り、彼らと共に《jouer》をしなければいけないということです。俳優たちはやらなければいけないことや、やってもいいことを自分たちでどうにでもできる自由を享受しています。その中で私がしたことは、彼らのその自由な演技をフォローして撮影することです。そこには、俳優と同じく即時のインスピレーションが必要ですし、即座の自発性も必要となってきます。

筒井　物語は『パリはわれらのもの』と同じような話だと思うんです。つまり、演劇の間に陰謀が進行していく。ただ異なるのは、『パリはわれらのもの』は撮り方やコンテによって「こいつは怪しいぞ」というふうに撮られている。ところが『アウト・ワン』の場合はある種の平等主義が貫かれています。誰が怪しいのかは、撮り方によっては分からないようになっている。

グレン　その通りです。『アウト・ワン』の中では、話が進行すれば進行するほど謎が深まっていきます。通常の映画の物語であれば、話が進行すると徐々に物事が見えてくる。しかし『アウト・ワン』においては冒険が絶えず進行していて、人物たちの動機も分かりません。「この人物はこういう背景があるから、このような行動をするのだ」という心理が彼らは剝ぎ取られている。そこがとてもモダンなんです。

筒井　だから「第8話」が終わっても終わらないですよね。

グレン　まさにそれが一つのメタファーにもなっています。最後に訪れるジュリエット・ベルトの死もまったくリアリズムが欠如していて、非常に芝居がかった演劇的な死です。つまり『アウト・ワン』の物語というのは、この世界は道理もあれば、偶然や不条理というものもあるのだということを語っているのです。

3　映画史上で最も美しいラブシーン

筒井　面白いのは、ビュル・オジエのキャラクターに「ポリーヌ」と「エミリー」という二つの名前があることです。これはどうしてこういう設定になったんでしょうか。

グレン　分かりません。ただ、これは私自身の主観的な解釈ですが、ビュル・オジエはポリーヌとエミリーという、一つのアイデンティティからもう一つのアイデンティティに変わる演技をしなければいけなかったのです。これは映画史上で最も美しいラブシーンだと思うのですが、「第5話」でジャン＝ピエール・レオー演じるコランは偶然ポリーヌに出会って、そこで彼女に恋をします。彼女に背を向けながら、コランは何を言っているのかこちらにもよく分からない告白をしている。しかし、その告白はポリーヌの心を揺さぶりません。なぜなら、その時点では彼女はまだコランに恋をしていないからです。つまり、ポリーヌがコランの愛情に気づいて、自分自身も彼と同じ愛情を抱きはじめたときに、ポリーヌはエミリーになるんだと思います。

筒井　とても美しい解釈です。

グレン　『アウト・ワン』という映画は開かれた作品ですから、どのような解釈も可能です。シナリオは存在せず、その人物によってシナリオが書かれていくようなところがありますから。例えば、フランソワーズ・ファビアン[10]がジャック・ドニオル＝ヴァルクローズ[11]に手紙を返しに行くシーンがありますが、実はそのときの彼らはそれが誰に宛てられたどのような手紙であるのか、何ひとつ知りません。しかし、その前のシーンとして、ジュリエット・ベルトがヴァルクローズの家から手紙を盗み出した後に、ファビアンがベルトから手紙を回収するというシーンが繋げられているのです。そのようにして、彼らがまったくシナリオを知らない中で撮影は進行していきました。一つの意外性の中から「じゃあ、今度はこういう感じで」と話が進行していく。まるで不条理に論理を見つけていくような撮影でした。ある偶然が起こって、そこから展開する論理を見出していく。だからファビアンが彼に手紙を返した時点で、そこから「なぜそういうことになったのか」ということを巻き戻して、「じゃあ、ジュリエットが盗んだから」という展開になっていく。

筒井　なるほど。だからジュリエット・ベルトがヴァルクローズとチェスをしていたところで手紙を盗むシーンって、すごく不自然ですよね。

グレン　ビストロでベルトがお金を盗んだら、「そういうふうに人から物を盗んで生きている」という彼女のキャラクターが生まれる。今度はまたそこからインスパイアされて、「じゃあ、その手紙を盗んでヴァルクローズを強請る」という展開が生まれていく。

筒井　最後にビュル・オジエ演じるエミリー（ポリーヌ）がイゴールのスカーフを見つけて、彼から電話がかかってくるシーンがあります。でも、イゴールは死んでいるはずですよね。それを聞いたマイケル・ロンズデールは「そんな馬鹿な」という顔をする。私としてはそのどちらも正しくて、互いに矛盾することがぶつかっているのだと解釈しています。

グレン　そこが『アウト・ワン』の素晴らしいところです。死者が幽霊なのだとしたら、それはこの物語の魂ですし、生きているのだとしたら、物語はまだ続いていきます。どちらの場合でも物語は継続していき、限りなく開かれているのです。

筒井　あの奇妙な屋敷が実際に存在しているのがすごいです。どこで見つけたんですか。

グレン　あの屋敷はヒッチコックの『サイコ』（60）やジャック・クレイトン[12]監督の『回転』（61）に似ていますね。もともと屋敷のあったノルマンディーの海岸が不思議な雰囲気を持っていたので、その海岸から「何か家はないか」と探してみたら見つかったのです。

筒井　ビュル・オジエが合わせ鏡で無限の映像が反復されるシーンがありますが、あの鏡も持ち込んだのではなくて、あの部屋の中にあったものなのでしょうか。

グレン　あの鏡も実際にあの屋敷にあったものです。ポリーヌとエミリーの二重性はあのシーンに表現されています。これは私の解釈ですが、見つめている彼女と鏡の中の彼女が入れ子構造になっている。それはつまり、この物語や俳優そのものが入れ子構造になっているということです。『アウト・ワン』という映画は俳優も無限であり、演技も無限であり、解釈も無限にできる作品です。それは非常にエキサイティングな考え方だと思います。

4　『アウト・ワン スペクトル』との違い

筒井　リヴェットはこの後『アウト・ワン　スペクトル』（以下、『スペクトル』表記）(72)という四時間版をつくります。『スペクトル』は『アウト・ワン』の単純な短縮版ではなくて、まったく違う物語を語っている。

グレン　『スペクトル』はフェミスの学生にとって、一つの編集教材になっています。まったく別の物語です。それもまた偶然が持つ力であり、リヴェットによる編集の力によるものです。

筒井　『スペクトル』はどちらかというと『アウト・ワン』の中で漏れていた物語。つまり、ビュル・オジエ演じるポリーヌとエミリーの物語に焦点が絞られていると私は解釈しました。

グレン　そうですね。確かに『スペクトル』の方では、『アウト・ワン』に出てくる数多くの人物の中でも特定の人物に焦点を当てて、もう少し観客に分かりやすい形で物語を構築している。『アウト・ワン』の場合は、どちらかというと現在つくられているような「シリーズもの」の先駆けになっています。

筒井　『アウト・ワン』の最後は彫像の下にいるエルミーヌ・カラグーズ[13]のショットで終わり、『スペクトル』は分銅を動かしているジャン＝ピエール・レオーで終わります。この違いは何なんでしょう。

グレン　『アウト・ワン』の最後は、劇中のアイスキュロスとも関連してギリシャ神話に繋がっていくようなシーンだと思います。あのシーンはまだ偶然性というものを宿している。彫像の下にいるカラグーズは、あそこで見張りをしながらギリシャの神々たちに続いていくような存在です。神話というものは我々にとって非常に大切なものです。なぜなら、そうした神話がいまの我々を構築しているからです。といっても、これは私がいま思いついた解釈で、私自身もはっきりとした解釈は持っていませんが。『スペクトル』の最後はリヴェットの世界観に対する一つの言及があると思います。つまり、「パリはわれらのもの」だという。また『アウト・ワン』では俳優はあくまでも「俳優」として扱われていましたが、『スペクトル』の方では俳優は登場人物として扱われています。だから、『スペクトル』の方がより論理性が表れているのではないでしょうか。

筒井　なるほど、面白い指摘です。『アウト・ワン』は観客にあまり思い入れを起こさせないように、平等性の視点で撮られていました。つまり、一見リヴェットの作家性がなるべく目に見えない形で撮られている。ところが、「第8話」[14]になるとそれが明らかに変わってきます。とりわけ、ビュル・オジエとベルナデット・ラフォンが部屋で対話するシーンはコンテがあったとしか思えませんが、どうなのでしょうか。

グレン　コンテはありません。あのシーンはまさに二人の俳優の即興性によって生み出されたものです。ビュル・オジエがベルナデット・ラフォンに平手打ちをしてほしいと頼みますが、そうしたことも一切誰も頼んでいません。そのような暴力性が生まれるとは誰も予想していませんでした。二人はそうした奇妙な関係性のまま「第8話」に到達しますが、そこでビュルは再び「そんなふうに私を見ないで」と言います。このシーンは何も起こりませんが、そこに到達するまでの長大な時間があることによって、とても不可思議で不穏な雰囲気が醸し出されていく。一二時間四三分の時間を経ることで、リヴェットの世界観が浮き上がってくるのです。しかも最終的に行き着いたその到達点でさえ、無限に開かれたものになっている。一方で『スペクトル』はそうした長大な時間はカットして、しっかりと構築されたものになっています。

筒井　同じビュル・オジエとベルナデット・ラフォンが対話するシーンで、おそらく鏡の縁を撮っているのだと思いますが、ビュル・オジエの視線に従って何もない映像が映ります。あれはどういう意図があったのでしょうか。

グレン　『アウト・ワン』では、固定キャメラで撮った部分と手持ちキャメラで撮られた部分があります。固定で撮られたものに関しては、即興でありながら『狂気の愛』を思わせるような、よりリヴェットのスタイルに近い、構築性の高い雰囲気があります。その一方で、例えばマイケル・ロンズデールとベルナデット・ラフォンとミシェル・モレッティ[15]が一つのベッドにいるシーンには、不確実性に満ちた雰囲気が流れている。ご指摘された何もない映像というのは、まさにこのシーンと同じく、何も起こらない不確実性の表れなのだと思います。

筒井　なるほど。また、ビュル・オジエとベルナデット・ラフォンが喧嘩をするシーンでは、二人の子どものリアクションも素晴らしいと思います。あの二人の子どもは誰のお子さんなのでしょうか。

グレン　あの子どもたちはベビーシッター役の子どもです。彼女は俳優ではなくて、あの二人の子どもの実際の母親です。マイケル・ロンズデールにとっては、あの二人の子どもを相手にする長いシーンはとても大変だったようです。

5　伝説になった一度きりの上映会

筒井　そうでしたか。それで『アウト・ワン』という作品はもともとテレビの企画だったと思いますが、予算はどのようになっていたのでしょうか。

グレン　プロデューサーとしては「完璧な冒険」を求めていました。作品時間が二〇時間になるのか、六時間になるのか、一時間になるのかも分からない。そのように到達点が見えないまま出発しました。フィルム代やスタッフや俳優に支払うギャラはとても安いものでしたが、かろうじてありました。結局、「Canal+」などのテレビ局に作品の放映権を売ろうとしましたが叶わず、当時はまったく資金を回収できませんでした。いまになって、ようやく少し資金が回収できるようになったというところです。

筒井　そうすると、一九七一年に一度だけオールナイトで全編を上映したと聞いていますが、そのときは完成したプリントだったのでしょうか。それとも、編集しているワークプリントで上映したのでしょうか。

グレン　ノルマンディーにあるル・アーブル文化会館というところで、二日間かけて上映しました。上映時はワークプリントです。16ミリフィルムの同時録音で撮影していますから、映像と磁気テープに録られた音声を同期させる技師を見つけなければいけなかったのです。

筒井　上映したときの反応はどうでしたか。

グレン　この一度きりの上映会は、ジャック・リヴェットのエリート主義的な発想に基づいて企画されたものでした。「この上映会に興味関心を持ってくれる人こそ、私にとって大切な人なのだ」という、いわば選民意識です。確かに、パリからはるばるル・アーブルに来て、そこで二日間缶詰めになってまで見に来てくれる観客というのは、とても選ばれた人たちだったことは間違いありません。そして、そうした上映条件そのものがこの映画を伝説的な作品にして、破格な評判が一人歩きしてしまったところはあります。監督の中には、時期的に見られるはずがないのに「見た」と言う人もいて、語り継がれるものになったことは間違いありません。

筒井　なるほど。その後、『スペクトル』をつくりますが、そのときはデュープ・ネガか何かをまたつくったのでしょうか。

グレン　そうです。オリジナルは1コマだって切りたくありませんでした。だから非常に大変だったのです。

筒井　そうすると『スペクトル』は35ミリにブローアップしたネガ原版をつくったのでしょうか。

グレン　そうです。35ミリにブローアップして、私が色調を補正しました。

6　リヴェットとトリュフォー

筒井　『アウト・ワン』以後、グレンさんはトリュフォーと組まれます。私はトリュフォーが『アウト・ワン』のベルナデット・ラフォンの素晴らしさを見て、キャメラマンであるグレンさんを起用したと思うのですが、いかがですか。

グレン　その通りだと思います。『アウト・ワン』の評判がシュザンヌ・シフマンの耳にも届いて、彼女がトリュフォーに助言をしてくれました。リヴェットとトリュフォーは私にとって大切な二人です。内面的な影響力という意味ではリヴェットの方が大きかったですが、キャリア的な影響力という意味ではトリュフォーが大きい。『アメリカの夜』（73）がアカデミー外国語映画賞を受賞したことで、その後の仕事も増えました。ですから、私はヌーヴェル・ヴァーグの撮影監督だという自負はあります。もちろん、ヌーヴェル・ヴァーグはすでに一九五八年頃から始まっていましたし、公式的にはラウル・クタールがその代表的な撮影監督だといえます。私は一九七〇年からキャリアを始めていますから、ヌーヴェル・ヴァーグからは遅れていますが、それでも私自身はクタールの精神的な息子だと思っています。

筒井　私も一〇年以上前、クタールが来日した際にインタビューをしたことがあります。クタールの撮った映画を五本ぐらい上映しました。『ウイークエンド』（67）の横移動について質問をしたら、どうやって撮ったのか図面を描いて説明してくれました。

グレン　クタールも九〇歳ですからね。フェミスでは毎年学生たちと一緒に、映画人にインタビューをした記録映画をつくっています。今年はラウル・クタールの人生に焦点を当てた映画です。前回はピエール・ロムでした。

筒井　私はジョゼ・ジョヴァンニ[16]にもパリのビストロでインタビューしました。暗黒街から抜け出てきたような、すごくかっこいい人でしたね。彼は自作をジャック・ベッケル[17]が映画化した『穴』（60）の撮影現場を見学したときの話をしてくれました。あの作品で刑務所の牢屋から歯ブラシに鏡の破片を付けて、くるっと回すショットがありますよね。その撮影のために、実物の三倍ぐらいの大きさの歯ブラシと鏡をつくったという話です。それを見た彼は「映画のマジックというのはこういうものか」と思ったと仰っていました。

グレン　そうそう、ジョゼ・ジョヴァンニは不良っぽいでしょう。彼は素晴らしい小説家であり、一九五六年まで死刑囚として刑務所にいました。だから、刑務所と死刑囚というのは彼の作品の主題になっています。私は『アウト・ワン』と同時期に、彼が監督をした『Un Aller Simple（片道切符）』（71）という映画の撮影監督も担当しました。その頃、すでにジョヴァンニは作家としてだけでなく、『生き残った者の掟』（67）や『ベラクルスの男』（68）などの監督としても有名でした。ですから彼の新作である『Un Aller Simple（片道切符）』は、『アウト・ワン』とは真逆の非常に高い製作予算のついた大作映画だったのです。フランス、イタリア、スペインによる三カ国共同製作で、私の下には三〇人ほどの電気技師がついていました。そうした経緯もあって、私は低予算の小規模な作品もやれば大作もやる撮影監督として評価されるようになったのです。しかし、あなたがジョヴァンニとクタールにインタビューをして、私がまたクタールにインタビューをする。とても幸運な運命ですね。

1 **ビュル・オジエ**

一九三九年生まれ。女優。演出家マルク'Oが自身の舞台を映画化した『アイドルたち』（68）の主演に起用され、映画デビュー。翌年にジャック・リヴェット監督の大作『狂気の愛』（69）に主演し、以後リヴェット作品の常連となる。他の出演作品にアラン・タネール監督『サラマンドル』（71）、ルイス・ブニュエル監督『ブルジョワジーの秘かな愉しみ』（72）、ダニエル・シュミット監督『ラ・パロマ』（74）、ライナー・ヴェルナー・ファスビンダー監督『第三世代』（79）、マルグリット・デュラス監督『アガタ』（81）、マノエル・ド・オリヴェイラ監督『夜顔』（06）、オタール・イオセリアーニ監督『汽車はふたたび故郷へ』（10）など多数。映画出演作は一〇〇本以上に及び、なお現役を務める。一九九一年にバーベット・シュローダーと結婚。

2 **バーベット・シュローダー**

一九四一年生まれ。映画監督・プロデューサー。「カイエ・デュ・シネマ」誌に参加し、エリック・ロメールと共に映画製作会社「レ・フィルム・デュ・ロザンジュ」を創立。オムニバス映画『パリところどころ』（65）を企画。『モア』（69）で長編監督デビュー。他の監督作品に『バーフライ』（87）、『ルームメイト』（92）などがある。

3 **マイケル・ロンズデール**

一九三一年生まれ（二〇二〇年没）。俳優・演出家。英仏二カ国語に堪能で、実験映画から大型予算を投じた大衆作品まで、二〇〇本以上の作品に出演。オーソン・ウェルズ監督『審判』（63）、フレッド・ジンネマン監督『日曜日には鼠を殺せ』（64）で注目を集め、『007／ムーンレイカー』（79）の敵役で国際的に認知された。その他に『ジャッカルの日』（73）、『インディア・ソング』（75）、『RONIN』（98）、『ミュンヘン』（05）など多数。

4 **オノレ・ド・バルザック**

一七九九年生まれ（一八五〇年没）。作家。近代小説の創始者の一人。写実と強烈な想像力とを総合し、一九世紀フランス社会の風俗と典型的人間像を描いた。『ゴリオ爺さん』、『谷間のゆり』、『農民』などを執筆。

5 **ジャン＝ピエール・カルフォン**

一九三八年生まれ。俳優・歌手。ジョゼ・ベナゼラフ監督『恐怖のコンチェルト』（62）で映画デビュー。ゴダール監督『ウイークエンド』（67）、フィリップ・ガレル監督『処女の寝台』（69）などに出演。クロード・シャブロル監督『ふくろうの叫び』（87）でセザール賞助演男優賞にノミネートされた。

6

ジュリエット・ベルト

一九四七年生まれ（一九九〇年没）。女優・映画監督。一九六〇年代ゴダール作品の代表的ヒロイン。『中国女』（67）、『ウイークエンド』（67）に出演。その他にジャック・リヴェット監督『アウト・ワン』（71）、『セリーヌとジュリーは舟でゆく』（74）、ジョセフ・ロージー監督『パリの灯は遠く』（76）などに出演。監督としても『雪』（ジャン＝アンリ・ロジェ共同監督、81）などを発表し、ジャン・ナルボニら批評家たちから絶賛された。

7

五月革命

一九六八年五月に起きた、フランスのパリで行われた新左翼主導の一斉蜂起の開始から、翌月の議会選挙でシャルル・ド・ゴール政権への多数派国民による支持が判明し、急速に鎮静するまでの期間を指す。ちょうど五月に開催予定だったカンヌ国際映画祭に対し、トリュフォーやゴダール、ロマン・ポランスキーらは映画祭の中止を要求したが認められず、彼らの作品の上映はなくなった。

8

アイスキュロス

紀元前五二五年生まれ（紀元前四五六年没）。古代アテナイの三大悲劇詩人の一人。ギリシア悲劇の確立者。現存するのは七編のみ。代表作は『縛られたプロメテウス』、『アガメムノン』などのオレスティア三部作。『アウト・ワン』においては、二つの劇団がそれぞれ『縛られたプロメテウス』と『テーバイ攻めの七将』を稽古している。

9

ルイス・キャロル

一八三二年生まれ（一八九八年没）。数学者・作家・詩人。『不思議の国のアリス』の作者として有名。「かばん語」として知られる複数の語からなる造語など、さまざまな実験的手法で注目された。数学者としては、チャールズ・ドジソン名義で著作を出している。

10

フランソワーズ・ファビアン

一九三三年生まれ。女優。パリのコンセルヴァトワールで音楽を学び、さらにルネ・シモンに演技を学ぶ。一九七三年、クロード・ルルーシュ監督『男と女の詩』でサン・セバスチャン国際映画祭女優賞を受賞。他の出演作品にエリック・ロメール監督『モード家の一夜』（68）、ジャック・リヴェット監督『シークレット・ディフェンス』（98）など。

11

ジャック・ドニオル＝ヴァルクローズ

一九二〇年生まれ（一九八九年没）。映画批評家・映画監督・俳優。一九四九年、アンドレ・バザン、ジャン・コクトー、ロベール・ブレッソン、アレクサンドル・アストリュックと共にシネクラブ「オブジェクティフ49」を設立。後のヌーヴェル・ヴァーグを生み出す源泉となる。一九五一年、アンドレ・バザン、ジョゼフ＝マリー・ロ・デュカと共に「カイエ・デュ・シネマ」誌を創刊。一九六〇年、長編監督作品『唇によだれ』を発表。TV俳優としても活躍しつつ、ベルリン国際映画祭やヴェネチア国際映画祭の審査員としても務めた。

12
ジャック・クレイトン
一九二一年生まれ（一九九五年没）。映画監督。短編映画『外套』（56）で監督デビュー。一九五九年に発表した『年上の女』で英国アカデミー作品賞を受賞。ヘンリー・ジェイムズ原作の『回転』（61）はホラー映画の古典として、後のJホラーにまで影響を与えている。他の監督作品に『華麗なるギャツビー』（74）など。

13
エルミーヌ・カラグーズ
一九三八年生まれ（二〇二一年没）。女優。リヴェットに見出され『アウト・ワン』（71）に抜擢。以降も『デュエル』（76）、『メリー・ゴー・ラウンド』（80）、『シークレット・ディフェンス』（98）などリヴェット監督作品の常連となる。舞台にも数多く出演する一方、俳優ロジェ・ブランについての著作を刊行するなど多彩に活動。他の出演作品に『パリの灯は遠く』（76）、ロバート・クレイマー監督『Guns』（80）など。

14
ベルナデット・ラフォン
一九三八年生まれ（二〇一三年没）。女優。ダンサーを目指すが、一七歳のときに知り合った俳優ジェラール・ブランと結婚。その後、夫の友人フランソワ・トリュフォーに紹介され、『あこがれ』（57）で映画デビュー。以後、クロード・シャブロル監督『美しきセルジュ』（58）、『いとこ同志』（59）、『二重の鍵』（59）、『気のいい女たち』（60）に立て続けに出演し、人気を博す。再婚後、代表作の一つとなる『海賊のフィアンセ』（69）に主演。それを見たトリュフォー監督が『私のように美しい娘』（72）の主演に起用する。他の出演作品に『恋のモンマルトル』（75）、『なまいきシャルロット』（85）、『スカイラブ』（11）など多数。

15
ミシェル・モレッティ
一九四〇年生まれ。女優。一九六〇年代初頭、演出家マルク'Oらと共に舞台女優としてキャリアを開始。その後、ジャック・リヴェット監督『狂気の愛』（69）をはじめ、TVや舞台でも数多く出演し活躍する。主な出演作品にジャック・ドゥミ監督『モン・パリ』（73）、アンドレ・テシネ監督『野性の葦』（94）など多数。

16
ジョゼ・ジョヴァンニ
一九二三年生まれ（二〇〇四年没）。映画監督・小説家・脚本家。戦時中から犯罪組織と関係し、かつファシスト政党であるフランス人民党に所属、ゲシュタポ協力者であった。終戦直後、死刑を宣告されるが、大統領恩赦を受けて免れる。一九五六年に出所。自らの経験を踏まえて小説家、監督、脚本家としても活躍した。主な監督作品にアラン・ドロンと組んだ『暗黒街のふたり』（73）、『ル・ジタン』（75）などがある。

17

ジャック・ベッケル

一九〇六年生まれ（一九六〇年没）。映画監督。フランソワ・トリュフォーをはじめとするヌーヴェル・ヴァーグの監督たちに敬愛されたフランス人監督の一人。ジャン・ルノワール監督の助監督などを務めた後、初長編作品『最後の切り札』（42）を発表。以降、『肉体の冠』（51）、ジャン・ギャバン主演のギャング映画『現金に手を出すな』（54）、画家モディリアーニの半生をジェラール・フィリップが演じた『モンパルナスの灯』（58）、パリ市井三部作と呼ばれる『幸福の設計』（46）、『七月のランデブー』（49）、『エドワールとキャロリーヌ』（51）など、多彩なジャンルの作品を手がけた。脱獄映画の傑作『穴』（60）が遺作となった。

4―ヴェロニク・リヴェット講義

ジャック・リヴェットは「難解な映画作家」という通念を持たれている。だが、彼を突き動かしていた原理や方針は、不断の自己解体と解放＝自由という極めて単純なものだったのではないか。『修道女』や『ジャンヌ・ダルク』、『ランジェ公爵夫人』といった時代劇作品に見られるように、彼は古典的で厳密な演出力を持ちながら、それをあえて解体し、『アウト・ワン』のような即興の戯れに身を委ねることのできる感性を持ち合わせていた。

リヴェットの伴侶であるヴェロニク・リヴェットの言葉からは、そんな彼の生き方や姿勢が垣間見えてくる。過去を振り返ることを嫌い、今ここにある現在進行形としての人生を遊び、予期せぬ偶然を楽しむその姿勢は、現実と虚構、人生と幻想が互いに相互浸透していくリヴェットの映画そのものだといえる。

誰もがみな仮面をつけて謎めいた陰謀に耽っているリヴェットの世界は、ポスト・トゥルースの時代の現実として身近なものになった。だからこそ、いまの我々に必要なのは、その現実に知性と直感をもって遊び戯れるリヴェットの強靭な感性と自由だ。ヴェロニク・リヴェットの語りは、永遠の問いと遊びに誘うリヴェット映画のガイドとなるに違いない。

ヴェロニク・リヴェット｜Véronique Rivette

リールとパリの大学で学んだ後、「La Lettre du Cinéma」という映画雑誌にて映画評論を執筆。その後、ジャック・リヴェットの最後の二作品『ランジェ公爵夫人』（07）、『ジェーン・バーキンのサーカス・ストーリー』（09）に美術見習いとして参加。現在は制作会社「Les Films du Veilleur」代表を務める。

I-4 ヴェロニク・リヴェット講義　司会＝筒井武文［二〇一七年一一月二八日　通訳＝エレオノール・マムディアン］

解体と自由の原点——リヴェット初期三作品をめぐって

1　強い欲望と野心にあふれた「習作」

筒井　皆さま、ジャック・リヴェットの最初期の三本をご覧いただきました。いかがだったでしょうか。この三本はリヴェットが自主制作した16ミリ作品で、日本でもフィルモグラフィーの中にあるタイトルだけは知られていました。内容は二本目の『カドリーユ』（50）に関しては、ゴダールが出演していて四〇分くらい誰も喋らずに、気まずい雰囲気のまま推移していくというあらすじは紹介はされていましたが、他の二本はどのような作品かまったく分からずにいました。今回修復された版では「習作」と出ていますが、はっきり自分の映画世界を持っていて、確固とした姿勢でつくられた、とても習作といえるようなものではありません。リヴェットの原点というべきこの三本について、発見の経緯などをヴェロニク・リヴェットさんに伺っていきたいと思います。

ヴェロニク　このフィルムが発見されたのは、二〇〇九年頃に私がジャック・リヴェットと一緒にいろいろな本やアーカイブを片づけようとしたとき、あるフィルム缶が出てきたことがきっかけです。それが一番最初の発掘の場面でした。それが見つかったとき、ジャック本人は喜んでいる様子でしたが、紛失していなかったことを確認した後で「それを片づけなさい」と私にそっけなく言いました。だからその時点では、映画についての話はできなかったのです。私はジャック・リヴェットの作品を大好きな人間の一人としてすぐにでも見たかったのですが、なかなか見ることはできませんでした。その存在は知っていて、見たかったのですが許されなかった。

筒井　ということは、そのフィルムはリヴェットが亡くなるまで仕舞い込まれたままだったわけですね。その封印を破ってご覧になったときの印象を教えてください。

ヴェロニク　とてもうれしくて、楽しくて、びっくりして、感動しました。この三本の作品の中に、何かとても力強いもの、強い欲望や野心のようなものを感じたわけです。

筒井　映画を見よう見まねで撮った作品ではないですよね。つまり、自分が映画で表現するイメージが明確にあって、そのためにどのようなことが必要なのかを分かっている人が撮っている。もちろん、リヴェットは欲望のままを表現したのでしょうが。

ヴェロニク　表現する世界がはっきりしているという意味では、ジャック・リヴェットは映画を撮り始めるちょうど六年前から自分の世界観を築き始めていました。映画を撮る前から、小説や詩、あるいは映画やバレエの企画を書いたりしていたのです。

また、幼い頃から家族と一緒に演劇や映画を見に行っていましたので、すでに自分の世界観がどのようなものかは気づき始めていた。彼は一八歳頃から映画を撮り始めるわけですが、その前からすでに構想していたのです。

2　確固たるイメージと我慢ゲーム

筒井　最初の『四隅で』(49) という作品は男女の間の愛と暴力を描いていますが、そのときに男女がどのような姿勢を取るのか確固たるイメージがあります。男性が女性の後ろから寄っていって、女性を振り向かせてキスを交わすという形をつくっている。そのバリエーションが繰り返され、それがナイフを出したり、殴ったりという暴力に繋がっていきます。例えば、ろうそくを持って鏡を見たりとか、象徴的になりそうなところなのだけど、そちらへは行かずにバサッと断ち切られる。物語になりそうなところの前で断ち切っているので、余白の多い作品です。ただイメージは確固としていますから、耽美的なものを撮ろうと思えば撮れる人なのだけど、あえて撮らないという反骨精神を感じます。「私はコクトー[1]にはならない」と。

次の『カドリーユ』になると、これは本当に独創的な作品で、世界中でリヴェットにしか撮れない作品ですね。五人の男女が一室に閉じこもって、何かしらゲームをしている。どうも声を出してはいけないという暗黙のルールがあるらしい。また、椅子に座った人は立ってはいけないというルールもあるらしい。ですから、椅子に座った五人は相手を見るか、見られるかしかないわけですね。その状態にどのくらい耐えられるかという我慢ゲームのようなものです。これは映画を見る観客の体験に近いわけです。非常に退屈なものを見て、それにどのくらい耐えられるか。つまり、登場人物が席を立つのと観客が席を立つのと、どちらが早いかということに繋がってくる。ただし、演出自体はとてもうまい。『四隅で』のように決定的なショットだけですべてを構成しようとはしておらず、ただひたすら登場人物のアクションを待っている。ジョン・ケージ[2]の『4分33秒』(52)のようなところもあるわけですね。つまりサイレント映画なので、聞こえる音はいびきを立てたり、笑い声を出したりといった観客の出すリアクションの音です。五人のうち誰が最初に退場して、誰が椅子から最後まで動かないでいられるのか。そのようなゲームが競われている中で、最後に残った二組が、向かい合う関係ではなくて、同じ方向を向いている。ひょっとすると何も映っていない映画を見ているのかもしれない。やがて最後のカップルになったとき、それまであえて使われていなかった『四隅で』で男女が取る姿勢を彼らに取らせて終わる。これは私の解釈ですが、そういう映画だと思います。

ヴェロニク　とても面白いと思います。

筒井　リヴェット夫人公認の解釈になりました（笑）。この三部作に関しては、仲間内は別として、リヴェットは生前誰にも見せなかった、つまり不特定多数の人に向けた一般上映はしていないわけですよね。

ヴェロニク　それぞれの作品ができあがった後、一本ずつは上映されているはずです。具体的な情報を出しますと、一本目の『四隅で』はリヴェットの故郷で撮った作品です。パリに上る前に撮った作品で、これを自分の荷物に入れてパリに引っ越した。いってみれば、名刺代わりに使っていた作品だと思います。私たちのアーカイブの中に「シネマ・デュ・パンテオン」という映画館を持っていたピエール・ブロンベルジェ[3]からリヴェットに宛てた手紙が見つかりました。そこには「もしよかったら、ぜひ『四隅で』を見せてください」と書かれています。『カドリーユ』は上映されたという証言はいくつかあります。そのうちの一つは、カルチエ・ラタンのシネクラブで行われたというものです。『カドリーユ』が上映されるたびに、会場が騒然としたという証言が残っています。観客から激しい反応があったことに、ジャック・リヴェット本人はとても喜んでいたそうです。『気晴らし』(52) も同じような状況で上映されたと思いますが、それについての証拠や証言はありません。確かなことは、ジャックは自分の作品を一、二回上映したら次の作品に移りたかったので、上映後のフィルムはどこか家の片隅に片づけられて、そのままになっていたということです。

3　上下＝高さの関係に基づいた演出

筒井　おそらく三本まとめて見られたことはないであろうと。ただ、この三本を続けて見るとリヴェットのやろうとしたことがはっきり見えて、三本セットで上映するためにつくられたようにも見えます。『カドリーユ』で人が動かなくて退屈したという人に向けて、「『気晴らし』を見てください。この作品では人は動き回ります」と言っている。リヴェットは止まっていませんという演出をしていますよね。女性の心理を描こうとしているように見えますが、とても形式主義的です。女性が男性を避ける理由というのが、必ずしも心理的なものには見えない。彼女は最初に出てきた男性とは深入りせずに、その後、今度は八人くらいのグループで恋愛遊戯のようなことをする。やがてそこから逃げて屋上のテラスに行き、一人の男性と出会う。それが最初に出てきた彼ですよね。他の人たちから逃げていたけれども、そこで捕まるという話。

『気晴らし』で面白いのは、普通の男女の関係では逃げたり追いかけたりで終わるのですが、男女を決定的な関係にするために「高さ」という要素を導入しているところです。キャメラがパンをするのでその瞬間は映っていませんが、屋上のテラスで彼女が彼を見た瞬間に、おそらく水の入ったコップを彼女が取り落とす。それで彼が近寄ったときに彼女は屈んでいるので、上下の関係ができます。二回目は彼女が失神して倒れる。それを彼が抱きかかえることで、普通の抱き合う構図になります。それでも彼女は逃げるので、それも階段を下りて逃げるので、追いかける彼と上下の関係になります。逃げ切って下まで行くと、二人の関係がフラットになってしまう。そこの構図が絶妙だと思います。つまり、ガラス窓越しに二人を撮っている。ガラス窓の枠で二人の世界を分断して、その違いを見せています。やがて彼が階段の上に逃げるのを彼女が追いかけることで、ようやく正常な男女の関係で終わる。

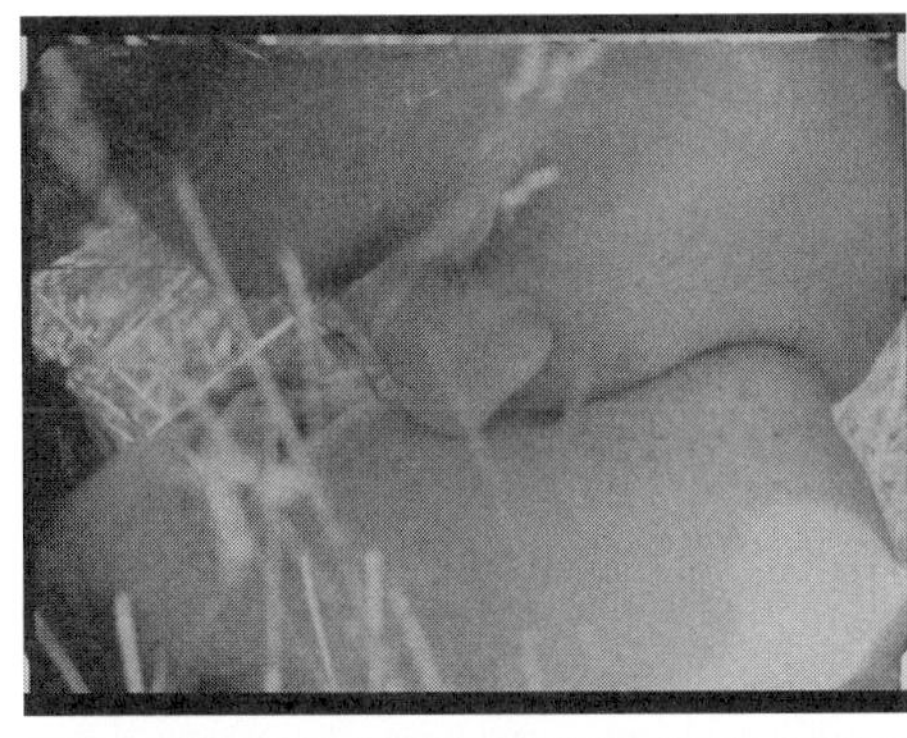

「四隅で」

「カドリーユ」

「気晴らし」

だから三本続けて見ると、そういうところがすごく面白い。また、この三本にはすでにリヴェットの長編第一作『パリはわれらのもの』（61）に出てくるさまざまなシーンがちりばめられているように見えます。ヴェロニクさんは当初リヴェットを研究なさっていたということなので、リヴェットの世界についてご意見を伺えませんでしょうか。

ヴェロニク　上下関係、高さ、人物の位置に基づいた演出に関して、筒井さんの解釈はとても面白いと思います。私もジャック・リヴェットの演出について研究していましたが、筒井さんと響くものがあるように思います。私の研究はロングショットが多用されたり、カットが長いことによって観客にスペースを与えることについて考えていました。長く引いた画で撮られたショットを眺めることは、観客にショット内でいくつかのサイン、あるいは何かの兆しやヒントを探させるような行為だと思っていて、そのような視点から映画を解読しようとしていました。筒井さんの解釈はまさしくそのような見方ではないかと思います。

筒井　例えば『パリはわれらのもの』でも、リハーサル場がだんだん大きくなっていきますよね。そして、演出家のジャンニ・エスポジート[4]は劇場の屋根という高所を歩きます。『狂気の愛』（69）のアパルトマンもかなり高所にある。リヴェットの特に初期作品は、「高さ」が何らかの機能を果たしている。『王手飛車取り』（56）や『パリはわれらのもの』の男女は、上下の軸で捉えられることが多かった。リヴェットは決定的なショットが撮れる人なのに、あえて撮らない。そして時間を引き延ばして、どんどん余白をつくっていく。自分の映画の文体を解体し、解放していったわけです。

ヴェロニク　確かに、ジャックは自分をつくり直すということを常にやっていたような気がします。自分で決めた形式をあえて解体して、自分を自分から解放しようとしていた。そうした試みをずっと行っていたという気がします。けれども、同じ形式を二度と使わないということではありません。さまざまな探索を続けながら、おそらく最後の作品に至るまで上下の関係性は描かれているのではないでしょうか。作品の中でそれをはっきりとは主張せずとも、階段や梯子などは見てすぐ分かりますよね。それは彼の好みなんだと見て取れます。

筒井　『ジャンヌ　愛と自由の天使』(94)と『ジャンヌ　薔薇の十字架』(94)の塔にかける梯子などもそうですね。「ジャンヌ・ダルク」の物語は数多く映画化されているのに、なぜリヴェットが撮る必要があるのかとも思いますが、そこにはやはり必然性があります。「高さ」だけでなく「監禁」というテーマも出てきますし、コスチュームの問題もあります。自分が「着る」だけではなくて、「着せられる」ということもありますし、「ジャンヌ」の物語にはリヴェット的なテーマが詰まっている。『デュエル』(76)と『ノロワ』(76)も大好きですが、あれは四部作になるはずだったのに中断してしまい、残りの二作が撮られていたらどのようになったのか残念でならないのですが、そうした話をリヴェットさんとなさったことはありますか。

ヴェロニク　そうです。四部作になるはずでした。残りの二本は一本だけ撮影が始まっていました。題名も知られていて、『マリーとジュリアン』といいます。この四部作はいずれも映画の大きなジャンルを描くのが課題だったんですね。『デュエル』はファンタジー映画として、『ノロワ』は海賊映画というジャンルを扱っています。その後、中断された『マリーとジュリアン』は恋愛映画として、四本目は題名も分かっていませんが、おそらくミュージカル映画だったのではないでしょうか。それをジャックはアンナ・カリーナと一緒に撮りたかったのだと思います。

筒井　アンナ・カリーナとはその後『パリでかくれんぼ』(95)で一緒にやっていますね。リヴェットの撮るアンナ・カリーナは、ゴダール作品とは違う魅力が出ている。リヴェットは女優を撮る名人で、リヴェット映画に出る女優は特別に輝いていると思っています。

ヴェロニク　仰る通りです。どの作品でも女優が美しく映っているのは事実です。『パリはわれらのもの』以降、どの作品でも女性が主人公になっています。そういう監督は、おそらく彼だけではないでしょうか。

筒井　ジャック・リヴェットと暮らす日常とはどのようなものだったのでしょうか。やはり一緒に映画館へ行ったりしていたのですか。

ヴェロニク　もちろんです（笑）。ほぼ毎日映画館へ行って、自宅へ帰ってきてまた映画を見たり。ほとんどずっと映画を見ていたような気がします。

筒井　映画の趣味が合わないと大変だと思いますが、大丈夫でしたでしょうか。また映画を見た後で議論などはなさいましたか。

ヴェロニク　映画の趣味に関してはまったく問題ありませんでした。お互いに意見は合っていた方だと思います。話し合いはありましたが、議論というほどのものではなかったです。一緒に過ごした時間の中で、映画を見て話し合う時間は徐々に短くなっていったように思います。作品についてコメントする時間が短くなったり、話さなくなった。昔のように一本の作品について数時間かけたり、夜を明かして話し合ったりということはなくなっていきました。

筒井　リヴェットさんの自宅は書物が積み上がっているとお聞きしましたが。

ヴェロニク　そうなんです。書物が山積みになっていました。というのも、ジャックはコレクターだったんですね。パリに引っ越してから、ひたすら本を買って、レコードを買って、ＤＶＤを買って。そして、自分にまつわる資料をきちんと保管していました。それがなぜ山積みになっていたかというと、彼が最初にパリへ引っ越してから、長い間借りていた部屋はあったのですが、家具がなかったのです。本を買っては、そのまま積んでいく。それがずっとそのままになっていて、最終的に自分のベッドの上にしか場所がなくなってしまった。ベッドの上に本を置くようになったとき、彼はホテル暮らしを始めました。アパルトマンは「本の部屋」になっていました。

筒井　では、新婚の頃は本の山をかき分けながら生活をなさっていたわけですね。

ヴェロニク　それは違います。なぜかというと、私たちが一緒に暮らしはじめる直前に、ジャックは自分の部屋を初めて探して買い求めたのです。そのとき、一緒に仕事をしてきた美術監督に、割と広い部屋だったのですが、その部屋に合うような本棚をつくってもらいました。それで部屋中が本棚で埋まっているわけです。

　付け加えますと、この三本の作品が発掘されたときは、最後の作品になった『ジェーン・バーキンのサーカス・ストーリー』（09）の現場が終わった後でした。そのとき、すでにジャックは自分が病気だと分かっていました。彼は病気と闘いながら映画を撮り続けたいという思いがあった一方で、肉体的には厳しいだろうと察していた。それで自分の身の回りの整理を始めたのだと思います。

筒井　リヴェットは多くの映画批評を書いていましたが、書籍にまとめることをしませんでした。それはリヴェットの意思だったのですか。

ヴェロニク　それは彼の意思です。彼はフランスでは書籍として出版してほしくないと徹底して拒否してきました。ドイツ語や英語での書籍は存在しているのです。ドイツで本をつくりたいと依頼されたときには承諾しています。しかし、フランスで同様の話があったときは、徹底して断りました。なぜかといいますと、本をつくることになれば過去を振り返ることになるからです。彼にとってはそれが嫌だった。批評を書いていたときよりも、自分の考えは変化し、進展しているはずです。ですから、本をつくることになったら、それらをいまの思考に合わせてアップデートしなければいけない。そのためには、過去の自分の記事や対談をすべて読み直さなければならない。そう考えると、膨大な作業になります。彼としては、元気なうちにそうした作業よりも自分の映画づくりを優先したかったのです。

筒井　リヴェットの残した断章や断片も大量にあると聞いております。ぜひヴェロニクさんの手で、リヴェットの映画批評集をまとめていただきたいと切に希望いたします。それでは、観客の皆さんから質問を受けましょうか。

5　観客を巻き込むパズルの一部として

質問者1　ヴェロニクさんの考えるジャック・リヴェット映画の魅力は何かということと、観客には何を楽しむよう求めるかを教えてください。

ヴェロニク　何を楽しめばいいのかというのは、演出するにあたって監督がどれだけ楽しくつくっていたのかが伝わっていればうれしいと思います。ジャック・リヴェットは観客を巻き込むように作品をつくっているので、観客のそれぞれが自分のためにつくられている余白を味わっていただければ、彼にとってもうれしいのではないでしょうか。

質問者2　三本の作品を拝見して、なぜサイレントである必然性があるのかと興味深かったのですが、特に『カドリーユ』がとても面白かったです。台詞をまったく喋らないことによって、ある世界を示そうとしている。サミュエル・ベケット[5]の『ゴドーを待ちながら』を思い出しました。何を待っているのか、最初は退屈していたのですが、途中からスリリングになってきて、どうなっていくのか食い入るように見ていました。部屋から出ていってしまうと死んでしまうのではないか、人生は退屈なものなのではないか、といった心理劇を感じます。一人の女優は余裕な感じで演じていますが、彼女の周りの人たちはやたらに煙草を吸ってイライラしている。まるでその女性が全体を操っている感じもして、そのような想定の上で台詞のないサイレント映画にしたと考えたのですが、いかがでしょうか。

ヴェロニク　サイレント映画にしたのは選択したというよりも、そうせざるをえなかったと言った方が正しいと思います。演出として選択したのではなく、そうした条件や制限を逆に利用して、そこから面白いものをつくろうとした。当時は一台のキャメラを借りて、フィルムを手に入れることがとても簡単でした。フィルムを街角の写真屋さんに持っていって、そこで現像してもらうということも簡単にできた。しかし、そこに音を録ろうとすると面倒な作業になったはずです。安定した製作のもとでなければ、音を入れることはできませんでした。

サスペンスというのは、まったくその通りです。何も見せずにサスペンスをつくっていくというのは、確実に監督の意図でした。この作品は一九五〇年当時、アメリカの配給会社（ブランドン・フィルム）に買われています。それはゴダールがニューヨークやロサンゼルスでいろいろな映画関係者と会ったときに、彼らに『カドリーユ』の配給を依頼していたからです。そのために、ジャックは監督として制作意図を書いています。彼は自分が何をやりたいのか説明しない人だったので、これは本当に珍しく、貴重な書類です。その意図の中では「映画はディテールに注目することで、何も見せずに多くのものを見せることができるのではないか」ということが述べられています。この文章は去年、《Traffic》という雑誌に掲載されました。

質問者3　ヴェロニクさんが最初にご覧になったジャック・リヴェット作品は何だったのか、それを見た経緯と研究者になった経緯を教えてください。

ヴェロニク　私が初めて見たのは『美しき諍い女』(91)です。私が大学に入学したとき、ちょうど映画館にかかっていました。映画を見始めたばかりの頃でしたので、まだ人生で五本目ぐらいの映画だったと思います。それから私が研究者になるまでの話をすると止まらなくなりますので、ここでは予告にとどめさせていただきます。実はいま、彼の最初の映画との出合いから一緒に暮らしていくまでの経緯をまとめたものをつくろうとしています。できれば一、二年後、それを携えてもう一度日本に紹介しに来たいと思っています。

質問者4　ジャック・リヴェットの映画は男女関係が描かれていて、女優が美しく撮られています。そうしたリヴェットさんと生活するのは辛くなかったですか。自分が研究していた対象と暮らすことに恐怖感などはなかったでしょうか。

ヴェロニク　私の方が彼を研究していたわけですから、辛くはありません。私とジャックの物語は映画から始まりました。作品というものが原点にありますので、喧嘩をするということはありません。

質問者5　最後に、日本ではヌーヴェル・ヴァーグの監督でジャック・リヴェットはあまり見られていないと思います。例えば、映画の好きな若い人にジャック・リヴェットを紹介するときに、どの映画を見せるのがいいと思いますか。

ヴェロニク　分かりません。直感でいいと思います。自分で面白そうだと思うものを見ればいいのではないでしょうか。直感というのは、ジャックの映画でも大事なものです。彼にとって、直感や欲望、遊びや戯れも「規則」の一つなのかもしれません。映画を通して、彼が「当ててごらん」と観客に問いかけているようです。ジャック・リヴェットの作品はそれぞれが違うものになっていますが、お互いに関係し合っています。一つの作品にないものが、別の作品にはあって、互いに補い合っている。それぞれがパズルの一部を成している。そういう見方で、まとめて見ることもできるのではないでしょうか。

1 **ジャン・コクトー**

一八八九年生まれ（一九六三年没）。詩人・小説家・映画監督。一九〇九年に『アラジンのランプ』を発表して以来、詩や小説、評論、戯曲、シャンソンなど多方面にわたって才能を発揮し、時代の寵児となる。マルセル・レルビエやルネ・クレールら映画人との交友を経て、初監督作品『詩人の血』（32）を発表。以後、『美女と野獣』（46）、『恐るべき親達』（48）、『オルフェ』（50）といった傑作を手がける。一九四九年、ビアリッツで「呪われた映画祭」を敢行し、後のヌーヴェル・ヴァーグの作家たちに多大な影響を与えた。

2 **ジョン・ケージ**

一九一二年生まれ（一九九二年没）。現代音楽家。一九四〇年代初頭から、作曲家として独自の音楽理論を提示し、作品を通じて音楽の定義を広げた。代表作品に『4分33秒』（52）がある。

3 **ピエール・ブロンベルジェ**

一九〇五年生まれ（一九九〇年没）。映画プロデューサー。一九二〇年代から三〇年代にかけての前衛映画のプロデューサーであり、ヌーヴェル・ヴァーグを発見し、支えた人物。アメリカで映画製作の責任者を務めた後、フランスに戻り、ジャン・ルノワール監督作品『水の娘』（24）、『女優ナナ』（26）などを製作。一九三〇年、映画館「シネマ・デュ・パンテオン」の責任者となり、以後60年にわたって経営。戦後、ジャン＝リュック・ゴダールやアラン・レネといった新しい才能を発見し、彼らの短編を製作する。代表的な製作作品に『唇によだれ』（60）、『ピアニストを撃て』（60）、『女と男のいる舗道』（62）など多数。

4 **ジャンニ・エスポジート**

一九三〇年生まれ（一九七四年没）。歌手・俳優。幼少期をパリで過ごし、その後、イタリアで育つ。一九五一年からフランス映画界で俳優として活躍。同じ頃、キャバレー「ラ・ローズ・ルージュ」や「レクリューズ」で歌手活動を始め、一九五七年に「道化師」で成功を収める。主な出演作品にジャン・ルノワール監督『フレンチ・カンカン』（54）、『レ・ミゼラブル』（58）、ジャック・リヴェット監督『パリはわれらのもの』（61）、ピエル・パオロ・パゾリーニ監督『デカメロン』（71）などがある。

5 **サミュエル・ベケット**

一九〇六年（一九八九年没）。劇作家・小説家・詩人。一九二〇年代にパリのエコール・ノルマル・シュペリウールの英語講師を務める。帰国後、アイルランドにある母校の教師となるが、一九三二年に教職を去り、ヨーロッパ各地を遍歴。戦後はパリで文筆活動を行う。フランス語による三部作『モロイ』『マロウンは死ぬ』、『名づけえぬもの』、戯曲『ゴドーを待ちながら』などを発表し、小説と演劇の双方に多大な影響を及ぼす。

Ⅱ　演出・撮影・編集という仕事

Ⅱ

1―フランソワーズ・ルブラン 講義

フランスを代表する偉大な女優フランソワーズ・ルブラン。彼女が撮った唯一の監督作品『クレイジー・キルト』は、彼女が辿ってきた人生の断片がさまざまに縫い合わされたパッチワークのような私的ドキュメンタリー作品だ。講義ではその制作過程や作品が生まれる経緯などを語りながら、監督と俳優の違いや表現に対する姿勢についても示唆に富んだ意見が交わされる。

彼女は一人の表現者として、自分に与えられ、人生の一部を形成してきた芸術というものに対する感謝の念がいかに大切であるかを説く。そうした感謝の念を表現という形で返礼することで、そこに他者と分かち合う喜びが生まれるのだと。彼女が高校時代以来、半世紀もの間交わしてきた文通もまた、こうした贈与と返礼の往還がもたらした喜びの一つだろう。

スクリーンに放たれるフランソワーズ・ルブランの存在感を支えているのは、分かち合う喜びを知る彼女の自信と人生を肯定する力だ。彼女の言葉と姿勢は、芸術＝表現が存在することの意味を教えてくれる。

フランソワーズ・ルブラン｜Françoise Lebrun

一九四四年生まれ。女優。学生時代にジャン・ユスターシュと出会い、映画の道を志す。第二六回カンヌ国際映画祭審査員特別グランプリを受賞したジャン・ユスターシュの長編デビュー作『ママと娼婦』（73）で娼婦ヴェロニカ役を演じ、鮮烈な印象を残した。その後はポール・ヴェキアリ監督作品をはじめ、マルグリット・デュラス監督『インディア・ソング』（75）、アンドレ・テシネ監督『フランスでの思い出』（75）、ジュリアン・シュナーベル監督『潜水服は蝶の夢を見る』（07）、マルタン・プロヴォスト監督『セラフィーヌの庭』（08）、ノーラ・エフロン監督『ジュリー&ジュリア』（09）、アルノー・デプレシャン監督『あの頃エッフェル塔の下で』（15）、ウニー・ルコント監督『めぐりあう日』（15）など多数の作品に出演。近年ではギャスパー・ノエ監督『VORTEX ヴォルテックス』（21）で、映画監督として名高いダリオ・アルジェントの相手役として認知症を患う妻を演じた。監督作品として、ドキュメンタリー映画『クレイジー・キルト』（11）がある。

Ⅱ-1―フランソワーズ・ルブラン講義　聞き手＝筒井武文　司会＝松井宏［二〇一六年一一月一七日　通訳＝福崎裕子］

偶然と発見が開いた道――監督作品『クレイジー・キルト』をめぐって

1　唯一の監督作品が生まれるまで

司会（松井宏）　それではトークを始めたいと思います。監督のフランソワーズ・ルブランさんです。本日、聞き役を務められるのは本学教授の筒井武文さんです。そして通訳は福崎裕子さんです。では、筒井さん、よろしくお願いします。

筒井　フランソワーズ・ルブランさん、昨日はアテネ・フランセ文化センターで出演されたジャン・ユスターシュ監督[1]『ママと娼婦』（73）についての素晴らしいトークをなさいました。そこから引き続き参加されている方も多いかと思います。昨日は女優としてのお話でしたので、今日は監督としてのお話を伺ってまいります。

『クレイジー・キルト』Crazy Quilt
二〇一一年／五九分／カラー／デジタル
監督　フランソワーズ・ルブラン
撮影　ピエール・クルトン
（イヴァン・シュレック、フランソワーズ・ルブラン）
編集　ピエール・クルトン、フランソワーズ・ルブラン

幼少期からイギリスに魅了され、五〇年来となる文通友達がイギリスにいるフランソワーズ・ルブラン。六〇年代イギリスの刺激的なムーヴメントや作家ヴァージニア・ウルフ、イギリス庭園など、彼女が愛するものたちとの関係を通じて語られていく自身の歴史。さまざまな種類の布の切れ端を縫い合わせたクレイジー・キルトのように、彼女の人生の断片たちが縫い繋げられ、現在と交じり合いながら、小さなハーモニーを生み出してゆく。

『クレイジー・キルト』(11)はルブランさん単独での唯一の監督作品とお聞きしています。非常に不思議な映画ですね。ドキュメンタリーですが、プライベートなエッセイのような趣があり、もちろん現在の英国の現実が捉えられているわけですが、そのイギリスでの旅が時代を超えて進んでいく不思議な旅の映画だと思いました。まず、ルブランさんがいつ頃イギリスに興味を持たれたのか、どういうきっかけなのか、それからこの映画が実現するまでの距離というか、これを撮るまでの経緯をお話しいただけますか。

ルブラン　五〇年かかりました。五〇年かかったと言いましたが、最初の始まりは私が通っていた高校がイギリスの学校と姉妹提携をしていて、ペンフレンド、文通の交流が始まったときでした。先生がそれぞれのペンフレンドを割り当てて、手紙を書き始めたのです。何年かの間、そうして手紙を書き、その後、そうして得たペンフレンドに毎年手紙を書き続けていました。それから学校の組織で三週間ペンフレンドの家に行く、向こうも三週間私の家に来るという交換ホームステイをしました。そして、三週間イギリスにいたのですが、幸運なことに本当に素晴らしい家族にめぐり会えて、ほとんどその家の四人目の娘のようになりました。

いまはもうインターネットの発達でなくなってしまいましたが、この映画の中でも言っているように、当時は手紙を受け取ることの信じられない多大な喜びがありました。しかも、そこには外国の切手が貼ってある。そして、何か外から届いたものとして受け取る切手の喜びがあるのです。それに加えて、私は言語から別の言語へ翻訳することとの情熱を掻き立てられています。ラテン語でも、英語でも、ある音が別の音になって、別の意味になる。このように言語がもたらす喜びという点で、私は英語が大好きです。それから私はフランス北部の生まれです。地質学的に見ると、英仏海峡が発生する前はイギリスは大陸にくっついていた。フランスとイギリスは地続きに繋がっていました。ですから、私は海の向こう側に同じ国を求めているのかもしれません。

また、私が気に入っていることが一つあります。それは島国という特性によって、イギリスにはある種の特殊性が保持されていたということです。あまり他者には汚染されていませんでした。いまでは世界中どこに行っても同じブランドのブティックが並んでいて、そうした状況はなくなってしまいましたが、イギリスがかつて持っていた特殊主義、学校の制服や電話ボックスなど、イギリスを象徴するようなすべての記号が私は好きでした。

2　偶然を受け入れた撮影

ルブラン　私はあまり物を捨てないで取っておく人間です。ですから、文通しているときの手紙はすべて保管していました。しかし、それについて何かを話したいとは思っていましたが、形を取るには何年もの時間が必要でした。最初はこの話を本にしようかと思っていて、映画をつくろうとは思っていませんでした。フランス文化省が国外で芸術活動を行う者に対して出している奨励金を得ていたので、このテーマでテキストを書き続けていたのです。

その後、結局映画に決まったのは、ピエール・クルトン[2]という本作で撮影をしている映画作家と話をしたときでした。ピエール・クルトンはノルマンディーに住んでいるとても好きな映画作家です。以前に何度か彼と仕事をしていましたので、このイギリスに関する私のテーマを話しました。もうすでにテキストを書き進めて、当時は写真入りの本にまとめようと考えていたのですが、ピエール・クルトンが「フランソワーズ、それは映画にした方がいい」と言って勧めてくれたのです。そのときはピエール・クルトンの家にいて彼の映画の仕事をしていたのですが、彼が北フランスのディエップとイギリスの南東部にあるニューヘブンとの間を航行するフェリーの格安広告を見つけました。二泊三日で車は一台、二人で二〇〇ユーロ。そこで私たちはもう準備ができていましたので、「すぐに行こう」となりました。

こうして、最初にイギリスの南地方を撮ってきました。チャールストンなどの部分は、ピエール・クルトンと二人だけでイギリスに行って撮った部分です。マイクが付いているキャメラを使いました。そして、私は車のナビゲーターを務めながら三日間滞在し、その間ずっと撮影を続けていました。確か三日目に一五分間の休憩をしただけです。このようにして、映画の撮影が始まりました。フランスに戻ってから製作の形が整い、その後九月と一一月にロンドンで撮影を行ったと思います。そして最後の部分、第三部であるイギリス北部は一月と二月に撮影しました。しかし、毎回三日か四日の滞在でしたので撮影時間は短いものです。ですから、準備を入念に整えておくことが必要になります。それと同時に、私たちはいろいろな贈り物をもたらしてくれる偶然を受け入れていました。

筒井　この映画の導入部、英語で本作を上映しているると紹介しているシーンの場所は映画館ですが、どうも観客は見当たりません。これはどういう設定なんでしょうか。

ルブラン　その設定は経済的に決まったものです。ロンドンには二回撮影に行ったのですが、二回目のときは三人目の録音担当者と私の娘と孫も来ましたので、人数が多くなってしまいました。ロンドンのホテル代は高額でしたので、ロンドンのアンスティチュ・フランセにゲストルームがあると聞き、文化担当官に相談をしたのです。

ちょうどそのとき、イギリスではジャン・ユスターシュのレトロスペクティブが行われていました。そこで、アンスティチュ・フランセに行ってユスターシュ作品の紹介をする代わりにゲストルームに泊めてもらいたいと話をしたのです。しかし残念なことに『ママと娼婦』の上映はエディンバラで行われていました。そこでロンドンでは何が上映されているんですかと聞いたら、いまマルタン・プロヴォスト監督[3]の『セラフィーヌの庭』(08)が上映されていると聞いたので、「それはいい。その映画に少し出ていますので紹介します」と言いました。

そして当日、アンスティチュ・フランセの上映室で『セラフィーヌの庭』を紹介しました。そこで司会をしていたポール・ライアンに私が「こんな映画をつくりに来ている」という話をしていましたので、『セラフィーヌの庭』の紹介が終わったときに彼が「どんな映画をつくっているのですか」と質問を振ってくれました。ただ、これは予定されていたことではなくて絶対的な偶然です。私はピエール・

クルトンと視線を交わして、そこですぐに撮影を始めました。そして、まるで撮れることが分かっていたように、本作の冒頭部分ができあがったのです。

やがて私が最後までこの映画について説明し終えたとき、客席にいた皆に外へ出てもらって館内が空っぽになってから、ポール・ライアンと私が映画館を離れるシーンを撮影しました。ですから、空っぽの映画館で私たちが出て行くシーンになったのです。これから上映される映画について話したけれど、映画館は空である。つまり、この映画では想像力や空想上のものがテーマになっていますが、これからつくられる映画、上映される映画は空想の中で上映されるという設定です。

3　革命を起こした女性たち

筒井　なるほど。偶然を味方につけたわけですね。また、本作ではヴァージニア・ウルフ[4]をはじめイギリスの女性の存在が大きくクローズアップされています。

ルブラン　私のイギリスとの関係の第一段階が文通だったとすると、そうした女性たちは第二段階です。すなわち、フランスでは一九六八年の五月革命をめぐって、その後に女性解放闘争が始まりました。そしてヴァージニア・ウルフの作品が数多く翻訳され、そのときにフランスは初めて彼女を発見したのです。ヴァージニア・ウルフをめぐって、まるで星座のようにさまざまな女性たちがフランスに現れました。彼女の姉であるヴァネッサ・ベル[5]、それから彼女の大叔母にあたる写真家のジュリア・マーガレット・キャメロン[6]、友人の詩人イーディス・シットウェル[7]。そのような女性たちのネットワークが星座のようにパリの空に突然現れ、私は大いに興味を持つようになりました。もちろん、他にもイギリスの作家で興味を持つ作家は多いのですが、私は本作で女性たちが辿ってきた行程を示したいと思ったのです。

イギリスという国のトップには女王がいて、すでにして女性です。私はそうしたすべての女性たちが革命を起こしたことを語りたいと思いました。ヴァージニア・ウルフはエクリチュールの革命を起こしています。彼女は狂気に至るまでエクリチュールの工夫をしました。それから道徳性の問題もあります。ヴァージニア・ウルフの姉であるヴァネッサ・ベルの生涯は普通の人生とはかけ離れたものです。彼女は一度結婚をしますが、愛人の画家ダンカン・グラント[8]と暮らすようになる。そして彼との間に一人娘が生まれますが、その娘は何と父の愛人であった男性と結婚をする。これは相当な話です。

そうした自由、多大な代価を払わなければならない自由に私は興味を持ちました。本作で庭師と私が話すシーンで、私は「イギリスはこんなことまでする自由がある。それがとても好きです」と言います。まるでその自由の前ではフランス式の因習がなくなってしまう、飛んで行ってしまうというふうに。

筒井　この映画は編集と音付けによって、すごく膨らんだ映画だと思います。音楽と声、それもナレーションの声だけでなく、過去の女優さんの舞台上での声が出てきたりして、音が重なり合った複層的、多声的な世界をつくっているのに驚かされました。

ルブラン　メルシー！　どうもありがとうございます。ものをつくっているとき、自分が何を探しているのかは後になって分かってきます。本作に関しては、自分自身の声を録音したとき、私は三種類の声の領域で工夫をしなければなりませんでした。最初は少女である私の声、二つ目は人生について考察している現在の声、三つ目が作家の書いた作品を朗読している声です。このように三重の仕事をしなければならなかったのです。

本作は旅であると同時に、音楽でいうバラードでもあります。一つの道です。それから、作曲家のベンジャミン・ブリテン[9]が私はとても好きなのです。彼の名前を謝辞に入れようかと思ったほどでした。謝辞の中にはいろいろな人物の名前が並んでいます。私をイギリスに迎え入れてくれた人。そして英語という言語の喜びを私に発見させてくれた人たち。そしてまた、そのおかげでイギリスの女性解放運動を発見することができた、いわばイギリス的な内面性を私に与えてくれた人たちです。さまざまな人たちがいますが、その中にベンジャミン・ブリテンに感謝を込めて彼の名前を引こうかと思ったくらいでした。

例えば、ハイドパークで聴こえる彼の「キャロルの祭典」という曲は、私を多大なる喜びの状態に運んでくれる音楽です。自分をそうした喜悦の状態にしてくれる作曲家に対しては、どんなに感謝しても足りないと思います。でも、それは初めから決まっていたことではなく、自然にそうなっていったという感じがします。そして、先ほど話題になった冒頭のシーンで映画の紹介をしている私は「ハーモニーを探している」と言います。ハーモニー、すなわち調和は本作の底に全編を通じて流れているような気がします。もちろん、それは前から決めていたことではありません。

4　編集の苦労と喜び

ルブラン　また編集についてですが、ノルマンディーにあるピエール・クルトンの家で行っていました。週末にパリへ帰って、月曜日に彼の家へ行って編集をするという生活でした。そのときの編集の仕方は実に禁欲的なもので、何時に始めて何時に煙草休憩と厳密に決まっていて、濃密な形で仕事をしていました。ですから、月曜日に私がノルマンディーに行くことは多大な努力を要することでした。

もちろん、編集はとてもうまくいっていたのですが、一度こんなことがありました。ノルマンディーのピエール・クルトンの家に着いた途端、彼が「困ったことになった。コンピューターが故障しているようで、今日は編集ができない」と言ってきたのです。私の方は鞄を下ろしたところだったんですが、「よかった。すぐにパリに帰れる」と思いました。するとそこに、近所に住んでいるグザヴィエ・ボーヴォワの奥さんであるマリー＝ジュリー・マイユ[10]がやって来て、「私が直してあげる」と言ってきたのです。私は心の中で「ああ、直さないで」と祈っていたのですが、彼女は直してしまい、結局は鞄の中にある荷物を出して仕事を始めなければなりませんでした。

それに対してミキシングの段階になると、それは絶対的な幸福感でした。音を強くしたり、小さくしたり、そうやって自分で工夫ができる。先ほど多声的、ポリフォニー的という言葉を使われましたが、音楽や音でそれをつくっていけることは多大な喜びでした。

筒井　では映画の中で一番苦労されたのは編集作業だったわけですね。風景に写真を重ねたりなさっていて、しかもルブランさんが歩いている風景に写真が被さったりしているところなどはすごく洒落ているなあと感心しました。

ルブラン　編集作業は難しいものではなかったのですが、私の側から自発的にやらなければいけません。私はとても怠惰ですから、編集のために私のエネルギーをもう一度見出すためには努力をしなければなりませんでした。逆に、写真のはめ込みは多大な喜びをもたらし、とても楽しかったです。

最初にそれを思いついたのは、おそらくタンブリッジ・ウェルズにある郵便ポストに写真をはめ込んだときです。そのときにピエール・クルトンと笑い合いました。そうすることによって遊戯的な側面が入ってきます。「こんなふうにやってもいいんだ」と思って二人で笑い、とても楽しみました。撮影はとても厳密に行っていましたので、少しは遊ぶ権利もあるのではないかと思ったのです。その次が、二人姉妹のポートレートです。それも写真のはめ込みの原則を同じように使っています。それからジョルジュ・メリエス[11]の映画の抜粋も彼にオマージュを捧げたわけですが、喜びの領域に入ります。このようにして「映画は何でもしていい権利があるのだ」と語っているようです。

それから偶然の部分もあります。ロンドンのハムステッドでカラスが出てきますが、あのカラスはもちろん演出されたものです。最初のテイクで私は決められた行程通りに歩いてきたのですが、そのとき後ろにカラスがいるのに気づきました。そこですぐにピエル・パオロ・パゾリーニの『大きな鳥と小さな鳥』(66)を連想し、パゾリーニへのオマージュというふうに考えました。そこでキャメラを回していたピエール・クルトンに合図をして、私は静かに後ろへもう一度回って、こっそりカラスの後ろに行きました。カラスが歩く、私がそれについて行くという形にして撮ったのです。

このように撮影ではいつもサプライズがありましたが、そのサプライズをあえて使いました。例えば、最後のたくさん鳥が出てくるシーンを撮ったのはピエール・クルトンではありません。あのシーンは私の知人に撮影をしてもらったのですが、それまでと同様に厳密にフレームを決めて、撮影をする人が変わっても同じように撮ってもらいたいと思っていました。それまでは「自然を撮るフレームはこうだ」というように決まった撮影をしてきましたので、その知人である若いキャメラマンが撮れるかどうか、私の方でも心配をしてフレームに関心を払っていたのです。そこで雪の中を先に歩いて、どのようなフレームにするか考えているときに、あのたくさんの鳥がいることに気がつきました。そこでまったく予定をしていなかったのに、その鳥を撮ってラストシーンにすることにしたのです。つまり、ピエール・クルトンが不在で撮影ができるのかという不安が別の物を発見させてくれたのです。

鳥のたくさんいるシーンはギリシャ神話のシャンゼリゼ(エリゼの園)を思わせます。神話においてシャンゼリゼはかつての死者たちがいる場所で、その中にはホメロスもいる。このように、私たちを別の状態に導いてくれたことがある重要な人々が死者になって集まっているというイメージを描きました。

5　感謝と返礼、喜びを分かち合うこと

筒井　お話を伺っていると、イギリスについてのドキュメンタリーではありますが、ルブランさんご自身の無意識の探求の映画といってもいいのではないかと思えてきます。

ルブラン　本当に昔からイギリスについて語りたいと思っていたのです。自分の中でほとんど内面的な義務のようになっていました。ただし、どのような形にするのかが分からなかった。それを形にするタイミングが訪れることが重要でした。仰る通り、これは私のとても私的な映画です。テレビ番組の委嘱を受けたというような必然はまったくなかった。にもかかわらず、私はこの作品をつくらなければならなかったのです。そして、その後のことは私が自分の無意識を探そうとしていたのかは分かりませんが、いずれにせよ自分が生きることを助けてくれたものを他の人と分かち合う喜びを求めていたのではないでしょうか。本作をご覧になった人たちがその喜びを分かち合ってくださったなら、私は満足です。

それから、いつも思うのですが、私たちは自分に与えてくれたもの、自分が与えられたものに対して、与えてくれた人に感謝すべきです。ただし、感謝するという言葉はフランスでは《remercier（ルメルシエ）》と言いますが、「お礼を言う」「感謝する」というこの言葉は「解雇する」「厄介払いする」という意味もあります。とても難しいので、私は「感謝」という言葉は英語の《gratitude（グラティ

チュード》》という言葉を使う方が好きなのです。また、自分に何かをもたらしてくれた人に対して「ありがとう」と言うのを忘れることがあまりにも多すぎるようにも思います。この「ありがとう」、《merci（メルシー）》という言葉も、同時に「憐れみ」という意味を持っていますから、フランス語はまったく問題がありません。人生の伝達の問題でもあると思うのです。何かを受け取り、そのことに対してお礼を言う。受け取ったものを今度は他の人と分かち合うことができる。

私はまた、多くの映画作家に対して感謝の念を持っています。私にたくさんのことを教えてくれた人々。生きることを教えてくれた人々。私を笑わせてくれた映画作家たちです。こうしたことはすべて「一人でいてはならない」むしろ「他の人たちと何かを分かち合うべきだ」という全体的な動きの中にあるのではないでしょうか。

筒井　この映画はルブランさんご自身が登場して、非常にチャーミングな存在として画面の中を歩き回られるのですが、この映画全体が無理をしていないというか、非常に自然にできていて、ルブランさんの人格としてできているような、不思議な気がしました。

ルブラン　私は自分が自然に見えるかどうかということはまったく考えませんでした。この映画では、一人の女性が自分の知っていた痕跡に立ち戻って、それを辿っていこうとします。ただし、その痕跡が彼女を導くのは昔と同じとは限らない、そういうつくりになっています。もちろん私自身、自分の姿をスクリーンの中で見せるかどうかということは考えました。しかし結論が出ないまま、少しずつごく自然に私が出ることになったのです。

本作の最初、イギリス南部で撮った部分はピエール・クルトンが撮影をしていましたが、私もキャメラを回していました。映像のピントが合っていなかったり、動いていたりする箇所は私が撮影をした部分です。このように撮影をしているうちに、ごく自然に私が出なければならないというふうになっていきました。最初の部分では、冒頭のアンスティチュ・フランセで撮影した部分を除いて、私が出ることはほとんどありません。その登場シーンも二度目の撮影で撮ったものです。最初の部分では私が庭師と話すシーン、それから英国庭園を散歩するシーンの他には風景ショットばかりで、私は姿を現していません。けれども、その後やはり何かを探しているフランソワーズ・ルブランがそこにいる、という状態に自然になっていったのです。

先ほど申し上げたことと同じで、私はあらかじめ何かを決めてそれをするというタイプではありません。直感的にそれができるかできないか判断するのであって、あらかじめそれを決めていくタイプではないのです。私は『ママと娼婦』に出演したとき、「自分がスクリーンでどういうふうに見えているかなどということはまったく考えていなかった」とお話をしました。それは本作に関しても同じで、ショットの中で私が画面を横切って行かなければならないのであれば、それはやらなければいけないだけであって、それについて大袈裟に考えて騒ぎ立てたりはしません。

質問者1　自分で文章を書いたりすると、ぼんやり考えていたことが整理されたり、思い出したり、まとまったりということがありますが、ルブランさんも『クレイジー・キルト』をつくる中でそのようなことが起こったように思いました。作品に出てくる以外にも「五〇年前の手紙」やヴァージニア・ウルフの言葉など、読み返したり、拠り所にしたものがあれば教えてください。

ルブラン　特に何かというものはないのですが、文通相手と交換した手紙はすべて読み返しました。どんな話をしているのか、どんな内容なのか、知りたいと思ったからです。しかし、自分の中にある感情と目の前にある現実の貧しさとの距離が大きいことを発見するのは悲しいことです。長い間保存していた文通相手からの手紙、それは感情的にとても重要なものです。しかし、いま読み返してみると、あまり面白いことは書いていません。手紙に対して自分が抱いていた気持ちは読むことで甦ってくるのですが、その気持ちと乏しい内容という現実との間には多大な落差があります。

それとまったく同じではありませんが、ヴァージニア・ウルフにしても、私はフランス語でたくさん読んできました。しかし、本作をつくるにあたって私を支えてくれたのはヴァージニア・ウルフそのものではなく、むしろ彼女によって私に開かれたすべての扉なのです。例えば、彼女の日記にはエレン・

テリー[12]という女優の話が出てきます。エレン・テリーは「イギリスのサラ・ベルナール」といわれた、シェイクスピア劇を演じた名女優です。これはヴァージニア・ウルフの最後の日記に一行「今日、私はエレン・テリーについて書いた記事を没にされた」と書かれています。そこから、私はエレン・テリーがどういう人物なのか調べていきました。そこで、彼女も自分の家にこだわった人だと分かったのです。

家を探していくというテーマは、本作全体に対するガイドラインになっています。ただし、これは先に決めていたわけではなく、後になって見直して気がついたことです。本作は私の家をイギリス人に売るところで終わっています。そして、エレン・テリーもまた死ぬ直前に「ここは私の家。私がお金で買った私の家」と言います。このように、入念に準備した仕事がベースにあって、その後は発見から発見へと道が開かれていったのです。

質問者2　大変美しい作品を見せていただきお礼を申し上げます。なぜこの作品が人の心を打つのか考えていたのですが、この映画にはいくつもの発見が入っているからかなと思いました。それはイギリスの発見、ロンドンの発見、ヴァージニア・ウルフの発見というように語られていましたが、もう少し正確に言うと発見を思い出していく映画だと思いました。昔の発見に立ち戻っていく映画ですが、制作の段階で現在の発見が起こってくる。撮影準備もするけれど、偶然がきたらそれを受け入れていく。そうすると、考えてもいなかった展開になっていく。

つくる過程でも新しい発見をしていったと思います。編集で写真のはめ込みを試していくのも、一つの発見だったのではないでしょうか。昔発見したことを辿って、もう一度昔に戻るという体験をしているけれど、それが同時にいま現在の新たな発見と両立していると思います。ヴァージニア・ウルフの言葉を朗読するシーンで、現在の時制で過去を捉えるという表現が引用されていましたが、まさにそこへと繋がっていくという感想を持ちました。質問自体は非常に単純ですが、これが初めての映画制作なのでしょうか。

ルブラン　分析していただき、ありがとうございます。私は本作に入る前までに、いろいろな現場での体験を積み重ねてきました。人の書いたシナリオを読んで、それについて意見を述べたり、あるいは映画づくりのさまざまな側面に参加したりしました。ですから、この映画は天から降ってきて、いきなり私が監督になったわけではありません。意識的ではなかったにせよ、映画づくりを観察し、いろいろなことを考えていました。けれども私自身が監督し、私の作品だと主張する初めての作品です。もちろん、この冒険に参加することを受け入れてくれたピエール・クルトンに感謝をするのは当然のことです。

7　俳優と監督の違いについて

質問者3　女優として自然に入っていたという点や、監督として偶然を利用するところなど、両者に共通点があると思うのですが、女優として演じることと監督することの違いは感じましたか。

ルブラン　女優と監督はまったく違う仕事です。俳優であれば、監督からテキストをもらって監督がどのように望んでいるかを感じとるというアプローチを取ります。ところが、映画をつくる側になるとまったく違っています。俳優の仕事と監督の仕事では、恐怖を感じる場所がまったく違っていると思います。つまり映画をつくっているとき、自分のやることの価値があるのか、ないのか考えますし、自分の姿を現すかどうか考えます。

いずれにせよ、監督の方がずっと孤独な仕事です。なぜなら、自分で道を選ばなければならないからです。俳優であれば、監督が選んでくれた道を辿っていく。両者はまったく違っています。演技をしているとき、監督のところに行って「なぜキャメラをあちらに置くのか。こちらに置いた方がいいのではないか」などと言うことは絶対にありません。すべてを忘れます。どのような映像ができるか予測することは、私の領域に属することではありません。従って、俳優の場合には一切演出に関する介入は行いません。それは他者の仕事であって、それに介入はしないのです。大体、その「仕事」とは何なのかよく分かりませんし。

質問者4　いまのコメントをお聞きして、どちらも恐怖を感じる作業だということは分かりました。では、どちらが怖いのでしょうか。例えば「監督という仕事は孤独だ」と仰っていましたが、俳優の仕事は「やる」と言われたことをやっても、最終的には自分自身の裸の部分が明らかにされてしまう、自分の醜い部分も第三者にばれてしまうような怖さがあるのではないかと想像しますが。

ルブラン それは毎回違います。撮影条件によっても異なりますし、規則的ではありません。また私は監督として、四〇本の実績がある監督ではありません。ですから、自分が取った選択が有効かどうか、どこまで自分に自由を与えていいのか、いろいろなことを考えます。ただ、歳をとると恐怖心が小さくなっていきます。こうしたことすべては、さほど重要ではないのではないか。もちろん、真面目なことではあるけれど、それほど重要ではないと思うようになり、あまり怖くなくなりました。生きている人間としてです。

質問者5 僕が着ている服とルブランさんの服が似ていると思いました。これはロンドンで三ポンドで買った服です。私もイギリスの国土に魅了された一人ですが、今回の映画を拝見して、もう少し深く見てみたいと思いました。今後この作品はＤＶＤ化される予定などはあるのでしょうか。

ルブラン あればいいとは思いますが、分かりません。

司会（松井宏） 僕も最後に質問していいですか。僕のフランス人の友人のお母さんがルブランさんと同世代なのです。彼女も十代の頃からイギリス人と文通を始めて、いまでも友達です。ルブランさんの世代の女の子がイギリスに憧れるのは、当時としては一般的なことだったのでしょうか。

ルブラン　それは高校の英語の先生によると思います。イギリスのフランス語の先生とコンタクトを取って、そうした文通の仕組みをつくるというのは学校が自動的に行っていたわけではなく、それこそ先生個人のアプローチだったと思います。高校で第一外国語がドイツ語だった時代には、同様にドイツに文通相手を探すということをしていました。

いずれにせよ、それは制度として体系的に行われていたことではないし、義務ではありませんでした。いま私と同時代の方が当時のペンフレンドと交流が続いていると仰いましたが、それは手紙を受け取ることの喜びが大きかった、そして文通することの喜びが大きかったことからきているのだと思います。文通を始めるのはティーンエイジャーで思春期のはじめの頃ですから、ちょうど自分の世界を持ち始める頃です。その体験はとても貴重なものです。そして、ペンフレンドがいい人であれば、その友情関係は一生続くものになります。

1
ジャン・ユスターシュ
一九三八年生まれ（一九八一年没）。映画監督。一九六四年、自主制作した『わるい仲間』を気に入ったゴダールが支援し、『サンタクロースの眼は青い』（66）を撮る。その後、シネマ・ヴェリテ的手法で撮られた『ペサックの薔薇の乙女』（68）で注目された。代表作『ママと娼婦』（73）は、五月革命後の若者たちが陥っていた喪失感や愛を求める痛みを捉えた傑作として、一九七〇年代フランス映画を象徴する作品の一つとなった。『ぼくの小さな恋人たち』（74）以降、実験的な短編を撮るが、一九八一年にパリの自宅でピストル自殺を遂げた。

2
ピエール・クルトン
一九六六年生まれ。映画監督。ル・アーヴルの美術学校で学ぶ。卒業後の一九九一年、農場労働者となり、養蜂から牛の放牧までさまざまな仕事を経験する。ノルマンディーのペイ・ド・コー地方に住み、そこで撮影を続けている。これまでに約二〇本の映画を制作。主な監督作品に『L'heure du berger』（08）、『Un Prince』（23）など。

3
マルタン・プロヴォスト
一九五七年生まれ。映画監督。『セラフィーヌの庭』（08）、『ヴィオレット ある作家の肖像』（13）、『5月の花嫁学校』（20）などの作品を監督。

4
ヴァージニア・ウルフ
一八八二年生まれ（一九四一年没）。小説家・批評家。モダニズム文学の主要人物の一人。文芸批評家レズリー・スティーヴンを父親として、ロンドンに生まれる。一九一五年、長編小説『船出』を出版。『夜と昼』、『ジェイコブの部屋』、『ダロウェイ夫人』、『燈台へ』、『波』、『幕間』などを発表。また『自分だけの部屋』、『女性にとっての職業』、『三ギニー』などの数多くのエッセイを残している。

5
ヴァネッサ・ベル
一八七九年生まれ（一九六一年没）。画家。ヴァージニア・ウルフの姉。妹ヴァージニア、弟トビーとエイドリアンらと共にブルームズベリーへ移住。やがて芸術家や作家など知識人の集まる場所となり、「ブルームズベリー・グループ」と呼ばれるようになった。一九〇七年に批評家クライヴ・ベルと結婚。二人はオープンな結婚生活を送り、ヴァネッサは美術批評家のロジャー・フライや画家のダンカン・グラントと親密な関係にあった。一九一八年にグラントとの間に娘アンジェリカをもうけ、クライヴが実子として育てた。第一次世界大戦開戦前にサセックス州の田舎に移り住み、風景画や肖像画を制作。

6 **ジュリア・マーガレット・キャメロン**
一八一五年生まれ（一八七九年没）。写真家。一八六三年、四八歳のときに娘から写真機を贈られたことから、写真家として活動を開始。チャールズ・ダーウィン、アルフレッド・テニスン、ロバート・ブラウニングをモデルとした肖像写真、天使、マドンナ、アーサー王、オフィリアといった宗教や文学上の題材に基づく寓意的な演出写真を制作した。

7 **イーディス・シットウェル**
一八八七年生まれ（一九六四年没）。詩人。一九一六年から五年間の詩選集である「車輪」を創刊。詩集『道化らの家』（18）で詩人として認められ、一九二九年に社会批判を込めた『黄金海岸の奇襲』を発表。その他の作品に『なおも雨が降る』、『原子時代の三詩編』などがある。

8 **ダンカン・グラント**
一八八五年生まれ（一九七八年没）。芸術家・デザイナー。ポスト印象派として風景画や肖像画を描くだけでなく、テキスタイルや陶器のデザインも手がけた。「ブルームズベリー・グループ」の一員であるヴァネッサ・ベルと同居し、娘アンジェリカを授かる。その後、アンジェリカの夫であるデヴィッド・ガーネットと交際。だが、グラントはベルへの愛と尊敬の念から、一九六一年にベルが亡くなるまで彼女と添い遂げた。

9 **ベンジャミン・ブリテン**
一九一三年生まれ（一九七六年没）。作曲家・指揮者・ピアニスト。代表作としてはオペラ『ピーター・グライムズ』、『シンプル・シンフォニー』、『戦争レクイエム』、『青少年のための管弦楽入門』が知られている。

10 **グザヴィエ・ボーヴォワ**
一九六七年生まれ。映画監督。一九九一年に初の長編『Nord』を制作。モントリオール世界映画祭で審査員特別グランプリと国際映画批評家連盟賞を受賞。以後、アルジェリアで起きたティビリヌの修道士殺害事件を描いた『神々と男たち』（10）で第63回カンヌ国際映画祭グランプリとエキュメニカル審査員賞を受賞し、セザール賞でも作品賞を受賞。その他に『チャップリンからの贈り物』（14）、『田園の守り人たち』（17）などを監督。

11 **ジョルジュ・メリエス**
一八六一年生まれ（一九三八年没）。映画監督・俳優・手品師。世界初の職業映画監督といわれる。手品師でありロベール・ウーダン劇場を経営していたが、一八九五年にリュミエール兄弟の発明した映画を見て感銘を受け、映画制作に着手。合成などのトリック撮影を試みる。代表作『月世界旅行』（02）は、複数のシーンによって物語が成立する世界初のＳＦ映画。

12

エレン・テリー

一八四七年生まれ（一九二八年没）。女優。イギリス演劇を代表する女優の一人。シェイクスピア劇上演史においても重要な位置を占める。演出家ゴードン・クレーグの母。一六歳のときにジュリア・マーガレット・キャメロンによって撮影された肖像写真は写真史に残る。大甥（姉の孫）はイギリスを代表する名優ジョン・ギールグッド。

2 ドミニク・オーブレイ 対談／講義

映画と小説という異なった分野を横断して活躍したマルグリット・デュラス。彼女の映画作品の編集者として経験を積んできたドミニク・オーブレイは、編集とは作家と「長さ＝時間の感覚を共有すること」だと語る。映画史において、デュラスほど独創的な時間感覚を持った映画作家はいないだろう。「現在と過去の共謀は、まったくひどい商業映画になってしまう」と彼女が語っているように、デュラスの映画作品は映像と言葉＝エクリチュールそれぞれが自立した〈眼差し〉と〈声〉として現前し、観客を過去でも現在でもない、固有でありながら普遍へと通じる記憶の波間へと誘う。その形は監督であるデュラスと編集者オーブレイという他者同士が、互いの記憶や時間感覚を共有し合うことで生まれる編集作業そのものだといえないだろうか。

映画の持つ時間や音楽性を重視するオーブレイの感覚と姿勢は、こうしたデュラスとの共同作業によって培われた。二人の関係はやがてオーブレイの手による二つのデュラスの肖像へと結実する。彼女がこの監督作品を主観的な肖像であると断言し、客観的な「伝記映画」など存在しないと語るとき、そこにもまた現在と過去、声と眼差しを捏造し、安易に共謀させてしまう「映画」を拒否したデュラスの思考が反響している。オーブレイの言葉は、そうした思考と知覚、映画への批評精神こそが、編集者にとって必要不可欠な資質なのだと証明している。

ドミニク・オーブレイ｜Dominique Auvray

映画編集者・映画作家。マルグリット・デュラスと出会い、デュラス監督作品『バクステル、ヴェラ・バクステル』、(77)『トラック』(77)、『船舶ナイト号』(79)の編集でキャリアを開始。以後、フィリップ・ガレル監督『自由、夜』(83)、ヴィム・ヴェンダース監督『都市とモードのビデオノート』(89)、クレール・ドゥニ監督『キープ・イット・フォー・ユアセルフ』(91・オムニバス映画『フィガロ・ストーリー』中の短編)、ペドロ・コスタ監督『ヴァンダの部屋』(00)、諏訪敦彦監督『不完全なふたり』(05)など、先鋭的な映画作家の編集を数多く手がける。監督作品として『マルグリット・デュラス、あるがままの彼女』(03)、『デュラスと映画』(14)がある。彼女の作品はロカルノ国際映画祭をはじめ多くの映画祭で上映され、話題を呼んでいる。

Ⅱ-2 ドミニク・オーブレイとの対談　対談者＝筒井武文［二〇一七年七月一八日　通訳＝グエン・イラン］

共犯者としての編集者――マルグリット・デュラス、ペドロ・コスタ、クレール・ドゥニ

1　シネマテークの三銃士からデュラスとの出会い

筒井　限られた時間なので、編集について一つずつ聞くというよりは、より大きくドミニク・オーブレイさんと映画の関係についてお話しいただければと思います。例えば、子どもの頃は映画はよくご覧になっていたのでしょうか？

オーブレイ　私が子どものとき、映画は象徴的な時代でした。五歳のときにマルティーヌ・キャロル[1]主演の『女優ナナ』（55、クリスタン＝ジャック監督）という作品を見た覚えがあります。それはまったく子ども向けの作品ではないし、親は何を考えたのか子どもたちだけを映画館に放り込んでその作品を見させたんです。それ以外では、普段家族で映画を見に行く習慣はありませんでした。四人兄妹で当

然テレビもない時代だったので、いつも外で遊んでいたりしていました。テレビが出てきたのは私が一二、一三歳の頃です。

筒井　そうすると、子どもの頃は将来何になろうと思っていたのですか。

オーブレイ　当時、子どもたちは男の子は消防士、女の子は学校の先生を夢見ているような時代でした。そんな中で私が一五歳の高校一年生になったとき、二つ年上で哲学を専攻している三年生の男の子と知り合ったんです。私はちょっぴり彼のことが好きでしたが、彼は映画のことしか好きではありませんでした。それで私も映画を好きになっていったわけです。スタンダール[2]の言葉を借りれば結晶化作用があったんですね。

やがて私は彼と一緒にシネクラブをつくりました。当時は作品を自由に選べる環境ではありませんでしたが、アレキサンドル・アストリュック監督[3]の『女の一生』(58) を見せたことを覚えています。その頃から、たくさんの映画を見始めました。当時シネクラブにラ・ロシェル在住の西部劇映画専門家がいて、その人の影響もあっていろんな映画を見に行ったんです。西部劇に限らず、「ドラキュラ」などのホラー映画も見ました。しかし、やはり私にとって本当の意味で衝撃だったのは『気狂いピエロ』(65) でした。ゴダールの他の作品も心待ちにしていたのですが、ラ・ロシェルという街にはなかなか入ってこなかったのです。

やがて高校を卒業して、まだ一八歳になる前だったんですが、いろいろ考えてやっぱりイデック（現・フェミス、高等映画学院）に行きたいと親に相談したんですが、「そんな不真面目なことはやめなさい」と断られました。それでもやはり映画を見たいと思っていたので、そこでパリに行こうと考えたんです。私は語学の成績は良く、英語もスペイン語も主席だったので、パリにある翻訳や通訳の専門学校に行きたいと言いました。

それでようやくパリに行くことができたのです。パリでは語学の勉強をしているふりをしながら、シネマテークへ通う映画三昧の日々でした。シネマテークでは、いつもつるんでいる仲間たちがいました。ブリュノ・ニュイッテン[4]にパトリス・ルコント[5]、そして私が好きだったリュック・ベロー[6]です。彼ら三人に私を加えた、いわば三銃士ですね。

当時はあまりにも多くの映画を見すぎたせいか、ミケランジェロ・アントニオーニ監督の『愛と殺意（ある愛の記録）』（50）を緑色と赤色のカラー映画だったと記憶しているんです。本当は白黒映画だったんですけれど。夏になると、仲間同士で小規模の自主映画を一緒につくり、私は出演したりスクリプトもしました。

やがて語学学校を卒業して、今度こそ映画の仕事をすると決意していました。実はそのとき、すでにマルグリット・デュラスと一緒に仕事をしないかという提案をされたことがあったのですが、その仕事はギャラが出ませんでした。当時、私はある男性と一緒に暮らしていて、家賃などを支払わなければならず、ギャラが出ない仕事は断らざるをえなかったのです。まだ編集の仕事も始めたばかりでしたし、

『インディア・ソング』

当時はどんな仕事でも選ばずにやっていました。ちょうどその頃にジャン・ユスターシュとも出会って、彼がつくっていたアビニョン演劇祭に関するテレビニュース用の短い映像の編集もしました。そのようなテレビの仕事もしつつ、一本だけ長編映画の編集助手をしました。

ブノワ・ジャコ[7]とも友人でしたので、彼の監督作品の編集も手がけました。当時、彼のある作品のリミックス作業をしていたとき、同じスタジオで作業をしていたオーソン・ウェルズ[8]が突然現れたこともありましたね。水色のカシミヤコートを着て、葉巻を手にしていた彼のことは印象に残っています。その同じ時期に、ブノワ・ジャコはマルグリット・デュラスの『インディア・ソング』(75)で助手を務めていたんです。だから彼女もそのスタジオに出入りしていて、オープニング・クレジットを撮り直すために手伝ってくれる人を探していました。そこで彼に「マルグリットを手伝いなさい」と言われたのです。彼女は私の頬を撫でてくれて、そこから私たちの友情が始まりました。

このクレジットを手伝ったことが縁で、彼女の次作『バクステル、ヴェラ・バクステル』（77）の編集をやってくれないかと頼まれました。私はまだそのとき、長編の編集助手を一本手がけたことしかありませんでしたが、「やります」と二つ返事で引き受けました。当時二六、二七歳の頃です。それから

マルグリット・デュラス ｜ Marguerite Duras

一九一四年、フランス領インドシナ・サイゴン生まれ。一九三二年、フランスに渡り、翌年パリ大学法学部に入学。一九三九年、ロベール・アンテルムと結婚。一九四二年に子どもを出産するが、まもなく死亡。一九四三年、初の小説『あつかましき人々』を刊行。アンテルムとその友人ディオニス・マスコロと共に対独レジスタンス活動に参加。しかし翌年、アンテルムとその妹が逮捕され、ドイツの強制収容所に送られる。終戦後の一九四五年四月、アンテルムが帰還。後にアンテルムは収容所での体験を綴った『人類』（47）を刊行する。

一九五〇年、『太平洋の防波堤』で作家としての地位を確立。以後、『モデラート・カンタービレ』（58）、『ロル・V・シュタインの歓喜』（64）、『破壊しに、と彼女は言う』（69）など小説作品を発表。また、一九五九年にアラン・レネ監督の依頼を受け『ヒロシマ・モナムール（二十四時間の情事）』のシナリオを執筆。一九六〇年代後半から自身の監督による映画制作を始める。自身の小説を原作にした『破壊しに、と彼女は言う』（69）が単独での初監督作品。以後、『インディア・ソング』（75）、『ヴェネツィア時代の彼女の名前』（76）、『トラック』（77）、『アガタ』（81）など、言葉と映像の関係を探求した独創的な作品を発表。一九八四年にゴンクール賞を受賞した『愛人ラマン』は、ジャン＝ジャック・アノー監督により映画化（一九九二年）された。一九八七年にはジャン＝リュック・ゴダール監督との公開対話が収録。一九九六年、八一歳で逝去。

はデュラスの『トラック』(77)や『船舶ナイト号』(79)、バーベット・シュローダー監督の『ココ、言葉を話すゴリラ』(78)などの編集を手がけました。あるとき、フィリップ・ガレル監督の『自由、夜』(84)の編集作業をしていた頃に、彼の息子であるルイ・ガレルが生まれました。当時、私にも四歳の子どもが二人いたのですが、そこで彼は深刻な顔でこう言いました。「私たちの子どもが大きくなって、麻薬をやりたいと言い出したときにどうするのか、いまから考えないといけない」と(笑)。

2 編集は純粋に感情的かつ知的な活動

オーブレイ 編集に関して考える上で、私にとって非常に重要な人物がいます。マルグリット・デュラス、クレール・ドゥニ[9]、ペドロ・コスタ[10]の三人です。デュラスからは、編集が良くないと感じたら、それが「なぜ良くないのか説明しなさい」とよく言われました。つまり、自分の感じた思考を言葉に置き換える、表現するということを教えてくれたのです。同様にクレール・ドゥニも「説明してほしい」と常に言っていました。ヴィム・ヴェンダースとの出会いもあります。彼の『パリ、テキサス』(84)の編集を共同担当するという、プロデューサーであるアナトール・ドーマン[11]の無謀な提案がそのきっかけでした。この作品がカンヌ国際映画祭への出品が決まり、制作の途中から音声の編集を半分ほど手伝い始めたのです。それまでヴェンダースは、初監督作からずっと編集者であるペーター・プルツィゴッダ[12]と組んでいました。そこに突然見知らぬ若いフランス人がやって来ても、彼が承諾するはずはありませんし、私も担当するとは思いませんでした。

ペドロ・コスタとは『溶岩の家』(94) で初めて仕事を共にすることができ、とてもうれしかったです。彼はデュラスと同じように、編集者に自分の作品をすべて渡して任せます。任せられるのは、最終的に作品は自分たちの手元に戻ることが分かっているからです。彼とは知的な意味でとても近しい親密さを感じていたのですが、次作『骨』(97) ではプロデューサーであるパウロ・ブランコ[13]が私の参加を断ってしまいました。その理由はいまだに謎ですが、ある意味で彼は私に少し嫉妬していたのではないかと思います。それほどまでに、ペドロとは非常に神秘的で知的な関係を築くことができました。

短い期間でしたが、諏訪敦彦監督とも『不完全なふたり』(05) で一緒にお仕事をしました。大まかな編集は諏訪さんご自身が担当され、細かい部分を私がお手伝いしています。その後、私は大好きなイヴ・サンローラン[14]のドキュメンタリー映画『イヴ・サンローラン』(10) の編集に携わることができました。ピエール・トレトン監督と共に、膨大なアーカイブ映像を基に一年半を費やして素材を選択して完成させた大好きな作品です。その後はヴァンサン・デュートル監督[15]の『Orlando Ferito – Roland Blessé』(13)、そして『Viaggio nella dopo-storia』(15) という『イタリア旅行』(54) をリメイクした作品の編集を手がけました。オリジナル版ではジョージ・サンダース[16]とイングリッド・バーグマンが演じた男女が、本作では男性同士で演じられています。

近年ではワン・ビン(王兵)[17]監督との素晴らしい出会いもありました。そうした編集の仕事と同時に、フェミスをはじめとした映画学校で編集を教えながら、私自身の監督作品も制作しています。

筒井　ドミニクさんにとって、映画編集を始めたときに教わった先生というのはいらっしゃらないのでしょうか。

オーブレイ　誰かから教わったということはありません。実際に自分でフィルムを切り貼りしながら実践してきただけです。編集というものは学ぶものではないと思います。例えば、写真の技術やキャメラの使い方などは学べます。しかし、編集は純粋に感情的かつ知的な活動だと思いますので、それをどのように学べばいいのかと問われたときに、ただ「見ることを学びなさい」としか言えないのではないでしょうか。見ること、つまり「眼差し」を学ぶことはある程度できるかもしれません。

筒井　ドミニクさんのように、編集が職人技として継承されていくものではなく、やりたい人が自由にできるようになったのは、やはりフランスにおいてはヌーヴェル・ヴァーグ以降のことなのでしょうか？

オーブレイ　もともとフランスでは国立映画映像センター（CNC）[18]という組織があって、国内で映画の仕事をするためにはそこが発行する許可証が必要なんです。その条件として、研修を三回、長編作品のアシスタントを四回経験していなければいけませんでした。当時、私は研修を一回しかしていなかったのですが、マルグリット・デュラスは組織の代表者に抗議の手紙を出して、「今世紀最大の映画作品となる本作の編集に携わる人間に対して、許可証を断るのはスキャンダルだ」と烈火の如く怒りました。

それで代表者も彼女を恐れて、許可証を発行してくれたんです。まだ許可証を持っていないときは、許可証を持っている知人の名前を借りて編集をしたりもしていました。

3　映像の中にある「音楽性」

筒井　素晴らしいエピソードですね。ドミニクさんが編集者になった経緯がよく分かりました。やはりマルグリット・デュラスという、作家として素晴らしい方で、なおかつ映画監督としてもそれまでとはまったく異なる映画をつくる人と組んだことが、ドミニクさんのキャリアに非常に大きな影響を与えているのですね。

オーブレイ　仰る通りです。彼女とは個人的にも友人でしたので、キャリアだけではなく私の人生にとって大きな出会いでした。ブリュノ・ニュイッテンやリュック・ベロー、ブノワ・ジャコは彼女の映画の撮影やアシスタントをしていましたし、出身地や所属や派閥などとは関係なく、ただ仲間たちで一緒につるんで仕事を楽しんでいたというだけです。

筒井　デュラスの映画は映像と音の関係が独特だと思います。映像よりも音声の情報量の方が圧倒的に多い。

オーブレイ　私もそう思います。映画において、音声こそ重要だと思います。映像の中にある「音楽性」を見つければ、そこからいろいろな形に発展していきます。映画は映像も音声も共に「音楽」であるといえるのではないでしょうか。

例えば、ペドロ・コスタに比べるとマルグリット・デュラスの場合は、音声全般というよりも声や話し言葉というものに対して非常に大きな関心が払われています。一方で、ペドロ・コスタにとっては声や話し言葉以外の音もとても重要なものです。デュラスはもともと作家という言語畑から来た人間だったので、映画を撮る際にもまず自分の言葉を出発点にして、それがどのように映画になるのか、あるいはならないのか、その間で苦闘していました。

筒井　では、先ほど名前を挙げられた三人の中で、ペドロ・コスタ、マルグリット・デュラスに続くクレール・ドゥニさんとの編集で学ばれた映画性とは何でしょうか？

オーブレイ　クレール・ドゥニとの仕事は学ぶようなものではなく、共有や分かち合いという、非常に親密な友情と共犯関係にありました。しかし、ある時点から彼女は私と少し距離を置きたい、別の人と組みたいと言いました。それはお互いによく知っている人間ではない、彼女とは何の関係もない人間の新しい眼で自らを再発見されたい、常に瑞々しくいたいという気持ちが彼女の中に強くあったからだと思います。彼女とはいまでも友人ですが、もう一緒に仕事ができないということは私にとって大変苦しく、痛みを伴うものでした。その後、ペドロ・コスタと知り合ったことで、そうした辛い思いも自ずと消えていきましたけれども。ですから、携わった作品ごとにそのような感情がたくさん詰まっているのです。

筒井 さまざまな歴史が詰まっているのですね。私はブノワ・ジャコが大好きなのですが、彼との仕事はどうでしたか？

オーブレイ 彼と仕事を共にしたのはかなり昔のことですが、とてもスムーズに進んだ記憶があります。彼も私も撮影現場にいるのが好きなタイプで、シーンのデクパージュ（切り分け）がしっかりしていました。その切り分け方を見ているのは面白かったですね。ただ一般的にいえば、彼の作品は長い間何かが欠けていたような気がします。いまはもうそういう問題はありませんけれども。『肉体の森』（10）という作品がとても好きです。本当に優れた映画だと思います。彼の映画は柔軟性を持ちながら、しっかりと構成された部分もあり、その両面を併せ持っていますね。ただ、昔の作品を見返すと、私たちはとても大人しかったとも感じます。当時、もっと映画のために「蹴り」を入れた方が良かった。いま私がもう一度やるとすれば、大人しくもお利口でもない編集をすると思います。

4　編集者に対する怖れ

筒井　ドミニクさんは『気狂いピエロ』に影響を受けたというお話をされましたが、ゴダールと仕事する機会は訪れなかったのですね。

オーブレイ　残念ながらそういう機会はなかったです。彼と共に痛い思いをしたかったというのはあるかもしれませんが（笑）。

筒井　いまだにゴダールの中では『気狂いピエロ』が最高傑作でしょうか？

オーブレイ　『勝手にしやがれ』（60）、『女と男のいる舗道』（62）、『はなればなれに』（64）あたりも素晴らしいと思います。ゴダールについては、あるとき彼の作品を見返す機会があったのですが、そのとき思ったのは「結局、彼はそれほど偉大な映画人ではないのかもしれない」ということです。彼は若い女性に人気のある小品を撮っていたけれど、本当に偉大な映画人たちはアメリカにいるのではないでしょうか。例えば、エリア・カザン[19]やジョン・フォード[20]がそうです。私は一九六七年にパリに上京しましたが、その頃はもっぱらアメリカ映画ばかりを上映する劇場がありました。

筒井　そうなると、ぜひアメリカ映画も編集していただきたいですね。

オーブレイ　そうですね。そのような出会いがあればいいと思いますが、編集とは大変特殊な場です。例えば、映画監督というのは撮影監督に対しては非常にオープンで積極的に提案もします。一方で、編集者に対しては怖れの感情があるようです。なぜなら、編集は自分の内なる密かな部分を晒さなければならないからです。だから編集を担当する人間に対して、その仕事を評価し認めてくれる映画監督はとても少ない。その点でバーベット・シュローダーやマルグリット・デュラス、ペドロ・コスタたちは例外といえるでしょう。

時には編集者とは言葉も交わしたくない、自分の作品を盗られてしまう、というような感情を抱いている映画監督もいます。編集者はその作品の出来の良くない部分も見ながら、そういうものを超えたさまざまな取捨選択を経て映画を成立させなければならない。だから、自分の内なる部分を含めた作品の表裏すべてを見られているという感情が映画監督の中にはあるのではないでしょうか。私が自分自身の作品を撮るようになったのは、編集者として映画監督から受けてきたそのような多くの傷を癒すためだったのです。

筒井　いいお話ですね。最後に、ジョン・フォード監督の中で一番好きな作品を聞かせてください。

オーブレイ　『捜索者』（56）です。

筒井　どうもありがとうございました。

---

1 マルティーヌ・キャロル

一九二〇年生まれ（一九六七年没）。女優。一九四一年に舞台女優になり、四三年に端役で映画に出演。『浮気なカロリーヌ』（50）でセクシーな女優として売り出す。その後『夜ごとの美女』（52）、『女優ナナ』（55）、『歴史は女で作られる』（55）などに出演。

2 スタンダール

一七八三年生まれ（一八四二年没）。小説家・評論家。写実主義の代表的な文学者。代表作『赤と黒』、『パルムの僧院』の他に、自伝『アンリ・ブリュラールの生涯』など。恋愛論において、愛する人を想像力で美化してしまう心理的作用を結晶化作用といった。

3 アレキサンドル・アストリュック

一九二三年生まれ（二〇一六年没）。映画監督・批評家。批評家アンドレ・バザンと並ぶ、ヌーヴェル・ヴァーグの先導者。一九四八年、「レクラン・フランセ」誌にエッセー「カメラ＝万年筆、新しき前衛の誕生」を発表。作家が万年筆を使うように、映画作家はキャメラで書かねばならないと提唱。監督作品に『恋ざんげ』（52）など。

4 ブリュノ・ニュイッテン

一九四五年生まれ。撮影監督。フェミス教授。デュラスから高い信頼を受け、多くの作品に参加。デュラス監督『インディア・ソング』（75）、アンジェイ・ズラウスキー監督『ポゼッション』（81）、ジャック・ドワイヨン監督『ラ・ピラート』（84）、ゴダール監督『ゴダールの探偵』（85）などの撮影を担当。自身の監督作品に『カミーユ・クローデル』（88）などがある。

5 **パトリス・ルコント**

一九四七年生まれ。映画監督。バンド・デシネの漫画家、イラストレーターとして漫画雑誌社で働く。『リディキュール』(96)でセザール賞作品賞と監督賞を受賞。他に『タンデム』(87)、『仕立て屋の恋』(89)、『髪結いの亭主』(90)、ジャン=ポール・ベルモンドとアラン・ドロンの二八年ぶりの共演で話題を集めた『ハーフ・ア・チャンス』(97)、『メグレと若い女の死』(23)など多数。

6 **リュック・ベロー**

一九四五年生まれ。映画監督・脚本家。マルグリット・デュラス、アラン・ロブ=グリエ、ジャック・リヴェット、ジャン・ユスターシュらの助監督を務めた。クロード・ミレール監督『一番うまい歩き方』(76)、『なまいきシャルロット』(85)、『小さな泥棒』(88)の脚本を担当し、TV映画を中心に活躍。著書に『At Work with Eustache』などがある。

7 **ブノワ・ジャコ**

一九四七年生まれ。映画監督。マルグリット・デュラスが監督した『ナタリー・グランジェ(女の館)』(72)、『インディア・ソング』(75)で助監督を務める。『L'Assassin musicien』(75)で監督デビュー。主な監督作品に『肉体の学校』(98)、『マリー・アントワネットに別れをつげて』(12)、『エヴァ』(18)など。

8 **オーソン・ウェルズ**

一九一五年生まれ(一九八五年没)。監督・俳優。若い頃からニューヨークでラジオに出演し、舞台演出も手がける。一九三八年、ウェルズ原作『宇宙戦争』のラジオ・ドラマ化で全米をパニックに陥れたという伝説をうくる。その後、二六歳で『市民ケーン』(41)を監督・主演し、「ハリウッドの神童」と呼ばれた。『マクベス』(48)や『オセロ』(51)をはじめとしたシェイクスピア劇の傑出した映画化、『上海から来た女』(47)や『黒い罠』(58)などのキャメラワークなど、演出家としても後世に多大な影響を与える。二〇一八年、未完成作品『風の向こうへ』がNetflixで配信された。

9 **クレール・ドゥニ**

一九四六年生まれ。映画監督。ジャック・リヴェット、コスタ=ガヴラス、ジム・ジャームッシュ、ヴィム・ヴェンダースなどの助監督を務めた。『ショコラ』(88)で監督デビュー。『パリ、18区、夜。』(94)、『美しき仕事』(99)、『ハイ・ライフ』(18)、『愛と激しさをもって』(22)など、美しく先鋭的な作品を発表し続けている。

10 **ペドロ・コスタ**

一九五九年生まれ。映画監督。一九八六年に短編『ジュリアへの手紙』を監督。初長編作『血』(89)の後、『溶岩の家』(94)、『骨』(97)を発表し、ポルトガルを代表する監督の一人として世界的に注目される。『ヴァンダの部屋』（00）、映画作家ジャン＝マリー・ストローブとダニエル・ユイレ夫妻を撮った『映画作家ストローブ＝ユイレ　あなたの微笑みはどこに隠れたの？』（01）、『コロッサル・ユース』（06）、『ホース・マネー』（14）、『ヴィタリナ』（19）、『火の娘たち』（23）などを監督。著作に日本での講義を収めた『歩く、見る、待つ　ペドロ・コスタ映画論講義』（土田環編訳）がある。

11 **アナトール・ドーマン**

一九二五年生まれ（一九九八年没）。映画プロデューサー。フィリップ・リフシッツと映画製作会社「アルゴス・フィルム」を設立。アラン・レネ監督『夜と霧』（56）、『ヒロシマ・モナムール（二十四時間の情事）』（59）、ゴダール監督『男性・女性』（66）、『彼女について私が知っている二、三の事柄』（67）、ロベール・ブレッソン監督『少女ムシェット』（67）、大島渚監督『愛のコリーダ』（76）などを手がけた。

12 **ペーター・プルツィゴッダ**

一九四一年生まれ（二〇一一年没）。映画編集者。ヴィム・ヴェンダース、ハンス＝ユルゲン・ジーバーベルク、フォルカー・シュレンドルフ、ペーター・ハントケらの映画作品の編集を手がけ、一九七〇年代から八〇年代初頭にかけてのニュー・ジャーマン・シネマを支える。ヴェンダース監督『まわり道』（75）と『アメリカの友人』（77）でドイツ映画賞金賞を受賞。四〇年にわたり一〇〇本近くの映画を編集した。

13 **パウロ・ブランコ**

一九五〇年生まれ。映画プロデューサー。インディペンデント映画の製作、配給、興行で国際的に最も有名な人物の一人。ラウル・ルイス、マノエル・ド・オリヴェイラ監督と二〇年以上にわたるパートナーシップを結ぶ。他にシャンタル・アケルマン、ヴェルナー・シュレーター、アンドレ・テシネ、オリヴィエ・アサイヤス、シャルナス・バルタス、フィリップ・ガレル、マチュー・アマルリック、ペドロ・コスタ、ジョアン・セーザル・モンテイロ、ヴィム・ヴェンダースなどの監督作品を製作。二〇二一年、シネマテーク・フランセーズから二度目の栄誉賞を授与。

14 **イヴ・サンローラン**

一九三六年生まれ（二〇〇八年没）。ファッションデザイナー。ファッションブランド「イヴ・サンローラン」創業者。イヴ・サンローランを追ったドキュメンタリーであるピエール・トレトン監督作品『イヴ・サンローラン』（10）では、パートナーであるピエール・ベルジュの証言や貴重な映像が記録されている。

15 **ヴァンサン・デュートル**

一九六〇年生まれ。映画監督。映画制作活動と並行して、映画と現代美術の関係に焦点を当て、著書を出版し、ビデオやマルチメディアのインスタレーションを数多く制作。主な監督作品に『Leçons de ténèbres』（00）、『Bonne Nouvelle』（11）、『This Is the End』（23）など。

16
ジョージ・サンダース
一九〇六年生まれ（一九七二年没）。俳優。『勝鬨』（37）で注目され、ヒッチコック監督『レベッカ』（40）、フリッツ・ラング監督『マン・ハント』（41）、ジュリアン・デュヴィヴィエ監督『運命の饗宴』（42）などに出演。『イヴの総て』（50）でアカデミー助演男優賞を受賞し、シニカルで非情なキャラクターを得意とする俳優として異彩を放つ。

17
ワン・ビン（王兵）
一九六七年生まれ。映画監督。一九九九年から、中古のデジタルカメラで『鉄西区』の撮影を開始。二〇〇二年に五時間版の『鉄西区』がベルリン国際映画祭フォーラム部門で上映される。同作品は二〇〇三年に九時間を超える画期的なドキュメンタリーとして完成し、山形国際ドキュメンタリー映画祭最高賞をはじめ、ナント三大陸映画祭などで最高賞を獲得するなど国際的に高い評価を受ける。主な監督作品に『鳳鳴─中国の記憶』（07）、『三姉妹～雲南の子』（12）、『収容病棟』（13）、『苦い銭』（16）、『青春』（23）など。

18
国立映画映像センター（CNC）
フランス映画振興の中心的な役割を担う統括機関。文化省の監督下、映画業界の支援や労働環境の改善などに取り組む。戦後の一九四六年、フランス映画界の復興を目的に設立。企画開発から製作費予算の助成、配給やプロモーション助成、映画館運営も援助し、映画産業を支えている。二〇二二年に是枝裕和、諏訪敦彦、西川美和ら有志の映画監督が「日本版CNC設立を求める会」を設立。

19
エリア・カザン
一九〇九年生まれ（二〇〇三年没）。映画監督。舞台演出家として脚光を浴び、『ブルックリン横町』（45）で監督として本格的にデビュー。『紳士協定』（47）と『波止場』（54）で二度のアカデミー作品賞・監督賞を受賞。『欲望という名の電車』（51）、『エデンの東』（55）などで、マーロン・ブランドやジェームズ・ディーンらハリウッドスターを育てる。戦後アメリカの「赤狩り」では、ロバート・ロッセンらと共に転向と密告を強要された。

20
ジョン・フォード
一八九四年生まれ（一九七三年没）。映画監督。一九一四年、大道具係として映画界へ参入。『アイアン・ホース』（24）で監督としての地位を確立。トーキー以後もアカデミー監督賞初受賞作『男の敵』（35）、西部劇の古典『駅馬車』（39）、『荒野の決闘』（46）などを発表し、西部劇の神様と称される。一方で『怒りの葡萄』（40）や『わが谷は緑なりき』（41）など、社会派作品でも本領を発揮し、ハリウッドの巨匠として一時代を築く。

Ⅱ－2｜ドミニク・オーブレイ講義　司会＝筒井武文　パネリスト＝諏訪敦彦［二〇一五年六月二五日　通訳＝グエン・イラン］

映画が呼吸をするとき
――『マルグリット・デュラス、あるがままの彼女』『デュラスと映画』をめぐって

1　デュラス自身の言葉によって描かれた肖像画

筒井　これからドミニク・オーブレイさんをお迎えして、諏訪敦彦さんを交え映画編集に関する鼎談（ていだん）を行います。今日の大きな流れを申し上げますと、前半にマルグリット・デュラスに関する二本の映画についてオーブレイさんとデュラスの関係をお聞きし、後半では映画演出と編集の関係、つまり編集というものが映画の中でどのような役割を果たすのか、そのような話に進めていければありがたいなと思っております。

オーブレイさんが撮られた今回の二本の作品ですが、最初の作品が二〇〇二年、二本目が二〇一四年、つまり一二年の時を隔てて二本のデュラスに関するドキュメンタリー映画を監督として制作されました。

そこで、まずオーブレイさんとデュラスとの出会いや関係からお伺いしたいと思います。

オーブレイ　『デュラスと映画』(14)でも触れていますが、彼女とは一九七五年に編集室の外廊下で偶然出会いました。そのとき彼女は、ちょうど『インディア・ソング』(75)という作品の編集を修正しようと困っていて、誰か手伝える人を探していました。当時、私はブノワ・ジャコ監督の編集助手をしていたのですが、彼に頼まれてデュラスの手伝いをすることになったわけです。

それまで私は彼女の文学作品は一つも読んだことがなかったのですが、その後たびたび彼女から電話で連絡があり、ニューヨーク映画祭のために制作した短編の編集を手伝ったりもしました。やがて一九七六年か七七年に、当時、私は二六、二七歳でしたが、彼女から『バクステル、ヴェラ・バクステル』(77)という長編作品の編集を担当してくれないかと依頼されて、私にとって初めて長編映画の編集を務めることになりました。

以後も『トラック』(77)、『船舶ナイト号』(79)の編集を担当して、とうとうデュラスの最後の映画作品となった『子供たち』(85)という作品で、今度は監督助手を務めることになりました。ただその間も、彼女が映画を制作するたびに「いま撮っている作品を編集してくれないか」という連絡があったのですが、私が他の作品の編集で忙しかったり、スケジュールが合わなかったりして、すれ違うことがありました。そして歳月が経って、九六年にデュラスが亡くなります。なぜ彼女が私の人生の中でとても大切な人だったかというと、彼女は私に自分で考えることを教えてくれたのです。自分で考えて、その考えを言葉として述べられるようになったのは彼女のおかげです。

いま思い返すと子どもっぽいと思いますが、彼女と一緒に仕事をし始めた頃は、良くないと感じた事柄に対しては「これは良くない」とムッとした口調で言っていました。そんなとき、彼女に言われたのは「それがなぜ良くないのか説明してみて」という言葉です。編集の仕事というのはとても直感的なところがあって、そのような直感で感じたことを他人に説明するのは難しいのですが、編集者は阿吽の呼吸のような感覚を監督と一緒に共有しなければいけません。

一九九六年に彼女が亡くなった後、二〇〇〇年代の初め頃に、フランスとドイツ共同の公共テレビ局であるARTE（アルテ）の責任者だった私の友人が、このように語るデュラスについての話を気に入って「彼女についての映画をつくるべきじゃないか」と提案してくれました。ただ、最初は嫌だったのです。なぜなら、編集者としてデュラスの素晴らしい作品に携わることができたという自負があったので、あえて映画監督という逆の立場でそういった戦場に参入するのは怖かったからです。とはいえ、結局は決心をして『マルグリット・デュラス、あるがままの彼女』（03）という作品をつくりました。これは友人でもあった彼女の肖像画を描こうとした作品です。そのために、「彼女自身の言葉しか使わない」という方針を決めました。人に取材をして、インタビューという他人の言葉で彼女を語ってもらうことは絶対にしたくなかったのです。第三者による語りには、必ず嘘が入ってくる。そうであるならば、私が彼女と一緒に語りあったさまざまな話題、女性や子ども、キッチンの家事から共産主義に至るまで、彼女自身の言葉そのものを映画の対象にしようと思いました。

『マルグリット・デュラス、あるがままの彼女』

やがて編集を終えようという段階で、私自身とても気に入っていたけれど、結局、本作では使わなかった一つの映像的資料がありました。それは彼女がジャン＝ピエール・メルヴィル監督[1]と対決している場面です。そこで、その資料を生かすために二作目の監督作品となる『デュラスと映画』（14）というドキュメンタリー映画のシナリオを書いたわけです。当時はそれと並行して、日本の春画を題材にした作品のシナリオのために京都に五カ月滞在したこともありました。ただ、この作品は資金面でなかなか予算が集まらないために、いまだに実現していません。

その後、二〇一三年にある友人が『デュラスと映画』の脚本をたまたま読んで気に入ってくれて、「私がプロデューサーを務めるので、予算を集めてつくりましょう」と声をかけてくれました。二作目である本作を貫き、成立させている大きな要素はブリュノ・ニュイッテンとブノワ・ジャコという二人の証言です。昨日、東京日仏学院の映画プログラム主任である坂本安美さんが「ジャン・ルノワール[2]が《Elena et les Hommes（エレナと男たち）》という作品［邦題『恋多き女』（56）］を撮ったけれど、この作品は『マルグリット・

デュラスとお友達』じゃないか」というふうに、マルグリット・デュラスに置き換えて指摘してくださいました。

一九九六年にマルグリット・デュラスが亡くなった後、「カイエ・デュ・シネマ」誌にニュイッテンとジャコの二人による追悼文が掲載されました。二作目に着手したとき、私は各々がデュラスとの関係を振り返ったそれらの文章を、キャメラの前で俳優に演じ読み上げてもらうという選択をしました。メルヴィル・プポー[3]という俳優がブリュノ・ニュイッテンに、そしてナウエル・ペレーズ・ビスカヤート[4]という俳優がブノワ・ジャコに扮したのです。撮影に際してはレンブラント[5]の『黄金の兜の男』という肖像画や日本の文楽を参考にしました。さらに言えば、テキストそのものを画面に出したかった。俳優には画面に映る文章を読み上げてほしかったのです。

2　激しさと親密さ、メルヴィルとの対決

諏訪　一本目の『マルグリット・デュラス、あるがままの彼女』は以前に見せていただいたのですが、今日初めて『デュラスと映画』を拝見して、かなり強い印象を受けました。まだ整理がつかないのですが、その強さって何だろうかと考えたときに、最初の映画に関してはドミニクさんの視点を通したデュラスという人のポートレートに徹しているのではないかと思います。例えば、デュラスとゴダールとの対談はいろいろな内容があるけれど、あの笑っているところだけを使っている。「ゴダールも笑うんだ」

と思いましたが、おそらくそういうところを見せたかった。そこから見えてくるデュラスという人が印象に残ります。さまざまな年齢の彼女がモンタージュされていて、それはピュアな昔の彼女であったり、年を取った彼女であったりする。そういう身体的なものから、ある印象が浮かび上がってくるように構成されている気がします。

二本目の『デュラスと映画』に関しては、先ほど仰ったように、テキスト、言葉というもの自体が非常に強く残ってくる。メルヴィルとの対決がありましたが、そこでは外見的、身体的に笑っているというよりはもっと激しいもの、デュラスが映画についてどのように闘ってきたのか、そのとき彼女の中でどういうことが起きていたのかが、非常に激しいものとして迫ってくる気がしました。

諏訪敦彦—すわ・のぶひろ

一九六〇年広島県生まれ。映画監督、東京藝術大学大学院映像研究科教授。東京造形大学在学中から山本政志や長崎俊一らの作品にスタッフとして参加。一九八五年、在学中に制作した『はなされるGANG』が第八回ぴあフィルムフェスティバルに入選。大学卒業後はテレビのドキュメンタリー番組を多数手がける。一九九七年、『2／デュオ』で商業デビュー。同作はロッテルダム国際映画祭やバンクーバー国際映画祭などで賞を獲得。以後、『M／OTHER』(99)でカンヌ国際映画祭国際批評家連盟賞受賞。二〇〇五年制作の『不完全なふたり』ではロカルノ国際映画祭で審査員特別賞と国際芸術映画評論連盟賞を受賞。その他の長編監督作に『H Story』(01)、『ユキとニナ』(09)、『ライオンは今夜死ぬ』(17)、『風の電話』(20)などがある。

オーブレイ　ただ、その彼女の激しさは編集室の中には一切ありませんでした。私たちは映画をつくっていたのであり、編集室で映画について語り合うことはなかったのです。映画に出てくる発言は私に話してくれたことではなく、映画評論家のセルジュ・ダネー[6]やブノワ・ジャコなどに対して彼女が発言したことであり、より知的な関係を持っていた相手に語ったことです。

一方で、私と彼女の関係はそのような知的な関係ではなかったように思います。何と形容すればよいのか分かりませんが、私たちは実際に編集の作業をしながら、いろいろと見て感じ取り、前に進む必要がありました。ある映画評論家は彼女の映画を「私的なトランス映画」と書いていますが、仮にそうだとすれば、私たちはそうした「私的なトランス」をつくり上げ、形にしていく必要があったわけです。言い換えれば、作業の真っただ中にいるときには、それを外側から語ることはできないということです。諏訪さんもご存じのように、監督と編集作業をしている現場では内側にいて、映画が完成してから、あるいは他人の目に触れて初めて外側から語ることができるようになる。つまり、別の時間になるのです。

本作をご覧になる皆さんにとって、私が感じた距離感や失笑といったものの意図をどの程度読み取っていただけるかは分かりません。例えば、彼女が「映画との関係は殺し合い」と発言すると、私は笑ってしまうのです。フランス語では比喩として、大袈裟な演技のことを「映画をつくっている」というふうに言うことがありますが、『デュラスと映画』というタイトルには「デュラスが演技をしている」という、もう一つの意味も込められているのです。

諏訪　デュラスが映画について語っている言葉で印象的なのは、「何々についての映画というものはもうないんだ」ということころです。「共産主義の映画」とか「何々についての映画」というものは、もうつくる必要がないと。「もう何もないということにおいて映画をつくる」という発言をして、それは非常に絶望的な言葉だけれども、その一方で映画を撮っているときはとても楽しそうに見える。ドミニクさんと二人で『トラック』の編集について話をするときも、一緒に映画をつくった仲間同士、家族のような親密さの中で映画が撮られていることが映っている。撮影を含めた映画づくりという環境の中には、絶望というよりもう少し親密なものがあったんだろうなということが、この映画を通して分かります。でも逆にいうと、そうしたものがあるからこそ映画というものにここまで激しく、そういう思考を持って映画をつくっていたということが言葉からは感じられる。そのギャップのようなものが非常に印象に残っています。

筒井　皆さんお分かりと思いますが、先ほど名前の出たブリュノ・ニュイッテンはデュラスのキャメラマンです。ブノワ・ジャコはデュラスの助監督をしていた、非常に繊細な映画を撮るフランスの監督。デュラスは映画の前に小説家だったので、デュラスと映画の関係はまず映画の原作者、それから脚本家、そして映画監督になるわけです。監督になったら、これが賛否両論を呼ぶ映画になった。

先ほどのメルヴィル監督とのやり取りというのは、フランスだとよく封切りのときに、その映画に関してテレビが特集を組んで論争したりしますが、おそらくテレビ番組ですかね。メルヴィル監督はゴダールのデビュー作『勝手にしやがれ』で小説家の役で登場して、ゴダールがオマージュを捧げている。一方でそれとは対照的に、『デュラスと映画』ではやや保守的な監督として登場するわけです。ドミニクさんも、あの場面はこの映画の中でのポイントとして取り上げていらっしゃると思うのですが。

オーブレイ　メルヴィルは背が高いし体も大きく、いつも帽子を被ってサングラスをかけています。いわば「偉大なる映画人」という風体をしていて、その彼が一五〇センチで三〇キロしかない小柄なデュラスに対して上から目線で語っている。この状況が可笑しくて、もう笑ってしまいます。ただ、彼女は思いのほかしぶとくて、とうとう「偉大なる映画人」の痛いところを責め始める。そうすると、彼の方は途中でサングラスを外してしまう。この二人の対決は大変に愉快で気に入っています。彼女がメルヴィルの作品を好きだったのは確かですが、映画人ではなくあくまでも文学者として扱われている。にもかかわらず、彼女の方はユーモアを持って彼に対応しています。その一方で、メルヴィルからはユーモアを感じられません。

筒井　あのシーンが面白いのは、ゴダールを介して『勝手にしやがれ』で小説家を演じていたメルヴィルと小説家で映画作家であるデュラスの対決になっている一方で、後半では先ほど諏訪さんも仰っていたように、彼女とゴダールとの対話が尊敬し合っている二人という共感の関係で登場してくる。そのあたりの構成はかなり狙っていらしたと思うのですが。

オーブレイ　先ほどご説明した通り、まず最初にインタビューは行わないという意図がありました。そして資料としてのアーカイブ映像があり、ニュイッテンとジャコの文章があった。また、私の文章もありましたので、私自身も彼ら二人と同じように、真っ白なフレームの中で真っ白な衣装を身につけて、俳優が演じる登場人物として出演しようかと思ったこともあります。そのような意図はありましたが、編集作業の中で、いまご指摘されたような狙いはありません。

知り合いやいろいろな方に意見を聞いて相談したり、外部の眼差しを参考にしたりすることはありますが、編集が終わって作品が完成した瞬間の認識や、なかなかうまくできないという感覚は、もっと直感的なものです。そのような認識や感覚をデュラス自身は「本が自分の中にある」という言葉で表していましたが、私もまた作業をしている中で、ちょうど作品が「正しい形」になったことを感じるのです。だから、作業中にそのような分析的な思考や狙いはありません。

そして実はこのような点にこそ、いわゆるドキュメンタリー映画とフィクション映画との境界があると思います。皆さんご存じかと思いますが、フレデリック・ワイズマン[7]監督は「ドキュメンタリー映画とはシナリオが編集作業の段階で書かれる映画である」と言い残しています。諏訪監督はよくご存じかと思いますが、逆にフィクション映画を撮るのは「Aという点からBという点を目指していく」というようなことだと思います。A点からB点へと進めるために撮影をする中で、背景や衣装、人物やシチュエーションに台詞など、さまざまな意図がはっきりしていなければならない。それ自体は自分なりに世界の秩序をつくり上げる、とてもワクワクするようなものです。一方でドキュメンタリー映画は自分がいまどこに立っているのか、対象に対する自分の立ち位置と、観客に見せたいものに対して自分はどこに立っているのかということだけが分かっている。ほとんどそれだけで、後はどうなるのかは分からないと思います。

3　映画の表情は数コマで変わる

筒井　『不完全なふたり』で諏訪さんはドミニクさんと共同作業をなさっています。まず、そのときのドミニクさんの編集に関して体験を語っていただけないでしょうか。

諏訪　ドミニクさんから連絡をいただいて、パリのカフェでお会いしたのが最初の出会いだと思います。私はまだドミニクさんがどのような方か知りませんでした。

オーブレイ　私も定かではありませんが、編集を担当したペドロ・コスタ監督の『ヴァンダの部屋』を諏訪監督がご覧になって、お声がけいただいたような記憶があります。そのときに「一緒に仕事ができないものか」というような話をしたのではないでしょうか。私は諏訪さんの作品を拝見して高く評価し、尊敬していましたので、どのような成り行きだったのか覚えてはいませんが、自然な形でカフェのフロアでお目にかかりました。

諏訪　『不完全なふたり』のときに一緒に作業したのですが、最初から編集をしっかり一緒にやったというよりも、最後の仕上げの一週間ほどをドミニクさんと二人で編集しました。国内で私と妻の二人で編集と全体の構成をほぼ終えた段階でフランスへ持っていったので、本来の構成や編集上の葛藤のようなものはすでに終わっていたのです。

構成が大きく変わることはありませんでしたが、「各ショットの前後を少しずつ編集し直してもいいか」、「この繋ぎで良いのだけれど、私なりに切るポイントを少しずらしてもいいか」というやりとりはありました。例えば、俳優がカットの最後の方で瞬きをすると、瞬きをした後の間がもう数コマほしいとか、そのようなことだったと思います。構成はほとんど変わらないのに、そのような小さな変更が施された後で映画全体の表情が変わる。あれは何と形容していいのか分かりませんが、作品の表情や艶といったものが変わってくる。そういうことは初めて経験しました。

オーブレイ　やっぱりそれが映画ですね。諏訪さんも大変編集の優れた方です。そのときの作業について言えることは、作業をしながらいろいろなことが見えるだけではなく、聞こえてきたのです。諏訪監督にとっては母国語でない言語で撮影された作品ですが、私にとっては母国語でしたので、そこには当然のように違う捉え方があります。微妙な言葉のニュアンスや、言葉によって反映される演技のニュアンスなどによって、登場人物やキャラクターが話しているのではなく、「これは俳優が演じているな」という印象に変わる瞬間があった。そうした言葉と演技の距離で感じ取れる、最も小さなレベルをいろいろと調整しました。

筒井　ドミニクさんが藝大に来ていただくのは今回で三回目ですが、本校の編集領域の学生の作品も編集をご指導いただいたことがあります。当然それは日本語の作品で、字幕も付いていないので何を喋っているのか分からないはずなのに、ドミニクさんの「ここは要らない」あるいは「ここはもっと伸ばした方がいい」という指摘が非常に的確なんです。これは諏訪さんの場合とは逆の例ですが、言葉が分からなくても、おそらくドミニクさんはその素材を見て映画を理解されている。

オーブレイ　ただお断りしておきますが、諏訪監督が編集されたものは非常に優れたもので、フランス語であっても俳優たちがやっていることを的確に編集されていました。私がお手伝いできたところは、元の細部でいくつかあった程度です。

諏訪　例えば、ペドロ・コスタ監督の『あなたの微笑みはどこに隠れたの?』(01)でストローブとユイレの二人がある繋ぎの一コマを探すために編集をしている。どこで繋ぐのか、どこで切るのか。そのときに「微笑みがあったはずだ」「いや、そんなものは映っていない」という二人のやり取りがあって。どこで繋ぐかというのは、本当に数コマの問題。しかし、その数コマの問題が実は映画全体に常に響いているということは、言葉では分かっていたけれど、ドミニクさんとの編集で「本当にそうなんだ」ということを実感しました。

4　映画の呼吸、あるいは音楽性の感覚

筒井　先ほど、ドミニクさんがデュラスの映画を体験したときに「呼吸をしなければいけない」、つまり映画が呼吸をしていることが大切なのだということを仰っていたと思います。編集の良し悪しを言葉で語るのはとても難しいですが、「映画が呼吸をする」ということをもう少し具体的な言葉で語っていただくことは可能でしょうか。

オーブレイ　なかなかこれ以上は言えないような気がします。ただ、あくまでも私見ですが、映画監督と編集者がうまく共同作業に成功した場合には、そこでお互い身体的に何かが共有されたということになるのです。それをあえて「呼吸」、つまり一緒に呼吸できるというふうに言葉にしたわけです。それはどういうことかというと、時間的な「長さ」の感覚やその捉え方の認識を共有することです。

当然ですが、長さというものは客観的に存在するものではなく、主観的に感じ取るもので、同じ長さのカットがある人にとっては長く感じることもあれば、別の人にとっては短く感じることもあります。その感覚や認識を共有することはとても難しい。ですから、監督と編集者はそうした長さの感覚、あるいは音楽性の感覚ともいうべき要素を基準にしてお互いを選ぶのではないかと思います。

諏訪　例えば『トラック』の最初の編集のときは、テーマごとにバラバラにしてしまって、それを構成しようとして大失敗したと仰っていましたね。

オーブレイ　『トラック』のとき、マルグリットはまず最初にストーリー展開の順番通りに継続性を守って撮影しようと思っていました。撮影を担当したブリュノ・ニュイッテンは、当初、小柄な女性を演じる女優を探したけれども誰も見つからなかったので、結局デュラスが自分でやることを思い立ちました。それで従来のフィクション映画の撮影通りにトラックを用意して、それを実際に撮影し始めたのですが、彼女はキャメラを鎖で止めていることを非常に嫌っていました。鎖の音が嫌いだったようです。

そこで次に、ジェラール・ドパルデュー[8]と彼女がトラックのハンドルを見立てた丸いテーブルを囲んで、「こういう行動をしたら、こうなったかもしれない」という子どもの遊びを始めました。これはフランスで子ども同士がさまざまな物語を考えるときに使う条件法の遊びですが、そのようにしてドパルデューと彼女がそれぞれ台詞を言い合いながらできあがったシナリオを、彼女が書いた順番に撮影していきました。その後、テーブルのある室内の場面をすべて撮影し終えたところで、今度は道路や畑などの屋外の場面を撮影しました。

それをなぜか映画自体が自然に求めていたような構成ではなくて、「第一章　共産主義」「第二章　社会」「第三章　労働者」というふうに無理やり章ごとに分けていったのです。私たちは自分たちの頭の良さに心酔して、勝手に「素晴らしい」と自己満足していたというわけですね。そして試写を行ったのですが、もう悲惨なものでした。その自分たちの愚かさを晒した試写を二人しか見ていなかったのは不幸中の幸いでした。試写後、編集室に戻って一人のアシスタントの女性が一週間かけて、つくり上げた編集をすべて白紙にして順番通りに元の状態に戻しました。もちろん当時はパソコンなどのデジタル編集以前の時代でしたので、カットごとに繋げてあるフィルムを解いてまた元の位置に戻すという、大変時間のかかる作業が必要だったわけです。先ほどのお話に戻りますが、そこに至ってようやく、映画の呼吸、映画の必要としている呼吸を自由にさせることができたのです。

筒井　いまのお話を伺って、質問に対する結論が出たような気がします。では、皆さんからドミニクさんに質問をされたい方がいましたら挙手してください。

質問者1　諏訪監督の『不完全なふたり』の編集をされたときに、俳優が「俳優」に戻ってしまったところをカットしたということを仰っていましたが、そのように観客が映画を見ていて「私は俳優が演じているのを見ている」ということに気づいたり、映画に没頭していたけれど「自分はいま映画を見ている」という異化効果のようなものを編集で意図的に起こしたり、コントロールしたりすることはあるのでしょうか。

オーブレイ　私の場合は意図的な措置として、編集の立場でそのようなギャップを設けるような場面に立ち会ったことはありません。

諏訪　それは編集意図や演出です。例えば、ゴダールの『女と男のいる舗道』(62)で娼婦になったナナが通りを歩くというワンショットがあります。よく見ると、用意、スタート、アクションの前まで残している。つまり俳優がゴダールの声を待っていて、ただ立っているのが見える。ほんの一瞬、数コマです。その後で、俳優が歩き始める。それは編集で意図的に残しているわけです。

つまり、いま指摘があったように「あれは芝居だよね」、「これは映画を撮っているんだよね」、「彼女はこれから演じるんだよね」ということを残して見せている。これは俳優であるアンナ・カリーナにとっては裏切りです。ゴダールによる小さな裏切り。これを編集者の一存でやることはできません。もしこっそりやったとしたら、監督に対する裏切りになる。だからほとんどの映画においては、それを隠そうとしている。それを「見せてはいけない」というふうにしている映画がほとんどで、デュラスはそれをいわゆる「再現的な映画」と呼んで徹底的に批判しています。「そんなものをつくる必要はない」

と言っている。だから、それは作家や演出家が考えていることだと思います。ただ、あるときにはそれが必要な場合がある。それを見せなければいけない、それをあえて見せてしまうということをやろうとする映画もあれば、ほとんどの映画はそれを隠そうとしているんだという、それだけのことです。

5　客観性の存在しない「伝記映画」

質問者2　デュラスの映画や小説を語るときにヤン・アンドレア[9]、彼女と一六年間一緒に過ごした男性の存在が重要になってくると思うのですが、二つの映画の中では最初の夫であるロベール・アンテルム[10]やディオニス・マスコロ[11]と比べてあまり語られていないように思います。それはオーブレイさんの意図なのか、またはキャメラの前ではあまり語ることがなかったのでしょうか。

オーブレイ　意図的に取り上げておりません。彼も今や亡き人ですけれども、あえて取り上げませんでした。

質問者2　それはなぜですか。

オーブレイ　お答えすることはできません。

質問者3　男性に関することは言えないと仰いましたが、伝記映画である人物のことを伝える映画を撮るとき、その人のことをすべて語らなければいけないことはないと思いますが、その人物についての客観的な情報や知識がたくさんある中で、どのようにまとめて主題をつくっていけばよいのでしょうか。

オーブレイ　まずお断りしなければならないのは、私の映画が「伝記映画」であるつもりはまったくありません。一人の人間の辿った道であるとか、生まれてから死ぬまでの人生であるとか、そのような断面的に取り上げることと私の映画とは意味が全然違うと思います。デュラスのことを取り上げる以上は、デュラスと私との関係を語らなければならない。結局のところ最終的に突き詰めれば、何らかの意味で自分のことを語っているような気がします。どちらの映画にもまったく客観性というものが存在しないのではないでしょうか。一方で、どちらの映画にもまったく嘘はないと思います。

ロベール・アンテルムに触れることにしたのは、非常に重要な人物であるからです。彼は自らの強制収容所体験に基づいた『人類』という本を出しています。またディオニス・マスコロを取り上げたのは、彼がマルグリットの息子ジャン・マスコロの父親だからです。それ以外にマルグリット・デュラスの愛人のリストを作ろうなど、もうきりのない話で意味もないと思います。なぜやらないのかというと、個人的に単に興味がないからです。

質問者4　私はいま映画編集の助手をしています。日本では男性の編集者の方が多いですが、助手は女性が増えてきている。そこでフランスでは女性の編集者はどのぐらいいらっしゃるのかということと、女性が編集をしていて良かったなと思えるようなことがあれば、今後の励みとして伺いたいです。

オーブレイ　男性と女性の編集を比べて、どちらが良かったというのはなかなか言えない気がします。そういった性別に基づいた出来事については何とも言えません。言えるのは、フランスでも女性の映画の編集者は多いです。なぜなら、フランスでは昔から現像所で女性の労働者がフィルムを繋いでいたという長い歴史があるからです。

筒井　ドミニクさん、素敵な映画とお話、どうもありがとうございました。

1 **ジャン゠ピエール・メルヴィル**
一九一七年生まれ（一九七三年没）。映画監督。『海の沈黙』（49）で長編映画監督デビュー。その後の監督作品に『恐るべき子供たち』（50）、『いぬ』（62）、『ギャング』（66）、『サムライ』（67）などがある。低予算、少人数のクルー、ロケ撮影中心というミニマムな製作体制はヌーヴェル・ヴァーグの監督たちに大きな影響を与えた。

2 **ジャン・ルノワール**
一八九四年生まれ（一九七九年没）。映画監督。オーギュスト・ルノワールの次男として生まれる。一九二四年に父の遺産で映画プロを設立、モデルでもあった妻のカトリーヌ・ヘスリングを主役に据えた『カトリーヌ』（24）を撮る。その後『どん底』（36）、『大いなる幻影』（37）、『獣人』（38）、『ゲームの規則』（39）など傑作を発表した。一九六〇年代からはＴＶにも進出。ＴＶドキュメンタリー「われらの時代のシネアスト」シリーズでは、ジャック・リヴェット監督による『現代の映画作家　ジャン・ルノワール』（66）がある。

3 **メルヴィル・プポー**
一九七三年生まれ。俳優。一〇歳のとき、ラウル・ルイス監督『海賊の町』（83）でデビュー。エリック・ロメール監督の『夏物語』（96）のガスパール役で鮮烈な印象を残す。以後、フランソワ・オゾンやアルノー・デプレシャン、ゾエ・カサヴェテスらの監督作品に出演。主な作品に『ぼくを葬る〈おくる〉』（81）、『ブロークン・イングリッシュ』（07）、『わたしはロランス』（12）、『それでも私は生きていく』（22）などがある。

4 **ナウエル・ペレーズ・ビスカヤート**
一九八六年生まれ。俳優。ブノワ・ジャコ監督『肉体の森』（10）、ロバン・カンピヨ監督のカンヌ国際映画祭グランプリ受賞作品『BPM ビート・パー・ミニット』（17）で世界的な脚光を浴びる。他の出演作品に『天国でまた会おう』（17）や、イザベル・ユペールと共演した舞台『ガラスの動物園』（20）などがある。

5 **レンブラント・ファン・レイン**
一六〇六年生まれ（一六六九年没）。画家。バロック絵画を代表する画家の一人。明暗表現を用い、人間の深い精神性を表現。肖像画、宗教画、風景画などをエッチング、素描にて描く。代表作に『テュルプ博士の解剖学講義』、『自画像』、『夜警』など。

6 **セルジュ・ダネー**
一九四四年生まれ（一九九二年没）。映画評論家。一九七四年から八一年まで、セルジュ・トゥビアナと共に「カイエ・デュ・シネマ」誌の編集長を務める。「リベラシオン」誌などに映画評、テレビ評、社会時評などを執筆。晩年にはＴＶのイメージを通じて新たな批評理論の発展に寄与した。

7

フレデリック・ワイズマン

一九三〇年生まれ。映画監督。初監督作品『チチカット・フォーリーズ』（67）以来、「現代社会の観察者」として六〇年近くにわたり、学校、病院、警察、軍隊、裁判所、図書館、議会など、アメリカのさまざまな施設や組織を撮影。『高校』（68）、『基礎訓練』（71）、『ボストン市庁舎』（20）、『至福のレストラン／三つ星トロワグロ』（24）などのドキュメンタリー監督作品は四〇以上を数える。

8

ジェラール・ドパルデュー

一九四八年生まれ。俳優。『バルスーズ』（73）で注目を集め、以後数々の映画賞を受賞。フランスを代表する俳優としての地位を確固たるものとする。出演作品にブリュノ・ニュイッテン監督『カミーユ・クローデル』（88）、『シラノ・ド・ベルジュラック』（90）、『ゴダールの決別』（93）、クロード・シャブロル監督『刑事ベラミー』（09）など多数。二〇一三年にロシア国籍を取得し、話題を呼んだ。

9

ヤン・アンドレア

一九五一年生まれ（二〇一四年没）。作家。一九八〇年から九六年までマルグリット・デュラスの最後の伴侶となる。一九八三年、デュラスの入院と闘病生活を描いた『マルグリット・デュラス』で作家デビュー。『デュラス、あなたは僕を（本当に）愛していたのですか。』（99）は、ジャンヌ・モローがデュラスを演じた『デュラス 愛の最終章』（02）によって映画化された。

10

ロベール・アンテルム

一九一七年生まれ（一九九〇年没）。詩人・作家。一九三九年に植民地省で秘書として働いていたマルグリット・デュラスと結婚。第二次世界大戦中、ナチスによる占領下のフランスでデュラスとアンテルムは対独レジスタンス活動に参加。一九四四年、ゲシュタポにより逮捕。ドイツ国内のブーヘンヴァルト強制収容所、ついでダッハウ強制収容所に連行された。一九四七年に強制収容所での出来事を綴った『人類』を出版。

11

ディオニス・マスコロ

一九一六年生まれ（一九九七年没）。文芸編集者・作家。ナチス占領下のフランスで、マルグリット・デュラスと夫ロベール・アンテルムと共に対独レジスタンス活動に参加。終戦後の一九四七年、アンテルムと離婚したデュラスと結婚し、息子ジャンをもうける。アンテルムとマスコロの関係を綴ったデュラスの手記『苦悩』（85）は、『あなたはまだ帰ってこない』（17）として映画化されている。

3 サビーヌ・ランスラン 講義

二〇〇〇年代以降、世界最高齢の映画作家にして最高峰の作品を次々に発表していったマノエル・ド・オリヴェイラの撮影監督を務めたサビーヌ・ランスラン。構図や色彩、光の変化を緻密に計算して撮られたショットや彼女の言葉からは、撮影における「厳格さ」が伝わってくる。映画は現実を取り入れるものではなく、逃れるものだという彼女の言葉は、映画＝イメージと現実の間には超えられない一線があることを示している。厳格であるとは、撮影によっていかにその一線を画すか、つまりは映画言語に対する厳格さに他ならない。幅広い監督たちと組んできたランスランの撮影は、そうした一線を画すための苦闘の記録でもあるだろう。

だが、映画言語の厳格さは映画が明白であることを意味しない。ランスランが撮影を担当したシャンタル・アケルマン監督『囚われの女』において、「夢の女」であるアリアーヌを愛し求め、彼女のすべてを知ろうとするシモンにアリアーヌは言う。「知らない部分があるから愛せる」のだと。見せず、見えない余白に魂と詩情は宿る。ランスランが語る撮影術からは、映画の魔法が生まれる秘密が垣間見えてくる。

サビーヌ・ランスラン | Sabine Lancelin

一九五九年、アフリカ生まれ。撮影監督。フランスの女性撮影監督の第一世代に属する。常にインディペンデント映画を支持し、独創的で質の高い映画を積極的に擁護してきた。一九八〇年代より、アシスタントやオペレーターとしてエリック・ロメール監督『友だちの恋人』(87)や、ラウル・ルイス監督『見出された時――「失われた時を求めて」より――』(99)などに参加。その後、マノエル・ド・オリヴェイラ監督『家路』(01)、『夜顔』(06)、『コロンブス　永遠の海』(07)、『ブロンド少女は過激に美しく』(09)、『アンジェリカの微笑み』(10)をはじめ、シャンタル・アケルマン監督『囚われの女』(00)や俳優ミシェル・ピコリの監督作品『黒い海岸』(01)などで撮影監督を務める。他にもアラン・ギロディ、マリー゠フランス・ピジェ、ジョジアーヌ・バラスコ、ジョアン・ヴィアナといった多彩な監督たちと組んでいる。フェミスの撮影科学科長。また山形国際ドキュメンタリー映画祭二〇一九ではインターナショナル・コンペティション部門の審査員を務めている。

II-3 サビーヌ・ランスラン講義　司会＝筒井武文［二〇一九年一〇月一八日　通訳＝グエン・イラン］

映画という言語への確信──『私たちの狂気』と『アンジェリカの微笑み』をめぐって

1　アフリカの痛みと詩情

筒井　『私たちの狂気』（18）はとても不思議な映画であり、すごい傑作だと思いました。こんな映画は見たことがありません。一見するとアヴァンギャルド的な表現の映画に見えますが、一つひとつのショットの完成度やイメージが充実しきっている。本当はそのショットを一つずつ、何を見せているのかをお聞きしたいのですが、それをやっていたら時間がいくらあっても足りません。ですから、徐々にこの映画の謎が解明していけばいいなと思っています。まず、ヴィアナ監督[1]とサビーヌさんお二人のアフリカとの関係ですが、映画で描かれるアフリカは私たちがイメージしている、あるいは見たことのあるアフリカとはまったく違う世界です。お二人は作品を通じて、どのようなアフリカを表現しようと思ったのか。そのプロセスをお伺いできますでしょうか。

『私たちの狂気』Our Madness
二〇一八年／九〇分／カラー、モノクロ／DCP
監督・脚本・ナレーション　ジョアン・ヴィアナ
撮影　サビーヌ・ランスラン
編集　エドガー・フェルドマン
音楽　ペドロ・カルネイロ
出演　エルナニア・ハイーニャ
ベルナルド・ギアンバ
ロザ・マリオ
フランシスコ・ムシャンガ
ジャネス・ムテンバ
ママドゥ・パイオ

ルーシーはモザンビークの精神病院に入院している。彼女は幼い息子ハニクと、戦場の兵士である夫パクの夢を見る。その背後で奇妙な楽器が音を奏でる。それは彼女のベッドだ。ルーシーの卓越した音楽の才能が、病院の看護師たちの目に留まる。ある日、彼女の歌がラジオ番組で流れ、「ラジオ・モザンビーク」の福音派の牧師であるローザは、ルーシーの歌を聴くために病院へ行く。ルーシーは牧師の訪問を、病院を抜け出すチャンスと捉える。

ランスラン　監督と私の共通点は、二人ともアフリカ大陸で生まれているということです。しかも、お互いに母国が国家としてそれぞれ独立して建国される以前の時代に生まれました。ですから、よく二人で「私たちは外側は白人だけれども、中身は黒人だね」というふうに冗談を言い合ったりしていました。ヴィアナ監督がこの作品で表現したかったのは、アフリカの痛みと詩情です。つまり、アフリカが歴史的に抱えているさまざまな痛みを比喩として表現するということです。逆に言えば、「アフリカ」と聞いたときに人々が思い浮かべる一般的なイメージとは異なる描き方をしなければならないということでもあります。

ショットの厳密な設計に関して言えば、この映画のリズムをつくっているさまざまな詩歌が私にとって大きな影響を与えました。それらの詩歌の断片を映画としてどのように表現し、どのように構成していくのか。私が直面したのは、映画において詩歌という形式をどのように描くのかという問題です。

筒井　では撮影についてお伺いしますが、この映画は一つずつのショットが独立して一つの世界をつくっています。そこに流れている物語はあるように感じるけれども、必ずしも前のショットを受けて次のショットやシーンがきているようには見えないですよね。

ランスラン　ショットの関係性は単純なものです。ある一つの場所、ある一つの状況が一つのショットで表現されています。そして、そのショットは演出によって構成されている。そういう意味では、オリヴェイラ監督のつくり方に近いものを感じました。ある状況を一つのショットに収めることで、ショットを重ねずにその純度を高めていく。

筒井　おそらく監督が表現したかったイメージがシナリオとして書かれていると思いますが、それをこれだけの空間性を持った表現として実現させるにあたって、どのようなことをなさったのかお聞きしたいと思います。まずはモノクロで撮られているという点からお話しいただけますでしょうか。

ランスラン　モノクロを選択した理由はとても簡単で、監督が色彩を正確に識別できなかったからです。彼は赤色しか正確に識別できないので、私にとってはそのような視覚障害を持っている方と仕事をすることは非常に面白く、興味深かったです。監督は色覚を認識しない分、コントラストや光を強く識別するのです。それはとても神秘的でした。私に見えているものが監督には見えない。それを意識しながらつくっていくという特殊な関係です。

また撮影に携わるキャメラマンは皆同じだと思いますが、モノクロで撮ることはやはり独特のうれしさや喜びがあります。それは撮影の原点であり、写真の誕生にも繋がりますし、最も純粋な表現の形に挑むことになりますから。それで、モノクロ版を基本にしつつ、二つほどルーシーという人物の夢の場面を赤い映像で表現して、カップルの二人の夢の映像は白黒を反転した形で表現しました。

筒井　この映画では物がさまざまに変形していくのが面白いですよね。一番活躍するのはベッドだと思います。最初は楽器になって、それから段々と解体されて、最後は飛行機のようなものに変わっていく。これは美術でいうブリコラージュの映画のような気がします。有用性が解体されて、別の世界の意味をつくっていくというような。

ランスラン　変形するのと同じように、もう一つ映像に出てくる小さな効果があります。それは光や埃などの極めて単純なものを取り入れたことによる効果です。それによって、映像に比喩性をもたらすことに貢献していると思います。

映画全体としては、ベッドと登場人物が再会を果たすまでの旅であり、一つの全体的な道行きであって、その中で復活が描かれています。そしてその復活というのは、おそらくアフリカ大陸の復活を意味しているのではないかと思います。

筒井　息子も死んだような状態になってから、鳥が生まれてくるように見えます。彼の両親がシーツを開けて息子を探している場面で、手前には鳥籠が置かれている。やがて鳥籠から鳥が逃げ出して、面白い動きをしながら飛んでいってしまう。一体あの鳥は何を意味しているのか。また、具体的に鳥をどのように演出されたのか、それとも偶然なのか。そのあたりのお話を伺えますか。

ランスラン　息子が死ぬ場面では、父親が彼の心臓、つまり鳥を体に戻します。ですから、教会での復活の場面では逆に息子の心臓から鳥が出てくる必要がありました。それを撮影するにあたり、私は特殊効果などの高度な技術を使うのは論外でしたので、単純に撮影を逆にしたのです。鳥は一度撮影したら元の通りには動きませんので、教会の場面では単純にフィルムを逆にして撮影しただけなのです。

筒井　そうすると、死体置き場の鳥籠から出ていった鳥というのは計算ではなかったのでしょうか。

ランスラン　死体置き場での場面はより単純でした。籠から鳥が出てきて、死体の方へ向かっていきます。これもやはり復活を予言させるような意味合いがあります。

2　「すべてを見せられる」という錯覚

筒井　また、船のショットが美しいですよね。二人の母親と息子の顔を写したバストショットはキャメラが安定していて、完全にフィックスです。やがてキャメラが引いてくるに従って、おそらく撮影用の船が並走していたと思いますが、見事に船の全景が写し出されていく。

ランスラン　撮影監督としては、ある世界から別の世界へと意外性を持って展開させることが必要でした。

それを動きやレンズの焦点、そして色と光という映画にとって最も大切で本質的な要素だけでいかに表現できるか。毎回その勝負をしていましたし、それはとても面白かったです。今日参加されている若い学生の方々にもお伝えしたいのですが、映画という言語を捉えて自分のものにし、その最も単純な要素で挑戦して、勝負しなければいけません。技術のための技術にはまったく意味がないのです。

この映画の撮影は極めて限定された態勢で臨みました。撮影現場にいたのは監督と助手、音声技師と私、私の助手の計五名です。キャメラに関してはレンズ三つ、ランプが二つ、あとは反射する鏡のようなものしか使っていません。つまり、現場においては技術ではなく演出こそが大切なのだということは一貫していました。

筒井　この作品では本当に多彩な技法が使われていると思います。例えば、広場のような場所を階段で下りていって、体を清めるような場面がありましたが、あれは昼間に撮った擬似夜景ですよね。

ランスラン　はい、擬似夜景です。このショットと大きな満月が見える前のドリーショットの二つだけ、空の色を変えた特殊効果を使っています。

筒井　あの場面は聖なるものを見たような、清らかな感情が流れている気がしました。

ランスラン　母親自身はそうした聖なる人物として描いています。子どもの母親であると同時に、象徴的な意味での母なる国家でもある。

筒井　その一方で、騙し絵のような風景というか、メリエス的な画面もあります。大きな月を背景にした回廊が鏡の中にあり、そこに父親が登場する奇妙なショットはどのようにして撮られたのでしょうか。

ランスラン　観客にある種の驚きや緊張感を与えるためにはどうすればよいかと、ショットやシーンごとに強い意図を持って画面の構成を考えていました。三人が再会したけれども、子どもがまだ復活に至らないという一連の場面では、常に複数の次元（レイヤー）が存在するような構成になるよう努めました。観客がショットごとに集中して見るのではなく、複数の物事に集中してもらえるような奥行きのある画面の中で、レイヤーを意識できるような構成にするということです。ご指摘されたショットもそうですし、その前の母親がやってくる二つのアーチがあるショットもそうした意図のもとに構成されています。そのため、今回は10ミリのレンズを多用しました。非常に広さを強調するレンズですが、ショットが必要とする広がりや長さを獲得するためには必要なものでした。

筒井　この作品はいわゆる寓話だとは思いますが、同時にドキュメンタリー的でもあります。例えば、息子に対してゲルニカ爆撃やアウシュビッツ、ヒロシマといった二〇世紀の悲劇が重ねられていきます。

私はこの作品を山形国際ドキュメンタリー映画祭で見たということもあって、同じ映画祭で見たワン・ビンの『死霊魂』[2]が悲劇を生き延びた人々の証言＝言葉で描かれているのに対して、本作は悲劇がイメージ＝画面によって描かれているようで、二つの作品世界が響き合っているような印象を受けました。

ランスラン　最初にお話ししましたが、出発点としてまず詩歌があり、そこからどのように映画として表現していくのかを考えていました。それらさまざまな詩歌が語っている悲劇の歴史を、映画全体の構造としてどのように配置し、撮影していくのかというのが大きな課題だったのです。

また、映画で使われているマクア語という言語は独特のリズムを持っていますので、事前に録音された台詞をスタッフが一緒に繰り返し聞いて、その音声とリズムを意識しながら撮影に臨みました。撮影にあたって、先に拾ってきた台詞や現場の音声が一つの指針になっていたのです。次の日に撮る場面の音声や台詞を前夜に録音して、それを繰り返し聞くことで撮影の参考にしていました。先ほど仰った子どもの声によって二〇世紀の悲惨な歴史が重ねられていく場面は、極めて衝撃的だと思います。

筒井　この映画の特徴として、人が何かを見ているショットがあります。しかし、その見ている対象を映さずに観客にイメージさせている。あるいはその対象を言葉で響かせ、音によって表現している。そういうことを徹底している作品だと思います。

ランスラン　そうですね。フレーム外の要素は映画にとって非常に意味のあるものです。映画で最も厄介な過ちは、「すべてを見せたい」あるいは「すべてを見せられる」と錯覚してしまうことではないでしょうか。すべてを見せようとすると、観客は逆に映画の中で迷子になってしまいます。ですから、私はあえてすべてを見せないようにしています。フレーム外の要素もそうですが、特に光ですべてを照らさずに、暗さを駆使して見せないようにする。暗闇の中で観客に想像させるということをしているわけです。

母親が子どもと再会する場面は三六〇度のキャメラの移動があったので、そこにはフレーム外はありません。しかし、そうした場面であっても観客の想像の外側にある要素で構成するように心がけました。

筒井　もう一つ伺いたいのは、さまざまな映画のメタファーが出てきますよね。最初は音楽スタジオのような所が出てきて、スタジオの扉を開けると流れていた曲が大きくなって聞こえてくる。また、父親も映写技師という設定で映画館が出てきます。そして最後にマイクやキャメラも出てくるという。

ランスラン　監督にも私にも、映画が体現するものに対してとても強い信仰と確信を持っています。ですから、監督も作品の中でそういう気持ちの強さを表したかったのではないでしょうか。映画を信じることは、私たちにとってとても大切なことです。映画は観客を信じさせることのできる表現です。では、いかにして観客を信じさせるのか。私たち自身が映画を信じていなければ、観客を信じさせることはできません。

筒井　ところで、映画のラストクレジットに「協力」という形でレオノール・シルヴェイラ[3]の名前が出てきますが、彼女はこの映画にどのような貢献をされたのでしょうか。

ランスラン　彼女は現在、ポルトガルの文化省で職員として働いていまして、その立場から本作の企画・製作を強く推薦してくださいました。とても不思議な女優で、オリヴェイラ監督の作品にしか出演していません。

3　俳優の魂のためのスペース

筒井　では、ここから後半に入って、サビーヌさんが撮影を担当されたオリヴェイラの作品について伺っていきたいと思います。オリヴェイラとの映画づくりが具体的にどのようなものであったのかを、『アンジェリカの微笑み』(10)を例に教えていただければと思います。

ランスラン　私がオリヴェイラ監督と最初に組んだ作品は『家路』(01)です。『アンジェリカの微笑み』は彼の作品の中でも大変に特殊な映画だと思います。いまから一〇年も遡る話になりますが、彼と組んでつくった作品ごとに彼からずっとアンジェリカの話を聞かされてきたのです。彼は一九五二年に脚本を執筆してからずっと制作を願っていましたが、特殊効果の問題などがあって実現することができませんでした。なぜ撮りたかったのかというと、彼自身のとても身近な物語だったからです。親類の大変美しい女性が亡くなったときに、オリヴェイラ監督は実際に彼女の遺体の写真を撮ることを頼まれました。ですから、登場する写真家はやはり彼自身でもあると思います。

それから半世紀以上過ぎた彼の晩年になって、ようやく撮ることができた作品は恋する二人が空を飛ぶ場面をはじめ、非常に力強いものになっています。なぜそれほど力強い表現になったのかというと、彼自身がそれだけ歳を重ねていたからです。

筒井　まずはロケハンについて伺えますか。

ランスラン　最初に渡される作業の基となる資料は、シナリオではなくてデクパージュ＝カット割りです。それはカット単位で構成された文章が記載されています。これから、皆さんに実際の資料をご覧いただきながら説明していきます。

（スライドを見せながら）これはある場面のカット割りを表した文章ですが、キャメラのアングルを含めて、すべて詳細に指定されています。例えば、室内の中からバルコニーの扉の方にキャメラを据えて、画面奥に見えるその扉はフレームの真ん中に位置していると書かれています。次の場面でキャメラは扉からバルコニーの方に画面を写していく。これはカット割りというか、文字によって書かれた撮影コンテのようなものといえます。
次に、これは斜めのショットによって撮られた車がやって来る場面ですが、やはり照明に関する指示も細かく書かれています。ライトを全灯した車の光を浴びて登場人物が画面を横切る。窓が開けられ、外の音が聞こえてくるといった音声の指示もあります。次のショットは雨の場面です。このように、文章が書かれた時点で、オリヴェイラ監督の頭の中にはまだ存在していない映画がすべて明確に見えているわけです。私は彼以外にもいろいろな演出家と組んできましたが、共通していえることは、彼らは「存在していない映画が見えている」ということです。

マノエル・ド・オリヴェイラ｜Manoel de Oliveira
一九〇八年、ポルトガル・ポルト生まれ。高校在学中に映画に熱中する一方、陸上選手やレーシングドライバーとして活躍。卒業後、イタリアの映画監督リーノ・ルーポが開校した映画俳優学校に入学。資金不足での中断を経て、一九三一年に初監督作『ドウロ河』を完成させる。その後、ワイン製造や家業を手伝いながら一九四二年に初長編作『アニキ・ボボ』を発表。内外の批評家から高い評価を得るも、興行的には惨敗。以後、盟友となる製作者パウロ・ブランコの助力と共に『過去と現在──昔の恋、今の恋』(71)、『フランシスカ』(81)、クローデルの戯曲を映画化した大作『繻子の靴』(85)、『カニバイシュ』(88)といった独創的な作品を発表。その後も一年に一本のペースで作品を撮り続け、世界最高齢の現役映画監督として活躍を続ける。一九九〇年に『ノン、あるいは支配の空しい栄光』でカンヌ国際映画祭審査員特別功労賞を受賞。続く『アブラハム渓谷』(93)も世界的に絶賛される。二〇〇七年にヨーロッパ映画賞名誉賞、二〇〇八年にはカンヌ国際映画祭名誉パルム・ドール、そして二〇〇九年にベルリン国際映画祭功労賞を受賞。二〇一五年、一〇六歳で逝去。

その意味では、オリヴェイラ監督と仕事をすることは極めて簡単ともいえます。すべてが非常に明確に、きめ細かく設定されていますので、撮影の現場で即興的な要素を入れることはまずありません。彼が一九五四年に書いた脚本が出版されていて、彼が撮った写真などもその本の中に載っているのですが、半世紀以上後に実際に撮影に取り組んだときに、そのイメージがほとんど何も変わっていないことに驚きました。

彼は俳優たちや彼らの心理的な動きに対して、あまり大きな関心がなかったように思います。彼との映画づくりにおいて学んだことは、やはり映画という言語です。ある場所を選び、その中で俳優の動きをはじめとした画面に映るものを設計する。それはある意味で極めて単純なことだといえます。例えば、オリヴェイラの映画の代名詞といえる空を広く写したロングショット。その意図はとても単純なものです。つまり、画面の中心には観客に最も見てほしいものを置く。そういう意味で、彼は常に俳優の目線をフレームの中心に置いていたわけです。ですから、ロングショットで撮られた俳優の上空には広いスペースが残っているのですが、それについてオリヴェイラ監督は「俳優の魂のためのスペースが必要だ」とよく言っていました。

4　オリヴェイラ監督の厳密さ

筒井　オリヴェイラ監督の映画は非常に現代的なのですが、その一方で『アンジェリカの微笑み』は現代映画とサイレント映画が共存しているような、驚くべき不思議な作品だという印象を持っています。

ランスラン　オリヴェイラ監督の映画の中では、さまざまな時代が共存しています。彼と一緒に仕事をしていて強く感じたのですが、長い人生を送ってきた彼の中で、あるとき時間そのものが止まってしまったのではないかと。彼の中では、歳を取ることに比例して映画の最初期へと回帰していく動きがありました。ですから、晩年では頻繁にパプスト[4]やチャップリンの話をするようになっていったのです。年齢を重ねれば重ねるほど、彼にとっては最初期の映画がますます重要な作品になっていくようでした。

筒井　『アンジェリカの微笑み』は基本的にはロケーションで撮っていると思います。

ランスラン　そうですね。オリヴェイラ監督の家族が暮らしていた実家で撮影しました。一九五四年に脚本が出版されてから、彼は「家のものは何も動かすな」と言い続けていたのです。いつか撮影する日のために、そのままにしておきたかったのですね。

（スライドを見せながら）いまからお見せするのはスタッフが共有した制作資料ですが、このようにシナリオに基づいてロケーションを行い、写真を撮影します。この写真を撮っていく中で、映画にとってのアングルや軸を確認していくのです。アンジェリカの部屋の中で、変更しなければならない小さな要素の指示も書かれています。次にこれは写真家のお店ですが、オリヴェイラ監督が思い描いていたものよりも、実際には大きなショーケースが置かれていました。そこで彼は美術の担当者にもっと小さなものを用意するよう依頼しました。右側に見えている青い紙（287頁、下）の絵は監督自身が描いた絵です。ご覧の通り、彼は美術に関してもきめ細かくセットやサイズを指定していました。

お店の扉とショーケースの間は「69センチ」と指定されています。「70センチ」ではありません。これは彼の単なるこだわりではなくて、自分自身でその距離を完全に把握しきっているということです。フレームに何を入れ、どのレンズを使い、どのくらいのサイズや距離を出すのか。彼は自分が描きたいものを一〇〇％完璧に把握しています。だからこそ、最終的にできあがった映画にはあれだけの力強さがあるのです。

右下の写真には（289頁、下右側）オリヴェイラ監督が映っていますが、ここでは彼からどのようなアングルで、どれくらいの長さの影がほしいのかという指示を受けているところです。極めて正確な指示ですから、私はただそれを聞くだけです。悩みはありません。彼から「私はこういうものが見たい」という指示があり、私たちはそれを受けてどうすればいいのか美術などと技術的な相談をする。オリヴェイラ監督の映画づくりの良いところは、描きたいものが最初から最後まで極めて正確に、細部に至るまで決まっていますので、スタッフは必要最低限の準備で済むということです。撮影現場で急に「キャメラの手配が必要です」などと言い出したりすることはありません。必要のないものは用意しなくていいし、つくらなくてもいいのです。

ENTRÉE
a) si possible peindre la porte couleur bois et mettre un rideau a l'entrée.
b) remplacer la table par une table ronde avec une nappe en dentelle.
c) Aquarium sur la table
d) album de photos
e) prévoir des photos dans des cadres pour remplacer les photos actuelles qui seront enlevées

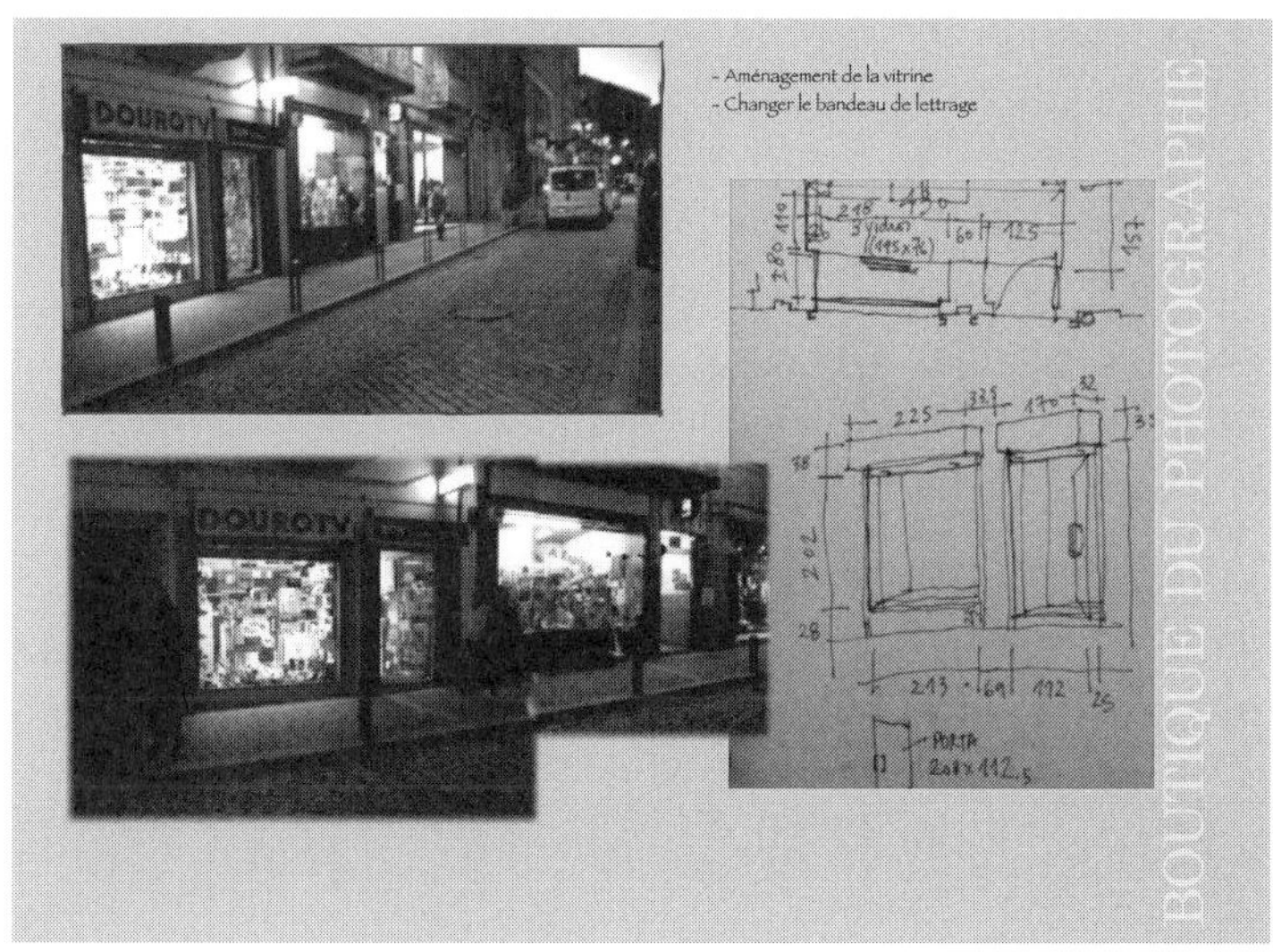
BOUTIQUE DU PHOTOGRAPHE
- Aménagement de la vitrine
- Changer le bandeau de lettrage
DOUROTV
PORTA
208 x 112,5

『アンジェリカの微笑み』
制作資料

筒井　サビーヌさんの成果にオリヴェイラ監督は満足なさいましたか。

ランスラン　彼の場合、満足していないときは最初から仰いますし、不満があるときは撮影に入りません。そのようなことはなかったので、満足されていたはずです。これだけ細かい指示を出されるので、まず準備作業に一週間、そして照明などをテスト準備するのにさらに一週間かかります。その準備の間に何度か監督が来て、これでいいのか確認してもらいながら詰めていきます。

彼はとても光に対して鋭敏で、捉え方も巧みでした。あそこまで光を意識する演出家は少ないと思います。それは長年積み重ねてきた経験によるものであるのと同時に、彼自身が若い頃にキャメラを回していたことが大きく影響していると思います。ですから、彼の場合は光を含めたロケーションを決めてくれる。演出家とキャメラマンという関係は、本来こうあるべきなのです。

質問者1　オリヴェイラ監督の場合は細部までつくったということですが、『私たちの狂気』ではアドリブ的な撮影はあったのでしょうか。ロングショッ

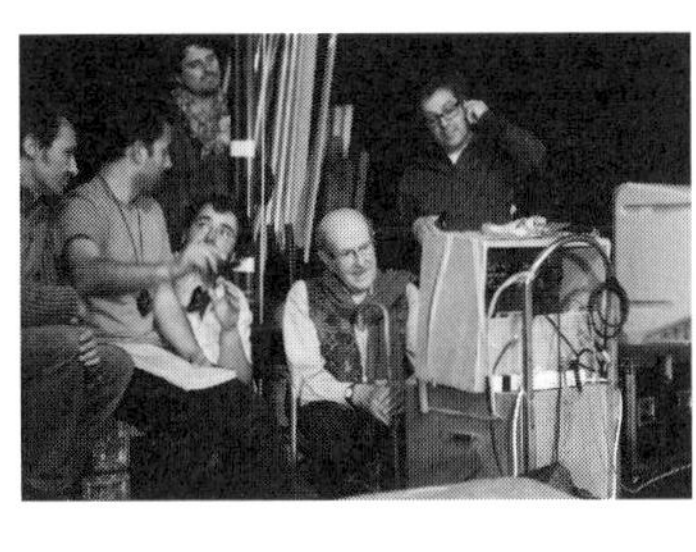

トが多用されていて、狂気という部分をしっかりと捉えるために、丁寧に撮ることによって現実の中に狂気が潜んでいるようにも見えました。その一方で、例えば吊りマイクが見えている場面があったのですが、あのように偶然撮れてしまったものをあえてアドリブ的に入れているのかお聞きしたいです。

ランスラン　アドリブや即興的な部分は、『私たちの狂気』に関してもまったくありません。マイクが映ったショットは意図的に映るように配置しています。記者会見のような場面で、話をしている人物に対して記者たちがマイクを向けている、というような意味合いが込められています。私はそういった即興的な要素を取り入れることをあまり信じていません。それよりも、信頼をもって示された選択を強調すべきだと思います。映画とは現実を取り入れるよりも、現実から逃れる表現です。現実が入ってもいいとは考えない方がいいと思います。

質問者2　ロケーションハンティングの前に詩を読んでいて、少年の詩を読んでから撮影に入られるというお話でしたが、逆に俳優が読んだ詩を聞いてからロケーションハンティングに行くことはあったのでしょうか。

ランスラン　ロケーションに関しては、撮影の一年前に来てどこで撮るのか決めていました。ただ、当初は映画の最後に出てくる設定だった島が実際に訪れてみたら素晴らしい場所だったので、田舎で撮るはずだった他のさまざまな場面を島の設定に変えたことはありました。映画の中にこの場所をできるだけ多く映すことにしたのです。最終的には編集によってカットされたいくつかの場面も、私としては素晴らしいものでした。

改めて、今回歓迎されたことを大変うれしく思います。オリヴェイラ監督も日本が大好きでしたので、日本に行くといつも彼からお土産話を聞いていました。日本の文化や映画を愛し、尊敬していた人です。どうもありがとうございました。

『アンジェリカの微笑み』
撮影風景

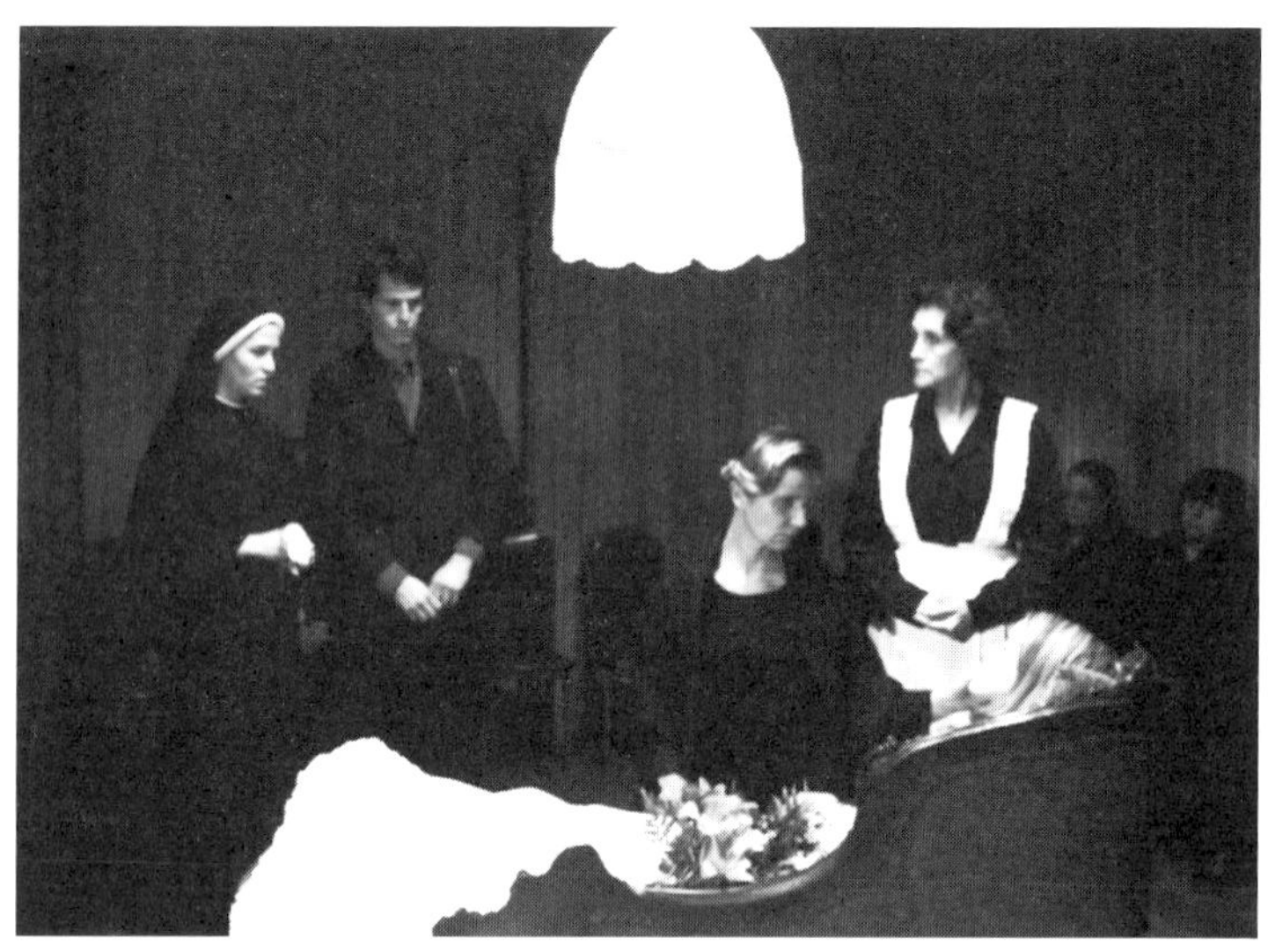

1
ジョアン・ヴィアナ
一九六六年生まれ。映画監督。マノエル・ド・オリヴェイラの出身地であるポルトガルのポルトで映画を学ぶ。二〇〇四年に初の短編映画『A Piscina』を制作するまで、ジョアン・セザール・モンテイロ、オリヴェイラ、ヴェルナー・シュレーターなど、ポルトガル、フランス、ドイツの名監督たちと仕事をする。二〇〇七年、ポルトガルの映画監督パウロ・ローシャのために『Olhos Vermelhos』を執筆。二〇〇四年、ヤナ・フェレイラと共に制作した短編『A Piscina』で監督デビュー。他の監督作品に『A batalha de Tabató』（13）などがある。

2
山形国際ドキュメンタリー映画祭
山形市で隔年開催される映画祭。一九八九年に山形市市政施行一〇〇周年の記念イベントとしてスタートし、以降、二年に一度、一〇月に開催。映画監督である小川紳介の助言を得て、世界の最新ドキュメンタリー映画を上映するインターナショナル・コンペティションの他、アジアや日本の最新作や特集プログラム、イベントなどが行われている。

3
レオノール・シルヴェイラ
一九七〇年生まれ。女優。一七歳のとき『カニバイシュ』（88）の端役で映画初出演。以後、『ノン、あるいは支配の空しい栄光』（90）のヴィーナス役、『アブラハム渓谷』（93）のエマ役で主演を務め、オリヴェイラ監督作品の常連として活躍。その他の出演作品に『家路』（01）、『コロンブス 永遠の海』（07）、『ブロンド少女は過激に美しく』（09）など。

4
ゲオルク・ヴィルヘルム・パプスト
一八八五年生まれ（一九六七年没）。映画監督。ウィーンの音楽学校で演劇を学び、舞台俳優、演出家として欧米で活躍。その後、映画監督カール・フレーリヒの助監督を務め、『財布』（23）で監督デビュー。『喜びなき街』（25）で一躍名を馳せる。『パンドラの箱』（29）、『三文オペラ』（31）、『炭鉱』（31）などの傑作を残す。

4―ヴァレリー・ロワズルー 対談／講義

ポルトガルの巨匠マノエル・ド・オリヴェイラ監督と二〇年以上にわたる協働を通じて、映画編集の可能性を探究し、数々の傑作を世に送り出してきた編集者ヴァレリー・ロワズルー。彼女が語る言葉は、編集とは映画が語るべき真実を掘り起こす行為であり、映画そのものとの対話であることを示している。

その姿勢は、例えばハリウッド映画に具現されているような、継ぎ目をなくして物語の継続性を維持し、観客にリアリティや同一化を促すような編集とは異なるものだ。カット同士が出合うことで生まれる意味や感覚、その「出合い」と「別れ」にこそ、映画編集の本質的な魅力が宿っているという信念がそこにはある。それはまた、持続と断絶、生成と消滅が繰り返されることで成立している映画という芸術の本質を語ってもいるだろう。

あまりにも「自然な」映画がかえって嘘くさく見えてしまうように、時にはカット同士の繋ぎ目による破綻やずれこそが、映画の中に宿る真実をより鮮明に浮かび上がらせ、観客の心に深く残る美しさを生む場合がある。その繋ぎ目をどう見せるか、あるいはどう見せないかを選び取ることが、映画編集者の挑戦であり喜びといえる。そしてその選択によって、映画は単なる物語の媒介を超え、見る者にとって唯一無二の体験となることを、ロワズルーの言葉は再認識させてくれるのだ。

ヴァレリー・ロワズルー｜Valérie Loiseleux

モーリス・ピアラの撮影監督として有名なジャック・ロワズルーの娘。一九九一年の『神曲』以来、マノエル・ド・オリヴェイラ監督の編集を務める。二〇〇四年にはリュカ・ヴェルヴォ監督の『驚くべきカップル（Un couple épatant）』でセザール賞受賞。著作にオリヴェイラ監督の『アンジェリカの微笑み』における編集の過程を日誌形式で綴った『白い手袋「アンジェリカの微笑み」編集日誌（Les Gants blancs, journal de son travail de monteuse）』がある。

Ⅱ-4｜ヴァレリー・ロワズルーとの対談　対談者＝筒井武文［二〇一六年七月一一日　通訳＝福崎裕子］

繋ぐことの矛盾を通じて伝達されるもの――オリヴェイラの作品をめぐって

1　オリヴェイラの視線と編集における身体性

筒井　よろしくお願いします。藝大にお越しいただき本当に感謝しております。学生たちも大変喜んでいます。お伺いしたいことは『白い手袋「アンジェリカの微笑み」編集日誌』にほぼすべて書かれているように感じています。ですから、本日はこの編集日誌に少し補足する程度のことをお聞きしたいと思っています。

まず、ヴァレリーさんはもともと監督志望でいらしたわけですが、監督ではなく編集という職業を選ばれた理由を教えていただけますか。

ロワズルー　フィルムに触れ、編集がどういうものか分かり始めた頃、私は二つのことに気づきました。一つは、私は編集者になる準備ができており、そのために存在しているのだという、いわば自惚れと誇りの交じった確信のような気持ちです。そしてもう一つは、監督になる準備が自分にはできておらず、もっと成熟することが必要だし、自分のビジョンを見つけなければならないということです。つまり、頭でも身体でも、編集が向いていると気づきました。付け加えるなら、編集は私にとって映画や映画監督との関係のように他者との関係を学ぶ手段なんだと気がつきました。いわば、編集によって生きることを学ぶことができたのです。

昨日も学生たちに少し話をしたのですけれども、イデック（現・フェミス）に入る前、私はコラージュ的な作品をつくり、自分の人生の断片を集めて、それをまとめようと努力していました。実生活においては内気で、いろいろなものに対して控えめな性格でしたが、編集をやることで、物事を繋ぐやり方を一つ見つけたのです。編集は人生にあるバラバラな要素を一つにまとめ、具体的な形を与える手段でした。編集のおかげで、人生の物事と自分の関係を感じることができるようになりました。

筒井　すごく感動したのが、フィルムを編集するときの身体性です。フィルムを編集することと身体との関わり、それが映画編集においてものすごく大きな要素となっている。そしてそれをオリヴェイラ監督に見つめられているときに感じる奇妙な感覚として書かれているところが非常に面白かった。

ロワズルー　いま仰った編集における身体の重要性は大切なことです。それを感じ取ってくださってありがとうございます。それに、そのようにお考えということで共感できることを大変うれしく思います。編集の仕事を選んだとき、私にとって「フィルムに触る」という動作が非常に重要でした。この動作によって思考と身体がある種の関係に入っていくことができるのです。そしてその思考と身体の関係性から、編集という仕事での、ある関係にも入っていきます。つまり身体が、フィルムが持っている現実に働きかけ、そうすることによってある時間との関係に入り込むことができるのです。

映画の時間があって、動作の時間があり、そして身体の時間がある。それらがある一つの関係をつくり出します。その関係は現実に根差したものであると同時に、実に内面的なものです。ところがデジタルの編集では、それは失われてしまいます。私は何とか全身全霊でそれを引き止めようとして、フィルムの編集からデジタル編集へ移行する際にも、フィルム編集の身体性をそのまま移し替えようとしていますが、デジタル編集には移すことができない部分があります。デジタル編集では身体は動員されないからです。

筒井　まったく同感です。ここでも学生はデジタル編集しかやっていません。ですから、ここにいるうちに一度はフィルム編集を覚えてもらおうと、フィルムとシネテープが手に入る限りはフィルム編集を体験してもらうことにしています。フィルムでは、時間が可視化される。時間が空間に長さとして示せる。長さとして示せるということは、自分の身体との関係で時間を身体化できるということです。この感覚は、デジタルから始めた人にはなかなか摑めないのではないでしょうか。

ロワズルー　私も全面的に賛成です。付け加えるなら、編集の動作が見えることもあります。先ほど編集する私の動作に対するオリヴェイラ監督の視線の話をされました。彼は私のやっていることを細かくじっと見つめていました。編集のプロセスでは、私はなるべく自分の編集動作が調和的であるように工夫をしていました。それは私が彼の思想に対して編集をしているということを証明するためでもありました。まるでダンスのように、編集の動きが調和的であろうと努力をしていたのです。それは自分の身体の中に映画の思想を取り込んでいっていることを示すことであり、オリヴェイラにとってその時間は映画やシークエンスを思考する時間でもありました。

こんなことがよくありました。私が編集をしていると、オリヴェイラが途中で「そこでストップをしてくれ」「別のことをやってみよう」と持ちかけてくるのです。編集後に自分が何を見たいか、彼にはまだ完全には見えていない。一方、自分の思考の中では何かさらに別の見方をしていることに気がつき、私の編集を途中でやめて別のことをやってみようと持ちかけたのだと思います。フィルム編集においては多くのものを予想する形で考えます。しかしデジタル編集では成果があまりにも早く見えてしまう。予想するという部分が失われます。私は断片によってつくり上げていく時間が重要だと思います。

また、フィルム編集では時間を実際に測ることができます。例えばフィルムであれば一秒二四コマですから、このくらいの長さだと分かる。時間を完全に空間化することができることを思えば、時間の測り方としてフィルムの編集こそが最も正確で、最も正しい関係だと思うのです。こちらの学校ではフィルムの教育をやめないと仰いましたが、とても重要なことです。フィルムでの編集が編集者を育てる最も優れた方法だと思います。

2　フィルムに触る編集者と触らない監督

筒井　共感していただきありがとうございます。ヴァレリーさんの編集行為がオリヴェイラ監督に刺激を与えているのですね。お話を伺いながら思い出したのは、ジガ・ヴェルトフ[1]が『カメラを持った男』(29)の中で編集という行為を描いていることです。あの映画の、映画がつくられるプロセスを描いているというメタシネマ的な側面と、そこで描かれているさまざまな職業の人たちと同じく編集は一つの労働だという二重性を思い出させてくれました。

ロワズルー　確かに編集の仕事は身体の仕事であり、その点で政治やモラルの中に書き込まれるものです。また思想の仕事でもあります。私はその点で、さまざまな葛藤にぶつかりました。自分が持っている素性と仕事の関係ですね。初めてオリヴェイラと契約をしたときからですが、編集者として私より先にオリヴェイラの名前がクレジットされると契約書には書かれていました。

仕事を重ねていくうちに分かったことですが、オリヴェイラの場合はまったくフィルムに触りませんでした。私は、編集者とはフィルムに触って本当に編集をする人であり、彼の名前があるのはおかしいと思うようになりました。彼が編集者として自分の名前を私の前に出すのが理解できませんでした。実際には編集していないのに、なぜ監督が名前を載せたがるのか。私にとって編集とは肉体的、身体的な関係がそこにはあり、それを使う仕事であるべきであって、実際にフィルムに触っていない監督が編集に名前を出すのはおかしいと思ったのです。ですからオリヴェイラに、「なぜ編集に自分の名前を出すのか」と聞いたことがあります。「そういうふうになっている」というのが彼の答えでした。私はフィルムに実際に触って編集をするのが編集者ではないか、と彼に言いました。かなりの葛藤に陥りました。政治的でヒエラルキー的な問題でしたが、そこにはクリエイションの問題があった。オリヴェイラにとって編集という場所も自分のクリエイションの一部であり、それを要求し、主張したかったのだと思います。それを分け合うことはできないということだったのではないでしょうか。ジガ・ヴェルトフのお話にも通じる兆候的なエピソードかと思います。

筒井　確かに監督は編集者に対して、「こう繋いでくれ」と指示することはできます。でも実際に繋ぐのは編集者ですよね。撮影現場で監督はキャメラマンにフレーミングを指示することはできます。でもそうしたからといって、撮影に自分の名前をクレジットは載せませんよね。

ロワズルー　確かにその通りです。映画のエクリチュールの中で、どれだけ彼が編集を大切にしているか兆候的に見せているエピソードだと思います。そうしたクリエイションの場で、編集も自分のものであるとオリヴェイラは要求したかったのです。映画のクリエイションにおいて演出や演技指導や撮影よりも、編集に重きを置いていた。

筒井　オリヴェイラ監督にとって、編集とはそれほど大事だったということですね。そうすると、オリヴェイラ監督から信頼されて単独クレジットを勝ち取るまでに、どれくらいの年数がかかったんでしょうか？

ロワズルー　『Party』（96）のときですから、かなり時間がかかっています。私は闘うのは大好きなんです。

筒井　オリヴェイラと闘うなんてすごいことです。

ロワズルー　嘘をついたのです。「もう編集しません、辞めます」と『Party』の制作途中で言ったのです。するとオリヴェイラはパニックになって、「分かった、落ち着いてくれ」と。オリヴェイラに無理強いしたんです。

筒井　ということは、五年かかったわけですね。つまりその段階で、ヴァレリーさんがいなかったら、私の映画はできないというところまで認めさせていたわけです。

ロワズルー　そういう見方もできるかもしれません。

3　フィックスからカットバックへ

筒井　ヴァレリーさんは一九九一年の『神曲』からオリヴェイラの編集をなさっていますが、オリヴェイラの作品の中で編集がより重要になってきた時期とちょうど重なっているのではないでしょうか。

ロワズルー　確かに私が関わっているのは『神曲』からですが、それがオリヴェイラにとって編集が重要になってきた瞬間なのかどうか、考えたことがないのでよく分かりません。彼の場合、どの作品も他と似ておらず、彼の映画技術は絶えず進化を続けてきました。編集とどう関係があるのか分かりませんが、私が『神曲』以来参加するようになってからは、どこか解放された部分があるのかもしれません。つまり編集の仕事の時間では、私に信頼を寄せられるようになって、他のことを考えられるようになったのかもしれません。いま初めてそのことを考えていますので、いろいろなことが頭に浮かんできます。例えばカットバック（二つ以上の異なるシーンを交互に繋ぐ編集技法）に関して言えば、カット割りが変わってきたのではないかと思います。いままで意識したことがないので、もう少し考えてみます。良い質問をしてくださいました。

筒井　その前の『ノン、あるいは支配の空しい栄光』（90）あたりからおそらく変わっていると思います。それまでのオリヴェイラのスタイルは演劇を映画化したことに繋がっていると思いますが、基本的にカットバックはない。そしてフィックスと移動が組み合わされている。ところが『神曲』はカットバックの映画ですし、ほとんど全編フィックスの画面で構成されています。オリヴェイラの映画の中でも、決定的に文体が変わった作品だと思っていました。

ロワズルー　『神曲』が切り返し（被写体の反対側から撮られたショット）の映画になったことは、私が入ったこととは関係がないと思います。予定通りだったわけですから。ただ、『神曲』はオリヴェイラが移動撮影をやめようと決めた作品だと思います。その後は移動撮影の数はとても少ないですし、列車や自動車や船など、その移動自体が正当化される場合に限られるようになりました。『アブラハム渓谷』（93）でも、列車や船などでの移動撮影は存在しています。そしておそらく一度だけ映画的な移動があり、最後、投身自殺するために鉄道に向かうエマを追いかけるための後ろ向きの移動があります。けれども例外的です。私が編集に入ったことで変化があったとは思いません。『Party』の話を先ほどしましたが、例えば『Party』にもカットバックが多く、カット数もとてもたくさんありました。そして先ほど申し上げたように、初めてクレジットに私の名前だけ記された作品でもあります。

オリヴェイラは『Party』から、編集をなるべく排除する方法を探すと言い始めました。自分の作品はカットの数が多すぎるので、なるべく単純なものへ向かいたいと考え始めたのです。ある程度の年齢に達したクリエイターであれば、誰しもが単純で地味な方向を目指すのです。

筒井　その極限の例が『家族の灯り』(12)ですよね。

ロワズルー　『家族の灯り』は実に激しい、最も暴力的な映画だと思います。逆説的な言い方になりますが、あの映画はほとんどワンシーン＝ワンカットです。いわば映画の時間の中に観客が人質となって閉じ込められて、あのフィックスの視点の中でまったく逃げ場がありません。今日の映画の傾向としては、カットは短くてカット数も多く直接的な関係であるのが普通ですが、この作品では観客は起きていることを見続けなければなりません。その点で暴力的だと言ったのですが、視点が少なく逃げ場がないという意味でも極限の作品だと思います。

筒井　あそこまでキャメラポジションが最小限になっていて、びっくりしました。

ロワズルー　それまで辿ってきた行程の結果に生まれた選択だと思います。もちろん撮影の条件にもよります。オリヴェイラは本当に高齢でしたから、疲れてしまうのでなるべくシンプルにと考えていました。すべてセットで撮影していますが、思考、時間、準備において、なるべくシンプルに、と。例えば一ショットを撮るにしても、そのショットの準備は非常に重いものです。純粋にシンプルにするというのは、編集を排除するというよりも、純粋に撮影やカットそのものを単純にするという考え方からきているように思います。

4　自由であることと洗練されたエクリチュール

筒井　ヴァレリーさんが日誌をお書きになっている中で、すごく重要な指摘をなさっています。それは、オリヴェイラ監督においてはショットの中にもう表現すべきことは込められている、つまりモンタージュとは、繋がれてエイゼンシュテイン[2]的な意味を採取することではないとお書きになっています。

ロワズルー　それは私がオリヴェイラに教えられたことです。各カット、各ショットの中にあるものを見ることを彼は教えてくれました。オリヴェイラと共に完全にカットの中に入らなければならない。

素晴らしい思い出があります。『アブラハム渓谷』のあるシーンなのですが、エマが月夜に寝巻きで葉巻を吸うシーンが四つのカットで構成されています。長いシーンです。私の編集のときの最高の思い出がそのシーンにあります。そのシーンでは一回だけ切って、やり直しを一度もしませんでした。編集台にリールをかけて、そして音楽をかけました。シーンの頭に印を付けて、シンクロを取り、音楽を流しました。オリヴェイラが編集台の前に座り、そばにいてこのシーンを見ていたわけですが、映画などでもそんな場面がありますが、私は目の前の映像を見ながら横目でオリヴェイラの反応を見ていました。ショットの終わりだと私が思ったところで、オリヴェイラも終わりの動作をしました。オリヴェイラがそこが終わりでいいと感じているのを横目で感じることができたのです。まるで催眠術にかかっているような、魅惑されるような瞬間でした。ベートーヴェンの「月光」が流されていました。

カットが正しいのだということ。カット自体に意味があるのであって、それはショットの内側にある。そのことを彼が私に正しく指摘をしてくださったことは、とても大切な思い出です。

筒井　『アブラハム渓谷』は本当に大好きな映画で、世の中にこんなに美しい映画があるのかというぐらい素晴らしい。演技も撮影も編集もすべてが完璧です。あの映画を見ていると、ジャン・ルノワールの映画を見る快楽と同じような、映画を見るときの充実感に満たされます。エマが羽目板を踏み外すところでキャメラが揺れますよね。もちろん三脚の振動で揺れるわけですけれども、やはりそれは編集で残しているわけです。

ロワズルー　『アブラハム渓谷』でよく指摘される猫が投げられるシーンがあります。そのとき猫がキャメラの三脚に着地してしまい、キャメラが揺れてしまった。それをどうするかずいぶん話し合いましたが、キャメラの揺れは残すことにしました。オリヴェイラにとってユーモアがあったということです。あのシーンは猫に対するひどい暴力性のあるシーンでもあります。なぜ残したのかうまく説明できませんが、オリヴェイラは撮影において何か事故や間違いなど問題がある場合にも、それを映画の中に取り込むことができる人だったのです。それは彼の持っていた自由の一部であり、自分の映画のエクリチュールに統合することができる。一作目の『神曲』のときから、そのことは彼を観察していて分かりました。

『アブラハム渓谷』

筒井　『アブラハム渓谷』の中でキャメラが二回揺れることにすごく意味があるのだと思いました。これが一回なら何かの事故だと思われますが、二回繰り返すのですからキャメラの揺れを意図的に使っているのだろう、と。つまりこれは映画の原理を示している、これは映画なんだよと私たちに語りかけているように思いました。

ロワズルー　とても美しい言い方ですね。

筒井　『神曲』には、ドストエフスキー[3]の「大審問官」の章（『カラマーゾフの兄弟』）を朗読するシーンがあります。登場人物は三人で、患者が窓の外を通りますけれども、三人を捉えたフィックスショットのカットバックで一つのシーンが二〇分以上続くというとんでもないシーンがある。あのシーンの編集について思い出がありましたら教えていただけますか。

ロワズルー　『神曲』で初めてオリヴェイラと仕事をしたのですが、撮影のときには病院の院長役の俳優が亡くなってしまっており、オリヴェイラが彼の代役を務めました。ですからあの「大審問官」の朗読のシーンでは、俳優の代わりにオリヴェイラ自身がカツラを被り、メイクもして初めて院長役を演じたのです。なるべくキャメラがオリヴェイラに長く留まらないようにして、オリヴェイラ本人と分からないように苦労をしていたことしか覚えていません。

『神曲』で思い出すのは、オリヴェイラとの仕事のやり方について多くを学んだことです。特に心に残っているのはラストショットです。マリア・ジョアン・ピレシュ[4]がピアノを弾くところですが、最初の編集を一人でしているとき、最後に映る逆さまのカチンコ（音のなる拍子木部分とショット情報を記載するボード部分からなる撮影道具）を残しておこうと思いました。ラストシーンで仕事を終わりたくないと思っていたのでしょうか、それに美しいとも思ったので、シンボリックな意味でも私はそのときにカチンコを残したのです。カチンコがあることで、映画の中に映画があるという入れ子構造になるのがいいと思いましたし、オリヴェイラとそれを見て笑えると思った。ところが実際には、オリヴェイラはそれを見て「これは素晴らしい。このままにしておこう」と言ったんです。本当に驚きました。予期していなかったことが起こったとき、彼はこんなふうに自分のエクリチュールに取り込むことができる、それを受け入れる可能性を持っている。その自由さに本当に驚きました。これは私にとっていい思い出でありますし、この出来事があったからこそ、私が何か思いついたことを提案する権利を勝ち得たのではないかと思います。もちろん、エクリチュールとの関係がありますから、何か重要なアイデアであるときだけですけれども。明らかにこれは映画だということを示す洗練されたものです。そういうことを思いついたときには、私の方から提案するようにしています。

筒井　とても素晴らしいエピソードです。

ロワズルー　私の思いつきといっても、受け入れたのはオリヴェイラですから、彼のしたことです。

筒井　マリア・ジョアン・ピレシュさんは女優としてもオリヴェイラに気に入られていたのでしょうか。

ロワズルー　彼女はピアニストの役以外はやっていません。もちろんオリヴェイラは人間として彼女のことを評価していましたし、ピアニストや音楽家としての才能を評価していたことも確かです。

筒井　もちろんピアニストとして素晴らしいのですが、オリヴェイラの世界にすごく調和している女性ですね。

ロワズルー　確かに『神曲』の中で彼女はぴったりの場所にいると思います。彼女は『クレーヴの奥方』（99）にも登場します。そして美を体から放出しています。

5　不可能だったものを伝える最善の方法

筒井　それに私が大好きなのは『わが幼少時代のポルト』（01）です。この映画は本当に素晴らしい。特に過去の映像が出てくる瞬間の初々しさといったらない。『アニキ・ボボ』（42）の教会の塔に登っている人や、オリヴェイラの処女作『ドウロ河』（31）が出てきた瞬間、もう本当に感動に包まれます。この映画の編集について少し教えていただけませんでしょうか。

ロワズルー　私にとっての思い出は、異なる要素をまとめることがどれほど難しかったかということです。あの編集はいわばいろいろなものをだんだんと継ぎ足していくことでした。いくつかの映像がアーカイブや撮影から上がってきます。それを徐々に付け加えていき、一つにまとめていくのは大変困難な作業でした。記憶にまつわる仕事でしたから。実に象徴的なものであっても、それらすべての要素を最終的に一つにまとめ、思い出の中にバラバラに存在する記憶を同時に成立させることはとても難しかった。

彼の遺作となった『レステロの老人』（14）にも同じような難しさを感じました。この作品では記憶というよりオリヴェイラの思考の断片がそこにはあって、まるで人々はオリヴェイラの頭の中にいるかのようなのです。作品が観客たちに知覚できるものにするために、それらの断片を一つにまとめ、同時に成立するようにするのですが、とても難しい作業でした。『わが幼少時代のポルト』については、再現映像と現在の映像、アーカイブ映像といった異なる要素が一つにまとまり具体的な形となって、最後にはうまくまとまりました。記憶の中にポートレートとして書き込まれているものを、最終的に描くことができた。時間が経ってしまっているのでお伝えするのが難しいのですが、これができたときは実に感動的でした。今日まで伝えることが不可能だったものを伝える最善の方法を探したオリヴェイラの大きな意図あってのことです。

筒井　現在やオリヴェイラの若い頃を再現している映像はもちろんカラーですが、過去の映像はモノクロのまま。これが素晴らしく調和していて感動的です。現在として見ているはずなのですが、同時に過去を見ているような不思議な二重性に富んだシーンになっていました。

ロワズルー　確かにあの作品における時間の働きは、とても信じられないほど深みのあるものだと思います。そしてすべてが一つに収斂していきます。オリヴェイラ自身が持っているそれぞれの牽引力が働いているからこそ、一つにまとまって成立しているのだと思います。また、ボイスオーバーで聞こえる声やフレームの外から聞こえる声も忘れてはなりません。そうした声がまとめるための繋がりをつくっているのではないでしょうか。オリヴェイラの編集においては、映像と同じように声や言葉の重要性を無視してはいけません。編集では同じくらい気を使っています。オリヴェイラの思想において、言葉の存在はとても重要だからです。

筒井　そろそろ時間ですので、最後の質問をさせていただきます。普通のハリウッドの映画であれば、編集点、編集した瞬間というのは見えない方がいいわけですよね。一方、エイゼンシュテイン的なモンタージュではその繋ぎ目を強調し、繋がった瞬間に観客にショックを与える。そしてオリヴェイラ監督の場合は、ショットの中が大事なわけですが、ショットが繋がる瞬間が透明で目に見えないとは必ずしもいえず、軽い抵抗感があります。そこがとても魅力的で、次のショットが来たときの意外性を強く感じます。そのあたりは編集者としてどう思われますか。

ロワズルー　実に美しい言い方をなさいました。逆説的になりますが、私自身は各ショットがその性質からして、他のショットと相容れない一つの総体であるというふうに感じています。ショットそれ自体が、自立した総体としてつくられています。しかし、ある瞬間には他のショットと繋がっていくのです。
　私が編集者として確信しているのは、カットからカットへと伝達される何かがあるということです。その存在を信頼していますし、私自身もそれが生まれるように努めています。オリヴェイラと一緒に仕事をしているときに、こうしたことをきちんと話し合ったことはありませんが、彼も同じことを信じていたのではないかと思います。そこで何かをコミュニケートできるのだということを。
いま考えながらお話ししているので、まとまらない言い方で申し訳ないのですが、私もオリヴェイラも、各カットは両立しないものであり、本質的にカットとはそういうものであると考えていたのだと思います。カットからカットへの移行において、そもそも各カットはそれを受け入れられないものであり、わざわざ自然な移り方だと信じさせようとする必要はない。そのことを示してしまってもいい。すべてがいつも一緒にいられるものではないし、それが本当ではなく嘘であることを見せてしまっても構わない。むしろ、カットの移行とは不自然なものだ、と見せる方がいいのだとオリヴェイラは考えていたのではないでしょうか。

筒井　最後にとても素晴らしい、美しいお話を聞かせていただきました。ショットの繋がりの矛盾の中に映画があるのですね。どうもありがとうございました。

1 **ジガ・ヴェルトフ**

一八九六年生まれ（一九五四年没）。映画監督。モスクワでソ連初のニュース映画を手がけ、煽動列車にも参加。キャメラの眼とモンタージュ技法で表層下の真実を捉えようと、人間の視覚を拡張する「映画眼（キノキ）」の重要性を提唱した。『カメラを持った男』（29）は、記録映画および実験映画史上の金字塔的な作品といわれる。

2 **セルゲイ・M・エイゼンシュテイン**

一八九八年生まれ（一九四八年没）。映画監督・理論家。モンタージュ理論などの提唱と実践を通じて、世界の映画界に大きな影響を与えた。長編第一作『ストライキ』（24）に続く二作目『戦艦ポチョムキン』（25）で一躍世界に知られる。他の作品に『十月』（27）、『イワン雷帝』二部作（44-46）、未完の『メキシコ万歳』など。

3 **ピョートル・ドストエフスキー**

一八二一年生まれ（一八八一年没）。小説家。混迷する社会を背景として、内面的、心理的矛盾、人間存在の根本的問題を追求し、二〇世紀の文学に多大な影響を与えた。代表作に『罪と罰』、『白痴』、『悪霊』、『カラマーゾフの兄弟』など。ロベール・ブレッソン、ルキノ・ヴィスコンティ、黒澤明、ジェームズ・グレイをはじめ、古今の映画監督による映画化作品も多数。

4 **マリア・ジョアン・ピレシュ**

一九四四年生まれ。ピアニスト。一九五三年からリスボン音楽院でカンポシュ・コエリョに作曲、理論、音楽史を学ぶ。一九七〇年、ブリュッセルのベートーヴェン・コンクールに優勝して国際的にも名声を得る。オリヴェイラ監督作品では『神曲』（91）に出演し、劇中でも演奏を披露。『クレーヴの奥方』（99）ではシューベルトの「即興曲D.935」を演奏し、『家路』（01）ではピレシュの演奏によるショパンの「別れのワルツ」が使われている。

Ⅱ-4 ヴァレリー・ロワズルー講義　司会＝筒井武文　スペシャルゲスト＝秦 岳志［二〇一六年七月一六日 通訳＝福崎裕子］

編集者における映画の身体性とは何か

［1］講義「ドキュメンタリーが映画になる現場」　講師＝秦 岳志

1　複雑なものは複雑なものとして表現したい

筒井　本日の司会進行を務める筒井です。まずは本日のゲストを簡単にご紹介しましょう。ヴァレリー・ロワズルーさんは、マノエル・ド・オリヴェイラの作品を二十年以上にわたって編集されてきた方です。秦岳志さんは、ドキュメンタリー映画監督・佐藤真[1]さんの二〇〇一年の『花子』以降、何本かの作品を編集されている映画編集者です。最近の代表作でいうと、二〇一五年の小林茂[2]監督の『風の波紋』でしょうか。

今回、秦さんをお招きしたのは、ロワズルーさんが主にフィクション、秦さんが主にドキュメンタリーの編集を手がけており、お二人のお話からそれぞれの編集の共通点や相違点が見えてくるのではないかと思ったからなんです。もう一つは個人的な欲望として、オリヴェイラの編集者と佐藤真の編集者を出会わせてみたかったからです。それでは秦さん、よろしくお願いいたします。

秦　秦と申します。このような場でお話をする機会はほとんどないものですから、少し緊張しています。最初に私自身の話をします。中学時代、チェルノブイリ原発事故後に反原発運動が流行りまして、私もかなりのめり込みました。そこから大学入学までの数年間、政治的なことを考え、表現していた時期があるのですが、その行為は周囲になかなか理解してもらえなかった。それが私にとって大きな挫折でした。振り返ればその時代こそが、映画の仕事を始めた原点だと思います。入学した大学も授業がつまらないのでまったく行かず、毎日映画館に通っていました。映画を見ていると、なんだか〝可能性〟を感じられたのです。

その後、BOX東中野[3]という小さなミニシアターがオープンするということで、アルバイトに応募し、一九九九年までスタッフとして働いていました。BOX東中野は、映画館の運営以外にテレビ番組の制作もしていて、そちらにも駆り出されるようになりました。そのうちに月に四〇〇時間ぐらい働いてしまい、時給換算だととんでもない額になったので、契約社員にさせられました。そうして就職活動もせずに、ズルズルと映像業界に入った感じです。

同時に、学生時代から劇団解体社[4]という前衛劇団にもスタッフとして在籍していました。いまは彼らも台詞がある舞台が多いのですが、当時は「身体の演劇」を標榜し、まったく台詞のない主に身体を使った舞台を上演していたアヴァンギャルド劇団です。とにかく、そんな二足のわらじ状態が続き、特にテレビ番組制作では徹夜が続いて体がもたなくなっていた頃、佐藤真さんという、一九九〇年代から二〇〇〇年代にかけて日本のドキュメンタリー映画界をリードした映画監督に呼ばれ、映画の編集をするようになりました。

最初に担当したのは『花子』という作品でした。佐藤さんが初めてデジタル撮影をし、ノンリニアで編集するということで、編集オペレーターが必要になり、私が呼ばれたのが実際のところだと思います。ですので私はオペレーターのつもりだったのですが、佐藤さんは作業初日、自身の作品構想などは一切説明せず、「秦君、これどう思う?」とまず聞いてきたんです。映画編集は初めての二十代の若者

秦 岳志｜はた・たけし

一九七三年東京都生まれ。京都芸術大学准教授。九〇年代よりミニシアター「BOX東中野」スタッフとして劇場運営に関わりつつ同事務所で映像制作業務を始める。その後、佐藤真監督と出会い、『花子』(01)、『阿賀の記憶』(04)、『エドワード・サイード OUT OF PLACE』(05)などの作品に編集者として参加。クリエイティブ・ドキュメンタリー映画の編集、プロデュースを中心に活動を続ける。主な編集作品に小林茂監督『チョコラ!』(08)、『風の波紋』(15)、小森はるか監督『息の跡』(16)、原一男監督『ニッポン国VS泉南石綿村』(17)、『水俣曼荼羅』(20)、日向史有監督『東京クルド』(21)、國友勇吾監督『帆花』(21)、黒部俊介監督『日本原　牛と人の大地』(22)、川上アチカ監督『絶唱浪曲ストーリー』(23)など。

にです。佐藤さんとはその後も常に、撮影素材を一緒に見て議論をする過程の中から作品を編み出していきました。そんな監督のもとで仕事をするうち、どんどん面白くなって、そのあとの『阿賀の記憶』(04)と『エドワード・サイードOUT OF PLACE』(05)も一緒にやらせていただきました。また、小林茂監督の『わたしの季節』(04)という作品では、小林さんが撮ってきた素材を佐藤さんと私で編集しました。

ただ、いまから九年前に佐藤さんは突然亡くなりました。私としては佐藤さんと出会ったことで、テレビや劇団の仕事ではなく、ドキュメンタリー映画の編集一本でいきたいと思い始めていた矢先でしたし、本当にショックでした。その後の九年間、佐藤さんとの共同作業が一体何だったのかを常に考えながら活動してきました。

私がこれまでに関わってきた作品は、ある意味ジャーナリスティックで、政治的なテーマを扱う作品が多いのですが、振り返って考えれば、映画としてそこからさらに飛翔するような作品が多かったのかなと思います。

例えば、土井敏邦監督[5]の『沈黙を破る』(08)やその他三つのパレスチナをテーマにした作品、ジャン・ユンカーマン監督[6]とも何作かご一緒しておりますが、そういったジャーナリスト畑の監督と作業していても、どちらかというと私は映画的というか、アート的な要素を入れたくなるわけです。できるだけドキュメンタリーという表現が自由な表現として成立するような形、「アートとしてのドキュメンタリー映画」と最近言い始めたのですが、それが私はやっぱり好きだなと。

「アート」という言葉はすごく曖昧で、一人ひとり捉え方が違います。表面的にいえば、「美しいもの」という意味でのアートがある。一方、「アートとしてのドキュメンタリー」という視点で説明するなら、一般社会からちょっと離れた立場としてのアーティストがいて、その人がまったく新しい視点を提供できるシステム・表現活動を私は「アート」だと捉えています。ただ、そういう作品は、現代アートを含め、一部ではお金を生みますが、いまの社会状況からするとなかなか一般的にはヒットせず、お金になりにくい部分があるかと思います。

例えば私は仕事としてよく映画の予告編をつくるのですが、作品をヒットさせるためにはキャッチーでフックのある企画でないといけないし、企画段階から何万人というコアターゲットを求めていますから、なかなか純粋にやりたいことができるという状況にはない。さらに分かりやすさも求められる。結構複雑なアート系映画なのに、単純なワンフレーズでまとめてしまえるくらいの分かりやすさを求めてくる宣伝プロデューサーもいます。特に最近の参院選や都知事選などの政治状況を見ていると、「アートとしてのドキュメンタリー」が成立するのは難しい時代だと感じます。しかし、現実社会は人の感情も含め、すごく重層的で複雑で矛盾も多く抱えているわけで、私はそういうものを単純化するのではなく、複雑なものは複雑なものとして表現したい。オリヴェイラ監督の作品を見ても、そういうところが映画芸術としての表現の醍醐味なのではないかと思うのです。

とはいえ、最近はもう大ヒットさせることはどこか諦めてもいます。もちろん毎回「カンヌに行くぞ」、「ヒットさせるぞ」、「これで一獲千金だ」などとチーム内では夢を持ちながらつくってはいるのですが、実際はというと現在全国で劇場公開している小林茂監督の『風の波紋』も、興行的にはすごく厳しい。これから予告編を見ていただこうと思いますが、このようなドキュメンタリー映画というのは、何か特定のメッセージを伝えるためにつくっているわけではないので、まさにひと言では中身を語り尽くせません。予告編でいろんな言葉を足しても、映画の内容を表面的にしか紹介できていないとつくづく残念に思います。

2　映画の声を聞き、作品のへそを見つける

さて、ここから編集についての話をしようと思います。

私には中学一年生と小学四年生の子どもがおりまして、妻がフルタイムで仕事をしていますので、子どもたちが小さい頃から私が兼業主夫として子育てをしてきました。そんな中で同時に編集作業をしていると、映画づくりというのは子育てにすごくよく似ているなと感じるようになりました。

ドキュメンタリー映画で喩えると、監督や撮影者が作品の親にあたるわけですが、編集者やプロデューサー、その他のスタッフたちも一緒になって子育てをしながら、作品を育てていくという感覚です。監督がすべてを仕切り、作品をがんじがらめにして教育するわけではなく、関わる全員に作品が自立するための手助けをする役割があると思っています。現実世界でいうなら、先生や家庭教師、状況によっては近所のお兄ちゃん、親戚のおばさんなど、そういう存在がいて初めて子どもは親から独立した

一人の存在としての自我を芽生えさせていくことができる。

ところが往々にして、親は子どものすべてを知っている、何が彼にとってベストか分かっていると思ってしまうものだから、どうしてもあれこれ言ってしまいますよね。「宿題はやったのか？やらなきゃ今日はデザートなしだ」とか（笑）。自分の子どもに対して要求が強くなりがちで、時には許せなくなってしまうことも出てきてしまいます。映画編集者として作品づくりを見ると、そういう管理体質を持つ親のような雰囲気を監督に感じることがあります。そのカット、そのシーンがつくられた〝背景〟を一番よく知っている、「理解」しているのは監督ですから。

では映画編集者はどのような立場であるべきなのでしょうか。編集を始める前に監督と一緒にラッシュ（撮影状態確認のための未編集撮影素材）を見ているときに一番感じるのですが、監督の思いは理解しつつも、「〝背景〟を知らない観客がその真意を酌むことは難しい」と監督に冷酷に言い続けるというのが一つの大きな役割かなと思います。一方、作品という子どもが人生を一人で歩んでいけるよう、観客の頭の中で何らかの化学反応が起きるような形に、その子を育てていく役割であることも感じています。

さて、実際の編集作業は、すごくシンプルです。まずはラッシュすべてを監督と一緒に見ながら、私たちは「ＯＫ抜き」と言っている、使えそうなカットをどんどん切り出していく作業をします。その後、とりあえず時系列で並べたり、核になるシーンの配置を決めたり、ある程度全撮影素材の全体像が理解しやすい形に構成を組みます。そして監督、プロデューサーや技術スタッフ、または作品に関わりのない人たちにも見てもらい、ざっくばらんに議論をし、そのやり取りを受けて再構成します。その繰り返しが「編集」です。

ラッシュを見るときのポイントをいくつかお話ししましょう。

まず、ドキュメンタリーといっても、現実そのままを提示できるものではありません。「どのような興味を持ち、誰を取材するのか？」から始まり、どの瞬間にキャメラのスイッチを押すのか、あるいはキャメラのフレームにどこからどこまで入れるのかなど、さまざまな作り手の作為が最初から入っています。映像として映っているものは「現実を作り手はどう捉えたか」の結果だということが大前提であって、生の現実がそのまま提示されているのではありません。

実はこれは映画の歴史の初期の頃から議論されてきたテーマです。有名なのが、「ドキュメンタリー映画の父」と呼ばれているロバート・フラハティ監督[7]が一九二二年に制作した『極北のナヌーク』で、「ドキュメンタリーの原点」と称される作品です。

この作品に、イヌイット（カナダのエスキモー）によるアザラシの狩りのシーンがあるのですが、この時代にはもうこのような狩りの仕方はされていませんでした。また、イグルー（氷でつくったイヌイットの家）で一夜眠って朝起きるシーンもあるのですが、氷の中は暗いので、フィルムに映らない。そこでイグルーを半分にカットした仮のスタジオをつくり、そこで撮影をしています。まさに劇映画というか、出演者に「スタジオ」で演技をしてもらってつくりあげた作品なのです。

映画の歴史を繙(ひもと)くと、ドキュメンタリーといわれているものであっても、このような〝つくり事〟は昔からあったことが分かります。実際にご自身でドキュメンタリーを撮れば撮るほど、そういう瞬間に数多く出合うことになるでしょう。そこで何を提示するべきかを悩み続けることが、映画をつくるということに他なりませんし、私が映画の編集を続けている原動力でもあります。

その延長線上で考えると、ラッシュを見るときに編集者として考えるポイントは、とにかく被写体が気持ち良くそこで演技をしているかどうか。これが映画になっていく素材としてすごく重要なことです。「やらせ」といわれるものとどう違うのか、判断が難しいのですが、一つ例を見てもらいましょう。

佐藤真監督のデビュー作『阿賀に生きる』(92)で、餅屋の加藤さん夫婦が喧嘩をするシーンがあります。餅米をふかしていて、つきたての餅を「食え」と加藤さんがスタッフに勧める。しかし、スタッフは撮影中なので、なかなか食べられない。そのとき、撮影を担当していた小林茂さんが「こういうのを食うのはお前の仕事だろ」と佐藤監督に言ったそうです。すると、それを聞いた瞬間から加藤さんはもう一切「食え」と言わなくなって、自然と演技を始めたそうです。囲炉裏端で食べる美味しそうなペヤングソースやきそばの場面です。その後、「じか箸で取っちゃだめだろ」「いや、取ってないよ」「飲みすぎだよ」「そんなに飲んでないよ」というような有名な夫婦喧嘩のシーンに発展します。この『阿賀に生きる』の珠玉のシーンはとてもリアルな現実のように見えますが、そこにいたスタッフ全員が「いや、あれは完全に演技だった」と証言します。こういうシーンの積み重ねが、ドキュメンタリー映画なのです。

次にこれも小林茂監督とつくった、ケニアのストリートチルドレンの生活を追う『チョコラ!』(08)という作品を見ていただきましょう。ストリートに生きるアンドリューという少年はずっと撮影を拒否していました。しかし、ある日突然「学校に復帰したい」とNGOのスタッフに言い始めます。彼が実家に行くまでのシーンを見てください。アンドリューがここで一瞬キャメラを見ます。この鋭い目線に私はハッとしました。それまでストリートではどこか呆然としたような目つきだったのに、このときだけはとても力がこもっているのです。「今日はしっかり撮れよ。俺がどんなことをこの家でされるのか、ちゃんと撮っておけよ」というメッセージを感じました。その先の映像は言ってみればすべてが彼の演技ではなかったかと思います。このように、出演者がどういう姿勢でキャメラの前に立っているかということが、ドキュメンタリー映画にとってはとても重要です。

ラッシュを見るときのもう一つのポイントは、「OK抜き」という使えるカットと使えないカットの選り分け作業です。『風の波紋』のラストに近いこの村の全景に朝日が昇るロングショット。実はOK抜きの際に露出オーバーで技術的にNGだと判断して、タグ付けもせずに放っておいたものです。最終の編集試写の前夜、最後にどうしてもこの部分にピッタリはまるパズルの最後のピースが見つからず、やみくもに撮影素材を頭から通しでダーッと流して見ていたときに、この宝物のようなショットを見つけ出しました。露出オーバーでハレーションを起こしているだけに思えた部分が、映画の構成の中ではまるで『風の谷のナウシカ』(84)のラストに出てくる黄金の草原のように美しく輝いて見えるのです。こういうことはたびたび起こりますので、NGカットかと思っても、記憶の隅っこにそっと保存しておきましょう。

構成を何度も練り直していく中で、大切なのは自分の中の先入観をどれだけ捨て続けられるかです。

しかし、数百時間の映像素材をすべて見るにはそれだけでも何カ月もかかるわけで、そのうちに編集者自身も監督と同じようにその映画にどっぷりとつかってしまって、登場人物やシーンにどんどん思い入れを持つようになっていきます。監督に対して与えなければいけない「客観的な視点」が段々と持てなくなっていくのです。そこからどれだけ自由になれるかというのが、次の大きなテーマです。

そこでまずは「これはこういうシーンのはずだ」という思い込みを最初の段階から排除し、初期の段階ではできるだけアバウトに編集することを心がけています。あえて整理をせず、カットの繋ぎが不自然であっても、そのままキープします。その後、まったく関係ないと思っていたシーンとシーンが化学反応を起こし、新たな視点が見えるなんてことが頻繁に起こります。最初からスムーズに繋がっていると、そういう新たな可能性の芽が見えづらくなってしまうんです。あれやこれやと試行錯誤をしながら新たな発見をしていく作業が作品づくりにとって一番大切です。撮影前に書いた企画書通りの構成や展開でそのまま作品が完成するなんてことは絶対にありえません。

佐藤さんとは「監督の先入観、あるいは編集者の先入観から客観的になるために、映画の声を聞く」という話をよくしていました。再編集を続けていくうちに、「このシーンはこういう意味がある」という呪縛にとらわれることがあります。そういうときは、時間に余裕があれば別の仕事を1カ月やる。1カ月のブランクを置いて、新しい気持ちでラフを見てみると、違う視点や発想が生まれます。

たくさんの人の意見を聞くというのも有効です。編集途中の作品を人にあまり見せない監督が多いとは思いますが、私たちはかなり多くの人に見てもらい、意見を聞きながら映画をつくります。とはいえ、編集の途中で「悩んでいます。忌憚のない意見を言ってください」と見せると、本当にケチョンケチョンに言われるんです（笑）。そのたびに凹むわけですが、別の機会に「これが完成版です」と言ってもう一度見てもらうと、実際に編集はそれほど変わっていなくても、「すごく変わったね」、「すごく良くなった」という意見が出たりします。ですので、他人の意見にはあまり惑わされないようにしなければいけません。

結局、各々の意見というのは、それぞれの先入観や体験に端を発する狭い見方であるわけです。それはそれで完成した映画の見方としては正しいのだと思います。観客それぞれが勝手な解釈をすればよいものです。ですが、編集の過程では、「この映画はこの先どういう映画になろうとしているのか？」という映画の声と、観客としての自分の先入観とを切り分けることが肝心です。そんなときに有効なのが、他人の意見に感情的に反発する自分を発見したとき。自分がそこで感情的になるということは、何かそこに自分独自の先入観が潜んでいる可能性があるということです。そういうときは、その反発を感じる意見が映画の声を代弁してくれているかもしれないので、感情的には嫌ですが、あえて逆にその意見を試してみることがあります。

また、強度のあるシーンをどう扱うかという大きなテーマもあります。エドワード・サイードの遺したメッセージを基に中東を歩く、佐藤真監督の遺作となったロードムービー『エドワード・サイード OUT OF PLACE』を例にしましょう。イスラエル国内にいるパレスチナ人の村を取材したとき、そのときの録音スタッフだったユダヤ人と現地のパレスチナ人が現地でお互いに「君の言っていることは違う！」と議論になりました。その議論はそのまま作品内で一つのシーンになっています。その帰り道、イスラエルのテルアビブ近辺の海辺をその録音技師の運転でドライブしているときに突然ラジオの音楽が中断され、「〇〇でいま爆弾テロがありました！」、「いま救急車が向かっています！」という放送が刻一刻と流れてきました。録音技師の顔は段々と険しくなり、ラジオ局もうまいというべきか、そういう感情に合った音楽を流し始め、「これが自分たちの現実です」と言う彼の目には涙が。その一連がすべて撮れていたのです。しかも最後にキャメラが車外にパンすると、それはそれは美しい夕景のビーチが延々と映っていました。非常に強度のあるシーンです。しかし、佐藤さんはある段階で「これは入れるべきではない」と言い始めた。そのときは大変もったいないと思ったのですが、完成後の作品を何度も見ているうちに、あのシーンを入れなかった佐藤さんの判断の意味を理解しました。この作品の本質とは違う文脈の要素だったというのが私の解釈です。

すごいものが映っているシーンが撮れたら絶対に使いたいと思うでしょうが、そういうシーンこそ、とても慎重に扱わなければなりません。「本当にこの作品にとって必要なのか？」という自問自答を最後まで続けることが必要です。編集を続けていくうちに、段々と〝作品のへそ〟になるようなカットなりシーンなり、映画の核が見えてくるようになります。石組みでいう真ん中の要石とか、人形づくりで最後に目は師匠が入れるとか、宝探しで最後のピースがはまると全体がピカーッと光って何か出てくるというような（笑）、そんな瞬間がどんな映画にもある。それで最後に命が吹き込まれ、自立した作品になっていくわけです。しかも、へそは予想外の場所から発見されることも多い。だから編集段階ではできるだけ長くカオス状態を維持して、いろんなことをトライするようにしています。自分の想像を超えたところでへそを見つけることにより、作品全体が大きく成長できるのです。

3　生身の人生と時間を扱うこと

ここでいくつか私が関わった作品のへそを見てもらおうと思います。

一つ目は『阿賀の記憶』。佐藤真さんのデビュー作『阿賀に生きる』の十年後に現地で撮影した作品です。『阿賀に生きる』で歌が上手な、いつ行っても「よく来たね」、「また来なさいよ」と言ってくれたおばあちゃんが、老人ホームにいるということで撮影したシーンがあります。ただ、ホームの撮影許可は下りなかったので、隠しキャメラで回しっぱなしにしています。私はラッシュで「みそ漬けとかぐらいはあるから、いつでも来なさい」、「泊まろうと思えば泊まれるから」という台詞が真っ黒の画面に入っているのを見つけ、その瞬間にこれがこの映画のコアになるのではないかと思い、そこから作品が完成に向かっていきました。

次は、先ほどの『チョコラ！』です。ずっと離れていた家に久しぶりに帰り、父親にこっぴどく説教されたアンドリューは、弟たちや飼い犬と記念撮影をし、街で買ってきたおみやげの首飾りを弟につけてあげて、最後にキャメラに向けてほのかに笑顔を見せるシーンです。それまでずっと仏頂面だった彼のこの笑顔を見た瞬間、私には映画の声がはっきり聞こえたように思えたのです。しかし実は、このシーンの最後にある彼の笑顔は、父親に叱られて仏頂面になる前に撮られたショットでした。最初はそのまま時系列に編集していたのですが、笑顔の直後に仏頂面になっていて、シーン全体としては残念な雰囲気で終わっていたのです。しかし、当時編集アドバイザーとして来てもらっていたBOX東中野元支配人の山崎陽一さんに「順番を逆にしたら?」と言われ、ハッとしました。それによって、このシーンだけでなく映画全体の構成がはっきりと見通せるようになったのです。現場での現実から見たら、この映画のカット順は完全にフィクションです。これは倫理的に正しい行為なのかどうか。私たちは、アンドリュー自身のためにも映画としてはこの順番であるべきだという結論を出しました。

次は、土井敏邦さんのパレスチナ四部作のうちの一つで、イスラエル占領地のパートで偶然撮れたシーンです。一本道を遠くの方からロバの馬車でやって来るパレスチナ男性がいて、キャメラに向かって何気ないひとことを言って去っていくという映像が撮れました。そのシーンが私にはこの映画を象徴しているように思えたので、「このパートの冒頭にしませんか」という提案をしました。しかし土井さんは「シーンとして魅力があるのは分かるのだけど、この男性の言っていることを、予備知識のない段階で観客に見せることには抵抗がある」と言いました。ジャーナリストとして「誤解を招くような危険なことはしたくない」と。そこで結局、ある程度そこでの話の内容が理解できるタイミングに持っていきました。

この件は、振り返れば「作品がアートに振れるのか、ジャーナリズムに振れるのか」という境目に対する議論だった気がします。どちらが正解ということはないのでしょう。先ほどの『エドワード・サイードOUT OF PLACE』もパレスチナ問題というシリアスでポリティカルなテーマを扱っていますが、こういう映画は変な誤解を招く危険性についてシビアに考えないとどこかで足を掬われます。「この方が映画的に面白いから」というだけで判断していいのかどうか、常に考える必要があるのです。

次は、『風の波紋』の前に小谷忠典[8]監督とつくった『フリーダ・カーロの遺品石内都、織るように』(14)をご紹介します。フチタンという町で刺しゅうをしているロレンサさんという女性がいまして、彼女が凝った刺しゅうの衣装を着て行った友達の誕生日パーティーのシーンです。そこにいるおじさんたちは彼女たちの夫ですが、まったく普通の普段着でただ静かに座っているだけで、お酒も飲んでいません。一方、女性たちはきらびやかな衣装を着て、お酒もガンガン飲みながら、歌って踊ってどんちゃん騒ぎをしている。母系社会として有名な地域でもあるのですが、非常に興味深いですよね。一方で、『フリーダ・カーロの遺品』は撮影時にさまざまな挑戦をしていたので、編集作業では多くの貴重なシーンを落としていくことの連続でした。印象的なお葬式のシーンも、議論の後、最後に落としました。その頃の記憶がありましたら、小谷さん、お話し願えますか。

小谷　まず、私が秦さんに『フリーダ・カーロの遺品』の編集をお願いしたのは、私がドキュメンタリーを始めたきっかけが佐藤真さんの作品だったので、佐藤さんと長年仕事をされていた秦さんにぜひやってもらいたいと思ったからでした。

編集作業というのはテクニカルな部分や論理的な構築がすごく大事な半面、ドキュメンタリーは基本的に現実を尊重してつくられていくもの、生身の人間の人生を扱っていくものという側面があります。そういう意味で、生身の時間を切ったり繋いだりする編集者を自分が信頼できないと、作品を委ねることができません。編集者自身の感情や人生観みたいなものが作品に反映されるわけで、それはものすごく怖いことですから。秦さんと作業を始めた頃も、秦さんのご家族とお好み焼きを食べに行ったり、銭湯に行ったりしました。そうやって半年間ほど時間を重ねていく中で、お互いの生い立ちや、好きな物・嫌いな物など〝人となり〟が分かってくるわけです。朝、編集作業に行くと、私の好きなお菓子が置いてあったりして（笑）、段々こう一体化していくという感覚があった。特に大事なシーンを実際に切っていく詰めの作業というのは、編集者が人生で大事にしているものは何かも分かっていたからこそ、委ねられたのかなと思っています。

秦　ありがとうございます。監督もそうだと思うのですが、とかく編集者は自分のセンスでつくっていくのではなく、感覚を研ぎ澄まして〝映画の声〟を聞き、それに従っていきます。そして、へそが見えた時点で、バーッと霧が晴れたかのように全体が見えて、どれが必要でどれが必要ではないカットか、このカットはこのイン点で始まってこのアウト点だとか、あっという間に決まります。それが起きた瞬間、ようやく独立した命として映画が立ち上がってくるのです。

［2］講義「映画編集について」　講師＝ヴァレリー・ロワズルー

1　夢という別の論理

筒井　では、ヴァレリー・ロワズルーさんに『アンジェリカの微笑み』についていろいろお話を伺ってまいりたいと思います。本当に素晴らしい映画で、私はもう胸がいっぱいです。

ロワズルー　編集をしているとき、その作品がどれほど観客にインパクトを与えるか、私には分かりません。観客にインパクトを与えること、観客に感動を誘発することは、編集作業の意図ではないからです。ですから、いま筒井さんが感動なさっているとすれば、ご本人の持っておられる感受性や、物事を受け入れる能力ゆえにそうなっているのではないかと思います。

筒井　ありがとうございます。『アンジェリカの微笑み』は、マノエル・ド・オリヴェイラ監督が一〇二歳のときの作品になりますか。ただし、シナリオを書かれたのは一九五四年。ヴァレリーさんによれば、オリヴェイラ監督が一九五〇年に経験した実体験を基にしたものだそうです。まずは半世紀前のシナリオをオリヴェイラ監督が映画化しようとしたことから、お話を始めていただけますか。

『アンジェリカの微笑み』

ロワズルー　二〇一〇年に映画化されるまで、オリヴェイラ監督は〝夢を見る蛇〟のように、時間と空間の間を横切ってきたような気がします。「死んだ女性の写真を撮る」というある種の思い入れ、いわば原始的なテーマを実際に映像化するまでに、さまざまな選択や他の映画を探索できたことは、この作品にとって良いことだったと思います。ですから、この映画からは、オリヴェイラ監督の長い道程と時間の圧縮が同時に見られます。

筒井　確かに最先端の新しい映画のような気もするし、映画史のごく初期に撮られたといってもおかしくないような気もする、非常に不思議な映画です。しかも、動くことと動かないことをめぐって、いろんなテーマが展開されているような気がします。

ロワズルー　確かにこの映画からはさまざまなテーマが浮かび上がります。まず、土地を耕す土壌の労働という現実のテーマがあり、亡霊アンジェリカという夢の世界のテーマがあります。他にも、男性と女性の問題や、亡くなった女性というもはや到達することが絶対にできない存在に対するイザクという写真家の視線がある。その視線は、オリヴェイラ監督自身の視線の投影でもあるわけで、彼は自分の欲望の対象に直面することにもなるのです。

筒井さんの仰った「動くことと動かないこと」の対立というテーマについてはこれまで意識的に考えたことがないのですが、ぜひ教えてください。

筒井　主人公イザクには、二つ惹かれるものがあります。一つは花嫁衣装を着て死んでいるアンジェリカ。もう一つはドウロ河沿いの斜面の畑を鍬で耕している農夫たち。イザクはキャメラのファインダーを通して、両者に惹かれました。

まずアンジェリカは死んでいるから動かないはずなのに、ファインダー越しでは動きますよね。一方農夫たちはというと、イザクの部屋はセットで撮られているので背景に広がる川や畑は本来動かないものですが、双眼鏡を取り出して覗くと、その背景の中で農夫たちが動いている。要するに、リアルとファンタジーが、動く・動かないのテーマを絡めて展開されていると思うのです。

ロワズルー　それは非常に興味深い視点ですね。編集をしているとき、そういうことはまったく考えませんでした。よくあることですが、仕事が終わった後に「どのような次元がそこで働いていたか」に気づくことが多いのです。特にオリヴェイラ監督の場合はそうで、少なくとも撮影中や編集時に彼から何かを言われることはありません。ところが、何かがそこに存在して我々に働きかけており、私自身も〝それ〟を感じることがあります。私は〝それ〟を編集作業中に見えるものにしていくのです。しかも〝それ〟は、オリヴェイラ監督から観客に押しつけるものでは決してありません。

先ほどの秦さんの講義ですが、私は本当に感動しました。編集という仕事を子育てに喩えていらっしゃいましたが、映画づくりに教育的な次元を持ち、責任を感じていらっしゃることにとても感銘を受けました。そして、自分自身の編集者としての立場をずいぶん考えさせられました。

私自身はむしろ、夢の次元に近い人間というか、夢想の傾向があります。特にオリヴェイラ監督との場合はそうです。監督と共に、夢という別の論理が働いている世界に入っていき、その中心にあるものを監督が見つけるのを手助けしようと試みること、それが私の仕事ではないかと思いました。

私はオリヴェイラ監督のもとで二四本の編集の仕事をしてきました。作品ごとに新しいやり方が誕生していたので、二四回の異なるやり方があったといってもよいでしょう。初めてオリヴェイラ監督と仕事をした頃、監督はいつも編集室に来ていました。フィルム編集の時代だったので、編集のために行う私の動作すべてを彼はじっと見ていました。例えば、編集ポイントを入れるマークの一つひとつも見ていたし、ハンドルを握る私の手のそばに自分の手を置いて、私が流しているフィルムをいつでもストップできるようにしていたんです。でもその手は、作品ごとに段々と遠ざかっていきました。私を信頼して任せてくれるようになったのでしょう。

最後の方は編集室にほとんど来なかったので、最後の短編ドキュメンタリーは編集全体のストラクチャーを私自身が決めた部分がかなりあります。とにかく、回を重ねるにつれ、ますます自由になりました。扉が段々と開かれていき、私が何かを提案する自由度が膨らんでいったのです。オリヴェイラ監督自身、撮影で予定していなかったことを編集で新たに発見したり、私のちょっとしたアイデアを受け入れて彼自身のエクリチュールにふさわしい形に発展させたりしていました。

一つエピソードをご紹介します。『家路』（01）というミシェル・ピコリ主演の作品に、カフェのシーンがあります。テーブルに二人が対面で座って会話をするシーンで、まずこのシーン全体を引きで撮り、次にインサート用の短いショットを撮りました。その中に、ピコリの靴を履いている足の部分だけを撮ったものがあります。会話に新しく買ったその靴の話が出てくるので、普段よりも長くそれを撮りました。

さて編集でよくよく確認すると、引きのショットでは二人がずいぶんゆっくり演技していました。まるで映画がもうおしまいであるかのように。しかも二人の言葉がはっきりと聞き取れない部分もありました。私はオリヴェイラ監督に、二人の台詞を少し短くして、「インサート用に撮影した靴のショットを少し長く入れたらどうだろうか」と提案しました。彼は良いアイデアだと思ったようで、すぐに引きのショットをすべてカットし、靴の長いショットを代わりに入れたのです。私のほんの小さな思いつき、おずおずと提案をしたものが、オリヴェイラ監督自身の痕跡がはっきりと記されたようなものに仕上がったというわけです。しかも映画が公開されるや、批評家たちは必ずこの足のショットに触れました。撮影上の拘束から見つけた偶然始まったショットなのに、です（笑）。

筒井　面白いですね。ヴァレリーさんが初めてオリヴェイラ監督と組まれたのは、一九九一年の『神曲』です。おそらくヴァレリーさんの編集の仕方をオリヴェイラ監督が満足なさったので、そこから二人の長い共同作業が始まったと思うのですが、いかがですか。

ロワズルー　『神曲』では二つ思い出すものがあります。一つは、ラストショットの後、私はカチンコの映像をそのまま残しました。編集室でオリヴェイラ監督と一緒に笑えたら、というちょっとしたジョークだったのですが、彼がそれを気に入って、映画のラストシーンになったのです。これはいわば、オリヴェイラ監督が私を認めてくれた承認の印だったのかもしれません。いずれにしろオリヴェイラ監督との関係でとても重要な段階でした。

もう一つは、一カ所だけ偽の繋ぎになっているショットです。俳優が台詞を間違えたか何かで、別のテイクに繋がなければならなかったのです。私はインサート用のショットを探し、絵本が映っているショットを入れてみました。オリヴェイラ監督が「一体なぜここに絵本が出てくるんだ」と聞きましたので、私はカットした部分のフィルムの続きを見せ、「これ以上長くできなくてこうなりました」と説明しました。普通であれば繋ぎの間違いにしか見えないのですが、彼は「これでいい」と受け入れてくれました。

オリヴェイラ映画というと、監督がフレームから何からすべてを考え尽くしていると思われます。しかし、彼が限界まで考えるのは、その限界を乗り越えていくため。限界を超えることは、彼にとって多大な喜びでした。ただし、自分の探求との一貫性がそこになければなりませんが。

筒井　なるほど。ロワズルーさんがオリヴェイラ監督と組まれたのは後期の作品からですね。それ以前の作品は、演劇を撮っていたこととも関係するのかもしれませんが、切り返しやカットバックがありませんでした。複雑な編集は必要なく、シーンの頭と終わりを決めるというのが編集の主な作業だったわけです。

ところが、一九九〇年前後から切り返しやカットバックを使う映画づくりに変わっていった。これにより、オリヴェイラ監督の映画が芸術映画として評価されていた時代から、一般の人にも受け入れられる時代に変わったということがいえると思います。ただし、オリヴェイラ監督の場合は、いわゆるリアリズムの側面からカットバックを選択したとは思いません。場合によって照明が途中で変わるなど、いろんな冒険をなさっていた。おそらくロワズルーさんと組まれたことで、オリヴェイラ監督も実験的なことを含めて、いろんな撮り方に挑戦されていたのではないでしょうか。

ロワズルー　私は、オリヴェイラ監督の手の中の〝良いツール〟だったのではないかと思います。例えば、ユーディ・メニューイン[9]のヴァイオリンがストラディバリウスであるように、アーティストには〝良い楽器〟が必要です。オリヴェイラ監督もおそらく、自分の映画言語を探求するためにふさわしいツールを必要としていたのではないでしょうか。そして私が、彼の探しているものの答え、動き、息吹を感じ取り、提示できたのではないかと思います。

筒井　素晴らしいですね。『アンジェリカの微笑み』に話を戻すと、オリヴェイラ監督は編集において新しい試みを随所に行っています。特にCG合成をこれだけ行った作品は他にないと思いますが、新しい技術を導入することに関してオリヴェイラ監督とはどういう打ち合わせをなさったのでしょうか。

ロワズルー　まず、SFXのスペシャリストが撮影現場に来て、装置から何から細かく決めていきました。例えば、アンジェリカが飛ぶシーンはCGのために青の背景で撮られ、その後に技術者がアンジェリカを支えていたケーブルを含む余計なものをすべて消していきました。もう一カ所、小鳥がイザクの部屋を飛ぶシーンは3Dの合成です。特にデジタルのトリック撮影が必要だったのはアンジェリカとイザクが空中を飛ぶシーンですが、オリヴェイラ監督自身も撮影スタジオにやって来ました。SFXのスペシャリストたちがあまりにも行きすぎた特殊効果をしないかどうか、見張っていたのです。

つまり、オリヴェイラ監督が望んでいたのは、ジョルジュ・メリエスが行っていたような原始的な効果でした。彼はメリエスを引き合いに出して、「特殊効果であってもシンプルなものにしてほしい」とスペシャリストたちに依頼していました。夢のシーンであっても、その夢の部分が信じられるほどの現実的なものになってほしいとは思っておらず、あくまでもトリックだと分かるような人工的なものにとどめておいてほしかったようです。

オリヴェイラ監督は、夢の表象についてさまざまな疑問提起を行っており、その夢のシークエンスを見るたびにとても動揺していました。彼は「夢はモノクロで、音がないものだ」とよく言っていました。実際にモノクロで音のない夢を見ていたようですが、これは彼が初めて見た無声映画の記憶に基づくものではないかと。その映像こそが、彼自身の実際に見る夢を形づくったのではないでしょうか。私自身は、カラーで音付きの夢を見るのですけどね（笑）。

筒井　自伝的作品の『わが幼少時代のポルト』（01）の中で、オリヴェイラを演じる若い俳優が上を見上げると、画面はカラーで撮られているのですが、それが記録映像と繋がるときはモノクロでした。オリヴェイラ監督にとってはそれが自然なことだったのでしょうね。

ロワズルー　仰る通りです。オリヴェイラ監督は、教会の塔に一人登っていく男を実際に見たのです。しかし、映像として残されていたのはあのモノクロの記録映像でした。また、映像のない思い出を再現した部分もあります。再現映像は思い出のままなのですが、時の試練を経て、それはカラーで撮られています。

3　三つの運動と映画史の三段階

筒井　もう一度『アンジェリカの微笑み』に戻ります。ホテルの食堂で人物がフレームアウト（画面上の被写体がフレームからいなくなること）した後、猫と鳥籠のショットがかなり長く残ります。どこで切るかという判断はどのようになさったのでしょうか。

ロワズルー　これもよくあることなのですが、テイクの偶然です。猫に餌を与えないようにしていたので、空腹の猫は絶えず小鳥を狙っており、テイクごとに鳥に対して異なる行動をしたのです。例えば、椅子に上がってねだったり、長い間小鳥を見つめたり。その一連をオリヴェイラ監督が気に入ったというわけです。

ああいうショットは長く続くことによって、別のものが読み取れるようになります。もちろん、オリヴェイラは猫が小鳥を観察している様子をシンプルに気に入ったのですが、あれほど時間が長いと、何か生き生きとしたものが生まれてくる、と彼は考えていました。このショットの場合は、動物的な破壊の力が働いている。しかもショットの長さによって、その破壊力がかなり大きくなったと思います。

筒井　編集というのはショットを並べるだけではなく、相互作用があるわけですよね。このシーンの場合は、鳥が死んでしまう。つまり、鳥が飛べなくなることで、イザクがアンジェリカのところに走りだすきっかけをつくっている。

ロワズルー　確かに、編集は隣り合ったショットのことだけを考えてはいけません。互いに離れたショットが関係を持つこともある。Aのシーンをいじっていると、すごく離れているZのシーンで何かが動き始めるということもままあります。遠いこだまを見出すというか。従って、編集は近距離と同時に遠距離でも働いているといってもよいでしょう。編集において物事が語り合うようにする、それを見えるものにするのが私の仕事です。

筒井　『アンジェリカの微笑み』は、オリヴェイラ監督の処女作の舞台になったドウロ河をめぐって展開される物語ですね。この中の川を横に動いていく三つの運動が、映画史の三段階とも対応しているように私は感じるのです。

一つ目は、イザクがアンジェリカの館に連れて行かれるシーンです。イザクは車の後部座席に乗っており、自らは運動することはない。ただ、彼が窓の外を見ることは自由だし、川沿いの走行シーンはショパンの音楽と共に彼の夢想を形づくっていきます。これはかなり古典的な映画の技法が確立した一九三〇年代以降の段階の、主人公の主観的な表現といえるでしょう。

二つ目は、先ほどSFXの話のところで出ましたが、アンジェリカとイザクが川沿いを飛ぶところです。ここで強調されているのも、上昇ではなく、横へ横へと流れていく運動です。川から花を拾うショットも含まれ、少し緩やかな傾斜をキャメラは横にパンしながら繋いでいます。これは二重露光を使った一九〇〇年代のサイレント作品を思い起こさせます。例えば、エドウィン・S・ポーターの『レアビット狂の夢』(06)であるとか、フランスのパテ社にも似た作品があります。

最後は、先ほどの鳥が死んだことをきっかけにイザクが走りだす側面です。これも横の動きで一連のアクションが繋がれており、映画の原初的なアクションが展開されている。そして最終的にその身体が倒れ、死にゆく。これは映画の創成期の表現のようです。この三つの運動がすべて川沿いで行われており、映画史の三段階に対応しているのではないかと思うのですが、いかが思われますか。

ロワズルー　私はそのような読解はしていませんが、非常に面白いと思います。私自身もこの映画からいろいろな印象を受けましたけれど、筒井さんのような知的な言葉で語ることはできません。

私が感銘を受けたのは、ブドウ畑の部分です。労働者たちが鍬で土壌を鋤く、それでブドウが成長する。それが、この映画で感じた最初の入り口になりました。つまり、「肉体と土地」という考え方です。二つ目の入り口は、部屋という空間です。閉ざされていて内的な空間だけれど、外に向かって窓が開かれており、通りの騒音が入り込む。それがとても邪魔になる。これはイザクの頭の中に入り込んでいるようなものです。その部屋という空間で肉体のしていること、「部屋と肉体」が、この映画を理解するきっかけとなりました。ともあれ、筒井さんのお話を拝聴するのはとても好きで、非常に面白いです。

筒井 ありがとうございます。身体性という話が出たところで、秦さんをお呼びして、シンポジウムに移りたいと思います。

[3] 鼎談「映画編集の創造性とこれからの映画編集の姿」

パネリスト＝ヴァレリー・ロワズルー／秦岳志／筒井武文

1 身体が送ってくるメッセージ

筒井 今日は非常に興味深い話をお二人から伺いました。特に、オリヴェイラ監督の手がいつでもフィルムを止められるようにとヴァレリーさんの手のそばにあったというお話が大変感動的でした。会場の皆さまにもヴァレリーさんによる『アンジェリカの微笑み』の編集日誌の抜粋が配られていると思いますが、そこにもオリヴェイラ監督がヴァレリーさんの身体の動きを絶えず観察していたという話が出てきます。また「映画編集とは映画の呼吸を捉えることだ」という発言もあり、これも非常に感動的な言葉です。秦さんからも「映画のへそをつかむ。そのためには映画の声に耳を傾けることが必要だ」という大変印象的な言葉を伺えました。

そこで、シンポジウムでは「編集者にとっての映画の身体性」について考えてみたいと思います。映画編集において、編集者の身体と思考との間でどういうふうに映画のへそを見つけて着地するのか。まずヴァレリーさん、秦さんと自分との作業の共通点・相違点があればお話しください。

ロワズルー　先ほども申し上げた通り、秦さんの「映画づくりを子育てのように感じ、教育をしていく」ことに深く感銘を受けました。その点は私とは異なっていると思います。また、私が興味を持ったのは、「ドキュメンタリーでも演出が必要である」という点です。なぜなら私も、「フィクションを通じて現実を探す」と考えているから。それは媒介され変形された形で見つけるものですが、現実に至ることがあるのです。

もう一つ、「映画の声」という佐藤真監督の言葉にも惹かれました。フランス語で映画の「声」といいますと「ヴォワ」になるのですが、同音異義語の「ヴォワ」に「道」という意味があります。映画の声を探すことは、同時に目的地を目指す道という意味にもなる。そういった二重の意味を込めて、映画の声という言葉に感動しました。

また、秦さんは前衛演劇のスタッフとして活動なさっていたということですが、私もイデック（現・フェミス）を卒業した後、長い間ダンスの撮影の仕事をしていました。台詞がなく、身体が空間で動くという点で、これは秦さんのキャリアとかなり近いと思います。

秦　私がスタッフをしていた前衛演劇は、欧米でダンスシアターといわれるタイプの演劇です。ドキュメンタリー映画にもなったピナ・バウシュ[10]が有名ですね。ヴァレリーさんはダンスの撮影と映画編集の間に何かの共通点を感じておられますか。

ロワズルー　感覚的なものでしかないのですが、例えば、オリヴェイラ監督の映画の場合、空間すなわちフレームを占める身体そのものが私に多くのものを直接的に物語ってくれる気がします。必ずしも台詞を聞かなくてもよいのです。その身体がそこにあるということが、編集者としての私に深い印象を与えます。

秦　私は前衛演劇で音響や照明や映像などを手がけていたのですが、すごい集中力が必要で、自分は出演者ではないのに、公演のたびに汗をたっぷりかくんです（笑）。いま思えば、呼吸やタイミングがとても大事で、全員でリズムを合わせてやる作業だったなと。それはすごく身体的な行為ですよね。

ロワズルー　先ほど、秦さんが『チョコラ！』という作品に出てくるアンドリュー少年の視線について説明をなさいましたが、その説明の仕方が面白いと思いました。秦さんは撮影された映像を見ているとき、アンドリューという存在そのもの、身体や視線に語りかけられ、心を惹かれたために、見方が変わり、編集が変わったのではないでしょうか。

私たち編集者は、ドキュメンタリーであれば人物、フィクションであれば俳優の身体が送ってくるメッセージに従属し、それに従って決定を下さなければならない。結局は身体が決定を促すのではないかと思います。

秦 なるほど。私はキャメラマンからのメッセージも映像にたくさん込められていると思うんですよね。キャメラマンの呼吸がかなりの割合でイン点とアウト点を決めているというか。フィクションではどうですか。

ロワズルー オリヴェイラ監督の作品では、彼自身が構図やフレームを決定します。俳優の位置も彼が完全に決めます。演出はダンスの振り付けと同じで、心理的な指示は一切与えません。俳優に対して、「ここに立って、あっちを見て、それからここにいて、次にあちらに行く」といった指示をするだけで、その他の部分は俳優に任されています。これは相手がジョン・マルコヴィッチ[11]であっても、名もなきエキストラであっても同じ。オリヴェイラ監督にとって重要なことは、その身体がフレームの中でどの空間を占めるか、ということだったのではないでしょうか。

2 編集者は良い習慣を見つけなければいけない

筒井 次に編集者の身体というふうに少し話題を振りたいと思います。カッティングポイント、つまりどのコマとどのコマを繋ぐかを見極めるために、編集者はいろいろな手段を使ってそれを探ります。フィルム時代は編集機を通して作業をされていましたが、その頃のお話をしていただけますか。

ロワズルー 確かに、カッティングポイントを決定するときには、身体の介入がかなり必要になります。まず、編集台に座り、目の前をフィルムが流れていくのを見ていると、ここがカットする点だと感じるときがやって来ます。フィルムのリールはいわば時間ですが、それに加えて空間的にも物質的にも存在する必要なあるシーンを見極め、そこに介入をして、カットをするわけです。最初は、俳優、ストーリーテリングにおける必然性、全体の継続性、時間、空間的な正しさなどさまざまなことを考えながら、カットするポイントを決めます。しかし、ここだという場所が来たときには、そうしたことをすべて忘れています。

秦 私はフィルムでゼロから編集をした経験がありません。フィルムで撮った作品もビデオに変換し、ビデオ上あるいはノンリニア上で編集してきました。

私にとって一番馴染みがあるのは、キーボード上の「I」キーとスペースキーです。それぞれイン点とアウト点を指定するキーなのですが、この二つのキーをどのタイミングで押すのかが重要です。イン点は、再生しながら一秒おきぐらいに仮にポン、ポンと何度も押しながら見ていって、最後に「ここだ!」と思ったところで押すのをやめて決めることが多いです。アウト点は、イン点から始まったカットの呼吸を受け、その呼吸が一段落してちょうどよく収まるところで決めます。ノッてくると、まるで指揮者がオーケストラの指揮をしているかのようにキーボードを押すときがあります。実は中学と高校で政治的な運動をしていた以外にブラスバンド部にもいまして(笑)、そのときの感覚が案外生きているのかなと。

ロワズルー 秦さんは、フィルムの編集を経験していないのに、編集者が編集機に対して持っていたような身体の関係を持っている。デジタルでありながら、身体の衝動によって直接的に触れていること、本能的に考えたわけではないのにフィルム編集と同じような身体性をコンピューターに対してなさっていることがすごいです。

秦 ありがとうございます。私にとってはそれが一番自然だったというだけなのですが(笑)。でも、フィルム時代にやっていたこととノンリニアでやっていることは、結局はとても似ているのかなと思うことがあります。

筒井　補足すると、フィルム編集とデジタル編集の間の時期、アナログのビデオ編集はテープからテープに録画していく方法が取られていました。ですから、繰り返し編集すると、どんどん画質劣化していきます。秦さんの仰ったのは、イン点とアウト点をライブで、つまり映像を見ながらその場で決めていったということですよね。

秦　そうです。ノンリニアは、システムによってイン点とアウト点がズレたりするので、この機械だと何フレームズレるかを計算して対応することもあります。あと大きいのは、フィルムだとカットごとに別々に吊るしてあって、欲しい素材をすぐに持ってくることができる。これはノンリニア編集の考え方と同じですよね。テープ編集だと「このテープの◯分ぐらいだった」と常にサーチしなくてはいけなくて、それが大きな違いなのかなと思いますが。

筒井　つまりお二人とも、編集者としては「ここぞ」と思ったところでバッと止められるかどうかが重要だということですよね。そこにある種の快楽がある。

秦　ええ、それが肝だと思います。フェイドインやフェイドアウトする映画がよくありますが、私自身はすごく嫌いで（笑）。フェイドインはいいとして、フェイドアウトは結局そのカットがどこで本当に終わるのか曖昧で分からない。モンタージュ（カットの組み合わせによって新たに物語や感情表現などを行うこと）ができるきっかけを自分で潰しているというか。

ロワズルー　筒井さんが快楽と言われましたが、それはまるで子ども時代の遊びにあったような喜びに似ている。編集をしているとき、私は子ども時代に遊んでいたときの感覚を思い出し、大きな喜びを感じると同時に、後ろめたさも感じます。私が子どものように遊んでいると気がついたプロダクションからクビを言い渡されるのではないかと（笑）。とにかく、自分が発見し決断する幸福感、喜び、それがカット点を決めるときの気持ちです。

筒井　そうですよね。私の方法でいうと、本当に集中できる時間は一日二時間だと思うので、その二時間にその日のすべての編集点を決めたいと思っています。その前の五時間なり八時間は、集中するための準備作業。例えば編集室に入り、目をつぶってストップウォッチを一〇秒で止められるかとか、フィルムをちょっと流してみて五秒で止められるかとかをやってみる。二コマでもズレたら「今日は調子が悪いな」と思うわけです。まあこれは遊びですけど（笑）。

あとは使っていないカットの整理をしたりして、徐々に編集するための気持ちを醸成していく。また、編集するときには一発で決めたいので、どれとどれを使うかテイクを決めて、なるべく直線の流れにします。フィルムの場合は、カットの終わりと次のカットの頭を決めて、間を抜いていくわけですが、先ほど言った集中の二時間でその作業をするのはもったいない。それは機械的にやればよいので、カットのサインだけ付けていきます。

私の場合だと深夜の一時から三時がベストタイミングなので、それに合わせて編集室には夕方六時ぐらいに入ります。夜中の三時を過ぎたら、もういじらない。あとはマークを付けたカットを抜いていくという機械的な作業をやって、始発の時間になったら帰るというスケジュール感でした。

秦 その「二時間」というのはよく分かります。私は子育てがあるので、編集作業は平日の昼間しかできません。午前中に二時間やって、監督とランチで二時間ほどダラダラお喋りし、午後二時から四時ぐらいに作業して、子どもを迎えに行くという感じです。

監督と一緒に行う作業は自分のペースに合わせて作業時間を決めることはできませんが、自分一人の作業、例えば予告編をつくるときなどは、締め切りまで一週間のうち、最初の三、四日はずっと寝ています（笑）。もちろん、何度も見て、必要なカットを抜いたりしますが、ずっと寝ながら悩む。そして、これ以上寝られないぐらい寝足りたときに、ようやくひらめいて、そこから二時間ぐらいで一気に完成まで持ち込む。そういう状態に自分を持っていかなくてはならないことが、一番大変です。

ロワズルー 編集者は八時間継続で使える状態にいられないので、良い習慣を見つけなければいけないという教訓ですね。

私自身のフィルム時代はというと、一日の終わりの疲れはそれほどでもなかった。カットする点を決める大切な決定と、機械的な作業と、時間のバランスがその頃はうまくとれていたような気がします。ところが、デジタル編集に移ってから、おそらく精神の疲れ、頭の疲れがひどいのです。心理的にとても疲れることが多く、一日が終わってもさまざまな疑問点がつきまとって離れない。でも、秦さんが仰ったように、眠りから目覚めた瞬間に、ふと解決策を思いつくことがあります。良い解決策というのは、歩いたり物を食べたりしているときに見つかるのであって、編集の仕事をしているときではないことが多々あるんですよね。

秦　編集に限らず、アイデアを出すために散歩する人もいるし、ジョギングする人もいる。私はどちらもしませんが、むやみにシャワーを浴びるというのはよくやります（笑）。シャワーを浴びていると、水の音がいいのか、水に包まれているのがいいのか、ひらめくんです。それも身体的なものかもしれない。

筒井　私もお風呂に入ったり散歩したりして、とにかく頭を一回空にしています。例えば映画美学校で編集すると、夜は鍵がかかるので、外出できない。だから学校内で散歩するんです。ホールの床がチェス盤みたいに白黒になっていて、その黒いとこだけを歩いていくとかね。ドイツ時代のルビッチにそんなシーンがありましたね（笑）。編集で行き詰まると、そこを何周もする。そのうちにまたやる気が出てきたり、編集のアイデアが浮かんだりします。

ロワズルー　私がデジタル編集で見つけた解決策は、たくさん物を書くことです。小さいメモ帳を買ってきて、メモを書いて、壁に貼る。いろんな手段でコンピューターの前から離れる、ということを考えています。昔は喫煙が流行っていて、私も五分おきに立って煙草を吸いに行けたのですが、いまはやめてしまったので、デジタル編集をしていると三時間が経っていたということもある。だから意識的に自分が現実に戻って考える時間をつくるべきだと思います。フィルム時代は考える時間がありました。フィルムの整理をしたり、巻き戻しをしたり、あるショットを探したりしている時間は、実は休んでいるようで、考える時間だったのです。デジタル編集が主流のいまでは、必要なショットはワンタッチで探せてしまいます。

3　不完全であることの美しさ

筒井　次に「映画はいつ完成するか」というテーマに移りましょう。秦さんの言われた「映画のへそ」ですが、たぶんそれが見つからないと映画は完成しないわけですよね。見つける方法があるのか、それとも天啓のようにそれが見つかる瞬間を待つしかないのか、どちらなのでしょうか。

秦　へそが見つかるまでとことんやれる映画というのは、実は多くありません。予算とスケジュールという問題があって、自分たちが締め切りに追い込まれることで、映画のへそを掴む作業に真剣になっていくみたいなこともある。だからある意味では「締め切り」が映画の完成を決めるようなところが一つあります。もう一つは、監督がどこまで諦めきれるか。作品のへそはすでに見えているのだけれど、監督自身が諦めきれないシーンがあって、「この映画は集大成なんだから、これもあれも入れたい」などと言っているうちに、なかなか完成しない映画というのも結構あります。

確実にへそを見つけられるという確かな方法はないですね。少なくとも私は見つけられていないですし、毎回違うルートで見つけている。試行錯誤しかできていないです。

ロワズルー　秦さんが仰ったことは、私の立場に大変近いと感じました。

いまでは経済的な条件が重要で、我々はそれに従属させられ、依存をする傾向にあります。まだ完成したとも思えない、監督も満足をしていないとなれば、編集期間の延長を願い出るわけですが、製作側からは大きな重圧がもたらされます。監督が現状を受け入れるかどうかが重要になってくるでしょう。オリヴェイラ監督の場合を話すと、「完成した」と言われても欲求不満だったことがありました。時間が足りなかった、もう少し手を入れたいシーンがあるという場合が多かったのです。私は彼に「この部分、もう少し突き詰めたくないですか」と尋ねました。でも彼の返事は、「いや、もうこれでいい」だった。

ところが、そうした作品を時間を経た後に見直してみると、まさに私には不完全だと思えた部分が重要になっていることに気づきました。私が好む他の映画との関係もありますが、私の目から見ると編集の繋ぎ方がガタガタしているように見える部分が、より人間的な、観客のための映画への入り口になっている場合がある。あるいはそのような不完全さが美的な価値を称揚している、そうしたことに気がついたのです。オリヴェイラはおそらく意識的にそうしたものを受け入れていたのでしょう。とても美しいやり方で。

秦　素晴らしいお話ですね。

筒井　編集しているときというのはものすごく集中しているので、コマも止まって見えるくらいです。だからおそらく、編集者としてはもっとできるはずだという思い込みがすごく強くなってくる。でも、やりすぎてはいけないのでしょうね。

秦　子育てと同様、どの作品も「ああ、ここはこうすればよかった」と上映会や劇場に行くたびに思うんです。だけど最近では、「子どもは成人したんだ」と認めてあげるようにしている。傷が額に残っていようが、癖のある動きをしようが、その子の個性ということで認めてあげた方がいいんだろうなと。

筒井　そうなると、再編集したディレクターズカットは意味があるのかという話になりますね。一体何が完成作なのかという。

秦　やはり、親の子離れが必要なんですよ（笑）。

筒井　では、会場の皆さんとの質疑応答に移ります。ご質問のある方はどうぞ。

質問者1　先ほど、ドキュメンタリーの映像において「キャメラマンの呼吸を感じる」というお話がありましたが、デジタル化ですごく長く回せるようになった後でも呼吸を感じることはありますか。

秦　編集に指示を出しながら撮っているキャメラマンなら、デジタルでも呼吸は感じます。フィルムの時代を知っているキャメラマンなどは特にそうですね。たとえば佐藤真監督の『阿賀に生きる』でキャメラマンを担当していた小林茂監督。この小林さんが撮る画というのは、切って繋ぐだけで、そのまま映画になるくらいです。

それと、私は音の影響を受けてイン点、アウト点を決める傾向にあります。音は最終的に整音してまったく入れ替わることが多いのですが、撮影中の現場の車の音や時計の音、誰かの足音など、そういう音に編集が左右される部分がかなりある。現場の呼吸を受け取っているということなのでしょう。例えば足音なら四歩単位でカットしたり、最終的にそれを逆にズラしたりすることがあります。

ロワズルー　私もドキュメンタリーの編集をしたことがあるのですが、その作品はキャメラマンが何人も代わってしまい、代わるたびに画が違うというのを感じました。現実を切り取る選択の仕方が違う。被写体に対して持つ関係も違う。異なる呼吸があるのをすごく感じたのです。ただし小林茂監督のような、テイクの始めと終わりがそのままショットの始めと終わりになるようなキャメラマンには出会ったことがありません。傾向としては、長く撮り続けて、たまに奇跡のような偶然でもって完全にショットになるテイクがある、という程度でしょうか。

質問者2　日本のドキュメンタリーは九〇分から二時間までが平均ですが、ヨーロッパでは五〇分が平均です。私は編集者なのですが、限界までそぎ落とした作品に対して「五〇分バージョンにしてくれ」と言われた場合、どこを切っていいか分かりません。他人の手に委ねた方がよいのでしょうか。何かそういったご経験などあれば教えてください。

秦　私もとことん議論して完成だと思った作品にはもう絶対手は入れたくはありません。自分の育てた子どもを切り刻むことになるので……。よく、自分の編集した作品の予告編をつくるはめに陥るのですが、我が子を料理しているみたいな感じで、すごく落ち込みます。

欧米ではテレビで放送するために五〇分バージョンが必要だというのはよく聞きます。実際に私もちょうど『フリーダ・カーロの遺品』の五〇分バージョンをつくらなくてはいけないのですが、一回自分が完全に作品から離れてからではないとつくるのは難しいだろうなと思っています。大体半分ぐらいの尺になれば、まったく違う作品になってしまうわけで……。

イン点やアウト点というのは、全体の尺から決まってくる部分もありますが、むしろカットそれぞれの呼吸で決まってくることも多いので、細かく切っていくというよりは、構成上でバッサリといくしかないかもしれません。テーマ自体を変えるとか、登場人物を二人ぐらい減らすとか。

ロワズルー 確かにヨーロッパでは五二分がスタンダードで、ごくまれに五二分三〇秒もらえることがあります。ですから、編集で一時間三〇分に上手にまとめた作品を五二分にしなければならないというのは、実に暴力的な行為です。その際には、関係のない第三者が介入をして見直すことも良いことかもしれません。しかし、全体のバランスを考え、ストーリーテリングも見直すわけで、多大な犠牲を払う行為ですよね。

4 ドキュメンタリーとフィクションの境界、あるいは映画の内的な必然性

質問者3 ヴァレリーさんの最初のお言葉で「編集で観客にインパクトを与えるのは本意というか目的ではない」というのがすごく印象的でした。特に劇映画に関して言うと、ある種の矛盾をはらんでいるのではないかと。お二人とも監督との非常に密でクロースな関係性というのを語られていますが、その先にある観客に対する思いというか距離感は、どのように思われていますか。

もう一つ、監督や編集者が最初にラッシュを見たときに感じた思いが、編集を繰り返すことで変質されてしまう可能性についてはどう思われますか。

秦　編集者は「最初の観客」というい方がされますが、私は毎回見るたびに、一人の純粋な観客として見ようと心がけます。そういう意味で、自分も観客のつもりです。

二つ目の質問については、それは常に変化していくものだと思います。最初に受けた印象というのはもちろん大切ですが、構成が変わったり、一つのシーンでもいろいろと見え方が変わっていったりすることもありではないだろうかと。自分自身が何か発見して成長した上で見えているということだと思うので。ただ、それが初見の観客に見てもらったときにどういう影響を与えるのかについては、すごく慎重になるべきです。

ロワズルー　二つ目の質問から先にお答えします。ラッシュを見たときの新鮮な感想が再編集のうちに段々失われていくのではないかというお話ですが、何か物をつくっていくときに辿っていく道のようなものを思い浮かべてください。ラッシュと初めて出合ったときの感動は覚えていて、思い出すべきです。ただし、そのラッシュをカットし、他のカットとの関係をつくり、ストーリーを紡いでいく中で、説話という面からも別の必然性が生まれることがある。自分が最初に夢中になっていたテイクを捨て、あまり心が惹かれなかった別のテイクを探しに行かなければいけないこともあります。その方がずっと興味深いことに、映画の本質に迫れる可能性が高いのです。映画というのは、編集作業により段々と脱皮をして変身をしていくものです。そのたびごとに、「自分はこれを初めて見るんだ」と思って見るような視線、好奇心を持つべきでしょう。

最初のご質問については、秦さんが仰ったことに同意します。私自身が最初の観客であり、観客の一サンプルである。そして、自分自身の感じたこと、自分の感覚を出発点として仕事をしています。監督も同様で、監督は監督であり、かつ自分自身の作品の観客であるという二重のステータスを持っていると思います。ですから、この映画について他の人がどう思うかといったことは一切考えません。自分がその映画をどう感じるか、映画の内的な必然性が重要なのであって、人の感情や感動をどのように動かすかということはどうでもいいことです。自分自身を信頼してください。それから、編集過程の上映を見てもらった人の意見も大切ですが、彼らは自らの主観性、欲求、感動を通じて反応をするわけですから、自分のそれとは分けて彼らの感想を取り扱うべきです。もちろん、映画が完成すれば「観客はこの映画をどのように受け止めるのか」と考えますが、それは完成した後であって、前ではありません。

秦　すごく勇気づけられるコメントありがとうございます。

質問者4　映像というものは常に、現実と虚構のギリギリの境目のようなところがあると思います。監督の意図を突き詰めすぎて虚構的になったり、逆に視聴者の側に立ちすぎた結果、現実的になりすぎて、フィクションが成立しなくなったり。そういう境目はどのように感じていらっしゃいますか。

秦　私はフィクションとドキュメンタリーの差はほとんどないと思いながらドキュメンタリー映画をつくっています。劇映画以上にフィクション的な要素を入れることも多々ありますし。それよりも、実際に撮れた映像に真摯に向き合ったときに、撮れてきたものと当初のテーマや監督の思いは果たして一致するのか、ちゃんと繋いでいけるのかを、作業しながら探るしかないと考えています。一致すればラッキーですが、一致しないことの方が多いので、いろいろ悩みます。質問の答えになっているか、分からないですが。

ロワズルー　私の考えでは、ドキュメンタリーとフィクションは、二項対立で相反するものとして考える必要はないと思います。例えば編集を始めるとき、いずれにしろ監督の世界に入っていくわけですから、ドキュメンタリーとフィクションのまさに仰るような境界上にいるのではないかという気がします。でも、ドキュメンタリーだからこういうことはしてはいけないとか、フィクションだから現実の要素は入れてはいけないとか、そういうことを考えてはならない。そうすると、何か新しい形式が立ち上がってくるのを阻んでしまいます。おそらく、新しい形が探され、求められていて、見つかろうとしているのは、ドキュメンタリーとフィクションのまさに境界上のような気がするのです。

必要なことは、精神をひらいて、監督の提案を受け入れて、その中に入っていくこと。その提案がドキュメンタリーとフィクションのちょうど中間のようなところにあるのであれば、かえっていいことで、わざわざどちらかの側に行く必要はない。ただし、これは絶対的に最高の場合を考えて言っていることで、実際にはテレビ局側からの要請があったりします。私も歴史ドキュメンタリーの編集をしていたら、だんだんとアートクリエイション的な作品になってしまって、テレビ局側からやり直しを命じられたことがあります。

筒井　ドキュメンタリーにおける現実感というのは、やはりメッセージではないかと思います。つまり、いかにリアルに見せなくてはいけないか。誰の言葉か忘れましたが、編集するにあたり、「ドキュメンタリーはフィクションのように、フィクションはドキュメンタリーのように繋ぐ」のだと。逆の方法で編集することにより、ドキュメンタリーであればそこにある事実性がよりピュアなものとして出てくるのではないでしょうか。こう見せなくてはいけないというつくり手の思い込みの方が、そのショットの本質を曲げてしまう気がします。

質問者5　公開当時に『家路』を拝見しましたが、ヴァレリーさんのお話しされた靴のカットには私も衝撃を受けました。あの靴のショットがオリヴェイラ監督らしさの証明であるかのような報道もされていたと記憶しています。実はそれが編集の偶然から生まれたということを今日知ったわけですが、オリヴェイラ監督ご本人は過剰に話題になったことに対して、どのように思われていたのでしょうか。

ロワズルー　オリヴェイラ監督がどのように受け止めたか、私はまったく分かりません。お互いにあのシーンを話題にしたこともないし、どのように受け入れられたかということは彼にとって重要ではなかったのだと思います。

オリヴェイラ監督は、映画にとって観客は重要ではないと言っていました。もちろん、映画が観客に受け入れられることは大切でしたが、「どのように受け入れられるか」ということは彼にとっては重要ではなかったのです。彼は自分の内的世界を見つづけた人であり、それについては自信、確信を持っていました。観客の反応によって自分の声や道を変えるということは一切しませんでした。

筒井　観客の皆さま、ロワズルーさん、秦さん、長時間ありがとうございました。最後にオリヴェイラ監督に捧げられたオマージュの映像を上映させていただきます。ヴァレリーさん、ひと言お願いします。

ロワズルー　いまからご覧いただく作品は、オリヴェイラの全作品から取ってきたショットで構成されています。ポルトガルの共和国議会でオリヴェイラ監督の業績を称える行事が行われることになり、プロデューサーのルイス・ウルバーノから委嘱を受けた私がつくった編集作品です。全作品から縮小して一〇分にしなければいけないという制限があって、とても難しい仕事でした。しかし、この一〇分の短編を見れば、オリヴェイラの作品を見たいという気持ちになると、制作した我々は確信しています。

1
佐藤真
一九五七年生まれ（二〇〇七年没）。映画監督。大学在学中より水俣病被害者の支援活動に関わる。一九八九年から新潟県阿賀野川流域の民家に住み込みながら撮影を始め、『阿賀に生きる』（92）を完成。国内外で高い評価を受ける。以降、『まひるのほし』（98）、『SELF AND OTHERS』（00）、『花子』（01）、『阿賀の記憶』（04）、『エドワード・サイード OUT OF PLACE』（05）など数々の作品を発表。京都造形芸術大学教授、映画美学校主任講師として後進の指導にもあたった。

2
小林茂
一九五四年生まれ。撮影監督・映画監督。佐藤真監督『阿賀に生きる』（92）の撮影により、日本映画撮影監督協会第一回JSC賞受賞。時枝俊江監督『地域をつむぐ』（96）、藤本幸久監督『闇を掘る』（01）で撮影を務める。監督作品として『こどものそら』（97-00）、『ちょっと青空』（01）、『わたしの季節』（04）、『チョコラ！』（08）などがある。

3
BOX東中野
一九九四年、東中野駅前にオープンしたミニシアター。ドキュメンタリー、インディペンデント映画などを中心に上映。二〇〇三年に改装され、「ポレポレ東中野」として再開した。

4
劇団解体社
一九八五年結成。暗黒舞踏の開祖・土方巽の思想的な影響のもと「身体の演劇」を標榜し、活動を行う。演者の身体や時間性に焦点を当てた作品は、ヨーロッパを中心に、南北アメリカ、アジアなど国内外で高い評価を得る。二〇二四年より八王子に拠点を移し、稽古場兼劇場のアトリエ「八王子ドック」を開設。

5
土井敏邦
一九五三年生まれ。ジャーナリスト・映画監督。一九八五年よりパレスチナ、イスラエルの現地を取材。ドキュメンタリー映像シリーズ「届かぬ声―パレスチナ・占領と生きる人びと」四部作（09）を完成。第四部の『沈黙を破る』（08）は第九回石橋湛山記念・早稲田ジャーナリズム大賞受賞。二〇一六年に「ガザに生きる」五部作で大同生命地域研究特別賞を受賞。主な書著に『アメリカのユダヤ人』、『パレスチナの声、イスラエルの声』など多数。

6
ジャン・ユンカーマン
一九五二年生まれ。ジャーナリスト・映画監督。画家の丸木位里・俊夫妻を取材した『劫火-ヒロシマからの旅-』（88）を監督し、アカデミー賞記録映画部門にノミネートされる。『チョムスキー9.11』（02）は世界十数カ国語に翻訳され、各国で劇場公開された。他に『老人と海』（90）、『夢窓〜庭との語らい』（92）など。

7

ロバート・フラハティ

一八八四年生まれ（一九五一年没）。映画監督。ドキュメンタリー映画というジャンルの開拓者。探検家、測量士、探鉱技師として働き、イヌイットの生活を追った『極北のナヌーク』（22）を完成させ、国際的に名を馳せる。二作目『モアナ』（26）の後、渡英して孤島の漁師を描いた『アラン』（34）や、『ルイジアナ物語』（48）などを発表。

8

小谷忠典

一九七七年生まれ。映画監督。『いいこ。』（05）が第二八回ぴあフィルムフェスティバルにて上映。初の全国劇場公開作品『LINE』（08）から、フィクションやドキュメンタリーの境界にとらわれない意欲的な作品を制作。主な作品に『ドキュメンタリー映画 100万回生きたねこ』（12）、『フリーダ・カーロの遺品 石内都、織るように』（14）などがある。

9

ユーディ・メニューイン

一九一六年生まれ（一九九九年没）。ヴァイオリン奏者・指揮者。一九二四年、サンフランシスコ交響楽団でデビュー。「天才少年」と評され、ニューヨーク、パリで成功を収め、一九二七年、カーネギー・ホールの出演で世界的名声を得る。一九五九年以降はロンドンに住み、バース音楽祭、ウィンザー音楽祭などを主宰、また自ら室内管弦楽団を率いて指揮活動を行う。

10

ピナ・バウシュ

一九四〇年生まれ（二〇〇九年没）。振付家・舞踊家。一九七三年に「ヴッパタール舞踊団」を発足させ、舞踊芸術「タンツテアター」を確立。以後、『カフェ・ミュラー』（78）、『カーネーション』（82）、『船と共に』（93）、『炎のマズルカ』（98）など、舞踊と演劇の境界を打破した独創的な作品で世界的な名声を博す。映画ではフェデリコ・フェリーニ監督『そして船は行く』（83）、ペドロ・アルモドバル監督『トーク・トゥ・ハー』（02）に出演。関連作品にヴィム・ヴェンダース監督『Pina／ピナ・バウシュ 踊り続けるいのち』（11）がある。

11

ジョン・マルコヴィッチ

一九五三年生まれ。俳優。数々の舞台に立ち、ブロードウェイで『True West』や『セールスマンの死』などでオビー賞など数々の賞を受賞。ロバート・ベントン監督『プレイス・イン・ザ・ハート』（84）で映画デビューし、アカデミー助演男優賞にノミネート。他の出演作品に『太陽の帝国』（87）、『マルコヴィッチの穴』（99）、『銀河ヒッチハイク・ガイド』（05）など多数。

III　東ドイツ映画史

ラルフ・シェンク 講義

冷戦時代の東ドイツにおいて、映画は単なる娯楽を超えた強力な文化的・政治的ツールとして機能していた。その中心にあったのが、一九四六年に設立された映画製作会社「デーファ（DEFA）」だ。

ドイツ初の国有映画スタジオとして誕生したデーファは、社会主義国家である東ドイツの価値観やイデオロギーを国内外に伝える役割を担いながら、その前身といえるウーファ（UFA）の技術や人材を生かして、芸術性と娯楽性を融合させた独自の映画を数多く製作した。プロパガンダ映画や歴史映画を通じて国家の理念を反映する一方で、現実社会の矛盾や人間の心理的葛藤を描く作品も多く、政治的制約の中でいかにして創造性を発揮するかという挑戦が続けられた。

ラルフ・シェンクは、時代の影響を色濃く受けたデーファの足跡を辿りながら、映画を通じて社会や人間を見つめ直すためのもう一つの映画史がそこにあることを教えてくれる。

ラルフ・シェンク｜Ralf Schenk

映画評論家・映画史研究者。一九五六年生まれ。ライプツィヒ大学でジャーナリズム学を専攻。「ベルリン新聞」と映画専門誌「映画サービス」の常任執筆者。ドイツ国内の他、アメリカをはじめ世界中の大学で講演、セミナーを行う。『Das zweite Leben der Filmstadt Babelsberg（映画都市バーベルスベルクの第二の生）』（94）など、映画史に関する編著書が約二〇冊ある他、禁止されたデーファ作品の復元にも携わる。二〇〇四年よりベルリン国際映画祭コンペティション部門の選考委員、二〇一五年よりゲーテ・インスティトゥート映画諮問委員会委員を務める。二〇一一年にバーベルスベルク映画大学名誉博士号取得。二〇一二年から二〇二〇年までデーファ財団理事長。二〇二二年没。

Ⅲ｜**ラルフ・シェンク講義**　司会＝筒井武文〔二〇一三年一〇月一九日　通訳＝山根恵子〕

壁の向こうのハリウッド――東ドイツ映画史をめぐって

1　映画大国ドイツの戦後

筒井　お待たせしました。東京藝術大学大学院映像研究科映画専攻の筒井です。今日は台風の近づく中、お越しいただきどうもありがとうございました。ついてはシェンク博士にお話を伺ってまいりたいと思います。シェンク博士、それから通訳の山根恵子先生、よろしくお願いいたします。皆さんの質問の時間は後でたっぷり取りますので、まず私の方からいろいろお聞きしたいと思います。

まず話の前提ですが、ドイツ映画というのはもともと素晴らしいものでした。つまり、一九二〇年代は世界一位の映画大国だったわけです。ワイマール共和国といわれた時代です。その頃、「ウーファ（UFA）」[1]という映画製作会社があり、世界最大級のスタジオで大作を撮っていました。もちろん、ムルナウ[2]やルビッチ[3]、フリッツ・ラングなどの素晴らしい監督がたくさんいました。そういう監督たちが二〇年代から三〇年代のナチスが政権を取った後、ほとんどがアメリカに亡命していったわけです。

やがて戦後を迎えて、ドイツが四カ国に分割統治されます。その中でソビエトの占領下にあったのが東ドイツですね。面白いのが、ソビエトが東ドイツの映画人に映画を撮ることを奨励したということです。だから西側よりも先に東側の方が映画は復興しました。それでウーファの遺産を受け継ぐという形で、東ドイツの「デーファ（DEFA）」[4]という映画会社がつくられた。大雑把に言うとそういうことでよろしいですね？

シェンク 仰る通りです。ドイツは第二次世界大戦後、四つの国家により分割されました。ご存じの通り、ソ連、アメリカ、イギリス、フランスです。国家や地域を四つに分けただけではなくて、文化もある意味では分けられたということができると思います。文化を分けるとはどういうことかというと、国民を再教育するということです。第二次世界大戦が終わるまでの一二年間、ドイツはファシズム体制にありました。この一二年間にドイツの国民はまったく違う政治体制のもとで、文化的にも偏った方向に行っていました。

ドイツ国民を再教育するということはどういうことかというと、ご存じの通りナチスの時代には反ユダヤ主義、民族主義の傾向が強く、第二次世界大戦後には反ユダヤ主義に反対するような再教育が必要だったということです。文化的な教育のために何が必要かというと、今のようにインターネットもありませんし、東ドイツではテレビも大衆には普及していませんでした。ですから、映画がほぼ唯一の娯楽であったといえます。つまり、映画がドイツ国民の再教育のための最も重要な手段だったのです。

そのような大戦後の文化政策の中で、西側はアメリカとイギリスとフランスが占領していましたが、彼らは文化教育のためにドイツの映画を見せない、見せてはいけないと禁止しました。なぜなら、ナチスの時代にドイツ人たちはドイツ映画を製作していましたから、ナチスによるプロパガンダ映画の影響を受けすぎていたためです。それが理由で、アメリカ、イギリス、フランス軍が占領していた西ドイツでは「ドイツ映画はつくらせない」ということになったのです。

東側はどうだったかといいますと、もちろんソ連が占領していましたので素晴らしいロシア映画もあったのですが、ソ連側は東ドイツで映画を製作させてもいいのではないかという判断をしました。そして一九四六年五月、ちょうど終戦から一年後にデーファといわれるドイツ映画製作株式会社が誕生しました。もちろんソ連もデーファという新しい製作会社をつくったといえども、そこで働くドイツ人の製作者、監督であれ俳優であれ、すべてナチズムの影響を受けていたということで、設立直後はソ連が許可したものだけを製作していたという事実もあります。

ソ連によるどのような統制があったかというと、ナチスの影響を受けていないということと、世界の平和、自由、国家間での理解を深めるというテーマの作品を奨励しました。もちろんドイツ人も、映画製作に関わっていた人たちも、自由に自分たちの思うテーマで作品をつくりたいと思っていましたが、ナチスやナチズムの悪影響を引きずらないということも映画人の中には心がけとしてありました。特にドイツ人の製作者側は反ユダヤ主義に対する抵抗、そしてナチズムや戦争犯罪に対して批判的な姿勢で製作を行っていました。

筒井　再開したデーファですが、戦前からの優れた技術者たち、キャメラマンや美術監督など優秀な人材が残っていたので、素晴らしい映画をすぐにつくることができた。また規模ですけれども、これがいつ頃のことか分かりませんが、戦後のデーファでは従業員というかスタジオと契約している人たちが二五〇〇人いたということですね。二五〇〇人のスタッフを使っている撮影所なんて、日本ではありません。いかに大規模だったかが分かると思います。

再開した当初は思ったものをつくることができたと思うのですが、やはりスターリンの時代はかなり内容を制限されたと聞いています。一九五三年のスターリンの死後に、ようやくつくりたいものをつくれるように変わってきた。だから五〇年代の前半と後半で、つくられる映画の内容が変化している。今日上映した『カミング・アウト』(89)のハイナー・カーロウ監督[5]も五〇年代の後半以降にデビューした第二世代といわれる監督です。それ以前の第一世代は戦前からのベテラン監督を指します。日本でいうと大島渚[6]や吉田喜重[7]あたりの世代、あるいはフランスでいえばヌーヴェル・ヴァーグの監督たちと同じように、戦後映画、若い感性で前の世代に対する批判をもって映画を撮っていた世代といえると思います。そのあたりのことについて、少し補足をお伺いできますか。

シェンク　まず最初に想像していただきたいのですが、デーファという東ドイツにあった製作会社は東ドイツで唯一の国営スタジオだということです。西側、西ドイツといわれるところでは、先ほど筒井先生が仰っていたように、デーファのように二五〇〇人もの大勢の就労者はいなかったのですが、二、三年経つと、小規模で自由な映画製作会社が次々に生まれてきました。一方で東ドイツには唯一のデーファという製作会社しかなかったために、映画をつくるには、しかも映画館で上映する劇映画をつくるためには、まずはデーファしかなかった時代です。

製作会社としてはデーファ一つでしたが、スタジオは四つありました。一つは劇映画を製作するデーファ劇映画スタジオ、もう一つはドキュメンタリー映画スタジオで、三つ目はアニメーションを中心としたトリック映画の製作スタジオ、四つ目はあまり知られていませんが、文化映画のスタジオがありました。例えば、この四つのスタジオでは国から製作費として毎年かなりの額を補助金としてもらっていました。そのうち例として挙げますと、劇映画をつくっていたスタジオでは一年間に当時三〇〇〇万から四〇〇〇万マルクの製作費が与えられていました。製作本数としては、劇映画は一五本から二〇本製作していたということです。もちろん国営会社ですけれども、劇映画の製作に一年間で四〇〇〇万マルクものお金を出すのであれば、一五本であろうと二〇本であろうと、自分たちの国が思っている良い映画をつくってほしいという希望があったのは確かです。ですから、東ドイツではデーファで一本の劇映画がつくられる前に、検閲ではないのですが、まず脚本に国の許可をもらわないと駄目でした。そして映画の完成後も、国による許可を得なければ上映することはできませんでした。「検閲とは違う」というふうに言いましたが、東ドイツの政治体制、誰が文化局のトップにいるかによって、かなりリベラルに製作や脚本、上映の許可が出る時代もありましたし、厳格で保守的な官吏がトップにあったときには許可があまり出ない、彼らの考えに沿っていない作品は上映されることがなかった時代もありました。

政治の流れによって、デーファの作品にも波があったといえると思います。先ほど筒井先生が仰ったように、一九五三年にスターリンが亡くなります。それまでは、かなり厳格な統制がありました。スターリンが亡くなった後は雪解けという形でデーファ作品にも自由が出てきます。

「雪解け」と言ってもそれは一九五三年以降ですが、一九六五年に起こった話をしたいと思います。その年は一年間のうちに一二本の劇映画が禁止されました。デーファの映画製作にも雪解けがあったものの、それから一〇年ほど経た一九六五年に完成した一二本の作品が一挙に上映禁止になった。映画を製作するときすでに脚本は許可をもらっているわけですから、どうして許可を得た脚本を土台につくられた映画が上映禁止になったのか、さまざまな意見が出ましたし、不思議に思われました。先ほどデーファ作品の中にも波があったと言いましたが、一九六五年頃までには脚本が許可されていたので、製作が始まる劇映画も多かったのです。ただ、実際に完成した作品を見て上映禁止になってしまったというのが、その波の一つであるといえます。そうしたデーファ作品の波や映画の歴史については、旧東ドイツの政治の歴史を知らないことには理解できません。しかし例外的に、ＳＦ作品やコメディ、ミュージカル、それから東ドイツには珍しいことにウエスタン映画があったのですが、そうしたジャンルの映画はあまり禁止されることはありませんでした。当時の政治体制と絡んで上映禁止や問題になった作品のほとんどは、東ドイツの社会を扱う現代劇映画です。当然ながら、政治家は自分の国を批判するのではなくて、褒める映画作品を希望しました。そして芸術家たち、映画製作者たちはその反対を求めていた。政治体制と芸術家の間には常に問題がありました。

筒井　一九六五年に一二本が上映禁止されたのは、脚本は許可されたのに作品になると駄目だったと。ということは、脚本を許可したときの政治体制と完成した作品を見たときの政治体制が変わったのか、それとも脚本に書かれていた以上に過激な描写があったのか、どちらでしょうか？

シェンク　当時は非常に緊迫した時代でした。背景として関連するのは、一九六一年にベルリンの壁がつくられたということです。六一年の八月に突如としてベルリンの壁がつくられた。最初、映画製作者や監督たちは「これで西側からの影響はなくなった。東側で自分たちの映画が自由につくれる」と思ったのです。映画だけでなく、一九六一年以降に続々と東ドイツ社会を批判するような演劇や他の芸術作品が生まれました。政治的にはこの頃に世代交代があって、二十代から三十代前半の若い政治家たちが権力を持ったのです。若い政治家たちはスターリン時代の悪い影響を取り払い、自分たちの新しい社会主義を築こうとしました。東ドイツの政治もかなりリベラルになりつつあったといえます。ソ連はフルシチョフの時代でしたが、政治的には保守的だった以前のスターリン体制とは違っている。ソ連もまた自由になってきたといえると思います。

しかし、一九六五年にソ連や東ドイツを含めた経済危機があり、フルシチョフが退任しました。東ドイツではトップにいた若手の政治指導者たちも交代してしまいました。筒井先生が仰ったように、六一年頃は非常にリベラルで脚本も禁止されるものはなかったのですが、製作の許可が下りていた脚本が作品となって完成したときの六五年には、経済的危機と政治体制の変化によって保守的な流れに戻ってしまった。映画をつくっている人々の間では衝撃でした。ここ二、三年のうちに、完成した作品が禁止されるということは思ってもみなかったのです。この出来事によって、東ドイツの映画製作者、映画監督たちは、リベラルな時代に入ったと思っていたのは幻想にすぎなかったのだと悟りました。また六八年にはチェコのプラハにソ連の戦車が侵攻し、いわゆる「プラハの春」が終わりを告げた時期でもあります。一挙に一二本が上映禁止にされたということで、映画人たちは「それならば現在の東ドイツ社会を表現するようなものではなく、少し前のドイツを表現するような映画をつくろう」と、あまり社会批判的な作品はつくらない流れに変化していきました。もちろん、それらも決して悪い作品ではありませんが、直前の作品にはあった勇気や社会に対する怒りというものが表現されませんでした。

筒井　そうすると、今日上映した『カミング・アウト』はデーファの中でどのような位置を占めていたのでしょうか。またハイナー・カーロウ監督の経歴や、カーロウ監督の作品も上映禁止になったことはあるのかなどを伺えますか？

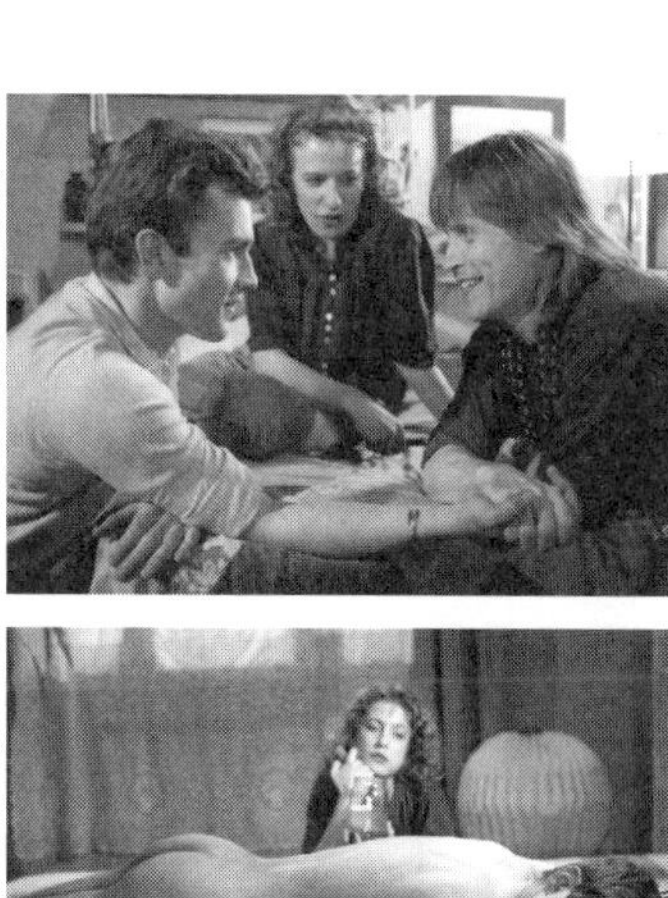

『カミング・アウト』

シェンク まずハイナー・カーロウ監督はどういう方かといいますと、ちょうどスターリンが亡くなった後の一九五〇年代半ば頃から監督として独立した人です。監督作品の多くは現代社会をテーマにしているのですが、自分の幼少期の記憶からナチズムを扱った『ロシア軍が来る（Die Russen Kommen）』（68年制作）という映画が唯一上映禁止になった作品です。戦時下で、十代のドイツ人少年が自分の犯した罪によって、ソ連から来ていた若い兵士を死に追いやってしまうという話です。作風としては非常にシュルレアリスム的な作品で、かなり実験的な試みを行っています。当時の政治体制では受け入れられないテーマだったために、そうした表現で描くしかなかったのです。

また、カーロウ監督は映画館が満席になってほしいという思いが強い人でもありました。「満席にするためには恋愛映画がいい」と考えてつくったのが、一九七三年の『パウルとパウラの伝説』という作品です。素晴らしいラブストーリーで大成功を収めました。この恋愛に対する気持ちを込めた作品の延長線上に、一九八八年に撮影した『カミング・アウト』があります。先ほども申しましたが、同性愛を扱った映画としては東ドイツでも初めてで唯一の作品です。一九七〇年頃までの間、東西ドイツでは刑法一七五条に同性愛禁止の法律がありました。先ほど言いましたように、カーロウ監督は東ドイツの中では観客だけでなく政治体制側にも認められている有名な監督の一人だったのですが、この『カミング・アウト』を製作するにあたっては大きな問題がありました。デーファ作品を製作する際、最終的な許可を与えるのはデーファスタジオの所長なのですが、その所長が『カミング・アウト』の脚本を読んだときに「自分の目の黒いうちは絶対に製作させない」と言ったそうです。東ドイツというのはそれほど大きくない国でしたし、人口も一七〇〇万人ぐらいだったので、ほとんどの国民がこのデーファスタジオとハイナー・カーロウ監督の問題を耳にしていました。そこでカーロウ監督は文化政策担当官のところに直談判に行ったのです。担当官はカーロウ監督に「もし君がどうしてもこの作品を実現させたいというなら、いいのではないか」という、事実上の許可を与えました。その後、カーロウ監督は綿密なリサーチを始めます。脚本家と一緒に東ベルリンにある同性愛の人たちが交流しているバーに行ったり、実際にゲイの人たちにもインタビューをして、事実に近い形で脚本を書き上げました。

今日、私は久しぶりにこの『カミング・アウト』を見ましたが、ある意味で東ドイツ、東ベルリンのドキュメンタリーだといえると思います。例えば、劇中に同性愛の人たちが行っているクラブがありましたが、あれは実際に現地にあるクラブです。カーロウ監督はこの作品で必ずしも同性愛だけを扱おうとしたわけではありません。メタファー的な意味合いもあるのですが、人間が一人で生きていくために自分で人生を考える、そういう可能性を持つべきだということも言いたかったようです。自分に対して素直で正直である、そういう生き方をするべきだということを言いたかったのではないでしょうか。別の視点から見るなら、カーロウ監督は一人ひとりの人間個人の問題だけではなく、政治体制や国家もまた、そのような形で自らに対して正直に生きるべきだということを訴えたかったのだと思います。

3　ナチス時代における同性愛

筒井　男性同士が裸で抱き合うといったセックス描写もあります。同性ではなく異性同士でもいいのですが、当時の東ドイツにおいてはそうした描写はどれぐらい許されていたのでしょうか？

シェンク　もちろん許されていました。当時の東ドイツではジョークとして、一九七〇年以降でデーファ作品の中にそういうシーンがなかったら「この映画は何だ」と言われたそうです。東ドイツという国は性に対して非常に自由で、国民もあまり固い人たちではありませんでした。西ドイツでもよくありましたが、湖や川で泳ぐときに水着を着けずに裸のままで泳いだりするのです。そういう文化が戦後の東ドイツには根付いていましたので、西側以上に自由だったと思います。

それまでにも異性間の性的なシーンはよくありましたが、この『カミング・アウト』で初めて男性同士の同性愛が表現されたので、当時はセンセーショナルでした。そのようなシーンをどういう形で撮影したかといいますと、通常はデーファ作品のスタジオ現場には五〇人ぐらいのスタッフがいるのですが、『カミング・アウト』のラブシーンには全部で八名ぐらいしかいませんでした。それまで何本もカーロウ監督の作品に携わっていたキャメラマンは「このシーンは撮りたくない」と言ったそうです。長年スタッフとして携わっていたキャメラマンは年齢が上だったために恥ずかしかったのではないでしょうか。それでカーロウ監督は若いドキュメンタリーの撮影監督に頼み、そのシーンだけは若い人に撮ってもらいました。そしてこの『カミング・アウト』が東ベルリンで公開されたのは一九八九年一一月九日、ちょうどベルリンの壁が開けられた当日です。上映は夜七時半に始まりましたが、上映から一〇分ほど経った後、東ドイツのテレビ局がベルリンの壁が開いたと報じました。そのニュースが放送された後、映画館の館主が「これは大変だ」と上映を止めて映画館の中に入って事情を説明したところ、カーロウ監督をはじめその場にいた映画人たちは全員外へ出ていきました。彼らは大事なことが起こったので「映画など見ている場合ではない」と出ていったのですが、東ドイツの観客たちは「せっかくの映画だから最後まで見たい」と、その場に残って最後まで見届けました。公開初日の封切日には上映後にささやかなレセプションがあるのですが、その席に観客は誰一人として来ませんでした。

筒井　実際に演じているのは同性愛の方ではなくプロの俳優ですよね？

シェンク　主役の二人はそうです。教師役のマティアス・フライホーフ[8]という俳優にとっては代表作になっています。彼は本作以降はベルギーの舞台で活躍しています。マティアス役を演じたディルク・クマーは俳優としては素人で、本作では助監督も務めました。彼は俳優を務めながら助監督として、カーロウ監督をさまざまなセクシュアルの人たちが交流する場に連れて行き、リサーチをさせました。クマーはその後、実際に監督業にも携わるようになって、最近では主にテレビ映画をつくっています。

作品をご覧になってお気づきになったか分かりませんが、私にとっては昔のベルリンや東ドイツはまさにこのような感じだったと感慨深かったです。コンサートのチケットを手に入れるために、皆が行列をつくって並んでいるという光景などは、実際に私も東ドイツで目にしたことがあります。東側の社会主義国ではこのコンサートホールは非常に有名で、ダニエル・バレンボイム[9]など著名な人たちが演奏をする、東ベルリンの中では最も人気のある有名なホールです。ですから、著名人が来ると毎回行列をつくって、一晩中並んで待ちながら翌日にチケットを手に入れていました。また最後のバーの場面で、老人が五〇年前のナチス時代の話をしますが、そのような世代的なことも含んださまざまな歴史の屈折を表現している映画でもあります。

先ほども少し触れましたが、ナチスの時代には同性愛は法律的にも禁止されていました。法を犯した者たちは収容所に入れられたのですが、その中で政治犯は赤色、同性愛者はピンク色の印を囚人服につけなければいけませんでした。そのように色の違いによって罪を区分していたのです。第二次世界大戦後の東ドイツでも、ユダヤ人や共産党員が収容所に入れられていたということは本にも書かれましたし、伝えられていました。当然、ホロコーストについては若い世代にもさまざまなところで伝えられていました。しかし、ピンクのリボンを囚人服につけなければならなかった同性愛者の人々についてはまったく伝えられていなかった。それは、戦後も同性愛がタブー視されていたために、戦争を生き延びて東ドイツで生活している人たちがいたにもかかわらず、彼らは特殊なグループであるとされ、まったく語り伝えられてこなかったのです。だからこそ、作品の中で年配の男性が「同性愛者だけが忘れられた」と言っているのです。また主人公の教師をしている若い男性が、酔いながら「怖い怖い」と恐れていましたが、同性愛者であることが分かると教師の職を失ってしまうことへの恐怖感がよく表れていると思います。年配の男性が主人公に言いたかったことは、「君は教師の職を失うことを恐れているけれども、私は同性愛者だったために収容所に入れられ、命を失う危機に直面していたのだ」ということです。つまり同性愛の問題を相対化して、若い教師に説得している場面です。

4　東西ドイツの映画交流

筒井　それでは皆さんの方からも質問があれば受けましょう。

質問者1　ベルリンの壁が崩壊する以前に東西ドイツの映画交流はあったのでしょうか?

シェンク　もちろん交流はありました。ただ一九五〇年代のスターリン時代にはあまり自由に交流することができず、西ドイツ側の映画を東側で見ることもほとんどできませんでしたが、六〇年代からは西ドイツの映画が東側に紹介されたり、逆に東ドイツの映画が西側で公開されることがよくありました。

もちろん一般の映画館で上映されることはあまりなかったのですが、「コムナーレス・キノ」という公共の映画館で東ドイツの映画も西側で紹介されました。東ドイツはすべて公共ですから、クラブのような小さな集まりの中で西ドイツの映画も東ドイツで見ることができたのです。

ただ、東ドイツで西ドイツの映画を買うといっても、作家性の強いヴェルナー・ヘルツォーク監督[10]やライナー・ヴェルナー・ファスビンダー監督[11]のような作品を東側に入れるということはほとんどありませんでした。それよりも俗っぽい大衆映画、コメディや刑事もの、推理ものといった一般の東ドイツの人々が楽しめる映画を西側から入れていたという事実があります。

質問者1　アメリカ映画や他の海外映画はどうだったんでしょうか？

シェンク　アメリカ映画が最初に東ドイツの映画館で上映されたのは一九五五年以降です。五五年に初めてアメリカ映画が上映されました。それ以降は大体一年間に二〇本ぐらいのアメリカ映画が映画館で上映されていました。それらは主にハリウッドの大作映画が多かったようです。

例えば、スタンリー・キューブリック監督[12]の『スパルタカス』(60)やジョン・フォード監督の作品、それから70ミリの大型映画なども入っています。一般的には娯楽映画という形でアメリカ映画が東ドイツに入ってきていました。また、黒澤明監督[13]や新藤兼人監督[14]などの日本映画も東ドイツで見ることができました。特に『鬼婆』(64)は素晴らしく、東ドイツでもヒットした作品です。

筒井　少し関連したこととして、ベルリンの壁ができてから西側では東ドイツを舞台にしたスパイ小説がたくさん映画化されましたが、そういう作品はさすがに東ドイツでは見られなかったですよね？

シェンク　ヒッチコック監督などのスパイが出てくる映画は映画館では見られませんでした。東ドイツ、東ベルリンというのは西ドイツと一枚の壁を挟んで接触しています。ですから映画館では上映されませんでしたが、テレビで西側で放送された映画を見ることはできました。封切直後の映画はあまりテレビで放送されることはありませんが、一、二年経つと必ず西側のテレビで放送されますので、それを東ドイツの人たちは見ることができたのです。当時はまだケーブルテレビもありませんし、衛星放送もなかったので、建物のビルの一番上、もしくは住宅の一番高いところにアンテナを付け、それを西側に向けて西ドイツのテレビ放送を受信していました。当時は東ベルリンなどに行くとアパートの上にアンテナがたくさん立っていて、アンテナの方向はみな西側に向いて取り付けられていました。

質問者2　デーファ映画では、今まで約一〇〇〇本の劇映画と三〇〇〇本を超えるドキュメンタリー映画が製作されたと伺いました。その中で、なぜ今回『カミング・アウト』を上映することになったのか、その理由をお聞きしたいです。

筒井　今回シェンクさんが来日されて、このような上映と講義を三回予定していました。まずグリム童話の映画化である『ツグミ髭の王』(65)、今回の『カミング・アウト』、そして『嘘つきヤコブ』(74)。それぞれジャンルが違う作品を三本選び、年代も六〇、七〇、八〇年代と分けたというのが表向きの理由です。最低限それらの作品を見てもらえば、大体どういう傾向なのかが分かる。とりわけ『カミング・アウト』と『嘘つきヤコブ』はかなり作家性の強い映画です。

それと、日本語字幕が付いている東ドイツ映画はまだ少ない。現在、法政大学の山根先生が翻訳字幕の作業を着々とされているのですが、まだ一〇本にならないぐらいの状態です。だから今回の講義をきっかけにシェンクさんにもご協力いただきながら、数年後にデーファ、東ドイツ映画の特集上映を大規模な形で行って盛り上げていきたい。これだけの数の作品があるので、まだ傑作がゴロゴロしているはずです。かつてソビエトのレンフィルム祭[15]が開かれて「日本で知られていない素晴らしい作品がこんなにたくさんあったのか」と驚いたように、東ドイツ映画というのは日本では盲点になっています。昔のウーファスタジオを受け継いだ素晴らしい技術スタッフがいる中で製作された映画ですから、質が高いに決まっているわけですよね。だから、今後は一九六五年に上映禁止された作品などを見ていただき、ぜひ「他の作品も見たい」というきっかけになればというのが今回の目的です。

シェンク　少し補足しますと、デーファには何千本という良い作品があります。ですが、先ほどお話ししたように、作品の中にも波がありました。まずは機会があれば、第二次世界大戦が終わった直後に製作されたデーファ映画の第一回作品である『殺人者は我々の中にいる』(46)という記念碑的な作品をぜひご覧ください。そして一挙に一二本の作品が上映禁止になった一九六五年というのも一つの区切りになります。時流と共にあったデーファ製作の波に合わせた作品の数々を、少しでも日本で見ていただけることになれば非常にうれしいです。

山根 私の方からもこれまでの経緯をご説明しますと、日本語の字幕を付ける作業をするときに、まずＶＨＳで『嘘つきヤコブ』を出しました。『嘘つきヤコブ』は一九七四年の映画ですが、デーファの映画として初めてアカデミー賞の外国語映画賞にノミネートされた重要な作品です。アメリカでもロビン・ウィリアムズ[16]主演のリメイク作品があります。

次に二本目として字幕を付けたのが『カミング・アウト』です。これは今日お聞きになってお分かりの通り、一九八九年のベルリンの壁崩壊の年にできあがって公開されました。壁が崩壊する直前の東ベルリンの様子が記録されていて、ドキュメンタリー的な意味でも見られる作品だからです。ベルリン国際映画祭で銀熊賞も受賞しています。ただ、この二本ははっきり言ってまったく売れませんでした。そこで三本目からは、日本でも馴染みがあり研究も進んでいるグリム童話の実写映画を選んだのです。ディズニーアニメとは異なる、デーファによる実写版の『白雪姫』（61）や『金のガチョウ』（64）を見ていただきたかった。

それで現在までに『白雪姫』、『歌をうたう木』（57）、『金のガチョウ』、『赤ずきん』（62）の四本を出しました。今回『ツグミ髭の王』を上映するのは、来年早々にＤＶＤ化するからです。デーファ版のグリム童話は教育目的としても非常に面白いもので、DVDとして少しずつですが順調に広がりつつあります。次はやはり、先ほど仰ったデーファ映画の第一作という記念碑的作品である『殺人者は我々の中にいる』に字幕を付けて、近いうちにDVD化したいと思っています。

質問者3　一九七〇年代に法律が廃止されても東ドイツで同性愛はタブーだったということですが、一九八九年に影響力のある監督によって『カミング・アウト』が上映されたことで、同性愛に対する世間の見解は変化があったのでしょうか?

シェンク　『カミング・アウト』が東ドイツで封切られたのが一一月九日ですから、東ドイツの終わりとほぼ同じ時期です。東側では一九七〇年代の初めに同性愛禁止の法律が廃止されましたが、西側では一九八〇年代になってようやく法的に許されるようになります。東側で同性愛がタブー視されている一方で、西側では法律で禁止されていても、表現しようと思えばさまざまな手段を用いて同性愛を間接的に表現することは不可能ではなかった。このような東側と西側の違いもあります。最終的には八〇年代以降に法律が廃止されてからは、東側も西側もより自由な状況になりました。

東西ドイツが再統一した後、この二五年の間にいろいろなことが起こりました。現在のベルリン市長は同性愛者であると公言しています。また西側の外務大臣の中にも、自分は同性愛者だとカミングアウトした人もいます。そして、ベルリンでは同性愛者と異性愛者の人々が共に集う世界的に有名なパレードもあります。そのようにこの二五年の間に状況は変化しましたが、カトリック信者をはじめとしていまだに保守的な人も大勢います。ですから一概にはいえませんが、ドイツは東西再統一の後も、性差的な状況では非常に自由になったということができると思います。しかしながら、『カミング・アウト』にアレクサンダー広場の駅で若い同性愛者が暴力行為を受けているシーンがあったように、現在のドイツでも極右の若者たちなどによる同性愛者への暴力事件は起こっています。その意味でも『カミング・アウト』は二五年前につくられた作品でありながら、現在もアクチュアルなテーマを表しているといえるのではないでしょうか。

5　デーファ映画が求めた理想

質問者4　初期のデーファ作品で「映画は真実を追求し、真実を伝え、良心を目覚めさせる内面の誠実さによってつくられなければならない」という文章を読んだときに、初期のソ連映画の宣言のようなものを思い出しました。政策や表現も含めて、ソ連映画の影響というのはあったのでしょうか？

シェンク　初期の映画作品というだけでなくて、デーファでは常にリアルな人間を表現しようと努力していました。ですから、人間の真実、社会の真実ということに焦点を当てた作品をつくろうとしていたことは間違いありません。人間の存在の真実や社会の真実を表現しようと思えば、批判的なところ、ネガティブなところ、汚い部分というのが表れてしまうはずですが、現代社会をテーマにしたデーファ作品の中には、人間社会のポジティブな良い部分を前面に押し出しているものが多い気がします。批判的な作品は禁止されているという事実もありますけれども。

戦中や戦前をテーマにした映画は別にして、新しい東ドイツの社会をテーマとしているものにはなぜ肯定的でポジティブなものが多いのかというと、日常生活に夢やポジティブな面が少なくなってきている現代社会の中で、映画は観客に夢を与える役割を持っているからです。「東ドイツ社会にもこういう良いところがある」ということを観客に見せるために、現代社会を扱ったデーファ作品にはポジティブな考え方をした主人公が多く登場します。その意味で、デーファの作品は教育的であったともいえます。

質問者5　デーファのスタジオには劇映画、ドキュメンタリー映画、トリック映画、文化映画がある中で、ドキュメンタリーが含まれていることに驚きました。現代を扱う映画は検閲の対象になった時代なのに、ドキュメンタリーのスタジオを設置していたデーファの映画産業の理想などがあればお聞きしたいのですが。

シェンク　理想をお答えするのはとても難しいと思います。ごく簡単に答えるとするなら、困難を抱えた東ドイツという人間社会、その世界の中で理性を保ち、人間の愛を持ってお互いに共同して生きていく。それがデーファ製作の目標でした。理性と愛をもって、人間が共同して生きる。それは家族という小さな人間関係から国家や社会といった大きな世界に至るまで、理性と愛をもって人々が交流することによって、素晴らしい将来をつくっていくという理想です。

例えば、デーファ映画の中に『金星ロケット発信す(Der schweigende Stern)』(60)という作品があります。それは原子力によって地球が滅亡してしまう直前に、アメリカ人やロシア人、ドイツ人、日本人、アフリカ人といったさまざまな民族国家によって構成された科学者たちが宇宙船で金星に逃げて亡命するという話です。デーファの理想とは国や民族、人種が違っていても、お互いに共同して人間の理性と愛をもって将来を築いていくというのが目標ですから、それはこうした作品の中にも表れていると思います。

また、デーファ映画の中には西側と東側が共同で製作した作品が数多く存在していますので、そうした映画製作の姿勢もまた理想を体現したものだといえるのではないでしょうか。逆にいうと、デーファ作品の中にはホラー映画やゾンビが出てくる映画がありません。あくまでも世界中の人々が素晴らしい将来を築いていくというのが理想ですから。

筒井　補足しますと、二〇〇七年に山形国際ドキュメンタリー映画祭でドイツのドキュメンタリー映画の特集があって、非常に面白い作品がたくさん上映されていました。統一後の作品が多かったのですが、東ドイツ時代を検証しながら政治あるいはセックスの問題についても突っ込んだドキュメンタリーをつくっていて、大変驚いた覚えがあります。

質問者6　テーマ的な側面のお話が多かったのですが、私はスタイルの面でお聞きしたいと思います。デーファはドキュメンタリー映画を製作していますし、『カミング・アウト』でもドキュメンタリー的なタッチが見られましたが、映画のスタイルはどのようなものだったのかお聞きしたいです。デーファの映画は政府や国家によって管理されていましたので、テーマも含めてスタイル的な面でもマンネリズムに陥りがちだったのではないかと。

シェンク　いまのご質問も簡単にお答えするのは難しいと思います。映画のスタイルについてはデーファの中でも常に問題がありました。第二次世界大戦が終わった直後のデーファ作品から、すでにスタイル的な面では議論がなされていました。

まず、表現主義のスタイルが戦後のデーファ作品の中には見受けられます。戦時中の一二年間はファシズム体制のもとで表現主義は認められていませんでしたが、戦後になって表現主義の作家として有名なフリッツ・ラング監督やフリードリヒ＝ヴィルヘルム・ムルナウ監督の影響を受けていたキャメラマンや美術監督などがデーファでも仕事を始めました。同時に、戦後すぐに東ドイツにはソ連の政治体制が入ってきましたので、ソ連の社会主義的リアリズムというスタイルも影響を与えてきます。社会主義リアリズムを簡単にいえば、ポジティブに考える主人公が登場して、ポジティブな気持ちで生きていくというテーマの映画です。これ以上退屈なものはないというような作品ですので、そのようなデーファの作品は現在は単に時代の記録として見られているだけです。その次に来たのは、イタリア映画のネオレアリズモ[17]です。デーファではこのネオレアリズモの影響を受けた人物がたくさんいます。先ほど仰っていたドキュメンタリータッチの作品というのもまた、このネオレアリズモの影響を受けた映画だといえるでしょう。

デーファの映画人にとって、ネオレアリズモ風の作品があったことは良かったと思っています。東ドイツは国家として四〇年以上の歴史があるわけですが、その四〇年間の状況をドキュメンタリーとして劇映画を通じて知ることができる。そういう意味では非常に良かったのではないかと思います。

筒井　まだお聞きになりたいことがたくさんあると思いますが、時間がもう押しています。今日はシェンクさん、通訳の山根さん、とても面白い話を聞かせていただき、どうもありがとうございました。

1 ウーファ（UFA）

ドイツの映画会社を国策的に統合して創立。Universum-Flim AG.の略。一九一七年、既存の映画会社を国策的に統合して創立。一九二一年に民営化され、サイレント映画末期からトーキー初期に黄金時代を迎える。ヒトラー政権成立と同時に不振に陥り、第二次世界大戦後は連合軍の手で解体された。

2 フリードリヒ・ヴィルヘルム・ムルナウ

一八八八年生まれ（一九三一年没）。映画監督。美しい光影画面と革新的なキャメラワークで知られる。『青の少年』（19）で監督デビュー。『吸血鬼ノスフェラトゥ』（22）や『最後の人』（24）など、サイレント映画史上に残る傑作を生み、ドイツ映画の隆盛を築く。一九二六年、フォックス社に招かれ渡米。アカデミー賞を受賞した『サンライズ』（27）は、トリュフォー監督が「世界一美しい映画」と絶賛した。『タブウ』（31）の封切り直前に交通事故により死去。

3 エルンスト・ルビッチ

一八九二年生まれ（一九四七年没）。映画監督。俳優として多くの喜劇映画に出演後、『呪の眼』（18）や『山猫リュシカ』（21）でドイツ映画を代表する監督となる。一九二三年に渡米し、『結婚哲学』（24）や『ラブ・パレード』（29）、『極楽特急』（32）など、軽妙洒脱な語り口で活躍。その洗練を極めた心理的・官能的表現は「ルビッチ・タッチ」と呼ばれる。

4 デーファ（DEFA）

ドイツ民主共和国（東ドイツ）の国営映画会社Deutsche Film-AG.の略。一九四六年、ドイツとソビエト連邦両国による株式会社として設立され、後に東ドイツの国営企業に転身。ベルリン付近のポツダム市バーベルスベルクに本社を構え、劇映画をはじめ、週刊ニュース、ドキュメンタリー映画、科学映画、特撮アニメーション作品などを製作。第一回作品は、終戦後の荒廃したベルリンを舞台にドイツの戦争責任を描いたヴォルフガング・シュタウテ監督『殺人者は我々の中にいる』（46）。一九九三年の登録抹消までに何千本もの映像作品を製作。そのうち八〇〇本に及ぶ劇映画が劇場公開された。

5 ハイナー・カーロウ

一九二九年生まれ（一九九七年没）。映画監督。子どもや若者たちに焦点を当て、社会の日常生活を率直に描いた作品を数多く制作。代表作に『パウルとパウラの伝説』（73）、『死が汝らを分つまで』（79）など。二〇一三年以降、ベルリン国際映画祭パノラマ部門で上映された優れたドイツ映画に対して「ハイナー・カーロウ賞」が授与されている。

6
大島渚
一九三二年生まれ（二〇一三年没）。映画監督。『愛と希望の街』（59）で監督デビュー。篠田正浩や吉田喜重と共に「松竹ヌーヴェル・ヴァーグ」と謳われた。日米安全保障条約に反対する安保闘争を描いた『日本の夜と霧』（60）が松竹の独断により公開四日で上映打ち切りとなり、これに抗議した大島は一九六一年に松竹を退社。同年に田村孟、石堂淑朗らと独立プロダクション「創造社」を設立。

7
吉田喜重
一九三三年生まれ（二〇二二年没）。映画監督。『ろくでなし』（60）で監督デビュー。以後、『秋津温泉』（62）、『嵐を呼ぶ十八人』（63）などを発表し、大島渚、篠田正浩と共に「松竹ヌーヴェル・ヴァーグ」の旗手として活躍。一九六四年に女優の岡田茉莉子と結婚。二〇二〇年に一〇年以上にわたって執筆してきた歴史小説『贖罪 ナチス副総統ルドルフ・ヘスの戦争』を上梓。

8
マティアス・フライホーフ
一九六一年生まれ。俳優・歌手。ミュージカル、シャンソン、ドイツ歌曲などを得意とし、一九八〇年代からベルリーナー・アンサンブルやマキシム・ゴーリキー劇場などで活躍。『カミング・アウト』のフィリップ役で人気を博し、ドイツ語圏で大きな注目を浴びる。

9
ダニエル・バレンボイム
一九四二年生まれ。ピアニスト・指揮者。七歳で公開演奏会を開き、ピアニストとしてデビュー。一九六〇年代半ばから指揮者としての活動を開始し、パリ管弦楽団、シカゴ交響楽団の音楽監督を歴任。二〇〇〇年には、「ドイツの文化的統一への貢献」と「ドイツ文化の有能なる大使として、また世界の異なる民族間を結ぶ平和の使者として」の功績を称えて、ベルリン国立歌劇場管弦楽団（シュターツカペレ・ベルリン）から終身首席指揮者に任命された。

10
ヴェルナー・ヘルツォーク
一九四二年生まれ。映画監督・俳優。一九六三年から短編映画を制作し、世界の辺境を旅しながら人間と自然の関係をテーマにした作品を発表。ヴィム・ヴェンダース、ライナー・ヴェルナー・ファスビンダーらと並ぶ「ニュー・ジャーマン・シネマ」の旗手。主な作品に『カスパー・ハウザーの謎』（74）、『フィツカラルド』（82）、『歩いて見た世界 ブルース・チャトウィンの足跡』（19）などがある。ミュンヘンからパリまでを踏破した際の思索的日記『氷上旅日記』（78）でミュンヘン文学賞受賞。

11
ライナー・ヴェルナー・ファスビンダー
一九四六年生まれ（一九八二年没）。映画監督・劇作家・俳優。「ニュー・ジャーマン・シネマ」の担い手の一人。一九六七年、反劇場（アンチテアター）を結成し、映画部でジャン＝マリー・

ストローブ監督、ダニエル・ユイレ共同脚本による短編『花婿、女優、そしてヒモ』を制作・出演。初長編映画『愛は死より残酷』（69）を監督後、自身の劇作をはじめ、TV映画やドラマを次々と発表。国際的評価を得るも、『ケレル』（82）の編集中に急逝。生涯に四四本の長短編監督作品を残した。

12
スタンリー・キューブリック
一九二八年生まれ（一九九九年没）。映画監督。写真雑誌『ルック』のカメラマンなどを経て、自主制作『恐怖と欲望』（53）で長編監督デビュー。一九六〇年、大作史劇『スパルタカス』で高評価を得るも、ハリウッドの製作体制を嫌い、イギリスへ移住。以後、『2001年宇宙の旅』（68）、『時計じかけのオレンジ』（71）、『バリー・リンドン』（75）、『シャイニング』（80）など、製作全体を完璧に統御し、最新技術を駆使した作品を発表。世界的名声を得て、巨匠としての地位を不動のものにする。『アイズ ワイド シャット』（99）の完成直後に逝去。

13
黒澤明
一九一〇年生まれ（一九九八年没）。映画監督。一九三六年、PCL映画製作所（現・東宝）に入社、山本嘉次郎監督に師事する。『姿三四郎』（43）で監督デビュー。『羅生門』（50）でヴェネチア国際映画祭金獅子賞、アカデミー最優秀外国語映画賞を受賞し、日本を代表する監督となる。以後、『生きる』（52）、『七人の侍』（54）、『蜘蛛巣城』（57）などを発表し、日本映画の黄金期を支える。今なお世界の映画人に影響を与えている巨匠の一人。

14
新藤兼人
一九一二年生まれ（二〇一二年没）。脚本家・映画監督。一九三四年、新興キネマ京都撮影所現像部に入社、のちに脚本部に異動し、溝口健二に師事。戦後は松竹大船で吉村公三郎、渋谷実、木下恵介監督らの脚本を担当する。一九五〇年に松竹を退社し、近代映画協会を創立。翌年、『愛妻物語』（51）で監督デビュー。以降、『裸の島』（60）、『鬼婆』（64）をはじめ、脚本作、監督作は多数に及ぶ。戦時中の体験を綴った『一枚のハガキ』（11）を最後に九八歳で引退を表明した。

15
レンフィルム
ロシアのサンクトペテルブルクにあるソ連最古の映画撮影所。モスクワのモスフィルムと双璧をなす。ロシア革命後の一九一八年、映画保存を目的として組織された映画委員会（キノセヴ）を源流とし、ソ連時代の名称「レニングラード」より、レンフィルムと呼ばれる。一九七〇年代からペレストロイカ時代にかけて、アレクセイ・ゲルマン、イリヤ・アヴェルバフ、アレクサンドル・ソクーロフらの監督が映画を制作。日本では一九九二年に開催された「レンフィルム祭」で、ゲルマンやヴィターリー・カネフスキー監督らを招聘し、その全貌が紹介された。

16
ロビン・ウィリアムズ

一九五一年生まれ（二〇一四年没）。俳優。ジュリアード音楽院を卒業後、スタンダップコメディアンとしてキャリアを開始。『ポパイ』（80）や『ガープの世界』（82）などで主演を務めた後、『グッドモーニング、ベトナム』（87）でアカデミー主演男優賞にノミネート。『グッド・ウィル・ハンティング　旅立ち』（97）でアカデミー助演男優賞受賞。『嘘つきヤコブ』のリメイク作品『聖なる嘘つき／その名はジェイコブ』（99）では製作総指揮も務めた。

17
ネオレアリズモ

第二次世界大戦直後に現れたイタリア映画の新しい傾向。ロケーション撮影の多用や非職業的俳優の起用など、新しいリアリズムの表現として脚光を浴びた。代表作に『無防備都市』（45）、『戦火のかなた』（46）、『自転車泥棒』（48）など。

Ⅳ　ベルナール・エイゼンシッツの映画史

ベルナール・エイゼンシッツの映画史

フランスを代表する映画評論家であり映画史家として知られているベルナール・エイゼンシッツ。彼の批評は、深い知識と洞察に基づく鋭敏な分析力、そして映画への情熱に満ちたものであり、多くの映画愛好家や研究者に影響を与えてきた。

その批評の本質は、映画作品の背後に広がる歴史や文化、作家性を紐解くことにあるといえる。彼は映画の制作過程や背景に関する膨大なリサーチを行い、それを批評や映画史研究に生かしてきた。ゆえに、その批評は事実に裏打ちされた精密な記録でもあるだろう。彼の著作には映画監督や関係者への詳細なインタビューや、当時の批評・資料の調査が含まれており、読者に作品の制作過程や背景を深く理解させる力がある。そのアプローチは映画を一つの文化的・歴史的文脈の中で解明しようとする「記録者」としての姿勢を強く感じさせるものだ。

記録された事実を一つの映画（史）として立ち上がらせること。それはつまり、一人の「映画作家」の姿勢に他ならない。情報技術の発達によって、あらゆる時代や国々の映画がいつどこでも見ることができる現在。それらカタログとして均一化された映画の中で、エイゼンシッツの語る言葉と姿勢は、映画を愛し、それを深く理解しようとするすべての人にとって、新たな視点をもたらし、未来を指し示す羅針盤となるに違いない。

ベルナール・エイゼンシッツ | Bernard Eisenschitz

映画翻訳者、映画史家。一九四四年、フランス・サルト県生まれ。英語、ドイツ語、ロシア語、イタリア語に堪能で、書籍の翻訳や映画字幕も手がける。二十代でハンフリー・ボガートやダグラス・フェアバンクスといったハリウッド俳優についての著書を出版。映画史家ジョルジュ・サドゥールによる『世界映画全史』の編集にも携わる。一九七一年、ジャック・リヴェット監督の大作『アウト・ワン』やジャン・ユスターシュ監督『ママと娼婦』(73)に出演。一九八〇年代に入ると、映画批評家ジャン・ナルボニとの共著で『Ernst Lubitsch(エルンスト・ルビッチ)』(86)などを上梓する傍ら、盟友オタール・イオセリアーニ監督『月の寵児たち』(84)の印象的なエンジニア役をはじめ、ヴィム・ヴェンダース監督『ベルリン・天使の詩』(87)、アモス・ギタイ監督『ベルリン・エルサレム』(89)に出演。一九九〇年には日本でも翻訳された評伝『ニコラス・レイ——ある反逆者の肖像』(98)を出版。ジャン=リュック・ゴダール監督との交流も深く、『子どもたちはロシア風に遊ぶ』(93)、『JLG/自画像』(95)に出演している他、『ゴダールの映画史』(88-98)が二〇〇〇年に日本で劇場公開された際に組織された「映画史翻訳集団2000」に、浅田彰、奥村昭夫、蓮實重彦、山田宏一らと共に参加した。

二〇〇一年、「Cinéma(シネマ)」誌を創刊し、編集長を務める。同年、ジャン・ヴィゴ監督『アタラント号』(34)の復元修復作業に携わり、その様子を収めた『Les Voyages de L'Atalante(アタラント号の旅)』と題したドキュメンタリーを制作。他にも監督として『Les Messages de Fritz Lang(フリッツ・ラングの伝言)』(01)、『Chaplin Today: Monsieur Verdoux(今日のチャップリン:ムッシュー・ヴェルドゥ)』(03)などを手がけている。

1　ニコラス・レイ監督『夜の人々』講義

『夜の人々』They Live by Night
一九四八年／九六分／モノクロ／スタンダード
監督　ニコラス・レイ
原作　エドワード・アンダースン
脚本　チャールズ・シュニー
編集　シャーマン・トッド
製作　ジョン・ハウスマン
出演　ファーリー・グレンジャー（ボウイ）
キャシー・オドネル（キーチ）
ハワード・ダ・シルヴァ（チカマウ）
ジェイ・C・フリッペン（Tダブ）他

殺人罪の濡れ衣を着せられて終身刑の身となっているボウイは、ある日、二人の仲間と共に刑務所を脱獄。自らの冤罪を晴らすため、弁護士費用を必要とした彼は、仲間たちと銀行強盗を決行するが、逃走中に交通事故を起こしてしまう。逃亡先で出会ったキーチと恋に落ちたボウイは、結婚してまともな人生を送ろうと決意するが、かつての仲間たちが再び彼のもとを訪れ、束の間の幸せは儚くも崩れていく……。

IV-1 ニコラス・レイ監督『夜の人々』講義　司会＝筒井武文［二〇二四年六月一七日　通訳＝カトリーヌ・アンスロー］

個人と世界が交差するところに生まれるもの

1　初監督作品が持っている特権的自由

筒井　ベルナールさんの講義の前に、私の方から一つ紹介をさせてください。いま見ていただいたニコラス・レイ監督の『夜の人々』（48）の原作が二カ月ほど前に日本でも新潮文庫から出版されました。エドワード・アンダースン[1]による原作です。特に脚本領域の人がこれを読むと、大変脚色の勉強になると思います。「多くの出来事が起こる原作をこういうふうに映画のシーンとして立ち上げていくのか」と。ですから、この映画に興味を持たれた方はこの原作も読んでみることをお勧めします。

それでは、ベルナールさんにバトンタッチさせていただきます。よろしくお願いします。

エイゼンシッツ　また後ほど、この原作の小説に言及させていただくことがあろうかと思います。

まず、これから四日間、皆さんと過ごす上映と講義について簡単に話したいと思います。「好きなように、自由に」と言われて、あまり指示も条件もなかったので、私の独断と偏見で作品を四つ選ばせていただきました。日本語字幕が付いているか、入手可能な作品であるかという制限の中で、映画史における四つの時代を示す四本の作品を選びました。もちろん、私の主観的な選択なので「別の選択の方が良かった」と言われるかもしれません。ですが、あくまでも主観的なこの選択によって、私は映画の歴史をどう考えてきたか、映画の歴史にどう取り組んできたかということを反映できればよいと思っています。

ニコラス・レイ｜Nicholas Ray

一九一一年、アメリカ・ウィスコンシン州生まれ。シカゴ大学で演劇と建築を学んだ後、一九三四年に芸術家支援と救済のための公共事業促進局（WPA）によるフェデラル・シアター計画やフランク・ロイド・ライト創設のタリアセン・フェローシップに参加。その後、エリア・カザンやジョゼフ・ロージーが演出した舞台に出演するなどした。フォーク音楽を記録するためにアメリカ全土を探訪した後、一九四二年に製作者ジョン・ハウスマンの助手としてラジオ番組を監修。ハウスマンとはテレビ映画やブロードウェイ演劇を共同で演出し、彼の製作のもと一九四八年に初監督作品となる『夜の人々』を発表。以後、『孤独な場所で』（50）、『大砂塵』（54）、『理由なき反抗』（55）、『ビガー・ザン・ライフ（黒の報酬）』（56）など、ハリウッドのジャンル映画の枠を超えた独創的な作品を監督した。晩年はニューヨーク大学などで映画製作の教鞭も執り、その講義は妻であるスーザンの編纂によって『わたしは邪魔された：ニコラス・レイ映画講義録』（みすず書房）として記録されている。遺作はヴィム・ヴェンダースと共同監督した自身をテーマにした記録映画『ニックス・ムービー／水上の稲妻』（80）。一九七九年、肺がんにより六七歳で逝去。

フランス人の映画好きとして、あるいは映画を専門に研究している人間として、それから戦後に育った人間として、またヌーヴェル・ヴァーグを生きた人間として、映画の歴史をどう紹介するか。映画史の全体像を示しながら、どういうところにクローズアップして、焦点を当てるか、というのが一つの挑戦でありました。時代も、製作国も違う四つの作品を映画史の中でどう位置づけるか。また、自分の主観的な見立ての中でどう位置づけるか。それぞれの作品は、今までの作品の紋切り型や定型とどう違うか。それらについて紹介できればと思っています。

さて、今日『夜の人々』を久しぶりに見ましたけれども、はじめに感じたことを言っておきます。それは、ニコラス・レイにとっての初めての監督作品でありますので、彼はフリーハンドで、完全に任されて自由に撮影できた作品だということに私は気づきました。この会場には映画づくりをしておられる方もいると思いますが、とても自由な形で映画に取り組めていると思います。ところが、一九四六～四七年当時の映画づくりの世界では、さまざまな規則があって、自由に映画製作はできませんでした。制限の中で映画づくりをしなければなりません。特にアメリカでは大きな製作スタジオがあって、そのスタジオのもとでつくらなければなりませんでした。ソ連や日本でもそうでしたし、ヨーロッパは英国を除いて多少異なる部分はありますが、とにかくスタジオを抜きに映画の製作を考えることはできませんでした。

また、その当時は検閲が非常に厳しいものでした。イデオロギー的な検閲や制度的な検閲だけではなく、スタジオの中でもさまざまな美的、道徳的なルールがありました。また、スタジオの中には上下関係が非常に色濃くあり、スタジオの中の伝統的なルールと違うことをしようとすると非常に困難な状況に陥るのです。

ところが、初めての作品では監督はある程度自由に撮らせてもらえる。そんな場が設けられるのです。そうすると、監督はその後に撮る作品と比べて、初めての作品の中では多くのことを語ることができます。初めて映画を撮るまでに蓄積してきたさまざまなイメージや、自分が若いときに経験してきたことを初めての作品にたっぷりと取り入れることができるのです。今回のニコラス・レイの『夜の人々』もその一例ですし、明日ご覧になっていただくジャン・ヴィゴの『アタラント号』(34)――監督の初めての作品ですし、唯一の長編でもあるのですが――もその一例です。また、映画の歴史の中で最も知られている、一九四一年の『市民ケーン』もその一例です。とにかく、初めての作品ということで比較的自由につくられたものであるので、アメリカ以外の若い人にも反響が大きかった作品です。

2 個人的な経験を反映させた作品

エイゼンシッツ この映画を撮る前に、ニコラス・レイ監督は映画以外のさまざまな分野でキャリアを積んでいます。彼が培ってきたさまざまな経験が、この映画に集約されています。彼の個人的な経験や感情の機微、仕事の経験などがこの映画には詰まっています。ニコラス・レイは仕事を始める前、アメリカ中を旅しました。あちらこちらに行って、大恐慌時代のニューヨークに行き、その後シカゴ大学で勉強し、その後——これは彼が映画人になる上で重要な出来事ですが——アメリカの移民が多い小さな街で生活しました。彼自身も出自が移民系であって、父親はドイツ人、母親はノルウェー人です。

アメリカ映画を語る上で「移民」「移民性」という観点は外せません。今日はそれらには言及しませんが、アメリカ映画において「移民」は非常に大きなテーマであります。彼の家族との生活には、数々の悲劇がありました。彼の苦しい思い出として残っています。これについても今日は触れないことにしました。

彼は青春期に、芸能的なパフォーマンスをさまざまな歌を通して経験しました。アメリカの移民の特徴として、さまざまな出自や言語を持った移民は英語に慣れ親しむために、英語の歌を聴くのが一般的でした。その後、彼はウィスコンシン州でフランク・ロイド・ライト[2]という著名な建築家のもとで仕事をしました。これは彼にとって重要な経験でした。彼がフランク・ロイド・ライトから習ったのは、空間に対する感性でした。初期の映画作家は空間に対する感性は自然と持っていましたが、意識的には持っていませんでした。意識的に持っていたとしても、アメリカの絵画、特に素朴な風景を描いたものから影響を受けたという程度です。ですから「空間について考える」、「空間について思想を持つ」ということは、それまでほとんどありませんでした。ですが、ニコラス・レイはフランク・ロイド・ライトから空間について学んだということを後年、こだわって言い続けていました。

そして、次に彼の大切な経験となるのは演劇です。彼は演劇の道に進みたいと考えたのです。

一九三〇年代当時は大恐慌時代ですので、彼は政治的な演劇をしたいと思ったのです。政治的な演劇というと、劇場から外に出て、街で扇動活動を行う人々と直接話し合うものでした。ただその後、演劇は劇場に戻ったのです。レイの演劇との最初の関わりは、俳優として舞台に立ったことです。そのとき彼と一緒に舞台に立ったのは、のちに映画監督となるエリア・カザンです。レイはカザンと音楽学者のアラン・ローマックス[3]を連れ立って、都会から離れた、誰も行かないようなアメリカ農村部を数年間かけて旅をします。アメリカは同じ国の中にたくさんの国があるような国です。農業をして生計を立てている人々や、恐慌によってすべての財産を失った人、識字率が非常に低い地域だとか、そういうところを訪ねていく。そういう地域は非常に貧しくて、都市部の人々や政治から無視されていたのですけれども、そのような地域の住民が持つ、民族的な、芸術的な伝統に彼らは数多く出合います。このようなアメリカの土着的な伝統、芸術的な伝統が世間的に注目されるようになるのは、後年のルーズベルト大統領によるニューディールの時代です。南部をあちこち旅しながら、彼らは歌もたくさん録音しています。それから刑務所を慰問したり、また黒人の歌手であるレッドベリー[4]に出会い、彼をニューヨークのナイトクラブに連れて行ったりもしています。一九四一年にアメリカは宣戦布告しますが、そのときも彼は盛んにラジオの仕事に取り組みます。また一時、政治的な演劇ではなく正規のブロードウェイへの演劇にも取りかかる時期もあります。そして戦後、いよいよ映画の仕事をするようになります。戦後というのはアメリカの映画が新たな出発を図る時期でもありました。

『夜の人々』は、こうした彼のさまざまな分野での個人的な経験が反映されています。自分の個人的な経験や感情を映画の中に取り入れるということは、それまでのハリウッドではなかったことです。いまだったら、それほど新しいことには感じないかもしれませんが、当時のハリウッドなどのスタジオ映画では滅多になかったことです。特にキーチとボウイの恋愛は、レイ個人の経験を反映していますし、主人公を裏切るマティ役の女優、それから劇中に登場する黒人の女性歌手は、一時、恋愛関係にあった人物を起用しています。当時、警察もののサスペンス映画はどちらかというと失望感の戦後を舞台にすることが多かったのです。しかし、今回の『夜の人々』は大恐慌時代を舞台にしています。

先ほど、原作小説の紹介がありましたけれども、作者のエドワード・アンダースンはジャーナリストです。この原作本はアメリカ南部の奥地、ダラス周辺の刑務所でさまざまな人にインタビューをして書かれた本です。この本がニコラス・レイとプロデューサーの目に留まりました。レイは明言していませんが、戦後のアメリカを描くのではなく、一九三〇年代の大恐慌を描くことを目指していたようです。一九三〇年代の大恐慌時代とは、路頭に迷う人が溢れていたような時代です。劇中の宣伝の看板は一九三〇年代当時のものですし、ラジオに流れる曲やナイトクラブの雰囲気は一九四〇年代のものではなく、一九三〇年代のものです。このように監督は、過去のアメリカを描いているわけです。

映画なので光を描いているわけですけれども、光の扱い方も特殊です。当時の警察ものの映画はもっとドキュメンタリータッチで、もっと暗い画面のつくり方をするのが一般的なのですが、それとはまったく違う形の光を使っています。また音も特殊で、さまざまな音が聞こえます。この映画自体は数人の小さな世界を描いていますが、その世界の周りに大きな広がりがあるのが感じられます。それは、この映画の中にあるさまざまな音によって得られている効果の一つです。

また、電車や列車も大きなテーマです。しかし、ポスターの写真に列車の写真が載っているだけで、劇中で列車が走る場面はありません。ですが、いつも汽車の出発の合図や汽笛が聞こえています。列車がたくさん走るというのは、アメリカ南部の一つの特徴です。

それから劇中で黒人の歌もたくさん使用されていますが、レイ監督はもっと使いたかったに違いありません。けれども、スタジオ側から使用を制限されたのでしょう。

編集についても後で触れたいのですが、レイは光や音、編集といった三つの要素を使って精密に大恐慌時代を描くのではなく、匂わせるように大恐慌時代を描いて見せたのです。

それから人物に関してですが、アメリカでは伝説になっている無法者がたくさんいます。この無法者に対するレイのイメージも重要です。監督は社会の外に追い込まれている、あるいは社会から排除されている人たちとして、一九三〇年代の貧困層を取り上げています。一九三〇年代の貧困層というのは、レイにとっては無法者でもあり、法律を守って生きている人たちでもあったのです。つまり、無法者も法律を守って生きている人たちも実は同じ集団であると考えていたのです。原作小説の原題は《Thieves Like Us（私たちのような泥棒たち）》です。後にフランスでは「私たちは全員泥棒である」とタイトルを翻訳されたこともあります。映画の序盤でも「あなたも私たちと同じ泥棒ですよ」という台詞があるし、またもう一カ所、登場人物が「銀行は私たちのためにある」、「銀行のものは私たちのものだ」という趣旨の台詞を言う場面があったのですが、スタジオの判断で映画本編には残っていません。

とにかく無法者たちは社会の中で、いわゆる路傍の石のように置かれていました。しかし、レイにとって無法者は伝説ではなく、生きた人として考えていました。ですから、彼らを支配する階層はほとんど描かれていません。少しだけ警察が登場していますが、支配的な階層は彼のテーマではないのです。主な登場人物は、このように社会に置いてけぼりにされている人々、排除されている人々です。そして、この映画の出だしは観客の習慣を打ち破るかのように、最初から物語で始めることをしないで、教訓のようなものを提示するのです。覚えていらっしゃるでしょうか。この映画の出だしは、二人の恋人が抱き合っていて、それがクローズアップで示されます。そこに無声映画で使用されていたようなテロップで「この若い男性、この若い女性は、一度たりとも認められたことがない。社会の一員として扱われたことがない。この物語を語るには……」と出てくるわけです。この始まり方は完全にルール違反です。そして、最初からこれは恋愛の話であるけれども、うまくいかない話であるということを予測させるのです。普通のやり方ではない予測のさせ方です。何となく不穏な感じがする場面から映画のクレジットが始まるわけです。

3　映画文法に逆らう編集の特異性

この映画を見ると、映画文法の間違いが連続している点が目につきます。例えば、クローズアップから突然、ロングショット——上空のヘリコプターから撮られた車で逃げているシーンです——に繋がるところであったり、恋人が抱き合っている最中に、風に揺れる木のショットが入るところであったり、一つのシーンが終わっているのにもかかわらず、そのシーンの途中に戻ったりする場面――ナイトクラブでボウイとキーチが出ていくところなのに、キャメラはナイトクラブに戻って黒人の歌い手がまた現れる様子を映す――があったりすることです。これらは映画の文法の間違いではあるのですが、実はこの作品の本質をもつくり上げています。ですから、光と音声だけで考えると統一感のある作品に思われるのですが、実は非常に構成が複雑で、編集がさまざまな工夫を凝らしているのです。この作品の編集者はディズニーなどの作品ですでに実績のあった有名な編集者でした。そんな編集者とレイは一緒に仕事をすることになったのですが、編集者は初めて映画を撮った監督と仕事をすることをとても喜んでいたようです。レイが「括弧付きの正しくないこと」をやるたびに、編集者も喜んで《Fuck them!》と大きな声で励ましていたようです。

ここで編集について取り上げたいのですが、その前に指摘しておかなければならないことは、この映画における官能的な場面の多さです。官能的といっても、服を脱ぐだとか、そういうことではなく、例えば、皮膚のきめ細かさがアップで映されているとか、登場人物同士が抱き合っているときの快感を覚えているように見える様子であるとか、朝の場面でキーチが「朝、起きると私は子猫のような気分になる」と言ったりする親密な雰囲気のことです。これらは検閲によって禁止されるほどショッキングではありません。ただ数が多いので、連続してそのようなシーンが続くと、ちょっとしたシーンでも生命感のある肉体を感じさせます。やはり生命は肉体であるからこそ、恋人二人はお互いに惹かれ合うのと同時に社会から排除されているのです。

さて、ここで編集の例として、この作品の最後の場面とその前の場面を、私がこの作品についてインタビューを受けている映像を見せながら説明します。残念ながら、本編の映像に加えて私の顔も写っているのですけれども。

■『Adieu de lumière』上映

（『夜の人々』の最後のシーン。ボウイが撃たれてキーチが駆け寄るシークエンス）

（エイゼンシッツが『夜の人々』について語る）

―彼のフルショットで殺されている様子が示されます。

―彼女はすぐに家から出てきます。

―彼女が起き上がる様子は見えません。

―彼女が殺された彼の上に乗っています。彼女は光の中にいます。

―彼女は、紋切り型のお別れの手紙を読み上げます。

―書いてあることはどうでもいいのです。

―ですが、彼女が立ち上がる様子を四つのショットで示しています。

―これは前例のないことです。

―向きを変えたり、リズムを変えたり、仰角になったりします。

―また、もう一度彼女は振り向きます。

―『エヴァグレイズを渡る風』(58)という映画で、このような編集をしたレイ監督はクビになった経験があります。

―ですが今回の『夜の人々』では編集者も監督の望み通り編集しました。

―そして最後、暗転するところはラボ(現像所)で行ったわけではなく、撮影時に照明を消すことでつくったのです。

―そして彼女の髪の毛だけ光に包まれて見えて、徐々に顔が消えて真っ暗になるのです。

―『勝手にしやがれ』(60)でも車の場面やジーン・セバーグ[5]が映っている場面では『夜の人々』から影響を受けています。

―これは感情の連続性ではなく、映画の連続性といっていいものです。

エイゼンシッツ　この場面を私はぜひ取り上げたいと思ったのです。映画の編集の歴史の中で、あまりにもルール違反であるので異端といわれています。この場面に興味を持っているのは、何も私だけではありません。ゴダールも『ゴダールの映画史』(88-98)の中で取り上げようとしていました。実際にはあまり取り上げることはできなかったようですが、インタビューの中ではかなり詳しく喋っていますので、いまからそのインタビューを読みたいと思います。

まずゴダールは一九二五年の『戦艦ポチョムキン』の映像と比較しています。ゴダールは『戦艦ポチョムキン』について、「完成した作品から、あらかじめ編集を考えていたのが分かる」と指摘します。ニコラス・レイの『夜の人々』については最後の場面で、キャシー・オドネル[6]演じる人物が最初は跪い（ひざまずい）て立ち上がるのですが、それを四つのショットで示しています。そのとき軸が微妙にずれている。同じ軸ではないので、「ここは芸術的な編集が表れている」と言っています。

そして、ゴダールはその他に二つの映画について触れているので、引き続き引用をしたいと思います。同じような例は、オーソン・ウェルズの作品でも見られます。例えば『秘められた過去』(55)という作品では、会話のリズムの編集が非常に輝かしい効果を生んでいます。これは、別の形で物語を語るための編集なのです。それから、グリフィスに関して、これは事実かどうか疑わしいですが、クローズアップは彼が少しでも女優の側に行きたいという思いから発明されました。ただ、そのときクローズアップは同じ軸で撮られていたのですが、少しずつずれて角度の効果が表れました。

このように、複数の監督のちょっとした工夫を研究したり、分析したりするのは、映画史を研究する醍醐味であって、映画史を研究することを正当化することでもあります。こういった工夫を見ながら皆さまと四回、散策できたらと思います。

ここまでを私のお話とさせていただいて、これから皆さまと質疑応答をしたいと思います。ありがとうございました。

4　一つではなく、すべてのストーリーを語りたい

筒井　ベルナールさん、ありがとうございました。『夜の人々』の秘密が明かされた気がします。この作品は非常に不思議な映画だと思います。物語でいうと間違いなく悲痛な映画で、悲劇だと思いますが、この作品のもたらすある種の幸福感が、今回の講義で明かされたような気がします。

　ニコラス・レイの映画、特に後年の映画だと「高さ」の演出が際立ちます。高さの違う場所にいる人物がその中で対決したり、あるいは自白を強要したりするわけです。力がぶつかる人物の位置関係が、高さによって強調される。後年の映画では、高さの演出が特にロングショットで際立つのですが、『夜の人々』の場合はクローズアップでそれが表現されている気がします。それも単独のクローズアップではなくて、ボウイとキーチの二人が同時に映っているクローズアップです。最も典型的な例は、ファーリー・グレンジャー[7]の方はまっすぐ垂直に立っていて、キャシー・オドネルが横たわっている場面ですね。二人の後ろには暖炉の火がちらっと見えている。他にも例は数多くあります。そしてまた、決してシーンが長いわけではなく、テンポ良く進んでいく作品の中で、クローズアップになったときに別次元の時間が流れているような気がします。

　ベルナールさんが言われたように、皮膚を強調するクローズアップの光はロングショットとはまた違う光が当たっています。その効果によって、テンポの良い展開の中に異次元の空間が生まれている。そ

こに高さの違いやフォーカスの当て具合の違いなど、いろいろな技を繰り出しているような気がします。そのあたりに関して、ベルナールさんに補足いただけますか。

エイゼンシッツ　補足するというより、私はいまの意見にまったく賛成です。当時、あまり取り組まれていなかったさまざまな可能性を孕む表現、音楽でいえば変奏曲のような表現を使おうとしているわけですが、『市民ケーン』のように「大いなる物語」のためではなく、いまの世界、いまの社会をほんの少しだけ反映するためにその表現を使おうとしていたのです。それがなぜ可能であったかというと、スタッフや技術者と監督の間に、かなりフラットな関係があったからです。スタジオにある上下関係やルールを棚上げできるような映画を撮ることができたのです。

また、技術的な面でいうと、ヘリコプターから空撮をしたことが新しいことでした。それから、かつての無声映画にはあったけれど、トーキーになってから縦と横の線が見えるような撮影の仕方がなくなっていました。その撮影の仕方を再び使用していたり、先ほども述べたようにさまざまな音が鳴っていたり、空間の分け方も斬新なものになっています。よくある「外と内を交互に見せる」というようなことはせずに、遠くロングショットからクローズアップに繋げたり、急に屋内になったり、屋外になったり、かなりの部分でルール無用に構成されているのです。そして、狭い屋内の中でも特殊な撮り方をしていて、物語の構成に貢献しています。

物語の序盤、小屋に五人の人物がいて、彼らの関係は最初分からないのですが、台詞を通してではなく、ショットを見ているうちに、彼らのお互いの仕草――振り向く、そっぽを向くなど――で五人の関係――刑務所から脱走した男同士の連帯感、キーチが酒に溺れている父親をどのように労っているか――が分かります。これは、どちらかというと演劇的な見せ方です。

あとはシーンごとの場面のつくり方も、それまでの普通の映画とは異なっています。この場面のつくり方については、今後検討していく必要があると思います。また、この映画では「二つのものが交差している」ということも付け加えたいと思います。警察もの、犯罪ものとして、この映画のストーリーは非常にまともで、反則をせずに語っています。これが一つの線です。もう一つの交差する線は、二人の登場人物の非常に親しい関係です。二人だけの話が進むとき、時間が止まったかのような別の世界の話のように見えます。それによって、いま陥っている状況から逃れたいという二人の心理がよく分かるのです。この二つの次元が交差しています。

レイは監督として、非常に厳しい枠組みから常に逃れようとしていました。そのためにヌーヴェル・ヴァーグの監督たちはレイのことがずっと好きでした。レイが妥協した作品をつくっても、ヌーヴェル・ヴァーグの人たちは彼に忠実でした。ですから、映画をつくるとなると契約で「一つのストーリー」を語らなければならないのですが、レイは一つのストーリーだけを語りたくはなかった。語るのであれば副次的なものも含めて、すべてのストーリーを語りたい。そのような考えを持っていました。ゴダールもそれを指摘しましたし、ヴィム・ヴェンダース監督の『ニックス・ムービー／水上の稲妻』（80）の中で、レイ自身もそう語っています。

5　原作にはない両義性

質問者1　キーチのキャラクター造形について、ヒロインが最初、主人公を迎えに行くところが出合いのシーンであるなど、キーチのキャラクターが光っている部分が目立ちます。キーチのキャラクターは当時珍しかったのでしょうか。また、キャラクター造形で監督がこだわったことはありますか。

エイゼンシッツ　レイの最初の妻との経験をこの映画で使いました。最初の妻は、彼にとって初恋の相手であったというのが大事な点です。映画で自分自身のことを語るという側面は、それまでの作品にはなかったのですが、彼は自分の個人的な経験をもとにしたのです。

それから女優についてレイが言っていることですけれども、オドネルは「美人でありながら美人でもない」あるいは「美人ではないが美人である」。そのようなところが気に入ったと言っています。

それから最初にキーチがボウイを迎えに来たときに、影が濃く、明るい照明を当てられないため、彼女は男なのか女なのかよく分かりません。そういう両義的なところがある。そこまで強調はされていませんが、この性的な両義性は原作小説にはまったくないもので、これは演出によるものといえます。

それから、刑務所から脱走した三人の男の間に明らかな支配関係があるのです。ボウイが収監されたときは一六歳ですが、一緒に逃げる他の二人はもっと年上で、彼らは「相棒は他に選ぶこともできた」

とも言っています。二人がボウイを一緒に連れて行ったのは、彼が若く、コントロールすることが容易であったからだと推測できます。またその後、ボウイが「もう一緒に泥棒をしたくない」と言う場面で、二人は彼に三回にわたって平手打ちをします。普通の暴力シーンであれば、平手打ちをするのではなくて、拳で殴るとか、バールで殴るとか、もっと暴力的にできるのに、この映画の男同士の暴力はやや珍しいものです。その男同士の関係の両義的なところは、ボウイとキーチの関係にも影響しています。

とにかく、男なのか女なのかという両義的な部分、男同士の性的な関係においても両義的な部分があるということは、これからもこの映画を研究するときに検討すべきことです。

筒井　原作だと二人とも射殺されています。キーチは妊娠しているから三人ともいえるわけですね。映画版だとキーチは生き延びて、ボウイの子どもも生きていく暗示がなされているわけです。この変更はニコラス・レイ自身の要望なのか、それとも検閲的な変更なのか、教えていただけますか。

エイゼンシッツ　そうですね、脚本は複数のバージョンがありました。最初はレイ自身がプロデューサーと何度か書き換えて、その後、プロの脚本家と一緒に仕上げたのです。検閲の関係でいうと、キーチは一度も銃を発砲していません。発砲していないので、検閲の関係では罰を受けて死ぬという必要はなかったのです。ボウイは銃を使っているので、最終的に死ななければいけない運命だったのです。

1 **エドワード・アンダースン**

一九〇五年生まれ（一九六九年没）。小説家。オクラホマ州アードモアの新聞社に入社し、印刷工の見習いとなる。その後、記者として働き始め、一〇紙以上の新聞社に勤める。一九三五年に作家デビュー。一九三七年発表の『夜の人々』は作家レイモンド・チャンドラーに「これまで書かれた犯罪小説の中で最高の一作」と激賞され、一九四八年にニコラス・レイ、一九七四年にはロバート・アルトマンにより映画化された。

2 **フランク・ロイド・ライト**

一八六七年生まれ（一九五九年没）。建築家。ル・コルビュジエ、ミース・ファン・デル・ローエと共に近代建築の三大巨匠の一人。終生一貫して、より豊かな人間性の保証に寄与する「有機的建築」の理想を追求し続け、生涯に一一九一にものぼる作品を遺し、そのうちの四六〇作品が実現された。ニコラス・レイはフランクのもとで建築を学んだが、数カ月で決別した。

3 **アラン・ローマックス**

一九一五年生まれ（二〇〇二年没）。音楽記録家・研究家。一九三〇年代から、父ジョン・ローマックスと共にアメリカ国内各地を旅行し、フォーク、ブルース、ジャズなど、ジャンルを問わず民俗音楽の発掘・収集を続けた。著作に『アメリカのバラッドと民謡』（34）、『我らが歌の国』（41）などがある。

4 **レッドベリー**

一八八八年生まれ（一九四二年没）。ミュージシャン。一二弦ギターでカントリー・ブルースを演奏。一九三〇年に殺人未遂罪でルイジアナ州に収監。三年後、議会図書館用のフォークソングの収集に来ていたジョンとアランのローマックス親子はレッドベリーの才能、情熱、演奏者としての特異性に魅了され、彼の曲をアメリカ議会図書館用にポータブルレコーダーで数百曲を録音した。代表曲は「C.C.ライダー」「グッドナイト・アイリーン」など。

5 **ジーン・セバーグ**

一九三八年生まれ（一九七九年没）。女優。オットー・プレミンジャー監督『聖女ジャンヌ・ダーク』（57）でデビュー。続く同監督の『悲しみよこんにちは』（58）に出演し、ベリーショートの髪形「セシルカット」と共に人気スターになる。『勝手にしやがれ』（60）で国際的な地位を固めた。他の出演作品にロバート・ロッセン監督『リリス』（64）、ロマン・ギャリ監督『ペルーの鳥』（68）など。

6 **キャシー・オドネル**

一九二三年（一九七〇年没）。女優。『ダニー・ケイの天国と地獄』（45）で映画デビュー。翌年の『我等の生涯の最良の年』

(46)で大役を得た後、『夜の人々』(48)に出演。同作でボウイ役を演じたファーリー・グレンジャーとは、アンソニー・マン監督『サイド・ストリート』(50)でも夫婦役を演じている。他の出演作品に『探偵物語』(51)、『ベン・ハー』(59)などがある。

7

ファーリー・グレンジャー

一九二五年生まれ(二〇一一年没)。俳優。一九四三年の『北極星』でデビュー。ヒッチコック監督『ロープ』(48)、『見知らぬ乗客』(51)で注目される。一九六〇年代以降は映画から遠ざかり、TVシリーズや舞台を中心に活躍。他の出演作品にルキノ・ヴィスコンティ監督『夏の嵐』(54)、リチャード・フライシャー監督『夢去りぬ』(55)など。

2 ― ジャン・ヴィゴ監督『アタラント号』講義

『アタラント号』L'Atalante
一九三四年／八八分／モノクロ／スタンダード
監督　ジャン・ヴィゴ
脚色　アルベール・リエラ、ジャン・ヴィゴ
撮影　ボリス・カウフマン
音楽　モーリス・ジョベール
出演　ジャン・ダステ（ジャン）
ディタ・パルロ（ジュリエット）
ミシェル・シモン（老水夫ジュール）
ルイ・ルフェーヴル（少年水夫）他

田舎町とル・アーヴル港を結ぶ艀船アタラント号に、新郎新婦の船長ジャンとジュリエット、変わり者の老水夫ジュール、少年水夫、そして何匹かの猫たちが乗っている。新婚生活に心ときめかせていたジュリエットだったが、水上での単調な生活に息苦しさを感じ、パリに着いた船からこっそりと抜け出してしまう。怒ったジャンは彼女を残したまま出航してしまうが……。二九歳の若さで他界したジャン・ヴィゴの遺作にして唯一の長編監督作品。

Ⅳ-2―ジャン・ヴィゴ監督『アタラント号』講義　司会＝筒井武文［二〇二四年六月一八日　通訳＝人見有羽子］

困難の中に開かれた精神の自由

1　伝統から逸脱した映画づくりの困難さ

筒井　今日は『アタラント号』(34)のデジタル・リマスター版を監修されたエイゼンシッツさんのお仕事を見せていただきました。映画史家や映画批評家とは別の、フィルムの復元やドキュメンタリー制作に関わる側面です。

エイゼンシッツ　『アタラント号』は二〇〇一年に最初の復元がなされましたが、私自身はそれに満足していませんでした。ですから、デジタル・リマスター化するにあたって、もう一度復元し直すことに決めたのです。ジャン・ヴィゴの娘であるルースと一緒に、残っていたNGテイクなどを含めて、もう一度ゼロからつくり直すことにしました。

その意味では、一九三三年から二〇〇一年の復元のときまでは時系列やサウンドトラック、映像のクオリティなど、全部で一〇バージョンぐらいありましたが、今回のデジタル化では最初のバージョンを参照しました。それが最も古い版ではなかったのですが、本来の『アタラント号』の映像に最も近いものでした。他にも数えきれないほどの理由があって、それを言うと一冊の小説が書けるぐらいですが、一つだけ大切なことを言うと、私たちが基盤としたバージョンというのはロンドンに存在したコピーで

ジャン・ヴィゴ｜Jean Vigo

一九〇五年、フランス・パリ生まれ。一二歳のとき、アナキストで政治記者だった父親が獄中死を遂げる。そのため、ヴィゴは名前を変えて祖父のもとで育てられ、寄宿学校を転々とする。教師から「売国奴の息子」と罵られ、病弱でいじめの対象だった少年時代の悲惨な経験から、学校をはじめ、あらゆる社会制度への反逆を謳歌する『新学期　操行ゼロ』(33)が生まれたといわれている。一九二五年、ソルボンヌ大学に入学するが、肺結核が進行し、南フランスのサナトリウムで療養生活を送る。一九二八年、ニースに移住して写真家の助手を務めながら、前衛映画や記録映画を鑑賞するシネクラブを組織。一九二九年にサナトリウムで出会ったエリザベート・ロジンスカと結婚。結婚のお祝いとしてプロ用の高価な映画キャメラを購入する。同年、パリの病院で撮影監督ボリス・カウフマンと出会い意気投合。カウフマンの撮影による短編『ニースについて』(30)、『競泳選手ジャン・タリス』(31)を発表する。続く中編『新学期　操行ゼロ』は、社会的・政治的メッセージの辛辣さから上映禁止の処分を受ける。初の長編となる『アタラント号』(34)は、真冬の撮影によって結核を悪化させながらベッドから編集の指示を出して完成させた。しかし、試写での惨憺たる評判を受け、配給会社のゴーモンは作品を大幅に短縮し、タイトルを『過ぎゆく艀』と変えて公開。ヴィゴは改変版を見ることなく、一九三四年に敗血症を併発して二九歳で逝去。

す。そして、素材としては本当に多くのNGテイクが存在しています。シネマテーク・フランセーズ[1]も一九四〇年代の後半頃にラッシュや未発表テイクなどが数多く存在しているということを公表していましたので、この『アタラント号』に関しては、いろいろなバージョンや埋もれた素材があるということは、ちょっとした伝説になっていたのです。

今回二〇一七年の復元のときには、そのように散逸していたさまざまなバージョンを長さやシーンごとにリストアップして目録を作成しました。そういうわけで、いままで見たことのない映像などもご覧いただけるようになったのです。映像に関しては、目視によってそのすべてが見えているのではないということは言っておきたいと思います。画面には見えていないものが存在する。アントニオーニが『欲望』(66)の中でも言及していますが、表面や表象でしかない、その裏側に何かがあるのです。とはいえ、私の視点や態度は謙虚なものです。何かを証明しようとか、一つの決定的なバージョンを提示するといった大胆なことは考えていません。素材である映像があって、それを作品に流れている時間の継続性の中で繋ぐということ。それが今日皆さんがご覧になったものになっているわけです。

一つシンプルなことが言えると思います。それは『アタラント号』という作品は、それまでの伝統的な映画作法にまったく基づいていないということです。それは当時の基準からもそうでした。一九三〇年代に存在していた映画産業という巨大な機構からは独立して、ジャン・ヴィゴは独自の撮影方法を用いました。それが大きく表れているのが、即興による撮影です。『アタラント号』の撮影監督であるボリス・カウフマン[2]は、ヴィゴの全作品の撮影を担当しています。この人物はジガ・ヴェルトフの弟ですけれども、『アタラント号』の撮影において最も難しかったことは、寒さや夜間での撮影であり、悪天候でした。彼は「そういうものに屈せず、我々はクオリティの高いものをつくろうとした」と語っています。

そもそも映画をつくるということ自体が、困難なものに立ち向かう行為です。『アタラント号』に関しても、ヴィゴはさまざまな困難と闘いました。それは死に追いやられるほどの障害だったかもしれません。実際、彼はこの作品を撮り終えた後に亡くなっています。ですから、私も野心というほどではないですが、当時どれほどの制限や困難の中で撮影が行われたかということをしっかり映像として残すことが、私にやれることではないかと思って今回のドキュメンタリーを制作したわけです。

質問者1　『アタラント号』というとロケーションの映画という印象が強いのですが、船室のセットデザインはフランシス・ジュールダン[3]が手がけています。エイゼンシッツさんのドキュメンタリーの中でも「セットの撮影が大変だった」という言及がありました。

フランス映画のプロダクションデザイナーは演劇のセットをデザインしていた人物が中心になっていて、そこにはルネ・クレール[4]のデザイナーだったラザール・メールソン[5]から始まる系譜などがあります。ただ、その点ではフランシス・ジュールダンは実際に人が住んで使うような実用的な建築やインテリア・デザイナーですので、そうしたフランス映画のセットデザインの系譜からは外れる人物ではないかと思います。

ジャン・ヴィゴの映画づくりはフランス映画のつくり方から逸脱していたという説明を伺いましたが、『アタラント号』のセットやプロダクションデザインが当時の他の映画作品とどのように違うのか、またその違いは後の時代に継承されていったのか、ということを伺いたいと思います。

エイゼンシッツ　確かに、『アタラント号』は当時のスタジオやプロダクションデザインを念頭に置いてつくられた作品ではまったくありません。美術を担当したジュールダンも、実はヴィゴの友人だったのです。どちらかというと彼の父親の友人で、その息子であるヴィゴを支援していたという立場での参加でした。ですから、親密で家族的な友人としての参加であり、ヴィゴの美的感覚にもジュールダンは同意していました。そういう意味では、仰るようにラザール・メールソンの伝統的なプロダクションデザインとは一線を画すものです。また、当時ジュールダンの助手を務めたマックス・ドゥーイ[6]は、その後フランス映画史の非常に重要な美術スタッフになっていきます。

『アタラント号』の前の作品である『新学期　操行ゼロ』(33)もそうですが、非常に安上がりに撮られたカットというものがあります。『新学期　操行ゼロ』の寮や学校、『アタラント号』であれば平底船の船室などがそれです。それらは入念な美術設計のもとにつくられたセットではありません。そういうつくり込まれたセットを望まないというところが、ヴィゴの美学なのです。

彼が望んだことは、平底船を実際に存在するのと同じ船室の大きさにしてほしいということでした。そこでスタジオに実物大のセットをつくりました。ですから、彼にとって大切なことは「寸法の正しさ」だったわけです。スタジオがあるからといって、彼は壁を動かしたりだとか設備を利用しようとは思いませんでした。しかし、それがある意味で彼の美学の一つになっています。

2 映画における「詩的言語」の探求

筒井 エイゼンシッツさんのドキュメンタリー作品でも、撮影のボリス・カウフマンも含めて、ジャン・ヴィゴの作品にいわゆるソビエト性、ソビエト映画的なものが流れ込んでいるというふうに感じました。一九三〇年代には、ジャン・ルノワールもソビエト映画にとても共感していたということもあります。それは革命という問題かもしれないし、人民戦線的なものと関わっているかもしれませんが、そういうソビエトとフランスを結びつけているものについて、エイゼンシッツさんの見解をお伺いできますでしょうか。

エイゼンシッツ 確かに、撮影監督のボリス・カウフマンがいたということは、当時のソビエトの眼差しを存在させるのに一役買っていると思います。ご覧になったように、かなり象徴的なショットがありますよね。とてもソビエト映画的なショットです。それは結婚式の夜、堤防に一人の女性が直立不動で立っている場面です。

もちろん、ジャン・ヴィゴもソビエト映画に興味や好奇心を持っていました。ただし、それは政治的なものとは別の興味です。彼は自主独立した映画技術への興味を持っていた。だからといって、彼はソビエト映画的な編集やモンタージュに近寄るでもなく、社会性の強いソビエト映画に近寄るということもしませんでした。それよりも、彼の中ではいまあるフランスの社会を映し出すということが目的だったのであり、それはソビエトの社会問題やソビエト映画のコンセプトとは異なるものでした。

ヴィゴは後に人民戦線へと発展していく革命的な芸術家集団の源流に位置するような人物です。一方で、ルノワールはより深くフランス文化に根差した人物であると思います。ソビエト映画の影響をルノワールが受けたとしても、ヴィゴが持っていたソビエトへの興味の方がよほど深いものだったのではないでしょうか。ルノワールの興味はどちらかというと一般的なものです。彼の人生は川の流れのままに行き着く一つのコルク栓のようなものであり、流れゆくままというのがルノワールの主義でした。それに対して、ヴィゴは映画産業の支配的な流れとは一線を画して、独立した立場というものを貫いていた人だったと思います。とはいえ、私が最も敬愛する監督はジャン・ルノワールですから、フランスのリアリズムや自然主義的映画を敬遠しているわけではありません。

ジャン・ヴィゴは生涯で四つの作品を残しています。とりわけトーキーになってからの二作品『新学期　操行ゼロ』と『アタラント号』に関していえば、彼は無声映画と距離を置きつつ、物語自体は現実と離れたポエジー性をもたらす映画言語というものを求めていたと思います。映画のもたらす作用によって、現実というものが少し変化して目の前に立ち現れる。彼はそういうものを目指していました。それが後にパゾリーニが言うところの映画における「詩的言語（cinéma de poésie）」です。それと対比する形で「散文的言語（cinéma de prose）」というものがありますが、どちらが良いとか悪いとかではなくて、ヴィゴが目指していたのは、この「詩的言語」の方だったということです。

無声映画では、そのようにして映像を詩的に表現することができた。映画を形づくり、構成する要素というのはキャメラであり、編集であったわけですね。しかし、トーキーになると今度は映像とサウンドというものを同期させなければならない。そういうところで、彼はその詩的な部分をどうしても諦めないといけなくなる。それをそのまま踏襲すると、かなり実験的な映画になってしまうというところが実際にあったわけです。

そのような状況の中で、ヴィゴは二本のトーキー作品、特に『アタラント号』において、自分にとっての美学や解決方法を見出したと思います。音と映像というものを両方使って詩性を再現するその方法について、シネマテーク・フランセーズの館長であったアンリ・ラングロワ[7]は「金細工師のようだ」と言っています。彼はジャン・ヴィゴのことを「貴重な素材を混合させて、金細工のように繊細な作品をつくる監督」だと語っています。

3　精神の完全な自由

エイゼンシッツ　ジャン・ヴィゴは『アタラント号』で形式（フォルム）を追求していたわけではない、ということを理解していただけたのではないでしょうか。彼は撮影の最中に「どんなことが起こっても、いま目の前で生起しているものを撮るのだ」という、完全に開かれた意図があったことが分かります。それは精神の完全な自由というものを表しています。

彼が求めていたのは、単純なラブストーリーを語ることです。ただ、その語り方は有名な俳優を起用して、型にはまった起承転結の形式で語るというものではなく、その物語自体が撮影の最中に進化していくような、非常に開かれた態度で撮影に臨んでいました。そういう意味で『アタラント号』はとてもユニークな映画になっています。このようなジャン・ヴィゴ的な撮影方法や姿勢というのは、戦後、一九五〇年代後半から六〇年代にかけて芽吹きます。戦後の映画が刷新されていく時代に、再び彼の持っていた精神が浮上してくるのです。

筒井　今日はエイゼンシッツさんの著作である『ニコラス・レイ——ある反逆者の肖像』（キネマ旬報社）の翻訳者である吉村和明先生がいらしていますので、差し支えなければひと言いただけますでしょうか。

吉村　先ほどお話にも出ましたが、『アタラント号』の最初の方の場面で、堤防に立って女性が十字架を切る場面があります。その場面と並行して、花嫁であるジュリエットが平底船の上を白い花嫁衣装を着ながら歩いていく、とても心に残る印象的な場面があります。ジュリエットという存在は、船に乗り込んだ直後は非常に緊張していて微笑みもなく、花婿であるジャンから愛撫されるのも嫌がったりしている。しかし、一晩明けた翌朝になると、晴れやかな笑顔で船底から出てきます。その後、彼女はミシェル・シモン[8]演じるジュールと共にいろいろなことに興味を示すようになる。とても生き生きとした彼女の魅力が前面に出てくるのですが、花嫁衣装を着て船の上を歩く最初の場面はそれとは対照的で、まるで暗闇の中を亡霊のように歩いている。こうした彼女の変化をエイゼンシッツさんはどのように思われますか。

エイゼンシッツ　ジュリエットの態度の変化というのは、『アタラント号』を解釈するための道筋の一つだと思います。話自体は非常に平凡なもので、ヴィゴも「小学生用の物語だ」というふうに言っています。仰るように、最初はジュリエットに新婚初夜を迎える前の緊張が表れていて、深刻そうな表情をしています。それが初夜を終えると晴れやかになって、世界を発見したいと求めるようになっていく。そういう彼女の通過儀礼的な変化というものがあります。

実はこの作品の中には、そういう儀礼的、呪術的な記号がちりばめられています。十字架を切った老女もそうですし、婚礼した二人が通る大きな藁屋も、あの地方に残る土着的な儀式を象徴するものの一つです。そのようにして見ていると、何か神話的な視点で分析もしてみたくなります。ただ、ヴィゴ自身がやろうとしたことはそういうものではないのです。そうした視点は作品を読み解くための鍵ではありますが、魔法のような瞬間はこの作品の全編に存在している。ただ、一度見たときにはそれほど分かりません。何度も見ていくうちに、そうした魔術的な部分が見えてくる。そういう作品だと思います。

例えば、ジャンが水中で目を開けると目の前にジュリエットが現れたり、ジュリエットがレコードを聴いているとジャンの声が聞こえてくるとか。ミシェル・シモンのジュール親父も善人の魔法使いのように見えます。ただ、そういうことは最初に見てすべて分かるものではなくて、何度も見ることによって発見できる類のものではないかと思っています。

質問者2 何が起こっても受け入れるというジャン・ヴィゴの撮影方法や姿勢というのは、当時まだ二八歳なのに、どうやって生まれたのでしょうか。

エイゼンシッツ その答えは一つのミステリーではあります。単純に一つだけの答えを出すことはできませんが、いくつかの手がかりはあります。まず彼の生い立ちですね。ヴィゴの父親というのは破天荒な無政府主義者で、薬物も常用して病にかかり、おそらくは刑務所で警官に殺害されたといわれています。わずか一〇歳にして、ヴィゴは父親の喪失というものを体験しているわけです。そして、父親の死を契機に富裕層から転落し、彼は父親の名前を隠して生きなければならなかった。無政府主義者の息子であるということは言えなかったのです。そのような普通の人とは違う、特殊な経歴も彼の姿勢を決定した要因の一つだと思います。

もう一つの要因としては、一九二〇年代後半という時代背景です。この時代はヨーロッパの人々がさまざまな新しいことに目覚めた時期です。その一つとして映画があった。初めて映画を体験するというのは当時の人々にとって非常に中身の濃いもの、大きな意味での発見だったのです。それはいままでの平凡で淡々とした人生が映画によって覆され、激動するような体験でした。ジャン・ヴィゴも同じように映画に夢中になっていたわけです。映画を勉強して、映画を突き動かしているものは何か、映画はどこまでやれるのかを理解しようとしていた。しかし、だからといって映画学校に行ったとか、映画の勉強をきちんとしたわけではありません。一、二作品ぐらいは四番目の助監督のような形で、現場に行っても観客のような感じで参加していたのではないかと思います。そういう自分なりの映画修業によって、現実を見る方法というものをヴィゴは身に付けたのではないでしょうか。そして、こういう言葉は私自身あまり好きではありませんが、そうした修業の中で彼はプロフェッショナルになったのだと思います。プロになりながらも、さまざまなルールを破壊することを厭わなかった。そういう偉大なるプロフェッショナルなのだと思います。

1 **シネマテーク・フランセーズ**

映画遺産の保存や上映を目的とした文化施設。一九三六年、アンリ・ラングロワが収集したフィルムの上映を始めたことがきっかけとなり設立。半官半民の特殊法人となり、一九六八年の五月革命を契機に政府から局長ラングロワの解任が報じられると、フランスはじめ世界の映画人から抗議の声が上がり、解任は撤回された。四度の移転を経て、現在はパリ一二区ベルシー通り五一番に位置している。

2 **ボリス・カウフマン**

一八九七年生まれ（一九八〇年没）。撮影監督。映画監督のジガ・ヴェルトフの異母弟。『カメラを持った男』（29）の撮影を務めた後、ソルボンヌ大学で学ぶ。その後、ヴィゴと知り合い『新学期　操行ゼロ』（33）、『アタラント号』（34）に参加。第二次世界大戦中はフランス陸軍に従軍し、ドイツ占領後はアメリカ戦時情報局でドキュメンタリー製作に従事。戦後は、エリア・カザンやシドニー・ルメットなどニューヨーク派の映画作品で活躍。主な作品にアカデミー撮影賞を受賞した『波止場』（54）、『十二人の怒れる男』（57）、『質屋』（64）など多数。

3 **フランシス・ジュールダン**

一八七六年生まれ（一九五八年没）。画家・版画家・建築家・インテリアデザイナー。一九一一年に家具の設計を始め、翌年に家具工場を開設。第一次世界大戦後のフランスでデザイン界の中心的役割を担う。一九二〇年、ル・コルビュジエと共同で雑誌「L'esprit Nouveau」を発行。贅沢で派手なデザインに反発し、様式と技術に対する素朴さと実直さを求めた作品が多い。

4 **ルネ・クレール**

一八九八年生まれ（一九八一年没）。映画監督。俳優を経て『眠るパリ』（23）で監督デビュー。『巴里の屋根の下』（30）や『自由を我等に』（31）、『巴里祭』（32）といった詩的洗練と風刺が一体となった作風で国際的名声を獲得する。以後、ハリウッドで『奥様は魔女』（42）などの洒脱なコメディを撮り、『夜ごとの美女』（52）や『リラの門』（57）などを発表。シャンソンの作詞、戯曲、小説なども残している。

5 **ラザール・メールソン**

一九〇〇年生まれ（一九三八年没）。美術監督。一九二〇年代初頭にロシアから移住後、一九三〇年代にルネ・クレールやジャック・フェデー監督らの作品に携わり、フランス映画のセットデザインに多大な影響を与えた。主な作品に『巴里の屋根の下』（30）、『ル・ミリオン』（31）、『巴里祭』（32）、『女だけの都』（35）など多数。メールソンの助手を務めたアレクサンドル・トローネルは、後に「詩的レアリスム」様式を確立した美術監督として有名。

6

マックス・ドゥーイ

一九一四年生まれ（二〇〇七年没）。美術監督。ジャン・ルノワール監督『ゲームの規則』（39）でウジェーヌ・ルリエ（ユージン・ルーリー）と共に美術を担当し名声を得る。その後、ジャック・ベッケル監督『最後の切り札』（42）の美術監督を務め、同年にレオン・バルザック、アレクサンドル・トローネルと共に、ジャン・グレミヨン監督『高原の情熱』（42）の詩的レアリスム的な美術を手がける。特にクロード・オータン＝ララ監督作品は、『肉体の悪魔』（47）以降のすべての作品の美術を担当した。主な作品に『情婦マノン』（49）、『それを暁と呼ぶ』（56）、『007／ムーンレイカー』（79）など多数。

7

アンリ・ラングロワ

一九一四年生まれ（一九七七年没）。シネマテーク・フランセーズ創設者。各国の映画人に「映画の父」と呼ばれる。一九三六年にジョルジュ・フランジュ、ジャン・ミトリと共にシネマテーク・フランセーズを設立。戦争と占領の時代を通して、トーキーの到来以後、危機に瀕していたサイレント・フィルムを文化遺産として後世に伝えることに尽力した。

8

ミシェル・シモン

一八九五年生まれ（一九七五年没）。俳優。ボクサー、運転手、街頭写真家、新聞売りなどを経て、サッシャ・ピトエフの劇団に入り舞台に立つ。『生けるパスカル』（25）で映画デビュー。以後、老若不明な特異な風貌の「醜男スター」として評判になった。『アタラント号』（34）での老水夫ジュールと『素晴らしき放浪者』（32）の浮浪者ブーデュは、自身の天衣無縫な性格が生かされた名演として名高い。『老人と子供』（66）で、ベルリン国際映画祭男優賞を受賞。

3　ロベルト・ロッセリーニ監督『神の道化師、フランチェスコ』講義

『神の道化師、フランチェスコ』Francesco, Giullare di Dio
一九五〇年／八六分／モノクロ／スタンダード
監督　ロベルト・ロッセリーニ
脚本　ロベルト・ロッセリーニ、フェデリコ・フェリーニ
撮影　オテッロ・マルテッリ
音楽　レンツォ・ロッセリーニ
出演　ナザリオ・ジェラルディ（フランチェスコ）
　　　アルド・ファブリーツィ（暴君ニコライオ）
　　　ペパルオーロ（ジョヴァンニ）
　　　アリベラ・ルメートル（キアラ）他

アッシジの聖人フランチェスコと彼の使徒たちはサンタ・マリア・デッリ・アンジェリの丘に小屋を建て、共同生活を送りながら布教活動を始める。世間は彼らを嘲笑し、弾圧するが、教皇は彼らを尊び、教えを説くことを認める。脚本は一四世紀の「聖フランチェスコの小さき花」と「兄弟ジネプロ伝」に着想を得て、フェデリコ・フェリーニと共同で執筆。フランチェスコ役をはじめとする修道士たちを、実際のフランシスコ会修道士が演じている。

Ⅳ-3 ロベルト・ロッセリーニ監督『神の道化師、フランチェスコ』講義

映画の倫理、あるいは映画を通していかに世界を定義するか

司会＝筒井武文［二〇二四年六月二〇日 通訳＝カトリーヌ・アンスロー］

1 時代やスタイルを超越した映画

エイゼンシッツ この映画は一九五〇年代の作品ですけれども、一見して完全に時代を超越しています。あらゆるスタイル、あらゆる流派を超越しているように思われます。

アルノー・デプレシャン監督[1]は「この映画は極限的に装飾を省いている。本来、映画が持っている表現力の正反対にある」と言っていますし、「プリミティヴィズム（原始主義）[2]への回帰である」とも言っています。彼が「プリミティヴィズム」と言うときには映画だけではなく、絵画への言及も含まれています。

確かに、この映画には私たちが普段映画で見慣れているようなルーティン的、習慣的なものはまった

くありません。空気や空、その日の天気や登場人物同士が交わし合っている視線といった、極めてシンプルなものしかないのです。トリュフォー監督はこの映画について「この世で最も美しい作品である」と言っています。私自身、この映画については熱狂的な反応があるので、いままで分析したり考察したりしたことはほとんどありません。

この時代のロベルト・ロッセリーニは世界的に著名な映画監督でした。当時彼はイタリアにおける戦争とその結末を描いた二本の映画を撮っていて、両作品とも世界的に大きな反響を巻き起こしました。ただ、この映画を撮る一年前からメディアや政府当局から激しい攻撃にあっています。これにはいくつ

ロベルト・ロッセリーニ｜Roberto Rossellini

一九〇六年、イタリア・ローマ生まれ。一九三〇年代に自主制作映画『ダフネ』『牧神の午後への前奏曲』を発表。一九四一年、海軍省から依頼されて製作した『白い船』が初長編監督作となる。本作の評価により、国策映画を製作して戦時下だったイタリア映画界の新鋭として注目を浴びる。敗戦後の一九四五年、映画スタジオのチネチッタが焼失したことを逆手にとり、悪条件の下でリアリティを追求した『無防備都市』を発表。その革新的な映像と演出により第一回カンヌ国際映画祭グランプリを受賞し、ネオレアリズモの先駆となるが、本国イタリアでは黙殺された。以後、『戦火のかなた』(46)、『ドイツ零年』(48)、『ストロンボリ』(50)、『イタリア旅行』(54)などを発表し、世界的な評価を得る。とりわけフランスでは「カイエ・デュ・シネマ」誌の初代編集長だったアンドレ・バザンをはじめ、ジャン＝リュック・ゴダール、フランソワ・トリュフォーらヌーヴェル・ヴァーグを牽引した映画作家たちから絶賛され、「ヌーヴェル・ヴァーグの父」と称された。一九七七年に七一歳で逝去。

か理由があります。政治的には彼は日和見主義者といわれていますが、別の視点や角度から見れば、常に道徳的に何かを追求している人です。また、私生活において彼にはスキャンダルが付きまといますが、そうした個人の生活に付きまとうスキャンダルよりも、映画をつくることで引き起こされるスキャンダルの方を私は重要視しています。良い意味で彼は冒険者であるといっていいのではないでしょうか。つまり、自分がいままでにやったことで納得したり満足せずに、常に別のものを探し求めている監督だということです。

戦争の終わりに関する作品によって、ロッセリーニ監督はイタリア人たちに自尊心を取り戻させたといわれています。当時のイタリアの政治は大きな流れが二つありました。一方ではファシスト政権に対して、時には武器を手に取り武装して抵抗した人たちがいます。映画において、こうした流れを汲んでいる最も有名な人物はルキノ・ヴィスコンティ監督[3]です。もう一方にはロッセリーニのような人たち、ファシズムには反対しているけれども、政治的な左派と右派のどちらにも属さない人たちです。

当時のイタリアは誰しも「自分は反ファシストである」と言える時代でした。といっても、ファシスト体制は二〇年にもわたって続いたものですから、これだけの長きにわたって続いたこの体制に対して、何の妥協もしていないといえる人は誰もいませんでした。映画監督についていえば、戦前のファシスト政権の公式的な路線とは若干ずれた、社会的なメッセージのある映画をつくることができました。ですから、彼らは必ずしも国際的なファシスト政権の路線にぴったりと沿っていたわけではありません。そうした状況は日本でも見られるものです。例えば、一九三九年に成瀬巳喜男監督[4]は『はたらく一家』

という作品をつくりますが、当時の日本の社会階層の関係をかなり厳しく描いた作品です。また有名な話ですけれども、黒澤明監督は最初は山本嘉次郎[5]監督の助手としてスタートして、かなり国粋主義的な作品に関わりましたが、戦争終結後はどちらかというと左寄りの作品をつくるようになりました。また、戦前のドキュメンタリー映画はファシストの時代ではありましたが、戦後のネオレアリズモ映画を予告するものが多かったです。ロッセリーニの最初の『白い船』(41)という作品がまさにそうでありました。

ネオレアリズモは映画という分野だけではなく、文学においても戦後のイタリアにとって大きな運動になるわけですが、これは非常に複雑な文脈の中で生まれた運動です。まず、イタリアは敗戦国であり、長い戦争を経験しました。また、イタリアの政治は二極化しています。一方には共産主義、もう一方では長年政権にいることになるキリスト教民主党。これは中道派といっていいですね。ネオレアリズモの映画は、まずファシスト臭い時代に反するいくつかの選択をすることになります。具体的に言いますと、作品をつくるにあたって非常に簡素なものを目指しました。例えば、身近な日常生活を描いたり、俳優の演技も複雑なものではなく、もっとシンプルなものにする。それから現代のテーマを扱う。そのような方向へと進んでいきます。

それと同時に、イタリアの歴史やイタリアに対する愛国主義へのこだわりを持っています。例えば、今日見ていただいた作品『神の道化師、フランチェスコ』の最後の場面は、弟子たちがそれぞれイタリアのどこの街に行くということを言っています。これはやはりイタリアに対する愛情の表れであり、ロッセリーニ監督が持っているものでもあると思います。それは他の作品でも、例えば『ロベレ将軍』（59）や『La prise de pouvoir par Louis XIV（ルイ一四世の権力掌握）』（66）という作品でマザランという歴史的に重要な人物を通しても、イタリアへの愛情が表れています。

そして、戦争の経験によってもはや戦前のような状況には戻れない、何もかもが変わってしまったという現実があります。その何もかもが変わっているという状況を、映画として見なければならないのです。ロッセリーニは実際に信仰はありませんでしたが、一応カトリック信者です。社会体制である資本主義についても、彼は一応それを受け入れていますが、一九四〇年代の終わり頃に始まる冷戦は彼にとって大きな影響を生み出します。

ということで、ロッセリーニはいまここの「現代」を扱う監督です。彼のリアリズムというのは、テーマのリアリズムというよりもスタイルのリアリズムです。彼は一人称で語っています。現実に対して、彼は感情的、知的にどのように反応するのか、また道徳的にどう考えるのかということに焦点を当てています。評論家のアンドレ・バザン[6]は『神の道化師、フランチェスコ』において、ロッセリーニは「純粋な精神性に満ちた現実を映している作品の中でモラリストである」と言っています。

そして、ロッセリーニは感情を何らかの感傷的な気持ちを抱かずに見せたいのです。私たちの知性を正面から、何のごまかしもせずに考えさせる。ですから、登場人物に対する共感や感傷的な描き方はまったくありません。人物の顔を見ても、その表情からは何も読み取れないのです。ですから、彼の現実とは「映画を通していかに世界を定義するか」ということになります。彼のメソッドというのは、知識や思想やアイデアから出発するのではなく、自分が知らないこと、あるいは自分が興味を持っている世界に対して開かれた気持ちから出発しているのです。ですから、映画づくりにおいては形式にこだわることなく綿密に準備をしています。

2　未知のものを理解するための追求

エイゼンシッツ　ではロッセリーニにおける「撮影」とはどのような意味を持つのでしょうか。撮影とは、それに先立って何か知らないものを理解するための追求の結果なのです。ロッセリーニの作品については、あながち間違っていないものですけれども、「彼の作品はいい加減な仕上がりである」ということがよくいわれています。それはなぜかというと、撮影に先立つ追求はとても細かくて、その後の撮影については他の人に任せてもいいぐらい、彼は自分が追求したいことはとことん追求していきます。ですから、撮影している最中は、彼は疲れたり退屈したりしている場合もあるのです。つまり、すでに彼が知的に追求したいことはもう追求してあるといっていいのです。

先ほど申し上げた通り、彼は戦争末期に関する作品を制作しています。『無防備都市』(45)と『戦火のかなた』(46)です。これは彼自身が経験した戦争についての作品です。それからもう一つは、ドイツにおける戦争を描いた『ドイツ零年』(48)という作品です。ちょうどその一九四〇年代の終わり頃、先ほど申し上げたように冷戦が始まって、世界は二つの陣営に真っ二つに分かれます。戦争が終わって、変化や変革が起こり、生活が改善されていくという事態があったにもかかわらず、実は戦時中よりも状況が悪化している。あるいは新たな戦争が勃発するかもしれないという雰囲気になってしまいます。その中で反戦運動が起こるわけですし、反戦的な内容を持った映画もつくられますが、ロッセリーニは『神の道化師、フランチェスコ』において史実の人物であるフランチェスコを扱うことで、反戦的な映画ではなく映画のための作品をつくります。その中で、プロの俳優を使わずに、劇的な効果は一切目指さない。劇的な効果を完全に抜きにしている。そして一一のエピソードによって一一の物語が綴られていく作品ですが、そこには普通の映画のような劇的な緊張感の高まりといったものはありません。

物語を分けて映画をつくるというのも、現実の複雑さを見せる手段です。現実とは一つの物語に要約できるものではなく、非常に複雑で多くの側面を持っています。物語ごとにちょっとした驚きがあるわけですね。別に劇的な緊張が高まるわけではありませんが、各物語ごとに修道士たちは世界を発見しています。その彼らが世界を発見しているというところに、ロッセリーニ自身は作品を任せているわけです。ですから、ロッセリーニが現実だと思っている関係というのは、聖フランチェスコが世界と持っていた関係とよく似ているといわれています。

つまり、現実はこの一編で把握することはできない、捉えることはできないというのが彼にとっては重要な点です。そのために彼は、その後のキャリアも変化していきます。すぐに変わるわけではありませんが、『神の道化師、フランチェスコ』の後にいくつか作品を撮ってから、一九六〇年代に入ると違う方向に向かっていきます。

3 原点としての個とミクロの視点

エイゼンシッツ　映画が始まるところは、ちょうどフランチェスコとその弟子たちがローマから戻って来て、教皇から説教をする許可を得たところです。ただ、フランチェスコが目指しているのは修道会をつくるのではなく、一つの運動をつくろうとしています。それに自分が持っている知識、知性を共有するのであって、修道会のように組織の上下関係をつくりたくはないのです。本当は教職というのは上下関係や権威が一番大きな特徴になるのですが、フランチェスコの周りにいる人たちは自分が進みたい道、自分が行きたい方向に自由に行けるのです。最後の場面でもそれがよく分かります。それは当時のローマ教会とはまったく違うものであると同時に、ロッセリーニが生きているこの世界とも違うものです。上下関係を受け入れない、権威主義を拒否する、そして天から祝福されて救済されるわけです。ロッセリーニの考え方、あるいはフランチェスコの考え方では、地上というのは天上の世界、天国の玄関のようなものではあるけれども、地上と天国を対立させないのです。

ということで、人間としても映画監督としても、ロッセリーニは白痴というものに惹かれていきます。ですから白痴が中心となっている喜劇が好みなんですね。知識がなく無知で、しかもいい加減なことばかりする存在。彼らによって滑稽なものを生み出すのです。『神の道化師、フランチェスコ』の脚本はフェリーニが一緒に書いていますので、その滑稽な効果はフェリーニによる部分も大きいです。そういう意味で、映画の冒頭に「コリントの信徒への手紙」という新約聖書の一部分が引用されますが、ロッセリーニとフェリーニはまったくその言葉通りであるような世界を描き出しています。「神は知恵のあるものに恥をかかせるため世の無学なものを選び、力あるものに恥をかかせるため、世界の無力なものを選ばれました。また、神は地位のあるものを無力なものとするため世の無に等しいもの、身分の卑しいものや見下げられているものを選ばれたのです」。できる限り謙虚であって、できる限り無知であること。そして、権威や上下関係をすべて拒否すること。そこに修道士たちの自尊心があるのです。

この修道士たちは何も敬虔な信者として描かれているわけではないし、きちんと規則に従っているわけでもありません。どちらかというと、彼らは常に何か活動をして、とても活発に動いています。その活発な動きによって映画の均衡が生まれるわけですね。この作品の基となっているのはイタリア初期文学の二つの詩文「聖フランチェスコの小さき花」と弟子のジネプロを描いた「兄弟ジネプロ伝」です。この二つが基になってはいますが、ロッセリーニは歴史的に忠実な物語をつくろうとしているわけではありません。フランチェスコに関する映画はもともと別の監督の企画としてあったのですが、それとはまったく離れた形で歴史的な事実を抜きにつくられています。

例えば、途中でジネプロを死刑にしようとする独裁者ですが、これはどこの国、どこの時代にもありえるような独裁者像であって、その時代に適合するものではありません。また、聖キアラも歴史的に忠実に描かれているわけではありませんし、別に聖キアラでなくてもよかったかのような扱い方をされています。また歴史的事実として定められてはいませんが、フランチェスコと彼女の間には恋愛関係があったかもしれないともいわれています。そして、何よりも聖キアラに関する最も重要な部分が描かれていません。それは何かというと、彼女は初めて女性として修道院に入った人物であるということです。それにはまったく触れていないので、ロッセリーニは歴史的に正しく描こうという意識は微塵もないことが分かります。

ロッセリーニは当時の冷戦時代のイデオロギーに対抗しようとしました。自分が信じ込んでいることを問い直すことよりも、他人を殺してもいい、お互いに殺し合ってもいいというイデオロギーに対して、彼は対抗したと考えているのです。そして『神の道化師、フランチェスコ』と『ヨーロッパ一九五一年』(52)という二つの作品をつくります。『ヨーロッパ一九五一年』は彼の妻であるイングリッド・バーグマンが主演で、一九五一年にヨーロッパに生きている一人の女性が聖者になるというテーマです。彼女はいろいろなことを説いて聖者になろうとしているのですが、狂人の扱いをされて最終的には精神病院に閉じ込められます。当時のヨーロッパ社会では、社会や体制の主義主張に反対している人でも、この女性が話そうとしていることには耳を貸さない。彼女のことを聞いてくれるのは、周りの非常に素朴な庶民だけです。ですから、この二つの映画は完全に並行して同じような線を辿っているのです。

そしてまた、先ほど申し上げましたように、ロッセリーニは六〇年代に入ってからドラマ的な映画作品を撮らなくなります。彼はある意味で世界の百科事典になるような作品、世の中に対する理解ではなく、知識を中心とした作品を撮るようになります。これは映画作品というよりもテレビ局によって製作放映されるものですが、彼は歴史的な事実や社会的なテーマなどを取り上げています。そうした変化の中でも、彼の出発点である世界に対して開かれた状態でいることや開かれた視点を持つこと、そしてそれによって新しいものを引き出そうという姿勢は変わっていません。

彼は死ぬ直前までサイエンス（科学）に関する作品を撮ろうとしていたり、またソクラテスやパスカル、デカルトや聖アウグスティヌスといった歴史的な人物や、人間と哲学の関係、人類の歴史で大事なイスラムの誕生といったテーマを取り上げようとしていました。こうした六〇年代以降の作品の出発点は、まさに本日の『神の道化師、フランチェスコ』にあると思います。つまり、ごく個人的な行動やミクロの視点の歴史から物事を理解するということです。大きな歴史を理解するには、必ずしも大きな歴史を見る必要はなく、非常に小さいところから分析を始めて、身近な人たちの行動を出発点にできるわけです。彼がイングリッド・バーグマン主演で撮った作品は極めて個人的、限定的なものであるといわれていたわけですが、それに対して彼は次のように答えています。「自分の中にある気持ちや感情、あるいは周りの人にあった感情を観察して、その観察から出発しているのです」。

最後に『ゴダールの映画史』（88－98）の一部を見る前に、皆さんと質疑応答ができればと思います。

4　一貫性とヌーヴェル・ヴァーグとの差異

筒井　第二次世界大戦以降の日本も含めた世界の変化、戦後の変化と並行して、ロッセリーニがどのように推移していったかを的確に鋭くまとめていただいたと思います。『神の道化師、フランチェスコ』

に関していうと、公開当時は評判が悪かったわけですね。つまり、ネオレアリストで反ファシズムのロッセリーニが、カトリシズムの神秘主義の映画作家に変質してしまったという批判です。しかし、その見解は間違っていて、ロッセリーニには一貫性があるのではないでしょうか。

イングリッド・バーグマンの主演した作品『ストロンボリ、神の土地』(50)と『ヨーロッパ一九五一年』に挟まれているのがとても重要だと思っていて、私はこの三作品には一貫した流れがあると思います。『ストロンボリ』の最後で火口の中に向かっていったイングリッド・バーグマンは、生命の危険に晒されながら何か公明な、悟ったようなラストでした。もちろん『神の道化師、フランチェスコ』にはイングリッド・バーグマンは出ていませんが、まるでフランチェスコの一人であるような体験をしたように、『ヨーロッパ一九五一年』に戻ってくるわけですね。

『神の道化師、フランチェスコ』で暴君に捕まって、さまざまにいたぶられるシーンがあります。あのシーンをどう見ればいいのか分かりませんでした。残酷ですが滑稽でもあるシーンで、これはフェリーニ的なものだと思いますが、祝祭感覚もあります。これを例えば『無防備都市』の拷問場面と比べると、あそこではゲシュタポに拷問されている人の隣の部屋でその声を聞いている人が描かれるわけですね。それで拷問の音や悲鳴の音が聞こえてきます。そういう第三者を描くことで、その悲劇性が強調されている。ですから、見えないオフの空間があった。

ところが『神の道化師、フランチェスコ』はオフの空間がないような気がします。あるのはキャメラの前にある即物的な世界です。使徒の一人が相手に放り投げられて、あるいはいたぶられ、引き回されていても抵抗はしない。放り投げられても塔に摑まってみたり、自分から飛び降りてみたりしている。まるで自分もその遊戯、ゲームに参加しているように思います。首を切られそうになっても、自分の命より大事なことを語るわけです。そうしたことが、あの最後にテントの中で迎えるシーンで、おそらく相手の大将には理解できない何かが伝わったのではないか。これは『ストロンボリ』のラストに近いと思いますが、いかがでしょうか。

エイゼンシッツ　私が付け加えることはあまりないと思います。筒井先生のコメントや疑問はまったくその通りではないでしょうか。『ストロンボリ』と『神の道化師、フランチェスコ』という二つの作品の関係は明確で明瞭です。この二つの作品はお互いに遊び合い、響き合っています。いまの筒井先生の発言を出発点にして、ぜひ皆さんとやり取りをしたいのですがいかがですか。

筒井　ここに日本におけるロッセリーニ研究の第一人者である土田環[7]さんがいらしていますので、ぜひお願いします。

土田　土田と申します。本日はとても聞きたいことがたくさんある、刺激的な講義をありがとうございます。いまの筒井さんとエイゼンシッツさんのやり取りから始めるのもなかなか難しいですが、それに関連した質問をさせていただきます。

イングリッド・バーグマンの主演作品と『神の道化師、フランチェスコ』をどのように捉えるかというお話がありましたが、私自身は少しだけ筒井さんの考え方とはずれているんですね。それはどういうことかというと、バーグマン作品というのはあくまでも個人が外側の自分にはない世界とぶつかり合うことの衝突、対立、あるいは心理的な葛藤が物語を動かす原動力になっている。それに対して『神の道化師、フランチェスコ』というのは、最初から葛藤であるとか、対立という視点を放棄していると思います。とすると、これはエイゼンシッツさんが講義の中でも仰っていたように反戦ではなく、平和の探求として考えてよいのではないかと思っています。このような、ある種の人間の関係性において調和のようなものを求める欲求というのは、ロッセリーニ自身は意識的だったのでしょうか。

エイゼンシッツ　彼はこの世界を何らかの形で読み解く、あるいは説明するために、自分が子どもの頃からよく知っている、ある意味でイタリア文化における英雄であるフランチェスコという人物を使います。これは名案だったと思いますね。戦争が勃発するかもしれない時代に、このような人物を扱う。そういうようなことを彼は思いついたのです。

当時はイタリアにおいては政権と共産党の間に対立があった。そういった対立がある中で、彼なりの世界の読み解き方をしたかったわけですね。同時に、彼はイタリアのブルジョワ的な見方で女性を見ていた。イングリッド・バーグマンは彼の女性の理想であって、世界的に有名な彼女に映画に参加してもらうことで彼は映画を撮り続けられた。彼としては、引き裂かれた世界に対して独立した女性はどのように反応するのか、それを見せることに熱狂したと思います。

さらに申しますと『神の道化師、フランチェスコ』というのは、ロッセリーニが脱演劇効果を図った一つの出発点でもあります。主役はいませんし、筋書きにハプニングがあったり、劇的な展開があるわけでもない。まったく異なった道を通っているわけですね。これはロッセリーニにとって新しいものではなく、映画そのものだったといえますが、それが映画史に大変な革新をもたらした。その後に来るフランスのヌーヴェル・ヴァーグ[8]に大きな影響を与えたのです。ヌーヴェル・ヴァーグは脱ドラマ化を図っていますので、ロッセリーニに非常に大きな影響を受けているのです。それは彼の作品だけではなく、実際に彼自身と出合うことで影響を受けていました。

ヌーヴェル・ヴァーグは個人的なものを扱うという意味では、ロッセリーニとまったく違います。ロッセリーニは世界の意味や、世界がどのように変わっていくのかといったことに重点を置いていましたが、ヌーヴェル・ヴァーグは個人の身近な関係のみに焦点を当てていました。ロッセリーニは教育的なドキュメンタリー作品に転じる前から、こうした個人的な関係に焦点を置くヌーヴェル・ヴァーグの姿勢にはとても不満を持っていました。ヌーヴェル・ヴァーグの中でこの狭い枠組みから逃れる監督は二人いて、一人はドキュメンタリー作品の監督とされているジャン・ルーシュ[9]。もう一人はジャン＝リュック・ゴダールで、ゴダールはロッセリーニが死んだ後、物語（ストーリー）ではなく歴史（ヒストリー）の方に焦点を当てるようになりました。

質問者1　先ほどヌーヴェル・ヴァーグの名前が出ましたが、彼らに最も霊感を与えたのは『イタリア旅行』(54)だと思います。そのタイトルが出てこなかったので不思議に思ったのですが、今日のお話で『イタリア旅行』を位置づけるとどうなるのかということと、バーグマンとの作品でいうと『不安』(54)というスリラーが私は結構好きなのですが、あの作品はどういった評価になるのでしょうか。

エイゼンシッツ　ロッセリーニとバーグマンが協働している作品は五本ありますが、その五本を見ると彼ら二人が熱烈な恋愛から決別へと向かっていく流れも分かります。『イタリア旅行』は仰る通りヌーヴェル・ヴァーグに大変な影響を与えた作品です。それで『神の道化師、フランチェスコ』とも関係していますが、実はイタリアで一度『イタリア旅行』を上映したときに、最初の場面、車と牛がすれ違う場面について話そうとしたら、会場に撮影監督がいて「これはちょっと違います。牛ではなくて水牛なんです。水牛というのは牛じゃない。それが重要な意味を持っていて、このカップルが持っているイタリア北部の文化と離れていくということ。水牛は違う文化の象徴である」という話でした。『イタリア旅行』の最後の場面で、このカップルである二人は小さな街に戻るわけですが、普段の街の風景や人混みが映し出される中で、突然また一頭の水牛が寝ている画面が現れます。これは非常に異様な感じ、びっくりするような感じで、私はイタリア人ではありませんが、おそらくイタリア北部出身の地元の人々にとっても、「これは妙だな」と思わせる場面だと思います。

さらに、ロッセリーニはしっかりとした秩序や規則のある世界を満たす要素として、その水牛を使っていると思います。この秩序を乱すには『神の道化師、フランチェスコ』のフランチェスコのような平和的なやり方もあれば、暴君や独裁者のような戦闘的なやり方もある。とにかく、この水牛の場面が私にとってはずっと印象に残っていました。私の知り合いでロッセリーニと動物についてエッセーを書いている人がいるのですが、それによると「ロッセリーニは動物は人間とまったく平等で、同じレベルで扱っている」と言っています。また、ロッセリーニのインドに関する作品でとても興味深い象が出てくる場面もあります。ですから、今日は『イタリア旅行』を少し脇に置いて、私は別の動機を通してロッセリーニを紹介したのです。

『不安』についてお話しするには、バーグマンが出演している五本の作品はもちろん一本一本として取り上げることができますが、それらを一つの連続したシークエンスとして考える必要があります。ただ、それをやるには今日は時間が足りません。その五本の作品の他にバーグマンが出演している短編もあります。そこでは何かの役割を演じているのではなく、彼女自身が一人の主婦として出演しています。

5　世界を受け入れるということ

質問者2　先ほど筒井先生が仰ったことの続きですが、この映画の中には見えないオフの空間も実はあると思います。それは豚の足を切る場面です。修道士がひどい目に遭う場面とその豚の足を切る場面を同時に比べると面白いと思います。どうして豚は映らないのに、人間がいじめられているところは映すのか。しかも、修道士がいじめられる場面は子どもの遊びのような感じで、暴力性は軽いように思いました。それはロッセリーニが実際に戦争という暴力に直面していたからこそ、映画の中では軽く描きたかったのでしょうか。

エイゼンシッツ　ロッセリーニが戦争を扱った三つの作品については残酷な場面がありますが、これは肉体的なものだけではなく、心理的な残酷さを描いています。ところが『神の道化師、フランチェスコ』でのジネプロは抵抗せずに、まるでゲームに参加するかのように受け入れています。拷問のようであっても、物のように扱われていても彼は受け入れる。彼はそれらを世界の美しさ、素晴らしさの一部として、すべて受け入れます。

ロッセリーニの作品における残酷な場面は、戦争を扱った三部作以外はほとんどありません。他の映画監督ではそういう残酷な場面がしばしば出てくる作品もありますが、ロッセリーニはまったく違って、動機として残酷さを扱うということはしないのです。例えば、エイゼンシュテインにはサド的な動機があり、ジガ・ヴェルトフにはエロティシズムが動機としてありますが、ロッセリーニにとってはサドもエロも動機にはなっていません。

質問者3　とても平和を語っている映画だと思いつつ、少し疑問が自分の中に出てきました。例えば、花も豚もすべては兄弟を助けるためにあり、豚という兄弟が足をくれたというところ。また自分の不幸をフランチェスコの許可なくあげてしまったというところ。修道士の活動がフランチェスコに制限されていることが、それでいいのかなと思ってしまいます。それが神の意思であり、神のいっていることだから、そのように行えばいいと言っているのだけれど、それで自分の意思が段々となくなっていくのではないか。

また、矛盾というか違和感を感じたのは、神が正しいといったからこれでいいというのは、もしかしたら監督も疑問を持っているのか、それとも同じように正しいと感じて撮っているのかが分かりませんでした。

エイゼンシッツ　ロッセリーニとフランチェスコにとっては、神の声を聴いたり神の道が大事ということではなくて、世界を受け入れるのがポイントですね。世界を受け入れることが大切なのであり、自由意思はそれよりも二次的なもので、そこまで重要ではない。ですから、世界に対して開かれた目を持って、驚きや辛いこと、痛みを伴うこと、それから美しいことをすべて受け入れるわけです。

このフランチェスコ会の修道士たちは誰に対しても兄弟姉妹ですから、太陽も兄弟になる。豚も兄弟になるわけですが、それは世界を受け入れるということなのです。例えば、ジネプロも拷問をされて、殺されてもそれを受け入れる。世界や世の中を受け入れるのが中心の動機としてあるのです。それによってすべての上下関係が崩れ、なくなります。これはフランチェスコの時代、それからロッセリーニが撮影した時代においてもかなり異端的な考え方です。

映画としては、例えば悪の帝国に対してキリスト教を支持するとか、それが正しいものであるとか、そういう主張が求められますが、それはあえてしません。この作品は後の一九六八年の学生運動のときに大変好まれました。学生運動をした人たちは、誰かが正しい、誰かが間違っているということではなく、世の中を受け入れて物事を先に進めさせることが大切だったので、ロッセリーニのこの作品を非常に好んでいたのです。

6 絶対の貨幣＝現実を追求することの代価

エイゼンシッツ それでは、『ゴダールの映画史』をご説明します。全部でAとBに分けて八本ありますが、この物語は日本にとって新しいものではありません。実は初めてこの作品がDVD化されたのは日本なんです。

ゴダール自身が私に「3A」を見せたとき「このエピソードはイタリア映画のものです」と言いましたけれども、実際ご覧になっていただくとイタリア映画についてであるというのが、かなり後ろの方にならないと分かりません。それは映画の物語においては一直線にその歴史を語るのではなく、できるだけ多くのアプローチを取りながら映画を語る、そういうつくり方であるからです。

「3A」のタイトルも謎めいたものでありまして、「絶対の貨幣（La monnaie de l'absolu）」という題名です。実はこれはゴダールが考えた題名ではなく、フランスの作家アンドレ・マルロー[10]の『芸術の心理』

第三巻の題名から借りてきたものです。

最初に見る場合は、何なのかよく分からないこともありますが、二、三回見ると理解できます。この「絶対の貨幣」の「絶対」というのは、ゴダールにとっては「現実」であるということです。マルローは想像の美術館をつくりたいのと同様に、現実の博物館が頭にあったと思います。ただ現実を追求することには代価がある。代価があって、そこで「貨幣」という言葉があるのですが、貨幣と訳してもいいし、フランス語の《monnaie》というのは「小銭、釣り銭」という意味です。何か大きなお金を出したときに返される細かい釣り銭という意味があります。

このゴダールの映画の物語は八本から成っており、ヴィクトル・ユーゴー[11]の叙事詩のようなものと考えればいいと思います。さまざまな視点を通して映画の歴史を把握する、物を並列したり、関連づけたり、複数のことを重ねたり、そして映画作品が持っている虚偽の話も使っています。虚偽の話でも、ゴダールは現実と同じ重さを持って扱っています。とにかくあまり理解にこだわらず映像に入っていただいて、今日のテーマである「イタリア映画」や「ロッセリーニ」などが出てきますので、ぜひ見てみてください。ありがとうございました。

1
アルノー・デプレシャン
一九六〇年生まれ。映画監督。ジャン・ヴィゴ賞を受賞した短編『二十歳の死』(91)で注目を浴び、初長編『魂を救え!』(92)以降、カンヌ国際映画祭の常連となる。『そして僕は恋をする』(96)は、恋愛描写の巧みさから「トリュフォーの再来」とも称された。その後も英語で撮影された『エスター・カーン めざめの時』(00)、ルイ・デリュック賞受賞作『キングス&クイーン』(04)、カトリーヌ・ドヌーヴ主演の『クリスマス・ストーリー』(08)、アメリカを舞台にした『ジミーとジョルジュ 心の欠片を探して』(13)、『あの頃エッフェル塔の下で』(15)、『私の大嫌いな弟へ ブラザー&シスター』(22)などを手がける。

2
プリミティヴィズム(原始主義)
原始的なものに対する関心、趣味、その研究、影響などを意味する。西洋美術においてプリミティヴィズムとは、通常「原始的」であると見られていた非西洋的または先史時代の人々から影響を受けた芸術を指す。

3
ルキノ・ヴィスコンティ
一九〇六年生まれ(一九七六年没)。映画監督。ミラノの名門貴族出身の伯爵。ジャン・ルノワールの助手を務め、『郵便配達は二度ベルを鳴らす』(43)で長編監督デビュー。職業俳優を起用せず、地元の人々を生かした『揺れる大地』(48)はネオレアリズモの代表作とされる。『山猫』(63)以降、貴族や芸術家の没落を耽美的に描く作風に変化。主な監督作品に『若者のすべて』(60)、『地獄に堕ちた勇者ども』(69)、『ベニスに死す』(71)、『家族の肖像』(74)など。

4
成瀬巳喜男
一九〇五年生まれ(一九六九年没)。映画監督。一九二〇年、松竹蒲田撮影所に入社。『君と別れて』(33)、『夜ごとの夢』(33)で監督として注目される。一九三五年、PCL(後の東宝)に移り、『妻よ薔薇のやうに』(35)で監督としての地位を確立。戦後は『めし』(51)、『稲妻』(52)、『山の音』(54)に続き、集大成とも呼ばれる『浮雲』(55)など、女性を主題とした独自のリアリズムによる作品を発表した。エイゼンシッツによる成瀬論「成瀬巳喜男におけるさまざまな移動―日本を縦断して」は、蓮實重彥・山根貞男編『成瀬巳喜男の世界へ』(筑摩書房)に所収。

5
山本嘉次郎
一九〇二年生まれ(一九七四年没)。映画監督。一九二四年の監督デビュー後、シナリオ作家として頭角を現した。日活太秦を経て、一九三四年にPCLへ移籍し、『坊つちやん』(35)などを演出。以後、『藤十郎の戀』(38)、『綴方教室』(38)、『ハワイマレー沖海戰』(42)、『明日を創る人々』(46)など生涯に九〇本以上の映画を制作。

6

アンドレ・バザン

一九一八年生まれ（一九五八年没）。映画批評家。ヌーヴェル・ヴァーグの映画作家たちの「精神的な父」として知られる。第二次世界大戦後、文化団体で労働者に向けた映画の上映会を開く傍ら、「レクラン・フランセ」誌や「エスプリ」誌などに映画についての論考を寄稿。一九五一年にジャック・ドニオル＝ヴァルクローズ、ジョゼフ＝マリー・ロ・デュカらと「カイエ・デュ・シネマ」誌を創刊し、死去するまで同誌の共同編集長を務める。『神の道化師、フランチェスコ』（50）については、著書『映画とは何か』（58-62）所収の「ロッセリーニの擁護」で言及されている。

7

土田環

一九七六年生まれ。映画研究者（映画学、文化政策）、映画上映プログラム・コーディネーター。山形国際ドキュメンタリー映画祭をはじめとする内外の映画祭プログラムや、特集上映、映画の国際共同製作に携わる。編著書に『こども映画教室のすすめ』、『歩く、見る、動くペドロ・コスタ映画講義録』など。

8

ヌーヴェル・ヴァーグ

フランスで、一九五〇年代末期から現れた若い世代の映画監督による映画の運動、および彼らがつくり上げた映画作品群の総称。「カイエ・デュ・シネマ」誌の同人であったゴダール、トリュフォーを中心に、映画史に意識的でありつつ、ストーリーにとらわれずに映像の主体性を重視するなど、旧来の映画作法の打破と更新を試みた。

9

ジャン・ルーシュ

一九一七年生まれ（二〇〇四年没）。民俗学者・映画監督。シネマ＝ヴェリテの端緒を開き、映像人類学の発展にも大きく貢献した映画人。一九四〇年代後半から研究用に映画フィルムを用い始め、多くの短編記録映画を制作。一九五〇年代後半から本格的なドキュメンタリー映画の創作に取り組む。コートジボワールの若者たちの青春を描いた長編『私は黒人』（58）などを経て、パリ市民へのインタビューを記録したエドガール・モランとの共同監督作品『ある夏の記録』（61）を発表。他の作品に『ディオニュソス』（84）などがある。

10

アンドレ・マルロー

一九〇一年生まれ（一九七六年没）。作家・思想家・政治家。植民地支配や革命をテーマに描いた『人間の条件』（33）でゴンクール賞を受賞。スペイン内戦では義勇軍として参加し、その体験は『希望』（37）に反映された。第二次世界大戦中はレジスタンス活動に従事し、戦後はド・ゴール政権下で文化相を務める。文学と政治を通じて、自由と人間の尊厳を追求した人物として知られる。唯一の映画監督作『希望／テルエルの山々』

(39)がある。

11 **ヴィクトル・ユーゴー**

一八〇二年生まれ(一八八五年没)。詩人・作家。ロマン主義を代表する作家の一人で、一九世紀フランス文学の巨匠として知られる。代表作に『ノートルダム・ド・パリ』や『レ・ミゼラブル』があり、社会問題や人間の尊厳を深く描いた。政治家としても活躍し、第二帝政に反対して亡命生活を送る。晩年はフランスの国民的英雄として敬愛された。

4―ストローブ＝ユイレ監督『アメリカ（階級関係）』講義

『アメリカ（階級関係）』Klassenverhältnisse
一九八四年／一二六分／モノクロ／スタンダード
監督・脚本・編集　ジャン＝マリー・ストローブ、ダニエル・ユイレ
原作　フランツ・カフカ『失踪者』（『アメリカ』）
撮影　ウィリアム・リュプチャンスキー
録音　ルイ・オシェ
出演　クリスティアン・ハイニッシュ（カール・ロスマン）
ナッツァレーノ・ビアンコーニ（ジャコモ）
マリオ・アードルフ（叔父）
ラウラ・ベッティ（ブルネルダ）他

フランツ・カフカによる未完の長編小説『失踪者』（旧題『アメリカ』）の映画化作品。故郷を追われ、船で単身アメリカへとやって来たドイツ人青年カール・ロスマンが、放浪しながらさまざまな階級関係の中で挫折と抵抗を繰り返していく。舞台はアメリカだが、台詞は原作を再構成したドイツ語。撮影は主にハンブルクとブレーメンで行われ、冒頭のニューヨーク港への入港場面と最後のミズーリ河の列車場面のみアメリカで撮影された。

Ⅳ-4 ストローブ＝ユイレ監督『アメリカ（階級関係）』講義

司会＝筒井武文［二〇二四年六月二一日 通訳＝カトリーヌ・アンスロー］

映画の所与性と可能性をめぐって

1 いるべきところにいない民に捧げられた映画

筒井 講義も最終日を迎えました。本日見ていただいたのは、ジャン＝マリー・ストローブとダニエル・ユイレが一九八四年に撮ったカフカ原作[1]の『アメリカ（階級関係）』です。今回選んでいただいた四本を通じて、ベルナールさんは映画史でおそらく最も大切であろうことを皆さんにお伝えしに来られていると思います。その行く着く先がどうなるのか興味深いです。よろしくお願いします。

エイゼンシッツ この四本は、私が映画に対して持っている感覚を表すパズルの四つの部分といっていいと思います。ストローブ＝ユイレの作品を選ぶにあたっては、少し躊躇しました。まず字幕付きの上映ができるコピーがあるかどうか。また、監督のストローブがフランスの地方であるメスとパリにいた頃、アメリカ映画から多くのインスピレーションを得たということ。今回の映画は言葉と動きの喜劇です。コミカルなものであります。ただ、ストローブ＝ユイレの作品においては、この二点が全面的に強調されているわけではありません。また、皆さんにとっては言葉の障壁がありますが、それは特に日本人だからというわけではありません。フランス人だってドイツ語を聞いてもまったく分かりません。しかし、この作品が二カ月前にパリのシネマテーク・フランセーズで上映されたときには、ドイツ語が分

ジャン＝マリー・ストローブ｜Jean-Marie Straub
ダニエル・ユイレ｜Danièle Huillet
一九三三年、ドイツ国境沿いにあるフランス・ロレーヌ地方メス生まれ（ストローブ）。一九三六年、フランス・パリ生まれ（ユイレ）。メスのシネクラブで映画に開眼し、番組編成に携わっていたストローブは、パリ上京後にソルボンヌ大学とイデック（現・フェミス）で学び、そこでユイレと出会う。一九五八年、アルジェリア戦争への徴兵忌避のため、二人は西ドイツへ亡命。さらに一九六九年にローマに生活と活動の拠点を移した。公私共にパートナーである二人の作品は、脚本、演出、音響、編集、製作に至るあらゆる領域において対等の共同関係にある。コルネイユの悲劇に基づく『オトン』（70）、ベルトルト・ブレヒトの小説をベースにした『歴史の授業』（72）、シェーンベルクによるオペラの映画化『モーゼとアロン』（75）、チェーザレ・パヴェーゼの詩集と長編小説『月と篝火』を映画化した『雲から抵抗へ』（79）など、先行する文芸作品に基づいた作品は原典に厳密で、効率化のための改変は避けられ、音声言語の含蓄や音楽的抑揚が重んじられている。その徹底された画面構図と時間構成、計算と偶然の間を行き来する俳優の身ぶりは、映画表現の極北として高く評価されている。二〇〇六年に七〇歳で逝去（ユイレ）。二〇二二年に八九歳で逝去（ストローブ）。

からないにもかかわらずフランスの人々は熱狂的な反応を示したのです。

選んだ理由のもう一つは、これは意識的というより無意識的な理由だったと思いますが、最初に出てくる四つのカットはハンブルグ港にある巨大な倉庫が映し出されます。それが私には何となく横浜の赤レンガ倉庫と頭の中で繋がっていたのです。無意識的にそれを覚えていた。あるいは単に客観的な偶然かもしれませんが、そのどちらかに当てはまるでしょう。

今日の作品『アメリカ（階級関係）』は、ストローブとユイレの一四番目の作品です。彼らは最初に『マホルカ＝ムフ』（63）という作品でスタートを切っています。それ以来、彼らはさまざまに様相を交えながら作品をつくってきました。まず、作品によって言語が入れ替わっています。ドイツ語、イタリア語、フランス語の作品。それからジャンルも多岐にわたります。ノンフィクションだったり、フィクションだったり、ドキュメンタリーやドキュメンタリーのようなエッセイだったり。また、オペラも重要なジャンルの一つです。それから作品の長さもさまざまで、短編から長編、八分や一二分のものから、今回のような二時間六分の作品もあります。そして二人でつくった作品は三〇本、ダニエル・ユイレが他界してからジャン＝マリー・ストローブが単独でつくった作品は二〇本という数も多いのです。

彼らの作品を語るにあたって、まず伝記的な要素を一つご紹介しなければいけません。それはストローブが二五歳のときに、フランスの植民地だったアルジェリアで独立戦争が起こっていたのですが、彼はその戦争に参加しないという決定をしました。これは非常に大切な要素です。その決定について、ある批評家は次のように言っています。「招集を拒否するということは、ストローブの映画の最も基礎的な部分をつくった。また作品を撮るにあたって、彼らはいるべきところにいない国民、あるいは民に捧げられている映画である」と。

やがてストローブはフランスからドイツに移ることになりますが、それ以前に彼は単独で、そして一九五四年からはユイレと共に、さまざまな映画雑誌と手紙の交換をしていました。シネマテーク・フランセーズや「カイエ・デュ・シネマ」誌などと交流をしていたのです。それから、彼らは当時フランスで上映されている映画をほぼすべて見ていました。その中でも彼らが見ていた主な作品は、例えばフランスの戦後映画であり、ブレッソン[2]やヒッチコックの作品であり、ニコラス・レイやロッセリーニ、そしてもう少し古典的なものでいえばウォルシュ[3]やフリッツ・ラングなどです。そしていろいろな友人もいて、「カイエ・デュ・シネマ」の周りにいる人々とも友情関係を築いていました。

2　テクストによって選ばれる

エイゼンシッツ　彼らの作品の非常に印象的な特徴として、自分たちで最初から脚本をつくらずに、すでにある原作のあるものを映画化するという選択があります。ではストローブはどのようにして原作となるテクストを選ぶのかというと、彼は「それは私たちがテクストを選ぶのではなくて、テクストによって私たちが選ばれるのです」と答えています。実はゴダールも、例えば『カルメンという名の女』(83)という作品の中でベートーヴェンの曲を選んでいますが、なぜベートーヴェンなのかと聞かれたときに「選んだのではなくて、ベートーヴェンに選ばれたのだ」と答えたそうです。そして、テクストに関してストローブは「これはテクストであるだけではなく一つの物質、あるいは原材料である」と言っています。

ということで、ストローブとユイレにとっては何かテーマを選んだり、あるテーマについて映画をつくりたいということではなく、彼らが何か惹かれるものと出合う、あるいは自分たちにしっくりくるものと出合うことが制作の動機となっているのです。例えば、それは風景であったり、矛盾しているものや面白い台詞であったり、音楽や絵画といったさまざまなものであります。それらによって、何か刺激を受けて映画になっていく。例えば、彼らはシェーンベルク[4]のオペラを二回にわたって作品に取り上げていますが、二人がつくる映画というのは、オペラという既存の形式や物語にある矛盾を露わにして、それを理解できるようなものにしていくというものです。

このように、映画のポイントになるのはシェーンベルクの音楽だったり、セザンヌ[5]の絵画やジャン・ルノワールの作品だったり、そして彼らが出合ったさまざまなテクストだったりします。例えばイタリアなどの彼らにとって新しい国に行ったときに、そこで新しい文章や文学作品に出合うことも、そのきっかけの一つです。そのようにして音楽や絵画、文学などが持っている他にない個性、またその個性を映し出す声や肉体の動きが、彼らの映画の題材になっています。

そして、その「題材」や「材料」というものの中で、とても重要な部分を占めているのは「言語」です。ストローブとユイレは三つの国の言語で映画をつくっていますが、その言語は必ずしも完全に自分たちのものであるとは限りません。特にストローブは出身地であるロレーヌ地方がまだドイツによって占領されていた時代に生まれましたので、当時はフランス語を使ってはいけませんでした。幼い頃からドイツ語を強いられていたわけです。その後、彼はフランスからドイツへ亡命することになりますが、そのときに改めて自分の母語であるフランス語に再会します。つまり、彼らは作品を準備したり、企画を熟成させるときにドイツ語やイタリア語と付き合うわけですが、この大切な材料である言語は彼らにとって「あらかじめ与えられたもの」ではないということです。

『アメリカ（階級関係）』について申しますと、ドイツ人がこの作品を見ると面白い効果があります。俳優（中にはそれなりに有名な俳優もいます）がコメディを演じながら、さまざまなアクセントのドイツ語を使っている。ただ、俳優の中にはドイツ語が母語ではない人もいるので、さまざまな訛りやアクセントを持ったドイツ語が聞こえてくるのです。ドイツの人々にとってはそれが面白い。ちなみに、彼らの初期作品の一つである『妥協せざる人々（和解せず）』(65) では演劇的なドイツ語が話されていて、二人が住んでいるハンブルグやミュンヘンの日常的なドイツ語とは無関係な言語だったため、人工的に聞こえるということで公開時はとても評判が悪かったのです。

3　原作の題名を変えるということ

エイゼンシッツ　先ほど「テクストによって彼らは選ばれる」と申しましたが、彼らにとって映画づくりの第一歩は、まず原作のタイトルを変えることです。それによって、ストローブとユイレが題材を自分たちのものにする。所有権が移っていくといってもいいと思います。作品を何度も精読し、読み返したりした上で、編集によって言葉がいくつかの塊に分けられていく。その後、タイトルが決まるわけですが、場合によっては原作、例えば先ほどから申し上げているシェーンベルクのオペラは題名が変わらない。あるいは『フォルティーニ／シナイの犬たち』（76）においては、撮影時に使うカチンコに書いてあった「フォルティーニ犬」という言葉が映画の題名になりました。原作者であるフォルティーニ[6]とイタリア語の《cani（犬）》という題名になったわけです。ただ、これらは例外的なものであって、彼らはほとんど原作の題名を完全に変えています。題名を変えることで、映画は文学から離れて独立した材料であるということを意味しているのです。

　原作の題名と作品の題名をまとめた非常に細かい表を用意したので、いくつか例を申し上げますと、彼らの二本目の作品『妥協せざる人々』は「暴力が支配的であるところでは、暴力のみが役に立つ」という副題が付いています。これは基になったハインリヒ・ベル[7]の作品『九時半の玉突き』には、そのような「暴力」という言葉はまったく出てきません。また、マラルメ[8]の有名な詩「賽の一振りは断じて偶然を廃することはない」は『すべての革命はのるかそるかである』（77）という映画の題名になっていて、「革命」という言葉が使われています。そして本日の作品『アメリカ（階級関係）』に関しては、カフカはそもそも「火夫」あるいは「運転手」という題名を付けようとしていましたが、最終的には『アメリカ』として知られている作品です。ストローブとユイレはこれに「階級関係」という題名を付けています。もう一つ例を挙げると、アンドレ・マルローの『侮蔑の時代』という原作は『共産主義者たち』(14)になっています。映画作品には原作からさまざまな要素が付け加わっていて、それによってまた題名ができあがっていく。あるいは、題名によって作品の構造は変わっていくのかもしれません。題名というのは監督の「署名」のようなものです。フランスの哲学者ジャック・ランシエール[9]は彼らの作品について、「彼らの作品はテクストであって、権力の共同体、庶民、所有、階級、共通の世界、共産主義について語っているものである」と言っています。ゴダールのように言うなら、「ストローブとユイレの作品は二〇世紀を映している」「二〇世紀の一つの絵画を形成している」ともいえます。ゴダールはまた「奇妙な二〇世紀」だとも言っていました。

駆け足ではありますが、彼らの映画づくりのプロセスはこのようなものです。最初の出発点から形にしていくわけですが、その場合は基の原作、あるいはテクストや言葉、言語には大きな意味があるということ。これはまた、演劇と違って映画は二度と作品がつくられない、一度きりのものであるという特徴もあります。その中では声、個性的な声、それぞれの声が持っている息遣いや音楽のような音色なども重要な要素です。

映画作品ごとに、一つの組織、一つの世界を新たにつくっていかなければならない。あるいは、映画から半ば強制されているわけです。ですから、まずテクストとの出合いがあって、それをどう読み取り、どのように編集するのか。そして、できた言葉の塊は誰の声によって語られるのか。誰かの声や息遣い、また語彙の意味、あるいは複数の意味をどのように使うのかということです。ただこのようなつくり方は、果たして自由なのか手も足も縛られるような枠組みであるのか、そのことについては少し考えなければいけません。

また、例えば言葉を発声するときにどこにアクセントを置くのか。言葉と動作を同期させるのか、タイミングをずらすのか。考え方によっては、俳優を権威主義的に指導しなければならないように思われるかもしれませんが、実際はそうではないやり方を彼らは取っています。これは映画史の中ではあまり例がない俳優の使い方ですけれども、よく探せばジャン・ルノワールの作品や仕事の仕方に近いものかもしれません。ジャン゠マリー・ストローブは実際、助手ではありませんが、ジャン・ルノワールの作品の撮影に立ち会ったことがあります。

それでは、講義の中休みのつもりで若干の映像をお見せしたいと思います。『アメリカ（階級関係）』のリハーサル場面の映像です。これはドラマルシュ役を演じているハルーン・ファロッキ[10]が撮影したものです。

■『Travaux sur Rapports de classes』上映

ここで改めて『アメリカ（階級関係）』について、少しまとめてみたいと思います。一九八三〜八四年にストローブとユイレの二人がこの映画に着手します。原作であるカフカの小説『アメリカ』には『失踪者』という題名もありますが、未完成の小説です。未完成の作品の中で彼らはいろいろな部分をカットして、「階級関係」という題名を付けました。カフカ自身も、階級関係というのは依存のさまざまなシステムであると述べています。カフカの言葉を引用すると「依存のさまざまなシステムは、中から外へ、それから外から中へ、上から下へ、下から上へ。すべて入れ子構造になっています。すべてのものが依存し合って、すべてのものが繋がっています。資本主義はすべての世界の一つの状況であると同時に魂の状況でもある」と言っています。

4 階級関係の矛盾とロスマンの受動性

エイゼンシッツ 『アメリカ（階級関係）』では、さまざまな関係が映されています。一つの階級の中にある矛盾ですね。船において一番下の方にいる機械係と石炭係の関係。また、政治的な財産として資本を貯めている叔父のヤーコプは会社の経営者であると同時に議員でもあります。そして、搾取されたもの同士がお互いに裏切り合う。この船において「あいつはこうした」、「いやいや、そうじゃない」という永遠に続く裁判のようなやり取り。それから支配関係、あるいは権力関係として描かれる性。二人の女性が金銭のやり取りを伴う、人身売買のようなものを語っていますが、彼女たちは非常に従属的な立場に置かれています。これはストローブ＝ユイレの作品としては珍しい部分ですね。それから「首切り」がありますが、その方法は裁判での判決後、まるで戦国時代のような切り方で行われます。それからまた、ルンペンプロレタリアートの役割は二人のコミカルな人物、ロビンソンとドラマルシュが担っている部分です。

そして、この映画の中心人物であるカール・ロスマンですが、彼は自分が理解できないさまざまな規則や規定を受けています。彼は次々と裁判にかけられるのですが、とにかく他の人に支配されたり、他の人に引っ張られたりしていて、自ら何かをやり出す、イニシアティブを取るということは一切できない立場に置かれているのです。ストローブは、このロスマンの立場はサドの小説[11]におけるジュスティーヌと同じものであるとしています。ジュスティーヌはサドの小説の中で性的なおもちゃにされて、絶えず誰かに虐げられている。ロスマンの場合は性的に搾取されるところまではいきませんが、エロティックな事件はなきにしもあらずといえます。

ロスマンはホテルの支配人や船長の支配から逃れても、結局二人のペテン師のような人物に出会い、彼らによって召使いのように扱われてしまいます。ここが映画の重要な転換点です。それまではコミカルな効果があっても、それは台詞による部分が大きかった。例えば、連帯を訴えても行動ですぐに裏切ったり、正義を求めると言いながら真実や事実はまったく見ようとしなかったり。それらは言葉によるコミカルな効果でしたが、二人のペテン師が出てくると正義や連帯を語るということはなくなって、コミカルな効果が言葉以外のところでも出てきます。

まず、ロビンソンの人物像もそうですし、少し変わったヘルメットを被っている警察官もコミカルな効果を持っています。ストローブとユイレにとって、映画編集の最大の巨匠であり先生と仰ぐのはチャップリンでした。このようにして、無声映画でのコミカルな追っかけ場面とカフカの文学という二つの側面がここで出合うわけです。カフカ自身の生活においても、映画は非常に重要な位置を占めていました。

また、映画の最初の部分は「移民」というアメリカにとって切っても切れない主題を扱っています。アメリカ映画において移民がアメリカ南北を旅するという話は、例えばジョン・フォードやウェルマン[12]の映画によく出てきます。ですから、ストローブとユイレはアメリカ映画の映像や音楽からインスピレーションを得ているわけです。

そして、最後に出てくるオクラホマ大劇場ですが、これはロスマンにとって消えてしまうのか、それとも解放されるのか分からないままです。カフカの作品も未完成ですけれども、映画の最後の場面ではミズーリ河が見えます。これは最初に出てくる自由の女神と同様に、アメリカで撮影された二つのカットです。そのミズーリ河を映している長いキャメラの移動があります。そこで初めて自然が出てきますが、それがこれからどのようになるのか、まだ分かりません。あるいは和解が成立するのか。カフカが結論を書いていないのと同様に、この映画にも結論はないのです。

四回目となる最後の講義も終わりに近づいています。最初の作品『夜の人々』(48)では音声の詩的な効果。次の『アタラント号』(34)では戦後の衝撃。三回目の『神の道化師、フランチェスコ』(50)ではヌーヴェル・ヴァーグや新しい映画について。そして、今回の『アメリカ（階級関係）』では、ストローブ＝ユイレによるそれまでの映画とは異なる道や可能性の提案という形で話題を進めてきました。私の講義はこの総括をもって終わらせていただきたいと思います。時間が許すのであれば、いくつか質問をお受けしますが、いかがでしょうか。

5　アメリカ映画に対する記憶

質問者1　馬鹿みたいな質問かもしれませんが、映画の中でリンゴを食べている場面がありましたが、なぜトマトなどではなくてリンゴなのでしょうか。

エイゼンシッツ　なぜリンゴなのでしょうかね。いろいろな理由が考えられますが、カフカの時代よりも少し後の時代ですけれども、大恐慌時代のアメリカではリンゴと貧困は関係がありました。大恐慌の前にしっかりと給料を受け取って仕事をしていた人たちは、職を失い街角に立ってリンゴを売ったりしてどうにか生計を立てていた。つまりリンゴは貧困を象徴するという意味合いが考えられます。最も単純な食べ物、貧乏な人でも食べられるものという意味合いはあるかもしれません。これはあくまで一つの仮説でしかありませんが、質問も仮説だったので仮説をもって答えさせていただきます。あなたご自身はこのリンゴをどのように解釈されていたのでしょうか。

質問者1　そうですね。私が好きな映画監督、例えばロシアのタルコフスキー[13]や中国のビー・ガン[14]は作品の中でリンゴがよく映っている場面があるので、それは何か関係性があるのかと思います。

エイゼンシッツ　中国映画については何とも申し上げられませんけれども、ソ連のタルコフスキー以前の古典時代の映画ではリンゴはとても大切なイメージで、ソ連の古典時代を象徴するものといってもいいぐらい数多く出てきます。

質問者2　今回いろいろな作品を見ましたが、イオセリアーニやストローブも最近亡くなり、講義に出てきた監督はみな亡くなっています。彼らがつくった流れというのは、現代の映画にどう継承されているのでしょうか。

エイゼンシッツ　そうですね、今回は私自身の映画の見方、映画との付き合い方を形成した作品について講義をしました。ある意味で、私の映画による肖像画のようなものを皆さんに見せたので、客観的に映画の今後や展望を考えるという意味合いはまったくありません。もちろん、このように過去から現在に至る過程で形成された映画の見方や付き合い方があるからこそ、今後の映画について私はある程度信頼していますし、未来が暗いとは考えていません。

質問者3　素晴らしい肖像画だったと思います。今日『アメリカ（階級関係）』を久々に見直して、この作品はストローブ＝ユイレが最もアメリカ映画に接近した作品だと思いました。それはアメリカを舞台にした物語であるとか、アメリカで撮影したショットがあるというだけではなくて、おそらく編集原理が一番アメリカ映画に近いと思うんです。

というのは、ストローブ＝ユイレの大半の作品は眠気と闘いながら見るような作品だと思いますが、なぜそうなってしまうかというと、例えばあるショットの中でアクションが始まって終わる、台詞が始まって終わるという一連の流れを取る場合、彼らの作品の多くはその頭とお尻にかなり余白があるからです。

しかし、『アメリカ（階級関係）』にはそのような余白がほとんどない。これはおそらく音響設計とも関わってくると思います。ストローブ＝ユイレの作品は余白の部分に環境音が聴こえてきて、そこでカットしたりするわけですが、本作に関しては特に前半はほとんど環境音が聴こえない。一番はっきりしているのは港の場面で、歩いている二人の会話や足音ははっきり聴こえますが、背後に見えている波の音は聴こえない。おそらくその余白の部分に環境音を入れてカットすることがないので、それぞれのカットが短くなって、場面の構成が切り返しショットを中心に組み立てられていると思います。おそらくそのあたりが他の作品に比べて見やすい、アメリカ映画に近いという印象なのかなと思いますが、いかがでしょうか。

エイゼンシッツ　その仮説は受け入れたいと思います。面白いことに、カフカが一度も行ったことがないアメリカをテーマにした小説を書こうとしたのと同様に、ストローブとユイレの二人もほとんどアメリカで撮影はしていません。二つのショットとカットを除いて、アメリカで撮影せずに『アメリカ（階級関係）』をつくっている。私が言及したところ以外にも、ストローブとユイレのアメリカ映画に対するさまざまな記憶、無意識的な記憶が表面に上がってきていると思いますので、仰る通りだと思います。

筒井　『アメリカ（階級関係）』に関しては、コルネイユ[15]の戯曲を現代のローマを背景に演じさせている一九七〇年の『オトン』以降、いわゆる物語映画とは離れていったストローブ＝ユイレが映画に戻ったというか、アメリカ映画に接続しようと思った作品だと私も思っています。ただ、そうは言ってもいわゆる普通の物語映画のように俳優の個性を生かした演出はしないわけです。発声するときのアクセントや発声と動きの関係性を重視した演出をしている。俳優に自由な動きをさせないので、彼らは大半ボーっと突っ立っていて会話を交わしているだけです。ですから、普通の日常の演技には見えない。

編集に関しても、切り返しショットを多用している。ただ、その切り返しの画面が変なんです。お互いに向かい合って、キャメラがその間に入って斜めに切り返すという正統的なところがあまりない。横顔から横顔というように、並行に撮っていたりしている。通常の映画文法だと、見ている人同士の空間を開けてその視線の軌跡を強調するのだけど、ストローブはむしろ見ている人の背景にフレームの余白を残す。だから少し窮屈な画面になります。普通だと向かい合っている人の間に空間があって、その空間を介して音と声が行き交っている。だから、切り返しといっても必ずしも視線が強調されるわけではない。

ベルナールさんはチャップリンの名前を出されました。確かにチャップリンは「階級関係」を描いた先駆者だと思います。でも私は『アメリカ（階級関係）』を見るとグリフィスを思い出します。真横から真横へとカットが繋がっているのもグリフィスですよね。グリフィスはトーキーになって三本ぐらいで撮れなくなってしまいましたが、仮に彼がそのまま一九五〇年頃まで撮り続けていたとしたら、こんな映画ができるのではないかと妄想してしまいます。

映画はトーキーになってしばらくはキャメラが動くことを封じられ、切り返しショットはシンプルなアングルで撮られるようになりました。そして、そういう技術的な制約による撮影法が、逆にその後のアメリカ映画的な文法の基礎を成した。だから九割のアメリカ映画はまずロングショットがあって、それからその人物の切り返しショットに移る。それがオーソドックスな映画になってしまったわけです。その意味では、『夜の人々』のニコラス・レイなどはそうした王道的な文法に少し亀裂を入れて、逆らったといえます。

ストローブ＝ユイレはそういう映画文法に逆らっているわけではありません。グリフィスがサイレント時代の技法をさらにトーキー時代に発展させたら、こういうような撮り方、編集をしたのではないか。撮り方というのは場面によって変わってくると思います。それはその中に出てくる人物の力関係をどのように切り取り、編集でぶつけていくのかということです。だから、文法に従って撮っていくのではなくて、その一つのシーンが新たな映画の創造であるような映画。ストローブ＝ユイレはいわゆるオーソドックスな物語の映画を撮る人ではないし、かといって個性的なアヴァンギャルドでもない。その中でストローブ＝ユイレなりの「アメリカ映画を撮ったらこうなるんだよ」という、ある種のサンプルを見せたのではないかと思います。

6　若さと抵抗、社会との関係性という共通点

質問者4　『アメリカ（階級関係）』について、人物の唐突な登場が気になりました。例えば、森の中でホテルマンの人が後ろに立っていたり、エレベーターの下でペテン師がすでに階段の下に座っているところから始まっていたり。誰かが登場してから始まるということがなくて、その唐突さみたいなものがとても奇妙で面白いと思ったのですが、それはカフカの不条理なところを映すために取られた選択だったのか、もともとそういう演出が前後の作品において顕著にあったのかどうかを伺いたいです。

エイゼンシッツ　確かに仰る通りですね。人物が唐突に、そこにいつ来たのか分からないけれどもいる。その後の作品だと、もう少しテクストは固まっていて、そのようなことはあまり見られません。

ただ、今回の『アメリカ（階級関係）』は先ほどご紹介したように、言葉と言葉の塊で切り分けて映画をつくっていった。エリオ・ヴィットリーニ[16]やパヴェーゼ[17]の原作を基にした作品でも少しはありますが、本作ではそれが際立っています。それがカフカの書いたテクストによって求められたものなのかは何とも言えません。確かにこの映画は最初から最後まで唐突にそこに人物がいる。あるいはストロー

ブとユイレが作品を形づくっていったときに、結果的にそのようになっただけなのかもしれません。

筒井　そろそろ終わりましょう。最後にこの四日間を通して、諏訪監督からひと言いただいてもよろしいでしょうか。

諏訪　四日間ありがとうございました。今回、作品を見てベルナールさんのお話を聴いていく中で、自分自身が何かとても若返っていくという感想を持ちました。これらの作品に、私たちは若い頃に日本のシネクラブの中で出合いました。当時、東京でこういう映画に出合うときには、その映画がつくられた歴史や具体的な時代というものから作品を解放して、そこから切り離して、現代の映画としてそれを受け取るという態度を積極的に求めていたように思います。

しかし、今回これらの作品がつくられた時代やその作家が生きていた時代、そしてその映画の中で描こうとしている時代や歴史の中に作品を位置づけていくということを体験して、私自身がもう一度作品と出合い直せた気がします。そのように映画に何度も出合い直すことができる可能性があるということで、自分が若返った感じを持ったのかもしれません。

振り返ってみれば、今回の四本の作品はすべて若い人が社会の中で関係を切り結ぶのが非常に困難であるという状況が描かれています。映画において、若いことと抵抗することというのは非常に重要なテーマだと思いますが、この四本にはそれが共通しているように思えました。これはベルナールさんが意識的に行われたことなのか、それとも結果的に起きたことなのか、それだけお聞かせいただければと思います。

エイゼンシッツ　偶然そうなったと言うと大概それは部分的に嘘になるわけですが、若い人と社会の関係性という視点で考えていたわけではありません。もしそう考えていたのであれば、『神の道化師、フランチェスコ』ではない、別のロッセリーニの作品を見せたかもしれません。ロッセリーニに関しては、例えばパゾリーニを見せればその中にロッセリーニが含まれているので、私の中ではいろいろと逡巡がありました。しかし、ストローブ＝ユイレにしても、ヴィゴにしても、今回の四つの作品は私が選んだというよりも、その作品に選ばれたといえます。ですから偶然と必然ということでいかがでしょうか。

1 **フランツ・カフカ**

一八八三年生まれ（一九二四年没）。作家。二〇世紀文学に大きな影響を与えた実存主義文学の先駆者。官僚として働きながら執筆し、生前発表された『変身』、死後に注目を集めることになる『審判』や『城』など、人間存在の不条理や疎外を主題とする作品を残す。オーソン・ウェルズ監督『審判』（63）や山村浩二監督『カフカ　田舎医者』（07）など、映画化作品も多数。

2 **ロベール・ブレッソン**

一九〇一年生まれ（一九九九年没）。映画監督。画家、写真家として活躍し、『公共問題』（34）で映画デビュー。長編第一作『罪の天使たち』（43）と『ブローニュの森の貴婦人たち』（45）以降、自作を真実の映画を追究する「シネマトグラフ」と称し、素人を起用した禁欲的で厳格な作風で独自のスタイルを確立。一方で、『バルタザールどこへ行く』（66）のアンヌ・ヴィアゼムスキー、『やさしい女』（69）のドミニク・サンダ、『白夜』（71）のイザベル・ヴェンガルテンなどを発見し、その魅力を引き出した。ヌーヴェル・ヴァーグの映画作家たちから深い尊敬を受けている。

3 **ラオール・ウォルシュ**

一八八七年生まれ（一九八〇年没）。映画監督。俳優を経てグリフィス映画の助手兼俳優となり、『国民の創生』（15）で助監督を務めながらリンカーンの暗殺者を演じる。その後、『バグダッドの盗賊』（24）や『栄光』（26）で監督としての地位を確立。一九三九年にワーナーに移り、『彼奴は顔役だ！』（39）や『ハイ・シェラ』（41）といった犯罪映画を手がける。他にも多彩なジャンルの映画を数多く手がけ、遺作『遠い喇叭』（64）に至るまで一〇〇本以上の作品を監督した。

4 **アーノルト・シェーンベルク**

一八七四年生まれ（一九五一年没）。作曲家・指揮者。十二音音楽の技法を創始した現代音楽の第一人者。代表作に交響詩「ペレアスとメリザンド」、弦楽器六重奏曲「浄夜」、歌劇「モーゼとアロン」（未完）などがある。ストローブ＝ユイレは『アーノルト・シェーンベルクの《映画の一場面のための伴奏音楽》入門』（73）、『モーゼとアロン』（75）、『今日から明日へ』（97）などでシェーンベルクを取り上げている。

5 **ポール・セザンヌ**

一八三九年生まれ（一九〇六年没）。画家。パリで印象派の運動に参加後、故郷プロヴァンス地方を拠点として、堅固で厳格な絵画の制作に励む。一八九〇年代のパリで名声が急激に高まり、二〇世紀の芸術家たちに多大なる影響を与えた。ストローブ＝ユイレは詩人ジョアシャン・ガスケの著作『セザンヌ』に含まれるセザンヌの発言を題材に『セザンヌ』（90）を制作。

6 **フランコ・フォルティーニ**
一九一七年生まれ（一九九四年没）。詩人・評論家・翻訳家。パルチザンとして北部山岳地帯で抵抗運動に参加。第二次世界大戦後はエリオ・ヴィットリーニの片腕として雑誌「ポリテークニコ」や「メナボ」の編集に携わる。主な著書に詩集『詩と過ち』（59）、『この壁』（73）、評論集『権力の検証』（65）など。エリュアールやブレヒト、ゲーテの翻訳者としても名高い。

7 **ハインリヒ・ベル**
一九一七年生まれ（一九八五年没）。作家。第二次世界大戦での従軍後、一九四九年に前線に戻る帰休兵の心理を描いた『汽車は遅れなかった』で注目される。一九五一年、『黒羊』で「グループ47」賞を受賞後、『保護者なき家』（54）など全作品がベストセラーとなる。『九時半の玉突き』（59）は戦後社会への批判をテーマとした長編。一九八五年にノーベル文学賞を受賞。

8 **ステファン・マラルメ**
一八四二年生まれ（一八九八年没）。詩人。ヴェルレーヌ、ランボーと共にフランス象徴派の代表的存在。若くしてボードレールとエドガー・アラン・ポーに魅せられて詩作を始め、英語教師をしながら創作に没頭する。『牧神の午後』や『エロディアード』で知られる。晩年は詩の純粋性を極めようとし、『骰子一擲』などの実験的な作品を発表。

9 **ジャック・ランシエール**
一九四〇年生まれ。哲学者。一九六〇年代にルイ・アルチュセールのもとで学び、『資本論を読む』の執筆に参加。その後、マルクス主義的枠組みを離れ、雑誌「論理的叛乱」を牽引。労働者の解放や知性の平等を主題に、政治と芸術をめぐる独自の哲学を展開している。映画についての論考も多く、「カイエ・デュ・シネマ」誌に寄稿したり、ゴダールと対話も行っている。主な著書に『感性的なもののパルタージュ　美学と政治』、『イメージの運命』ほか多数。

10 **ハルーン・ファロッキ**
一九四四年生まれ（二〇一四年没）。映画監督・作家・教育者。ベルリンのドイツ映画・TV学校に学ぶ。一九七四年から八四年まで「フィルムクリティーク」誌の編集委員を務める。二〇〇〇年代からは、インスタレーションなども制作。主な作品に『消せない火（燃え尽きない火焔）』（69）、『ルーマニア革命ビデオグラム（ある革命のビデオグラム）』（92）、『リスクへの挑戦』（04）、クリスティアン・ペツォールト監督『あの日のように抱きしめて』（14、共同脚本）など。

11 **マルキ・ド・サド**
一七四〇年生まれ（一八一四年没）。フランス革命期の貴族・小説家。四〇歳頃から作品の執筆に乗り出し、暴力や倒錯的な性描写を通じて人間の欲望と権力の本質を描いた。代表作に

『ジュスティーヌあるいは美徳の不幸』、『ジュリエット物語あるいは悪徳の栄え』、『ソドム百二十日』など。

12
ウィリアム・A・ウェルマン
一八九六年生まれ（一九七五年没）。映画監督。サイレント期から一九三〇年代にかけて、さまざまなジャンルに名作を発表し、五〇年代まで第一線で活躍した。第一次世界大戦時の空の闘いを描いた『つばさ』（27）で第一回アカデミー作品賞を受賞。主な監督作品に『人生の乞食』（28）、『民衆の敵』（31）、『飢ゆるアメリカ』（33）、『スタア誕生』（37）など。

13
アンドレイ・タルコフスキー
一九三二年生まれ（一九八六年没）。映画監督。詩人の父を持ち、詩的で哲学的な映画表現を確立した。ソ連邦国立映画高等学院の卒業制作として監督した『ローラーとバイオリン』（60）で注目される。代表作品に『僕の村は戦場だった』（62）、『惑星ソラリス』（72）、『鏡』（75）など。『ノスタルジア』（83）撮影後、イタリアに亡命。続く『サクリファイス』（86）が遺作となった。

14
ビー・ガン（畢贛）
一九八九年生まれ。映画監督・詩人。『凱里ブルース』（15）で長編デビュー。夢と記憶、時間の流れを描く独特の映像美で国際的にも高く評価され、第六八回ロカルノ国際映画祭新進監督賞を受賞。続く長編第二作『ロングデイズ・ジャーニー この夜の涯てへ』（18）は、長回しや3D映像技術を駆使した実験的作品で、第七一回カンヌ国際映画祭でも話題となる。

15
ピエール・コルネイユ
一六〇六年生まれ（一六八四年没）。古典主義の劇作家。情念と義務の葛藤を意志で克服する英雄的人間像を描く悲劇を創出。代表作に『ル・シッド』、『オラース』、『シンナ』、『嘘つき男』など。

16
エリオ・ヴィットリーニ
一九〇八年生まれ（一九六六年没）。小説家。一九二九年、反ファシズム系文芸誌「ソラーリア」の編集に携わり、一九四一年に暗喩に満ちた前衛的手法の小説『シチリアでの会話』を発表。一九四五年、「ポリテークニコ」誌を創刊し、戦後イタリア社会の新しい文化を方向づける立役者となる。以後、「ジェットーニ叢書」「メナボ」誌の編集主幹として戦後の重要な作家の発掘に努めた。ヴィットリーニの作品を題材にしたストローブ＝ユイレ監督作品は、『シチリア！』（99）、『労働者たち、農民たち』（01）、『放蕩息子の帰還／辱められた人々』（03）がある。

17
チェーザレ・パヴェーゼ
一九〇八年生まれ（一九五〇年没）。詩人・小説家。一九三八

年から四〇年の間に長編『流刑』、『故郷』、『美しい夏』を執筆。一九五〇年に『美しい夏』でストレーガ賞を受賞。続く新作『月と篝火』も注目を集めていた矢先に服薬自殺を遂げた。パヴェーゼの作品を題材にしたストローブ＝ユイレ監督作品は、『雲から抵抗へ』（79）と『あの彼らの出会い』（06）以降、ストローブ単独で『アルテミスの膝』（08）、『慰めようのない者』（11）などがある。

5 ― オタール・イオセリアーニについて

オタール・イオセリアーニ｜Otar Iosseliani

一九三四年、旧ソビエト連邦グルジア共和国（現・ジョージア）のトビリシに生まれる。トビリシ音楽院の作曲科を修了後、モスクワ大学で応用数学を専攻。その後、一九五六年から六一年まで、モスクワの国立映画大学（VGIK）の監督科に在籍。一九六二年に中編デビュー作『四月』を監督するが、「抽象的、形式主義的」という理由のために当局によって上映を禁止された。一九六六年、長編第一作『落葉』を発表。公開禁止となるが、一九六八年のカンヌ国際映画祭で国際批評家連盟賞とジョルジュ・サドゥール賞を受賞し、一躍世界に知られることとなる。一九七九年、活動の拠点をフランス・パリに移し、『月の寵児たち』（84）、『そして光ありき』（89）、『群盗、第七章』（96）がいずれもヴェネチア国際映画祭審査員特別大賞を受賞。日本では『素敵な歌と舟はゆく』（99）が劇場での初公開となった。その後も『ここに幸あり』（06）、半自伝的映画『汽車はふたたび故郷へ』（10）、円熟味を増した集大成ともいえる人間賛歌『皆さま、ごきげんよう』（15）を発表。二〇二三年、故郷トビリシにて八九歳で逝去。

IV-5 オタール・イオセリアーニについて

映画と現実の開かれた円環関係

対談者＝筒井武文［二〇二四年六月一八日 通訳＝人見有羽子］

1 プロの俳優だってもともとは人間だ

筒井 これから、ベルナール・エイゼンシッツさんにオタール・イオセリアーニ監督についてお話を伺います。これはイオセリアーニ監督について書かれたベルナールさんの近著『Un merle chanteur: Amitié avec Otar Iosseliani（歌うブラックバード〜オタール・イオセリアーニとの友情）』です。日本では、昨年ようやくイオセリアーニ監督の全作品が上映され、一般の方々にも親しまれるようになりました。それと入れ替わるように監督ご自身がお亡くなりになったのは非常に残念です。

まずはイオセリアーニ監督との出会い、それから『月の寵児たち』（84）に出演するに至った経緯をお聞かせ願えますでしょうか。

エイゼンシッツ　オタールと最初に出会ったのは一九六九年のモスクワ映画祭のときでした。この一九六九年という年は人間が初めて月面着陸をしたとても重要な年だったので、そこでモスクワで映画祭を開くということは、そういう意味でもとても大切なことでした。そこで私たちは出会ったわけです。

彼はどちらかというと、そういうセレモニー的な映画祭にはまったく興味がなくて、それよりも友達に会うことや、新しく友達をつくるということに興味がありました。そして、そこにはミシェル・シモンがいたのです。実は彼はお酒は飲まないのですけれども、酒場でオタールと『アタラント号』(34)のことについて話したことをよく覚えています。

オタールはフランスにやって来てようやく映画を撮るようになりましたが、彼はいわゆる舞台俳優であるとか映画俳優といったプロの俳優と監督との関係をあまり好みませんでした。どちらかというと、キャメラの後ろで撮っていた事柄が現実の人物や生活にも継続していくような関係を望んでいた。自分が一緒に話をしていて「この人はすごくいい資質があるな」という人たちを起用して、そうした人物の持っている資質がそのまま映画の中でも続くということを望んでいたのです。ですから、最初はまったくの素人たちを起用しながら、いろいろと独創的なことをやっていました。

フランスでの最初の映画ですから、出演者は彼がモスクワ映画祭で出会った、あるいはパリに来てから出会った友達しか出ていません。アンリ・カルティエ＝ブレッソン[1]の奥さんやアーティスト・イン・レジデンスの管理人など、彼にとってヒエラルキーのない人間が身体的に存在しているということ、そして彼らの人となりというものがキャメラの前に現れることを彼は望んでいました。その後、ようやくプロの俳優を起用するようになりましたが、その理由も「プロの俳優だってもともとは人間だ」という考えに基づくものでした。

筒井　『月の寵児たち』はある種の集団劇ですが、ベルナールさんはその中でも非常に重要な役を演じられています。遠隔爆弾をつくる技師でありつつ、浮気をしているパートナーに対する嫉妬深い男という役柄です。つまり公私共に重要な役を演じられているわけですが、イオセリアーニ監督がベルナールさんにこうした役柄を振ったのは何か理由があったのでしょうか。

エイゼンシッツ　『月の寵児たち』の原則というのは、複数のさまざまな人物たちが行ったり来たり交錯しながら、追跡劇のような形で展開していくというものでした。実は彼自身は『一二人の盗人』というロシア喜劇のリメイクを狙っていたのです。それについてはここでは言及しませんが、何人も出てくる主要人物それぞれが主人公なんですね。あるときは出会ったり、またあるときはニアミスをしたり、それぞれ異なった状況の中で出会いが生まれていく。

例えば、爆弾をつくる技師がいれば浮気をしている女性がいたり、妻の愛人がいれば道の掃除をしている人もいる。そういう数多の人たちが出てきますが、その時々の状況、時々のショットの中で彼らは主人公なのです。その意味では、物語としてはまったく平等だといえます。そして、出会うときにはそれぞれの人々が重要な役割を持っている。ですから、通常の物語構成からは逸脱したものになっています。

2　音楽的な演出

筒井　イオセリアーニ監督の映画の魅力というのは、集団を映しながら、その一人ひとりが固有のリズムで動いている感じにあると思います。その集団の中で少し早く動いたり、ゆっくり動いたりという人が目立つような画面づくりをしていると思いますが、現場ではいかがでしたか。

エイゼンシッツ　撮影は入念に準備されていました。起用している俳優たちが素人だったということもあり、彼らが自然に演じることができるよう準備万端にしておく必要があったのだと思います。脚本自体はそれほど細かく書き込まれてはいませんでした。その代わりに絵コンテはシーンごと、あるいはショットごとに綿密に描かれていました。台詞はそれほどありませんでしたが、書き込まれていて、キャメラワークもきちんとイラストで描かれていましたね。

仰る通り、動きやリズムというのはとても重要視されていて、演出でいうと非常に音楽的な演出だったと私も思います。俳優といっても、彼の友人たちやルックスが気に入った無名の素人たちです。ではどのように彼らを選んでいたのかというと、彼の記憶にあるジョージアやソ連を想起させるような警察官であるとか、あるいはすでに俳優として経験のあるラズロ・サボ[2]やジャン＝ピエール・ボヴィアラといった、その人の持っているリズムやルックスに特徴のある人物を重要視していました。彼らが出会うことで火花が散ったり、あるいはすれ違うだけで終わったり、そうした衝突とすれ違いが映画を前進させていく。そのような形の演出でした。

もう一つ重要なことを付け加えさせていただくと、キャメラと俳優たちでリハーサルをやりますよね。そうするとキャメラの位置と動きが固定されたものになってしまい、そこで思いつきによって「こうした方がいいな」と変更されていくことがよくありました。最初はキャメラは動かずに、人物の方が綿密に定められた動線を動くというように決められていたとしても、そうではなくて今度はキャメラの方がいろいろ寄り道をしてみようとか、そういうふうに一つのショットのテイクが何度も重ねられていくことがありました。例えば「ショットナンバー300」というナンバーが付いていたとしたら、「300A」や「301」といったようにショットナンバーも変わっていきましたので、本当にその時々に起こる偶然やアバンチュール、「何か違うことが起こる」ということをしっかり採用するので、それは創造的で非常に冒険的な演出だったと思います。

3　検閲と経済的な困難

筒井　計算されているようで自由な映画、非常にユーモアのある、皮肉も効いた映画というのがイオセリアーニ監督の作品を見た印象です。ベルナールさんのお話で、それがどのようにつくられていくのかがよく分かりました。

もう一つお伺いしたいのは、イオセリアーニ監督の映画史的な位置づけです。モスクワで映画づくりを学び、それからジョージアで映画を撮る。ただ、ジョージアで映画を撮る場合も、ジョージア当局とモスクワ当局の二つの検閲をクリアしなければいけないといった、非常に難しい映画づくりだったと思います。そのあたりのことについて、ご存じのことがあれば教えていただけますか。

エイゼンシッツ　だからこそ、彼は自由を求めて母国を去ったわけです。ソ連にいる間は制作の面でも検閲の面でも難しさはありました。ソ連で映画を撮っている人たちというのは、そうした困難を何とかかい潜って映画をつくっています。ただ、イオセリアーニがつくった作品の中で、とてもユーモラスに検閲との関係を描いているワンシーンがあります。監督が検閲委員会に行くわけですが、そうすると当然のごとく「お前の映画は禁止だ」と言われる。そうすると、監督と検閲委員会の会長が暗黙の了解のもとで握手をして友人になるという、ユーモラスな皮肉の効いたシーンもあります。

フランスに来てからは、もちろん可能性が広がりました。そのようなシナリオに対する検閲などはなくなりましたが、経済的な困難は長い間つきまとっていました。そういう意味では、彼にとってはソ連の検閲システムとフランスに行ってからの経済的な問題で、映画づくりにおける不便性からは切り離されることはありませんでした。

彼自身の様態はやはりソ連映画であるといえます。モスクワの映画大学で強い師弟関係や同僚関係がある中で育ってきましたし、ジョージアではゲームのような権力闘争も彼自身は体験してきているので、ソ連映画の影響というのは大きいです。

筒井　イオセリアーニ監督はジョージアについての思いが詰まった『唯一、ゲオルギア』（94）というテレビドキュメンタリーを撮っています。この制作にはベルナールさんも協力なさっていましたよね。

『唯一、ゲオルギア』

エイゼンシッツ　『唯一、ゲオルギア』というドキュメンタリーができた経緯は、オタール自身から湧き出てくる欲求だったと思います。制作当時はソ連の終末の時期です。そのとき、ジョージアには不穏な動きがあって、それが長い内戦へと結びついていく。ジョージアの内戦に対して、彼は遠方の地にいたにもかかわらず非常に心を痛めていました。そこで彼はドキュメンタリーをつくろうとして、素材としては目録としてあったストックショットをたくさん使っています。

しかし、このドキュメンタリーの制作にはとても長い時間がかかり、彼は本当に疲労困憊してしまいました。全部で三本つくりましたが、一本あたり一時間半の作品を三本つくったのです。私はちょうど仕上げの直前ぐらいに彼に会いに行ったのですが、本当に疲れ果てていました。彼がフランス語のボイスオーバーを被せることがあったのですが、もはやフランス語を話すことができないぐらい疲労困憊してしまったので、「それなら私が」ということで私自身がフランス語のボイスオーバーを担当することになりました。でも、それはまったく難しいことではありませんでしたし、むしろこの映画の全貌を間近で発見できたという、私にとってはうれしい体験でした。

筒井　最後の質問です。ベルナールさんにとって、イオセリアーニという監督はどういう人でしたか。

エイゼンシッツ　人間としては友人ですね。彼自身は人間に対して厳しい目を持っていました。ですから、本当に友達になったときは、その友情はとても固いものになっていました。私は一度出会ってからは一生、彼の友人でしたし、他の友人と呼ばれる人たちもそういう関係だったのではないかと思います。

そして、友人との関係では調和や幸福感といったものを彼は求めていました。俳優たちとは知っている人と一緒に仕事をすることが多かったのですが、フランスに来たときに新しい技術スタッフとの出会いがありました。そうすると、彼にとっては映画監督という職業の新しい側面を発見するような、新鮮な感触と喜びを彼は抱いていたように思います。

この現実を他人に映像で語るという、映画やスペクタクルが持つ滑稽さに対しても彼は意識的であったように思います。撮影はいつもとても感じの良いものでした。友人たちとの関係も閉鎖的な関係ではなくて、いつもまた別の違う世界、別の人生に開かれていくような視点を持った関係でした。

1

アンリ・カルティエ＝ブレッソン

一九〇八年生まれ（二〇〇四年没）。写真家。一九三三年、ニューヨークやスペインで初めての写真展を開催。一九三五年から三九年には、ポール・ストランドやジャン・ルノワールらの助手として映画の仕事にも携わっている。一九五二年に写真集『決定的瞬間』を発表し、世界中の写真家に大きな影響を与えた。

2

ラズロ・サボ

一九三六年生まれ。俳優・映画監督。ハンガリー映画で俳優としてデビュー後、一九五六年のハンガリー動乱を受けてパリへ移住。以後、クロード・シャブロル監督『いとこ同志』（59）やゴダール監督『小さな兵隊』（63）など、ヌーヴェル・ヴァーグの作品群に欠かせない名脇役として数多く出演。カトリーヌ・ドヌーヴとベルナデット・ラフォンが共演した監督作『恋のモンマルトル』（75）は日本でも公開された。他の出演作品にオリヴィエ・アサイヤス監督『冷たい水』（94）、マチュー・アマルリック監督『スープをお飲み』（97）、アルノー・デプレシャン監督『イスマエルの亡霊たち』（17）、オタール・イオセリアーニ監督『月の寵児たち』（84）、『ここに幸あり』（06）など多数。

6—ベルナール・エイゼンシッツ　蓮實重彦氏との対談

蓮實重彦—はすみ・しげひこ
映画評論家・フランス文学者。一九三六年生まれ。一九六〇年、東京大学文学部卒業。一九六五年、パリ大学より博士号取得。東京大学教養学部教授を経て、一九九七年から二〇〇一年まで東京大学総長を務める。主な著書に『反＝日本語論』、『蓮實重彦の映画の神話学』、『映像の詩学』、『監督 小津安二郎』、『シネマの記憶装置』、『凡庸な芸術家の肖像 マクシム・デュ・カン論』、『「ボヴァリー夫人」論』、『ジョン・フォード論』他がある。

MATÉRIAUX

IV-6 ベルナール・エイゼンシッツ　蓮實重彥氏との対談　司会＝筒井武文［二〇二四年六月二二日　通訳＝福崎裕子］

映画史のエクリチュール——作品から作家、作家から歴史へ

1　フランスの映画作家について語らない理由

筒井　皆さん、こんにちは。今日はベルナールさんと蓮實重彥先生の公開講座にお越しいただきましてありがとうございます。私は司会を務めさせていただきます、映画専攻長の筒井と申します。よろしくお願いします。

まず、僕の隣に座ってらっしゃるベルナール・エイゼンシッツさんをご紹介します。それから、ご自宅からリモートで参加なさってる蓮實重彥先生です。ベルナールさんは映画史家で、リヴェット、ユスターシュ、ゴダール、ヴェンダースといった作家たちの映画に出演している俳優でもあります。二〇〇一年からは雑誌「シネマ（Cinéma）」（Léo Scheer社刊）を創刊し、編集長を務めていらっしゃいました。私はフランス語が読めないんですが、この雑誌に付録されているＤＶＤが他の場所では絶対に

見られない映画がたくさん入っていて、それを見たいがために購入していました。そういう形で私はベルナールさんにいろんな映画を紹介していただいていて、感謝しております。この「シネマ」の第八号で蓮實先生はジョン・フォードについての論文を発表しておられます。

逆に蓮實先生、山根貞男さん[1]が編集されたリュミエール叢書『成瀬巳喜男の世界へ』(二〇〇五、筑摩書房)の中で、ベルナールさんは成瀬の映画を詳細に論じられていて、これは本当に素晴らしいものです。どうしてこんなに日本の映画、日本の社会まで理解されているのか、まったく脅威の論考でした。

それでは、蓮實先生の方から口火を切っていただければと思います。よろしくお願いいたします。

蓮實　単刀直入に申し上げます。いま、筒井教授の横に座っておられるベルナール・エイゼンシッツは世界一の映画学者です。

筒井教授が世界で何番目の映画作家かは知りませんが(笑)、ベルナール・エイゼンシッツ氏が世界一の映画史家であることは間違いない。映画の歴史について、初めはドイツ映画やソビエト連邦が解体した時期のロシア映画の歴史などについての論考を発表していました。しかしその後、「作品論あるいは作家論」の形で映画史を語るという大胆なことを始められた。その意味でエイゼンシッツは映画史家というよりはむしろ「シネアスト＝映画作家」であるかのように事態と接していると言った方がいいかと思います。

例えば、フリッツ・ラング。もしこの会場でフリッツ・ラングの作品を一度も見たことのない方がお

られるなら、静かに退席していただきたい（笑）。ドイツからの亡命作家としてハリウッドで活躍し、その後も西ドイツに戻ってから重要な作品を撮ってみせた偉大なるラング。それから、わたくしが大好きな作家、ダグラス・サーク[2]はデンマークからの亡命作家です。あなたはそのダグラス・サークの生い立ちなどを踏まえた上で、ハリウッドのメロドラマについて論じている。これは素晴らしい書物だと思います。繰り返しますが、ダグラス・サークの作品を一本も見ていない方は即座に退場していただきたい。

　それから、最も新しいものとしてボリス・バルネット[3]についての書物もあり、これがまた素晴らしい、というよりむしろ傑作だとさえ思いました。そこで伺いたいのですが、文体が若返ったというか、いつもより多少柔らかくなっているような気がしました。それは思い違いでしょうか？

エイゼンシッツ　その通りです。読み返してみて自分でもそう思いました。

蓮實　ありがとうございました。ところが、これだけの素晴らしい映画史的な書物を出しておられるあなたは、フランス人でありながら、フランスの映画作家についてはあまり言及しておられない。ジャン・ヴィゴが例外かもしれません。それはなぜなのでしょうか。

エイゼンシッツ　私が最初に興味を持ったのは移民がつくった映画でした。ヨーロッパでは歴史的な理由から、母国を離れてアメリカに行った映画監督が多かった。彼らはアメリカに渡って、ヨーロッパとアメリカのイメージが一つに交ざったような映画を生んでいます。アメリカに住みながらヨーロッパ的な映画をつくったわけで、それがフリッツ・ラングであり、ダグラス・サークでした。ニコラス・レイもそうでしょう。それに対して私が好きなフランス人の映画作家となると、まずはやはりジャン・ルノワールやジャン・ヴィゴ、それからジャン＝リュック・ゴダールが挙げられます。ジャン・グレミヨン[4]も好きです……と並べると、ジャンという名前のひとがたくさんいますね（笑）。

2　ゴダールとイオセリアーニ

蓮實　それでは、次の質問に移らせていただきたいと思います。あなたは、何人かの作家に招かれて映画に特別出演しておられます。

例えば、ゴダールが監督したロシアをめぐる短編『子どもたちはロシア風に遊ぶ』[5]（93）。また『JLG

／自画像』（95）[6]には、なんとも不思議な役柄で出ておられる。しかし、あなたはそのゴダールについては、ほとんど語っておられない。それは、なぜでしょうか。あなたはオタール・イオセリアーニの映画にも出ておられますし、イオセリアーニについては、短い書物も書いておられる。ところが、ゴダールについては何も書いておられません。

エイゼンシッツ　二つ、難しい質問をいただきました。まず答えるのが難しい方からいきましょう。私は他の人たちと違って、ゴダールの映画を見て心から衝撃を受けたというわけではないのです。だから彼を過度に神格化せず、距離を取りながら接することができました。ただ二回ほど短い文章を、ゴダールについて書いてはいます。[7]

最初は、ゴダールが構想した二〇〇七年のポンピドゥー・センターでの展覧会「ユートピアへの旅ジャン＝リュック・ゴダール　一九四六－二〇〇六」に関して、短い文章を書きました。それと『イメージの本』（18）[8]について手紙を記した、それが二回目。でも私はいまゴダールについての本を書こうと思っています。

蓮實　ああ、それは楽しみだ！

エイゼンシッツ　二二年九月にゴダールが、続けて一一月にジャン＝マリー・ストローブが亡くなった。

そして二三年の年末には、本当の友人だったイオセリアーニまで。私はこの二年で何人もの友人を失ったことになります……。

私とイオセリアーニとの関係は、ゴダールとのものとはまったく違っていました。ソ連時代は国内での上映が禁止されていたイオセリアーニの映画を擁護するために、その存在を世に知らせるために私は書きました。

蓮實　わたくしもロシア映画には強い関心を持っていて、とりわけボリス・バルネット、それからアブラム・ローム[9]などを愛好しております。近く東京の劇場でボリス・バルネットやアブラム・ロームの作品が公開されることになっており、非常に喜んでおります。

エイゼンシッツ　ロシア映画を発見するということはソ連映画を発見するということであり、ロシア映画、ウクライナ映画、ウズベキスタン映画を唐突に発見することです。

我々がよく知っているマルコ・ミューラー[10]がディレクターを務めていた頃のロカルノ国際映画祭で、ソ連映画が初めて発見されました。そのとき私たちは、自分の国の映画に興味がないロシア人やソ連人に対して「あなたの国の映画は素晴らしいのだ」ということを言わなければならなかったのです。

蓮實　また若干話題を変えさせていただきたいと思いますが、ベルナールさんはフランスの映画批評誌「カイエ・デュ・シネマ」の一員でもありましたね。わたくしの世代にとっては「カイエ・デュ・シネマ」の人たちは、いずれもヒッチコック、ホークス[11]を好きだったと思っている。でもエイゼンシッツさんは、一度も「ヒッチコック＝ホークス主義者」ではなかったような気がするのですが、間違っていますでしょうか。

エイゼンシッツ　私が「カイエ・デュ・シネマ」の編集部に就いたとき、フランス映画に対してアメリカのジャンル映画を擁護する政策は終わっていました。つまり、すでに「アメリカ映画は一つの大きな全体であって、スタジオであって、個性がない」というふうには考えられていませんでした。批評家として私の先生になったのはジャック・リヴェットです。映画作家としてはあまり尊敬されていませんけれども、批評家としては優れた、素晴らしい面を持っていた人です。

蓮實　あなたはジャック・リヴェットの最も長い映画『アウト・ワン』(71)にも出ておられましたね。リヴェットに対してあなたが深い敬意を持っていることはよく分かりました。

ところで、わたくしがもう一つあなたに伺いたいと思ったのは、いわゆる「作家主義政策」はアンドレ・バザンとは無縁だと思うのですが、この点についてのあなたの考えはどうでしょうか。

エイゼンシッツ　確かにその通りです。アンドレ・バザンは、いわゆる「作家主義政策」に反対していました。作家主義には多くの意味があります。映画監督は作家であって、映画のすべてに対して責任を取るという点では合っています。蓮實先生と私との間には大きな違い、アプローチの違いがあるわけですけれども、これはその違いとも関わってきます。

4　ジャック・ベッケル、エイゼンシュテインとグリフィスの問題

蓮實　あと一つ重要な名前を挙げたいと思うのですが、わたくしが最も好きなフランスの監督はジャック・ベッケルです。しかし、ジャック・ベッケルの地位がフランスではあまり高くないように思われます。これについてはどう思われますか。

エイゼンシッツ　確かにベッケルはいま、あまり好かれてはいません。ルノワールの評価が上下したように、ベッケルの評価もやがて変わってくると思います。

蓮實　あなたがジャック・ベッケルを愛好しておられるのを知って非常に心持ちがいい思いです。ありがとうございました。

エイゼンシッツ　ベッケルは新しいスタジオの映画に対して違和感を持っていました。ところが息子さんは父親よりもごく普通の映画監督のようで、まったくそれに関心を持たなかったんです。

ベッケルは細かい点までスタジオに言われる通りにしていた。でもそれは、新しい現実に開かれていくためでした。新しい映画をつくるために、彼はスタジオの言う通りにしていたんです。ちょっと話が逸れてしまいますけれども、その当時、スタジオはナチスに協力をした人を解雇していましたが、それに対しても彼は賛成をして協力をした。それも素晴らしいことでした。

あなたはジャック・ベッケルについての素晴らしいテキストを「シネマ」に寄せてくださった。でも残念ながら映画雑誌自体がなくなってしまって、出版することはできませんでした。

蓮實　あなたが編集責任者だった素晴らしい《Cinéma》誌が惜しくも休刊になってから、わたくしは《Trafic》誌にベッケル論を発表することができました。しかし、反響は皆無でした（笑）。

エイゼンシッツ　あなたがジョン・フォードについて最初にお書きになった素晴らしいテキストのことはいまでも忘れておりません。ジョン・フォード映画のディテールについて、我々は本能的に、直感的に捉えてしまいがちでした。しかし、例えばゴダール、そしてニコラス・レイもそうなのですけれども、ジョン・フォードには音楽のようなモチーフが一つある。それが感情、セオリーとなって生産性を高めている。我々はそのことを感じてはいたのですが、実際に論文という形にすることはなかった。しかしあなたはそれを見事に達成されたのです。このテキストを読んだとき、あなたはフランスにおける批評を批判しようとこのテキストを書いたのではないか、とも思ったのですが。

蓮實　必ずしもそうではありませんが、一点あるとしたら、先ほどあなたが口にされていたジャン＝マリー・ストローブの次の言葉を思い出します。「映画史にとって最も重要な名前は、エイゼンシュテインではなくてグリフィスだ。そして、グリフィスの後にジョン・フォードが来る。もちろんムルナウも重要だ」と要約できるような言葉です。わたくし自身は、そうした流れの中に位置している批評家ではないかという気がしています。それでお答えになっているでしょうか。

エイゼンシッツ　はい、なっています。ストローブは映画史家であっただけではなく、映画作家でもありました。彼のショットには、グリフィスやフォードと似たところがある。私はそのようなショットを、ストローブの映画から具体的に引用することができます。ですからいま、ストローブの名前が出ただけでお答えになっています。

蓮實　ストローブの考え方というのは非常に重要で、どうしてジル・ドゥルーズでさえ、エイゼンシュテインから始めてしまうのか不思議でなりません。エイゼンシュテインは重要な作家であると、わたくしも思っています。でもジル・ドゥルーズがエイゼンシュテインをあれほど重視したという事態は、まったくもって残念なことだったと思っております。

では最後に、いま、わたくしはラオール・ウォルシュ論を書いていますが、彼もまた、世界的に過小評価されており、無念でなりません。あなたは、いかがですか。

エイゼンシッツ ウォルシュは忘れられた大作家です。『南部の反逆者』(57) も好きですが、何といっても、傑作は『私の彼氏』(46) でしょう。

蓮實 ああ、うれしい。この大傑作も知らずにハリウッド映画を語ることの愚かさに、多くの人が目覚めてほしい!

それでは最後の質問として、あなたが今後何を考えておられ、どのようなことをするのか、それともしばらく休むのか、そのあたりを聞かせてください。

エイゼンシッツ 特に締め切りがあるわけでもなく、何かを要求されているわけではありませんが、スイスのロールという町に住んでいた二人の友人、ジャン゠マリー・ストローブとゴダールについて、何かをまとめたいなという気持ちはあります。

それと最近、ニコル・ブルネーズ[12]が『Jean-Luc Godard : Documents (ジャン゠リュック・ゴダール:ドキュメント)』という大きな本を書きました。それと同じようなことを、私はジャン・ヴィゴについてやりたいと思っています。なにしろ彼の監督作は三本か四本だけですから、彼についてのアーカイブや批評を見つけるのも簡単ですので、これはできるのではないかと思っております。

5　映画学校の目的とは

筒井　質疑応答に入る前に、蓮實先生の用意していただいた捨てがたい質問をさせてください。「映画学校の目的は何ですか」という質問です。藝大の映画専攻も曲がり角に来ていて、かなり制度化されたというか、硬直した面も出てきています。もう少し自由にできる環境の方が望ましいのではないかという気もしています。ただ、そうは言っても、この藝大の映画専攻が設立されて二〇二四年で二〇年になり、大規模な特集上映もこの秋に開催します。手前味噌になってしまいますが、はっきり言って現在日本映画で注目される作品をつくっている作家の半分は藝大の映画専攻、もしくはその八年前から開講された映画美学校出身の作家なんですね。

そういう状況で、今後映画学校に求められる役割は何かということを、お二人に質問させていただければ幸いです。

蓮實　わたくしの方からひと言で申し上げます。「それが存在することに意義があると思えば、その意義を自分で探れ。ないと思ったら、一刻も早くそこから抜け出せ」。その二つしか選択肢はないと思っています。

筒井　ありがとうございます。付け加えると、藝大の映画専攻はフランスの国立映画学校フェミスと提携しています。つい先日も、フェミスの監督科の学生六名が藝大に来て、短編映画を撮って帰国しました。今度はその逆に、藝大の学生がフェミスで短編映画をつくるという試みを始めます。

それで毎年、フェミスの学生が日本を撮った作品を見て、驚かされるんですね。つまり、日本人が撮った日本と全然違います。なんでこんな面白いアングルで撮ったのだろうとか、日本人が気づかなかった日本が映っている。そういったことも含めて、エイゼンシッツさんに映画教育、それから他国で映画を撮るということについて、お話をしていただければと思います。

エイゼンシッツ　日本の学生の方がフランスのことをよく知っているから、つくるものが違うのではないかと思います。映画の学校は映画という勉強の領域や仕事を学ぶことだとすると、常に自由との間の緊張に晒(さら)されています。多くの人は、学ぶことによって自由が阻まれるとして、自由の方を選んでいました。

それからもう一つ思い出すのは、フランシス・フォード・コッポラ[13]がボローニャに来たときに、「ここでもハリウッドと同じようにスタジオの仕事ができるか」と聞いた人に対して、二時間もの間対話をしたことです。そこで彼は「一般的な映画の話」をしたいのか、それとも「自分がつくりたい映画の話」をしたいのかと問いかけました。ですから、この対話と、勉強と自由の間の緊張の話で、この質問に対する答えにしたいと思います。

6　歴史＝映画史の行き着くところ

質問者1　お二人への質問です。蓮實先生とエイゼンシッツ先生はどちらも、映画のナレーションを担当されたことがあります。エイゼンシッツ先生はイオセリアーニの『月の寵児たち』（84）、蓮實先生はクリス・マルケル[14]の『AK　ドキュメント黒澤明』（85）です。

ナレーションはある種、その映画作家の思考に声として付随する行為だと考えています。それを踏まえて、お二方がナレーションについてどのように思われているか伺いたく思います。

エイゼンシッツ　なかなか難しい質問です。とても抽象的な答えになってしまいますけど……さまざまな仕事を手がけていると、前にどこを歩いていたか忘れてしまうことがあるんです。そう、人生の終わりにさしかかっていたトリフォーが、こんなことを言っていました。「批評をするんだけれども、生涯をかけて答えはどこにあるのか探しているんだけれど、探すことによって忘れてしまうんだ」。あるいはマルケルは「映画には必ず始まりがある」と言っています。それならば、成瀬の映画は歩くシーンから始まっている。これはフォードから影響を受けているのかもしれません。とにかく、いまの質問に対して答えるのはとても難しいと思います。

筒井　蓮實先生、お願いします。

蓮實　はい。『AK』のcommentaire（ナレーション）を私が読んだことについての質問ですか？　わたくし個人としては、できればその事実を忘れたい。それについてはあまりお話ししたくありません。

筒井　次の質問に行きましょう（笑）。

質問者2　比較的最近、蓮實先生は「日本映画は第三の黄金時代に入った」というようなことをお書きになっていました。その場合、想定されている第一期と第二期というのは、三〇年代と五〇年代ではないかなと思うんです。

そうなると第三期は、相米慎二[15]が『お引越し』（93）、北野武[16]が『ソナチネ』（93）、黒沢清が『CURE』（97）、青山真治[17]が『EUREKA ユリイカ』（00）を撮った九〇年代後半から二〇〇〇年代にかけて、ということになるのではないでしょうか？

蓮實　現在の日本映画はかなり高い水準にあり、第三の黄金時代が始まったとあるところに書いてしまいました。しかし、それは第五かもしれないし、第四かもしれない。それを「三」といいきってしまったのは、わたくしが「三」という数字に強いこだわりを持っているからであり、それ以外の深い意味はありません。

質問者3　ビクトル・エリセが長編としては三一年ぶりとなる新作『瞳をとじて』(23)を監督しました。その事実をどういうふうに受け止められたか。この作品のことでも、生涯四本目の長編映画をつくったことに対してでも結構ですので、お言葉をいただければと思います。

エイゼンシッツ　三〇年もの間沈黙を強いられるというのは、初期のオリヴェイラとかブニュエル以外に、映画史上なかったことです。そしてエリセの最新作『瞳をとじて』、素晴らしい傑作です。長いあいだ沈黙していたからこそ素晴らしい生命力を持ったのかもしれない。本当に素晴らしいと思います。

蓮實　素晴らしいというか、ほとんど恐ろしくなるほどの傑作だとわたくしも思いました。恐ろしくなってしまったほどなので、これについてなんら発言しておりませんが、それはあの映画が語ってはならぬと、何か圧力をかけてきたような気すらしております。

質問者4　今日参加するにあたって、たまたま手近にあったロバート・クレイマー[18]のインタビュー

『Points de départ : Entretien avec Robert Kramer』を読みました。クレイマーは二一世紀の映画にとってものすごく重要な、直接参照され、影響を与えていくような監督だと思います。そこで、著者であるエイゼンシッツ先生にロバート・クレイマーのお話を伺いたいと思います。

エイゼンシッツ　彼の死に動揺して二〇〇一年に出版したフランス語版は大したことがなかったので、私はそれに彼の言葉を付け加えた英語版を推敲していたところなんです。

私にとってロバート・クレイマーはとても重要な作家です。彼の映画はニューヨークのインディペンデントと新しいタイプのヨーロッパ映画との間にある。両者を繋ぐような存在だったからです。彼自身がデラシネ（根無し草）であって、ヨーロッパのものがあったのに、カーボーイのような、アメリカ的な緊張感も持っていた。アメリカの文化も知っていました。ですから、彼の中にあったものはとても重要であって、それは私に近いものがあるような気がしています。

筒井　最後にベルナールさんから蓮實先生への質問があればぜひお願いしたいと思うんですが、いかがでしょうか。

エイゼンシッツ　どのようにエクリチュールが始まったかという、歴史について話したいと思います。つまり、蓮實先生の場合は非常にシンクロニーとして大きく始まったわけですけれども、私の場合は小さく物語をつくることから始まっています。これが今後の話の始まりになるのではないでしょうか。

蓮實 ありがとうございました。歴史という点に関して質問がありました。確かに、わたくしどもの歴史に対する視点というものは、見たところ異なっているように見えます。しかし、最終的には同じところに行き着くのではないかというのがわたくしの印象です。実際、わたくしは細部に「歴史」が宿るというような見方もしておりますが、果たしてそれが本当の「歴史」かどうかということはわたくし自身にも断言することはできないからです。ですから、必ずしも細部に「歴史」が宿るというようなことを最終的な結論として言おうという気持ちはありません。ベルナール、今日は長い時間、本当にありがとうございました。

筒井 非常に興味深い話が満載だったと思います。蓮實先生、ベルナールさん、どうもありがとうございました。

（写真左から）ベルナール・エイゼンシッツ、蓮實重彦、筒井武文

1

山根貞男

一九三九年生まれ（二〇二三年没）。映画評論家。書評誌・書籍編集者を経て、映画批評誌「シネマ」六九〜七一の編集・発行に参加。一九八六年から二〇二二年まで「キネマ旬報」に日本映画時評を書き続けた。主な著書に『活劇の行方』（草思社）、『映画が裸になるとき』（青土社）、『増村保造　意志としてのエロス』（筑摩書房）、『映画の貌』（みすず書房）、『日本映画時評集成』（全四巻、国書刊行会）、共著に『誰が映画を畏れているか』（蓮實重彥、講談社）、編著に『日本映画作品大事典』（三省堂）などがある。

2

ダグラス・サーク

一八九七年生まれ（一九八七年没）。映画監督。本名デトルフ・ジールク。デンマーク人の両親のもと、ハンブルグで生まれる。デンマーク系ドイツ人。舞台監督として有名になるが、ナチスの弾圧を嫌い、ウーファ社で映画制作に従事。アメリカへ亡命後、『風と共に散る』（56）、『間奏曲』（57）など約三〇本の映画をハリウッドで監督。メロドラマを中心に、西部劇やミステリーなど多彩なジャンルの傑作を発表。『悲しみは空の彼方に』（59）を最後にドイツへ帰国し、ハンナ・シグラやライナー・ヴェルナー・ファスビンダーを主演にした数本の短編を残した。

3

ボリス・バルネット

一九〇二年生まれ（一九六五年没）。映画監督・俳優。セルゲイ・M・エイゼンシュテインの同時代人で、ほぼ同時期に映画界に入る。美術学校に通いながら、実験演劇スタジオの小道具係として働いていたときにロシア革命が始まり、赤軍に志願する。内戦終了後、プロボクサーとして活躍しているところをレフ・クレショフ監督に誘われて映画界に入る。『ミス・メンド』（26）で監督デビューして以来、晩年に至るまでさまざまなジャンルで痛快な娯楽作品を発表したが、一九六五年に自殺。その後、欧米を中心に再評価が進んだ。代表作に『帽子箱を持った少女』（27）、『国境の町』（33）、『青い青い海』（35）など。

4

ジャン・グレミヨン

一九〇一年生まれ（一九五九年没）。映画監督・作曲家。パリの聖歌学校で音楽を学び、映画制作に入る前は無声映画のオーケストラでバイオリン伴奏をしていた。『Maldone』（28）で長編劇映画デビュー。『愛慾』（37）で成功を収め、『曳き船』（41）と『高原の情熱』（43）では脚本家ジャック・プレヴェールと協働。「日常的な悲劇」とも称されるメロドラマと音楽的な特性を持つ作品は、ヌーヴェル・ヴァーグの映画作家たちに支持された。ジャン・コクトー、アンドレ・バザンらのシネクラブ「オブジェクティフ49」が主催した「呪われた映画祭」の賛同者としても知られている。

5 **『子どもたちはロシア風に遊ぶ』**(93)
アンドレ・S・ラバルトと共にジャーナリスト役で出演。そもそもは「トラフィック」誌に寄稿した論考の中で、エイゼンシッツは「ロシア映画には切り返しがない」と指摘。それを読んだゴダールが、『子どもたちはロシア風に遊ぶ』への出演をオファーしてきた。(「キネマ旬報」二〇二四年一〇月号より転載)

6 **『JLG／自画像』**(95)
映画批評家のアンドレ・S・ラバルトと本棚の横で、映画史について、映画の終焉について対話している。(「キネマ旬報」二〇二四年一〇月号より転載)

7 **……二回ほど短い文章を、ゴダールについて書いてはいます。**
エイゼンシッツはヌーヴェル・ヴァーグ時代のゴダール映画を「どこにも人工的なところがなかった」と称賛。それに対して六八年以降、ジガ・ヴェルトフ集団を名乗った頃の作品や彼の政治思想にはまったく共感しなかったという。(「キネマ旬報」二〇二四年一〇月号より転載)

8 **『イメージの本』**(18)
エイゼンシッツはゴダールから、『イメージの本』のための画像資料を集めるように依頼された。しかしジャン・ヴィゴ映画の修復作業で多忙を極めていたエイゼンシッツは、この仕事をニコル・ブルネーズに託している。(「キネマ旬報」二〇二四年一〇月号より転載)

9 **アブラム・ローム**
一八九四年生まれ(一九七六年没)。映画監督。サイレント期の一九二四年に監督デビューし、一九七〇年代までの間に約二〇本の作品を発表したソビエトの映画作家。主な監督作は『ベッドとソファ』(27)、『未来への迷宮』(35)など。

10 **マルコ・ミューラー**
一九五三年生まれ。映画評論家・プロデューサー。イタリアで研究者として活動した後、一九七八年頃より映画評論家、プロデューサーとして活躍。ペーザロ国際映画祭、ロッテルダム国際映画祭、ロカルノ国際映画祭など欧州の映画祭ディレクターを歴任した後、二〇〇四年よりヴェネチア国際映画祭ディレクターを務める。国際映画祭において新たな日本映画の紹介や日本映画特集を実施するなど、映画を通じた海外への日本文化紹介にも大きく貢献している。

11 **ハワード・ホークス**
一八九六年生まれ(一九七七年没)。映画監督。『赤ちゃん教育』(38)、『ヒズ・ガール・フライデー』(40)、『リオ・ブラボー』(59)など、ジャンルを超えた娯楽映画の名作を数多く手がけた。ジャック・リヴェットが「一目瞭然の映画」と語ったその明確な演出と映画美学は、ヒッチコックと共にヌーヴェル・ヴァーグの映画作家たちから「作家主義」の代表者として称賛され、再評価された。

12 **ニコル・ブルネーズ**

一九六一年生まれ。歴史家・批評家。パリ第三大学映画・視聴覚研究科教授。高等師範学校を卒業後、美術史家ユベール・ダミッシュのもとで、ジャン＝リュック・ゴダール監督『軽蔑』（63）に関する博士論文を提出。映画をめぐる理論的考察を展開する一方、一九九六年より、シネマテーク・フランセーズで前衛映画の上映プログラムを担当している。著書に『映画の前衛とは何か』など。

13 **フランシス・フォード・コッポラ**

一九三九年生まれ。映画監督。『パットン大戦車軍団』（70）でアカデミー脚本賞を受賞後、『ゴッドファーザー』（72）の世界的ヒットでメジャー監督の仲間入りを果たす。続く『ゴッドファーザー Part II』（74）、『地獄の黙示録』（79）で不動の地位を確立。一九六九年には制作会社アメリカン・ゾエトロープを設立。近年はワイン事業でも成功を収めつつ、自己資金を投じた大作『メガロポリス』（24）を発表。独立精神と芸術性を追求し続け、巨匠としていまなお注目を集めている。

14 **クリス・マルケル**

一九二一年生まれ（二〇一二年没）。写真家・映画監督・マルチメディアアーティスト。ドキュメンタリーの枠を超え、独自の政治的・哲学的な映像エッセイを発表。『ラ・ジュテ』（62）や『サン・ソレイユ』（83）で知られる。映画監督の人物像を描いた作品に、黒澤明に関する『AK ドキュメント黒澤明』（85）以外にも、アンドレイ・タルコフスキーを描いた『アンドレイ・アルセニエヴィッチの一日』（87）、アレクサンドル・メドヴドキンに関する『アレクサンドルの墓 最後のボルシェヴィキ』（93）などがある。

15 **相米慎二**

一九四八年生まれ（二〇〇一年没）。映画監督。薬師丸ひろ子主演の『翔んだカップル』（80）で監督デビュー。『セーラー服と機関銃』（81）で興行的な成功を収める。以後、『台風クラブ』（85）が第一回東京国際映画祭（ヤングシネマ）グランプリを受賞。『お引越し』（93）で芸術選奨文部大臣賞を受賞し、カンヌ国際映画祭のある視点部門に出品された。『風花』（01）を発表後、肺がんで死去。近年は海外での再評価が進んでいる。

16 **北野武**

一九四七年生まれ。漫才師・俳優・映画監督。ビートたけしの芸名で、日本TV史に残る高視聴率番組と低視聴率番組を数多く生み出す。『その男、凶暴につき』（89）で映画監督デビュー。

『ソナチネ』（93）は相米慎二の『お引越し』と共にカンヌ国際映画祭に出品され、高く評価された。『HANA-BI』（97）でヴェネチア国際映画祭グランプリ受賞。ジャン＝ピエール・リモザン監督『われらの時代の映画 北野武 神出鬼没』（99）では、蓮實重彥が北野武にインタビューを行っている。

17

青山真治

一九六四年生まれ（二〇二二年没）。映画監督・小説家・音楽家・映画批評家。黒沢清の推薦により、Vシネマ『教科書にないッ！』（95）で監督デビュー。助監督時代に知り合った仙頭武則プロデューサーと組み、初の劇場用長編映画『Helpless』（96年）を手がける。その後、『EUREKA ユリイカ』（00）がカンヌ国際映画祭国際批評家連盟賞とエキュメニカル審査員賞を受賞し、世界的な評価を集めた。他の監督作品に『月の砂漠』（01）、『レイクサイド マーダーケース』（04）、『エリ・エリ・レマ・サバクタニ』（05）、『サッドヴァケイション』（07）など。

18

ロバート・クレイマー

一九三九年生まれ（一九九九年没）。映像作家。一九六〇年代のベトナム反戦と若者たちの反逆のうねりの中で、ジョン・ジョストらと共に映像による左翼前衛闘争集団「ニューズリール」の結成メンバーとなり、集団制作により四年間に五〇本の作品を発表。その後もドキュメンタリーとフィクションの境界線上に現代社会の本質を政治的・批評的立場から見つめる作品を発表し続けた。一九八〇年代からはパリに在住。ヨーロッパにもその視野を広げ、長編だけでなく短編やビデオ作品も手がけた。一九八二年にはヴィム・ヴェンダース監督『ことの次第』（82）の脚本を共同で執筆。一九八九年の『ルート1／USA』（89）は、山形国際ドキュメンタリー映画祭で最優秀賞を受賞。

あとがき

お疲れさまでした。この『声（ポリフォニー）の映画史　東京藝術大学大学院映像研究科 講義録』という膨大な講義録を読み終えた方々が、クラウディオ・モンテヴェルディの「ヴェスプロ」を聴き終えたときのような、心地よい疲労に包まれておられたらいいのですが（ちなみに、「ヴェスプロ」は西洋音楽が生み出したポリフォニー芸術の最高峰だと思っています）。つくった側から言えば、日々のあれこれに追われて、藝大の映像研究科に残された遺産の価値については、正直、今回文字に起こしてみるまではよく理解していなかった。一回一回の講義の充実は記憶しているが、振り返る余裕がなかったのである。読み返すと、なんと貴重な証言、考察が満載であることか。この多くの声によって織り成されるフーガやリチェルカーレが、ポリフォニックな映画の宇宙を振動させてはいまいか。ついでに言えば、映画はポリフォニーでしかありえない存在である。もちろん、ホモフォニー、つまり主旋律があって、それを補佐する伴奏という主従関係によって、ポリフォニーは滅ぼされたと音楽史ではいわれている。しかし、ポリフォニーであろうが、ホモフォニーであろうが、通奏低音が全体を支えていることに変わりはない。そして、映画というものは、シナリオ段階ではホモフォニーであったとしても、それが撮影されるやいなや、ポリフォニーに変貌してしまう。映画における編集という作業は、それをホモフォニーに引き戻そうとするか（通常、それができるのが名編集者といわれている）、それとも対等な複数の戯れとしての世界を肯定するポリフォニーかという（一例を挙げれば、後期の小津安二郎である。エイゼンシッツによれば、ロッセリーニもそうかもしれない）、究極の選択なのである。他者がいないモノフォニーは、映画にとっては例外的存在と言っておく（一部の実験映画）。ここで言うホモフォニーは、ドラマトゥルギーの別名であると思ってもらってよい。たとえ、一見ホモフォニーが勝利したかに見えても、そこには必ず通奏低音が聴こえる人には響いている。

この講義録は、フェミスとの提携なくてはありえなかった。まずは、次々に藝大に素晴らしい方々を送り込んでいただいたフェミスの担当者に感謝したい。それで思い出すのは、藝大から諏訪敦彦さん、ショーレ・ゴルパリアンさんらと共に、フェミスを視察に訪れた日のことである。出迎えてくれた女性の職員が、会うなり「あなたがゴダール博士ですか」と口火を切られたのには面食らった。どうやら、アラン・ベルガラ氏が「日本には、あらゆるフランス人よりも、ゴダールに詳しい男がいる」と吹聴していたらしい。こちらは赤面の至りである。もちろんフェミス以外のルートから、藝大に来てくれた方も多い。どちらにせよ、皆が映画の秘密を仕舞い込むのではなく、真摯に自身の映画観を披露してくれた。国籍にかかわらず、映画共和国の一員のように振る舞ってくれたのである。そういう意味で、指導を受けた学生たちは一期一会の体験をした。編集領域の女子学生などは、ヤン・デデさんの編集助手として、フィリップ・ガレルの編集現場に立ち会うことにさえなったのである。名前は丹羽真結子というが、彼女が日本の映画界で活躍していけるとするなら、その素地をつくってくださったのである。彼女は『シン・エヴァンゲリオン劇場版』の最終作の編集助手にもついている（ＮＨＫの『シン・エヴァ』のドキュメンタリーで、編集室で悩む庵野秀明監督の後ろにしかと映っている）。彼女を含む一二期の編集領域は、オーブレイさんに叱られ、デデさんの体験談を聞き、ロワズルーさんに励まされ、宮島竜治さんに仕事の世話をしてもらうという幸運に恵まれた。独力で道を切り拓いた二期の山崎梓や三期の大川景子、平田竜馬といった現在の日本映画で重要な作品の編集を担う世代に続いてほしい。

私にとっては、少し前に出版した映画論集『映画のメティエ　欧米篇』（森話社）で論じた対象とかなり被っており、その論旨の中で生じた疑問を当事者や関係者の方に確認する得難い機会にもなった。今回、講義録をまとめようと思ったのは、自身の退官が近づき、この記録を埋もれさせてはいけないと自覚したためである。膨大な分量になるので、すべてを収録するわけにはいかない。泣く泣く外した中には、ペドロ・コスタ、モフセン・マフマルバフ、タル・ベーラ、アルベルト・セラといった重要な監督たちがいる。これは無意識の選択だったのだが、どうやらこの本を監督の発言録（ホモフォニー、あるいはモノフォニー）にはしたくはないという欲動があったように思える。それならそれでまとめればいいのだが、ここではあくまで映画作家を外から見ることでの探求が主題になっている。最も身近で監督を見ている撮影や編集の証言が多いこともそうだし、自身の監督作品を語る人も、本業は女優や編集である。自ずと監督を絶対視できないだろう。ベルナール・エイゼンシッツは作家・作品をより大きな社会史、映画史の中に置き直して、作家本人が自覚していたかどうかも確定できない作品内実を多層的なパースペクティブに位置づけ、そのポリフォニックな世界を語ってくれる。

本書に収録された中で、初出の雑誌があるのが、アラン・ベルガラ講義（LOOP映像メディア学　東京藝術大学大学院映像研究科紀要Vol.8　二〇一八年）、ヴァレリー・ロワズルーとの対談（LOOP映像メディア学　東京藝術大学大学院映像研究科紀要Vol.11　二〇二一年）、ヤン・デデとの対談（「キネマ旬報」二〇一八年一月上旬号）、蓮實重彥・

エイゼンシッツ対談（「キネマ旬報」二〇二四年一〇月号）である。ヤン・デデ対談、蓮實・エイゼンシッツ対談は短縮版であり、完全版は本書が初出となる。

とにかくお世話になった方々に感謝を。最大の貢献は、編集の野本幸孝さんである。素晴らしいリードを書き、本文を見事にまとめていただいた。作業過程を優しくフォローしていただいた羽田野直子さん、表紙カバーをはじめ本全体を見事な構成力でレイアウトしていただいたデザイナーの成瀬慧さん。この三名のメイン・スタッフにはいくら感謝してもしすぎることはない。それから、さまざまなアシストをしていただいた方々。まず、記録映像からの文字起こしメンバーである映画専攻編集領域の皆さん——一九期の結城健人、二〇期の小林和貴、坂越七虹、村田裕。とりわけ村田君には膨大な脚注の作成まで協力してもらった。平田竜馬さんには、あらゆるデータ作成で献身的な作業をしていただいた。本書のカバー写真やビデオの撮影をお願いした木村慎さん、ムカダス・ムキタルさん。蓮實重彦邸で、Ｚｏｏｍのセッティング及び写真撮影をしてもらった監督領域一八期修了生の平田雄己さん。ベルナール・エイゼンシッツ、蓮實重彦、私の三ショットを撮っていただいた三枝亮介さん。資料を提供いただいたキネマ旬報編集の前田健雄さん、平嶋洋一さん。

ここまでは本自体に関わる方々だが、各講座を実現するために尽力された方々はとても書ききれない。それでも思い出せる限り（漏れた方、すみません）。ご登壇いただいた蓮實重彦さん、秦岳志さん。海外から参加された方全員に感謝を捧げるべきですが、とりわけオリヴェイラ監督の貴重な資料を送ってくださったサビーヌ・ランスランさんとヴァレリー・ロワズルーさんには何とお礼を言ったらよいのか。私が藝大からいなくなることを気遣っていただいたベルナール・エイゼンシッツさんにも。

海外と交渉にあたられた歴代助教の横山昌吾さん、竹中佐織さん。それに松井宏さん。通訳の皆さん——福崎裕子、人見有羽子、宇都宮彰子、カトリーヌ・アンスロー、グエン・イラン、エレオノール・マムディアン、秋元美野理。皆さん、素晴らしかったです。エイゼンシッツ、ルブラン、ヴェロニク・リヴェットのコーディネートをしていただいた槻舘南菜子さんにはとりわけ大きな感謝を（もともとエイゼンシッツ講義は、二〇二〇年五月に予定されていたのだが、あの世界的な出来事によって、三月に中止の決定をせざるをえなかった。つまり四年越しの案件だったのである）。さまざまな助言をいただいた土田環さん、篠崎誠さん、冨田三起子さん、松本正道さん。ラルフ・シェンクのコーディネート兼通訳の山根恵子さん。映像研究科事務長の吉野範子さん、事務の久保田勇さん、西川順子さん。オープンシアター担当の王仁美さん。オープンシアター主催の東京藝術大学大学院映像研究科と横浜市にぎわいスポーツ文化局（旧・文化観光局）。映画専攻の教授陣——諏訪敦彦、塩田明彦、大石みちこ、市山尚三、谷川創平、三ツ松けいこ、長嶌寛幸。客員教授のキャレン・セバンズ、ショーレ・ゴルパリアン、渡辺栄二、機材担当の名取勝（皆さん、カバー表4に写っています）。それから、この本の出版を熱弁を振るって藝大出版局に推薦していただいた磯見俊裕さん。「売れないが、文化的に大きな意義がある」との言葉がポリフォニックに響いたに違いない（まあ、この予言の前半は当たってほしくないが）。映像研究科で学んだ者の代表として、帯文を寄せてくれた監督領域二期修了生の濱口竜介監督。最後に各講義に参加いただいた学内外の皆さん。講演者を本気にさせる類の質問が多く、感心して聞いていました。鷲谷花さん、葛生賢さんの質問は特に鋭かったなあ。ともあれ、映像研究科設立二〇年の終わりに、『東京藝術大学大学院映像研究科映画専攻設立二〇年記念作品目録』

（東京藝術大学大学院映像研究科、馬車道会）と共に、本書をまとめることができました。皆さん、ありがとうございました。

さて、一段落したので、「ヴェスプロ」の中でも最も輝かしい、二つの「マニフィカト」に耳を傾けることにしよう。

二〇二五年二月一日

筒井武文

筒井武文｜つつい・たけふみ

一九五七年生まれ。映画監督、東京藝術大学大学院映像研究科映画専攻編集領域教授、映画専攻長。東京造形大学時代から、映画制作を始める。卒業後はフリーで、助監督、映画編集をしながら、自主制作を続ける。劇場デビューは、一九八七年公開の『ゆめこの大冒険』。監督作品に、『レディメイド』（82）、『学習図鑑』（87）、『アリス イン ワンダーランド』（88）、『オーバードライヴ』（04）、『バッハの肖像』（10）、『孤独な惑星』（11）、『映像の発見＝松本俊夫の時代』5部作（15）、『自由なファンシィ』（15）、『ホテルニュームーン』（20）。著作に、『映画のメティエ　欧米篇』（森話社）、『映画のメティエ　日本篇』（森話社、近刊予定）がある。

［図版クレジット］

Ⅲ p.374……… ラルフ・シェンク ©DEFA-Stiftung/Xavier Bonnin

p.383………『カミング・アウト』©DEFA-Stiftung

Ⅳ p.498……… オタール・イオセリアーニ CC BY-SA2.0/Valerios Theofanidis

p.505………『唯一、ゲオルギア』 オタール・イオセリアーニ Blu-ray BOX Ⅲ内に収録

発売元：ビターズ・エンド／発売協力：スカーレット／販売元：TCエンタテインメント

声（ポリフォニー）の映画史——東京藝術大学大学院映像研究科 講義録

発行日　二〇二五年三月二十二日　第一刷発行
　　　　二〇二五年五月二十三日　第二刷発行

編著　筒井武文
編集　野本幸孝
デザイン　成瀬慧
写真協力　Dominique Auvray
　　　　　Sabine Lancelin
　　　　　Valérie Loiseleux
　　　　　川喜多記念映画文化財団

発行　東京藝術大学出版会
連絡先　〒一一〇-八七一四　東京都台東区上野公園一二-八
　　　　［Tel］050-5525-2026　［Fax］03-5685-7760
　　　　［Url］https://www.geidai.ac.jp/

印刷・製本　星野精版印刷株式会社

 ISBN978-4-904049-79-2　C0074